KOMPENDIEN DER SOZIALEN ARBEIT

Sie arbeiten sich in ein neues Sachgebiet ein und benötigen rasch zuverlässige und umfassende Informationen? Sie möchten die wesentlichen Fakten zu Konzepten, Fällen, Arbeitsfeldern und Anwendungsgebieten der Sozialen Arbeit wissen, Good Practice-Beispiele kennenlernen und Handlungsempfehlungen für die Praxis erhalten? In der Reihe erscheinen Werke mit direktem Praxisbezug. Die Bände richten sich an Professionals, Berufseinsteiger:innen und -umsteiger:innen sowie an Studierende, gerade auch mit Blick auf Praxissemester und Anerkennungsjahr.

Gabriele Kuhn-Zuber | Ragnar Hoenig

Sozialleistungsansprüche für Flüchtlinge und Unionsbürger

Beratungsleitfaden

2., aktualisierte und erweiterte Auflage

Onlineversion
Nomos eLibrary

Die Deutsche Nationalbibliothek verzeichnet diese Publikation in
der Deutschen Nationalbibliografie; detaillierte bibliografische
Daten sind im Internet über http://dnb.d-nb.de abrufbar.

ISBN 978-3-7560-0482-9 (Print)
ISBN 978-3-7489-3978-8 (ePDF)

2., aktualisierte und erweiterte Auflage 2024
© Nomos Verlagsgesellschaft, Baden-Baden 2024. Gesamtverantwortung für Druck
und Herstellung bei der Nomos Verlagsgesellschaft mbH & Co. KG. Alle Rechte, auch
die des Nachdrucks von Auszügen, der fotomechanischen Wiedergabe und der Übersetzung, vorbehalten. Gedruckt auf alterungsbeständigem Papier.

Vorwort zur zweiten Auflage

Sozialleistungen für Flüchtlinge und Unionsbürger*innen sind nach wie vor Gegenstand zahlreicher gesetzgeberischer Aktivitäten – teils getrieben durch mangelnde finanzielle Ressourcen bei weiter hohen Zahlen von Menschen, die nach Deutschland migrieren, häufig auf der Suche nach Sicherheit und besseren (Über)Lebenschancen, teils auch getrieben durch die Zunahme rechtspopulistischer Stimmungen, die Geflüchteten oft unterstellen, nur wegen der Sozialleistungen nach Deutschland zu kommen. Die Neuauflage dieses Beratungsleitfadens gestaltete sich entsprechend schwierig, die letzten einzuarbeitenden Änderungen mit dem Rückführungsverbesserungsgesetz und der Einführung einer Bezahlkarte sind quasi kurz vor Erscheinen erst in Kraft getreten. Die Komplexität der Materie nimmt allerdings nicht ab und stellt die Menschen, die in der Sozial- und Migrationsberatung tätig sind, weiterhin vor große Herausforderungen. Das Konzept des Beratungsleitfadens ist – nach vielen positiven Rückmeldungen aus der Leser*innenschaft – beibehalten worden: ausgehend von dem Überschreiten der Grenze bis hin zur Erteilung eines Aufenthaltstitels bzw. auch zur Ablehnung eines Schutzstatus' werden im ersten Teil die Sozialleistungen angelehnt an den Aufenthaltsstatus dargestellt und am Ende jedes Kapitels überblicksartig zusammengefasst. Da ukrainische Geflüchtete durch die Anwendung der Massenzustroms-Richtlinie einen Sonderstatus haben, wird diese Personengruppe gesondert betrachtet. Auch Unionsbürger*innen unterliegen aufgrund des europäischen Gemeinschaftsrechts besonderen Regelungen, die es rechtfertigen, in einem zweiten Teil des Beratungsleitfadens aufgenommen zu werden. Abschließend bleiben in einem dritten Teil kurze Ausführungen zu den verwaltungsrechtlichen Regelungen und dem gerichtlichen Rechtsschutz.

Die Autor*innen dieses Beratungsleitfadens haben sich bewusst für eine gegenderte Schreibweise entschieden. Sprache soll inklusiv sein und alle Menschen unabhängig von ihrer geschlechtlichen Zuschreibung einbinden. Aus Platz- und Formatgründen ließ sich dies allerdings nicht für den Titel des Leitfadens realisieren. Eine Änderung des Titels von Flüchtlinge zu „Geflüchtete" war aus organisatorischen Gründen in dieser Auflage auch nicht mehr zu realisieren. Der Begriff „Flüchtling" ist (völker)rechtlich zwar mit Schutz und Rechten verbunden, stellt allerdings im Sprachgebrauch zu sehr auf einen passiven Status, eine Opferrolle, ab. Menschen, die gewaltsam vertrieben werden, sind aber nicht nur Opfer, sondern auch aktiv agierende Menschen, die als solche auch wahrgenommen werden sollten. Sollte es eine dritte Auflage dieses Beratungsleitfadens geben, wird diese Änderung aufgenommen.

Unser Dank gilt allen Menschen und Organisationen, die sich im Migrationsrecht engagieren und den Betroffenen mit Rat und Tat zur Seite stehen. Ihnen soll dieser Beratungsleitfaden eine hoffentlich gute Arbeitshilfe sein.

Der Beratungsleitfaden ist auf dem Rechtsstand von Mai 2024.

Berlin, den 3. Juni 2024　　　　　　　　　　Prof. Dr. Gabriele Kuhn-Zuber

　　　　　　　　　　　　　　　　　　　　　Prof. Dr. Ragnar Hoenig

Inhalt

Vorwort zur zweiten Auflage   5

Abkürzungsverzeichnis   11

Einleitung   17

Teil 1: Sozialleistungen für geflüchtete Menschen   19
- 1. Einführung   19
- 2. Grundlagen des Asylrechts   21
  - 2.1 Grundbegriffe   21
  - 2.2 Ablauf des Asylverfahrens   22
  - 2.3 Überblick über den Aufenthaltsstatus geflüchteter Menschen   29
- 3. Sozialleistungen für geflüchtete Menschen   31
  - 3.1 Leistungen nach dem Asylbewerberleistungsgesetz – Überblick   32
  - 3.2 Grenzübertritt und Ankunft   34
  - 3.3 In der zuständigen Erstaufnahmeeinrichtung / Im Ankunftszentrum   35
    - 3.3.1 Vor Erteilung des Ankunftsnachweises   36
    - 3.3.2 Nach Erteilung des Ankunftsnachweises   38
    - 3.3.3 Asylantragstellung   66
  - 3.4. Nach der Verteilung in den Bundesländern und Kommunen   68
    - 3.4.1 Sozialleistungen während des Asylverfahrens – bis einschließlich 36 Monate Aufenthalt   71
    - 3.4.2 Sozialleistungen während des Asylverfahrens ab dem 37. Monat des Aufenthalts – Analogleistungen   87
  - 3.5 Nach Abschluss des Asylverfahrens   110
    - 3.5.1 Aufenthaltstitel   110
    - 3.5.2 Aufenthaltserlaubnis nach § 25 Abs. 1, 2 oder 3 AufenthG   114
    - 3.5.3 Aufenthaltserlaubnis nach §§ 23 Abs. 1, 24, 25 Abs. 4 Satz 1 oder Abs. 5 AufenthG   143
    - 3.5.4 Duldung nach § 60a AufenthG   157
    - 3.5.5 Weitere Fallkonstellationen des AsylbLG   168
  - 3.6 Exkurs: unbegleitete minderjährige Geflüchtete   170
    - 3.6.1 Ablauf des Verfahrens   170
    - 3.6.2 Unterbringung und Versorgung unbegleiteter minderjähriger Flüchtlinge   173
    - 3.6.3 Schulische und berufliche Ausbildung   173
  - 3.7 Integrationskurse   174
  - 3.8 Asylsuchende aus sicheren Herkunftsstaaten   177
- 4. Geflüchtete aus der Ukraine   177
  - 4.1 Aufenthalt   178
  - 4.2 Sozialleistungen   181
    - 4.2.1 Existenzsichernde Leistungen   182
    - 4.2.2 Weitere Sozialleistungen   183

Teil 2: Sozialleistungen für Unionsbürger*innen   185
- 1. Einführung   185

2. Rechtsgrundlagen 185
3. Aufenthaltsrecht von Unionsbürger*innen 190
   3.1 Aufenthaltsberechtigung nach der Richtlinie 2004/38 i.V.m. FreizügG/EU 190
       3.1.1 Aufenthaltsrecht in den ersten drei Monaten nach Einreise 191
       3.1.2 Aufenthaltsrecht über drei Monate als Erwerbstätige 192
       3.1.3 Aufenthaltsrecht über drei Monate zur Arbeitssuche 198
       3.1.4 Aufenthaltsrecht als Nicht-Erwerbstätige 199
       3.1.5 Aufenthaltsrecht von Familienangehörigen und nahestehenden Personen 200
       3.1.6 Verlustfeststellung 203
   3.2 Aufenthaltsberechtigung aus der VO 492/2011 204
   3.3 Aufenthaltsberechtigung aus anderen Gründen – insbesondere Aufenthaltsgesetz 206
   3.4 Daueraufenthaltsrecht 207
   3.5 Aufenthaltsrecht von Staatsangehörigen des Vereinigten Königreichs 208
4. Existenzsichernde Leistungen zur Sicherung des Lebensunterhalts 210
   4.1 Grundsicherung für Arbeitssuchende – Leistungen nach dem SGB II 210
       4.1.1 Leistungsberechtigung 210
       4.1.2 Leistungsausschlüsse für Unionsbürger*innen 211
       4.1.3 Leistungsausschluss für Staatsangehörige von Mitgliedstaaten des Europäischen Fürsorgeabkommens (EFA) 217
       4.1.4 Rechtliche Bewertung der Leistungsausschlüsse 218
   4.2 Leistungen der Hilfe zum Lebensunterhalt und der Grundsicherung im Alter und bei Erwerbsminderung nach dem SGB XII 222
       4.2.1 Leistungsberechtigung 222
       4.2.2 Leistungsausschlüsse nach dem SGB XII 224
       4.2.3 Überbrückungsleistungen 225
       4.2.4 Leistungen für Staatsangehörige der Mitgliedstaaten des EFA 230
   4.3 Leistungen nach dem AsylbLG? 231
5. Andere Sozialleistungen 233
   5.1 Kranken- und Pflegeversicherung 233
   5.2 Leistungen der Sozialhilfe 236
   5.3 Eingliederungshilfe 236
   5.4 BAföG und BAB 237
   5.4 Familienleistungen 238
       5.4.1 Kindergeld 238
       5.4.2 Elterngeld 241
       5.4.3 Unterhaltsvorschuss 241

Teil 3: Verwaltungsverfahren und Rechtsschutz 245
1. Verwaltungsverfahren 245
   1.1 Leistungen nach dem Asylbewerberleistungsgesetz 245
       1.1.1 Antrag und Verwaltungsverfahren 245

	1.1.2	Besonderheiten bei der Aufhebung von Bescheiden im Asylbewerberleistungsrecht	248
1.2		Leistungen der Grundsicherung für Arbeitssuchende nach dem SGB II	249
	1.2.1	Antrag und Verwaltungsverfahren	249
	1.2.2	Besonderheiten bei der Aufhebung von Verwaltungsakten	252
1.3		Andere Sozialleistungen	253
1.4		Wenn die Behörde nicht entscheidet	255
	1.4.1	Vorschusszahlung und Kostenerstattung	255
	1.4.2	Untätigkeitsklage	256
	1.4.3	Dienstaufsichtsbeschwerde	256
2. Rechtschutzverfahren			256
2.1		Widerspruchsverfahren	257
2.2		Gerichtsverfahren	260
2.3		Einstweiliger Rechtsschutz	263

Literaturverzeichnis 267

Sachregister 271

Bereits erschienen in der Reihe KOMPENDIEN DER SOZIALEN ARBEIT 279

Abkürzungsverzeichnis

Abkürzung

ABl.	Amtsblatt
Abs.	Absatz
a.E.	am Ende
AEUV	Vertrag über die Arbeitsweise der Europäischen Union
aG	außergewöhnlich gehbehindert (Merkzeichen)
AGG	Allgemeines Gleichbehandlungsgesetz
Alt.	Alternative
Art.	Artikel
AsylbLG	Asylbewerberleistungsgesetz
AsylG	Asylgesetz
AsylVfG	Asylverfahrensgesetz
AufenthG	Aufenthaltsgesetz
AufnahmeRL	Richtlinie 2013/33/EU des Europäischen Parlaments und des Rates vom 26.6.2013 zur Festlegung von Normen für die Aufnahme von Personen, die internationalen Schutz beantragen, ABl. L 180 vom 29.6.2013, S. 96–116
AV-Wohnen	Ausführungsvorschriften zur Gewährung von Leistungen gemäß § 22 des Zweiten Buches Sozialgesetzbuch und §§ 35 und 36 des Zwölften Buches Sozialgesetzbuch (AV Wohnen) Berlin, vom 13.12.2022 (https://www.berlin.de/sen/soziales/service/berliner sozialrecht/kategorie/ausfuchrungsvorschriften/av_wohnen-571939.php)
Az.	Aktenzeichen
AZR	Ausländerzentralregister
BA	Bundesagentur für Arbeit
BAB	Berufsausbildungsbeihilfe
BAföG	Bundesausbildungsförderungsgesetz
BAMF	Bundesamt für Migration und Flüchtlinge
BayEUG	Bayerisches Unterrichts-und Erziehungsgesetz
BbgSchulG	Schulgesetz Brandenburg
BeckOK SozR	Beck-Onlinekommentar Sozialrecht

BEEG	Bundeselterngeld- und Elternzeitgesetz
BeschV	Beschäftigungsverordnung
BFH	Bundesfinanzhof
BGB	Bürgerliches Gesetzbuch
BGBl.	Bundesgesetzblatt
BGG	Behindertengleichstellungsgesetz
BKGG	Bundeskindergeldgesetz
Bl	blind (Merkzeichen)
BR-Drucks.	Bundesratsdrucksache
BremSchulG	Schulgesetz Bremen
BSG	Bundessozialgericht
BT-Drucks.	Bundestagsdrucksache
Buchst.	Buchstabe
BVerfG	Bundesverfassungsgericht
BVerwG	Bundesverwaltungsgericht
BVG	Bundesversorgungsgesetz
bzw.	beziehungsweise
d.h.	das heißt
DV	Deutscher Verein für öffentliche und private Fürsorge
EASY	Erstverteilung von Asylbegehrenden (auf die Bundesländer)
EFA	Europäisches Fürsorgeabkommen
EG	Europäische Gemeinschaft
EGBGB	Einführungsgesetz zum BGB
EMRK	Europäische Menschenrechtskonvention
EStG	Einkommensteuergesetz
EU	Europäische Union
EuGH	Europäischer Gerichtshof
EUR	Euro
EUV	Vertrag über die Europäische Union
EVS	Einkommens- und Verbrauchsstichprobe
EWR	Europäischer Wirtschaftsraum

f.	folgende(r)
ff.	folgende
FGO	Finanzgerichtsordnung
FÖJ	Freiwilliges Ökologisches Jahr
FreizügG/EU	Freizügigkeitsgesetz/EU
FSJ	Freiwilliges Soziales Jahr
G	gebehindert (Merkzeichen)
GdB	Grad der Behinderung
GEAS	Gemeinsames Asylsystem
gem.	gemäß
GewO	Gewerbeordnung
GEZ	Gebühreneinzugszentrale
GFK	Genfer Flüchtlingskonvention
GG	Grundgesetz
ggf.	gegebenenfalls
GKV	Gesetzliche Krankenversicherung
Gl	gehörlos (Merkzeichen)
H	hilfebedürftig (Merkzeichen)
HmbSG	Schulgesetz Hamburg
HSchG	Schulgesetz Hessen
i.d.F.	in der Fassung
i.d.R	in der Regel
i.H.v.	in Höhe von
i.S.d.	im Sinne des
i.V.m.	in Verbindung mit
IfSchG	Infektionsschutzgesetz
IntV	Integrationskursverordnung
JAmt	Jugendamt
j.L.	Langtext bei juris
Kap.	Kapitel
LSG	Landessozialgericht
m.w.N.	mit weiteren Nachweisen

m.W.z.	mit Wirkung zum
MuKStiftG	Gesetz zur Errichtung einer Stiftung „Mutter und Kind – Schutz des ungeborenen Lebens"
NDV	Nachrichtendienst des Deutschen Vereins
Nr.	Nummer
NSchG	Schulgesetz Niedersachsen
NVwZ	Neue Zeitschrift für Verwaltungsrecht
NZS	Neue Zeitschrift für Sozialrecht
OEG	Opferentschädigungsgesetz
ÖPNV	Öffentlicher Personennahverkehr
OVG	Oberverwaltungsgericht
PKV	Private Krankenversicherung
RBEG	Regelbedarfs-Ermittlungsgesetz
RBSFV	Regelbedarfsstufen-Fortschreibungsverordnung
RL	Richtlinie
Rn.	Randnummer
Rs.	Rechtssache
S.	Seite
s.o.	siehe oben
SchG Baden-Württemberg	Schulgesetz Baden-Württemberg
SchulG LSA	Schulgesetz Sachsen-Anhalt
SchulG M-V	Schulgesetz Mecklenburg-Vorpommern
SchulG Berlin	Schulgesetz Berlin
SG	Sozialgericht
SGB	Sozialgesetzbuch
sog.	sogenannte(r/s)
StAG	Staatsangehörigkeitsgesetz
STIKO	Ständige Impfkommission
Thür-SchulG	Schulgesetz Thüringen
u.	unten
u.a.	und andere
u.Ä.	und Ähnliche

u.U.	unter Umständen
UhVorschG	Unterhaltsvorschussgesetz
UNHCR	United Nations High Commissioner for Refugees
UN	Vereinte Nationen
v.	vom
v.a.	vor allem
VG	Verwaltungsgericht
vgl.	vergleiche
VO	Verordnung
VVG	Versicherungsvertragsgesetz
VwVfG	Verwaltungsverfahrensgesetz
WoGG	Wohngeldgesetz
z.B.	zum Beispiel
ZAR	Zeitschrift für Ausländerrecht
ZAV	Zentrale Auslands- und Fachvermittlung
Ziff.	Ziffer

Einleitung

Der seit 2015 verstärkt begonnene und – seit dem russischen Angriffskrieg gegen die Ukraine im Februar 2022 wieder ansteigende – Zuzug von Menschen aus den Krisenregionen der Welt stellt den deutschen Staat vor große Herausforderungen. Neben der Klärung asyl- und aufenthaltsrechtlicher Fragen, die vor allem – allerdings nicht ausschließlich – Menschen aus Staaten außerhalb der Europäischen Union betreffen, stehen Leistungen des Staates im Vordergrund, die den Lebensunterhalt der Einzelnen sichern helfen, die Fragen der Gesundheitsversorgung betreffen, die Integration in das Arbeitsleben und in die deutsche Gesellschaft fördern. Diese Leistungen betreffen zum großen Teil das Sozialrecht und als Leistungsträger die Kommunen, Landkreise und Sozialleistungsträger; sie sind bezüglich ihrer Rechtsgrundlagen, ihrer Voraussetzungen, ihrer Anspruchsinhalte abhängig vom jeweiligen Aufenthaltsstatus. So gibt es eine Verknüpfung zwischen zwei hochkomplexen Rechtsgebieten, die zudem ihrerseits noch ständigem Wandel und starken Aktivitäten des Gesetzgebers und einer unübersehbar gewordenen Rechtsprechung unterworfen sind: dem Asyl- und Aufenthaltsrecht auf der einen und dem Sozialrecht auf der anderen Seite. Beide Gebiete sind für Nichtjurist*innen an sich schon schwer erschließbar, ihr Zusammenspiel ist kaum zu durchschauen. Gleichwohl wird von Mitarbeiter*innen, die im Migrations- und Flüchtlingsbereich arbeiten, erwartet, dass sie die wesentlichen Grundzüge kennen und die betroffenen Menschen in allen Bereichen umfassend beraten und ihnen helfend zur Seite stehen. Auch wenn sich viele Fragen ohne die Hinzuziehung von Fachanwält*innen kaum befriedigend klären lassen, Aufenthaltstitel nur mit anwaltlicher Unterstützung erstritten, Sozialleistungsansprüche mit Widerspruchs- und Klageverfahren durchgesetzt werden, ist es für die Arbeit derjenigen, die mit und für geflüchtete Menschen oder Menschen aus den wirtschaftlichen Krisenregionen der EU tätig sind, unerlässlich, zumindest einen Überblick über die wichtigsten Rechtsgrundlagen zu haben. Die Mitarbeiter*innen in der Beratung sind erste Ansprechpartner*innen, sie sind diejenigen, die die Situation der Betroffenen aus erster Hand kennen und einschätzen können, welcher Handlungsbedarf besteht, wer welche (weiteren) Maßnahmen benötigt und wo diese beantragt werden müssen.

Ziel dieses Beratungsleitfadens ist die Darstellung der Sozialleistungen, die geflüchteten Menschen, einschließlich der Besonderheiten von geflüchteten Menschen aus der Ukraine, aber auch Unionsbürger*innen zustehen, die in unser Land kommen, vor Krieg, Verfolgung, Gewalt, vor Armut, Not und Elend geflohen sind. Asyl- und aufenthaltsrechtliche Regelungen werden mit aufgenommen, sofern sie für den Erhalt der jeweiligen Sozialleistungen erforderlich sind; aufgrund der engen Verknüpfung ist es zwingend, hierbei einige Grundbegriffe zu erläutern. Allerdings werden die ausführliche Darlegung des Asylverfahrens bzw. die einzelnen Voraussetzungen für die Erlangung eines bestimmten Aufenthaltstitels außen vor gelassen; diese werden sach- und fachkundig in entsprechenden Asyl- und Ausländerrechtsbüchern, -handlungsleitfäden oder -broschüren, auch von Organisationen der Flüchtlingshilfe (z.B. Flüchtlingsrat Berlin, Gemeinnützige Gesellschaft zur Unterstützung Asylsuchender e.V.) oder von Wohlfahrtsorganisationen (z.B. Caritas oder Paritätischer Wohlfahrtsverband) besser erläutert.

Gegenstand des ersten Teils dieses Leitfadens sind – nach einer kurzen Darstellung asyl- und aufenthaltsrechtlicher Grundbegriffe sowie eines kurzen Abrisses des Asylverfahrens – die Sozialleistungen mit den Schwerpunkten Sicherung des Lebensunterhalts, Gesundheitsversorgung und Eingliederung in das Arbeitsleben für geflüchtete (oder ankommende) Menschen und zwar jeweils anhand ihrer jeweiligen Aufenthaltssituation. Die Ansprüche werden vorgestellt, die jeweiligen Anspruchsvoraussetzungen erläutert und die Zuständigkeit der jeweiligen Sozialleistungen geprüft. Abschließend werden weitere mögliche Sozialleistungen und die zuständigen Träger überblicksartig dargestellt. Da geflüchtete Menschen aus der Ukraine einen „Sonderstatus" haben, weil mit ihnen erstmals die bereits seit 2001 bestehende, aber bis 2022 nie angewendete Richtlinie 2001/55/EG (sog. Massenzustrom-Richtlinie) durch Beschluss des Rates in Kraft gesetzt wurde, werden Aufenthalt und Sozialleistungsansprüche dieser Personengruppe kurz gesondert erläutert.

Wirtschaftliche Krisen in verschiedenen, Mitgliedstaaten der EU führen darüber hinaus zu einer erheblichen Zuwanderung von Unionsbürger*innen. Diese Menschen haben aufgrund der Bestimmung des europäischen Gemeinschaftsrechts einen besonderen Status, der sie von denjenigen, die nicht aus den EU-Staaten kommen (sog. Drittstaatsangehörige), erheblich unterscheidet. Sie profitieren vom Grundsatz der Inländergleichbehandlung, vom Verbot der Diskriminierung sowie von den unionsrechtlichen Grundfreiheiten. Die Praxis zeigt, dass auch hier vielfältige Beratungsprobleme im sozialrechtlichen Bereich auftreten, die durch Rechtsprechung und Gesetzgebung immer komplexer werden. Deshalb sollen die möglichen Sozialleistungen – soweit sie sich von denen deutscher Staatsangehöriger unterscheiden – im zweiten Teil erläutert werden.

Der abschließende Teil dieses Leitfadens widmet sich dem Verwaltungs- und Rechtsbehelfsverfahren. Er soll denjenigen einen kurzen Überblick verschaffen, die Leistungen beantragen und/oder mit Widerspruch und Klage durchsetzen müssen.

Teil 1: Sozialleistungen für geflüchtete Menschen

1. Einführung

Entscheiden sich Menschen aus Kriegs- und Krisenregionen der Welt zur Flucht, haben sie häufig schwere Wege vor sich, die sie nicht nur finanziell stark fordern, sondern auf denen sie oft zahllosen Gefahren und drohender oder tatsächlicher Gewalt ausgesetzt sind. Sie kommen meist über das Mittelmeer oder den Landweg und durchqueren bei ihrer Flucht nach Deutschland zahlreiche andere Länder, die in der Regel auch Mitgliedstaaten der Europäischen Union sind. Seit im Jahr 1993 das Asylrecht im Grundgesetz reformiert wurde, hat dieser Umstand erhebliche Bedeutung für das gesamte Asylverfahren. Bis zu diesem Zeitpunkt galt mit Art. 16 Abs. 2 GG: „*Politisch Verfolgte* genießen Asylrecht." als Grundrecht. Politisch verfolgt war, wer wegen seiner Rasse, seiner Religion, Nationalität, Zugehörigkeit zu einer sozialen Gruppe oder wegen seiner politischen Überzeugung staatlicher Verfolgung ausgesetzt war, die mit Gefahr für Leib und Leben oder Beschränkungen der persönlichen Freiheit verbunden war oder der Verfolgungsmaßnahmen befürchten musste, ohne dass sein Heimatstaat ihn davor schützte. Asylrecht bekam jemand nur, wenn er gezielt staatlich verfolgt oder nicht geschützt war und nur, wenn der Grund dafür in seiner Person lag. Gefahrensituationen wie Krieg, Umweltkatastrophen, Hunger, fehlende medizinische Versorgung u.Ä. führten nicht dazu, dass jemandem Asyl gewährt wurde.

Mit der *Verfassungsänderung* 1993 wurde Art. 16a GG eingefügt, der in Absatz 1 zwar immer noch das Asylrecht für politisch Verfolgte beinhaltet, auf den sich indessen nach den darauffolgenden Absätzen nur jemand berufen kann, der während seiner Flucht nicht durch einen Staat gekommen ist, der ihm Schutz gewähren könnte. Solche Staaten sind neben den Mitgliedstaaten der Europäischen Union andere Drittstaaten, die die Genfer Flüchtlingskonvention (GFK) und die Europäische Menschenrechtskonvention (EMRK) verabschiedet haben. Seit dem besteht das ursprüngliche Grundrecht auf Asyl dem Grunde nach nur noch für Menschen, die per Flugzeug und Visa in das Bundesgebiet einreisen, alle anderen durchqueren auf dem Landweg i.d.R. mindestens einen (sicheren Dritt-)Staat, in dem sie auch um Schutz hätten nachsuchen können. Auf das grundrechtliche Asylrecht kann sich zudem niemand berufen, der aus einem sog. *sicheren Herkunftsstaat* kommt. Sichere Herkunftsstaaten sind solche, bei denen aufgrund der Rechtslage, der Rechtsanwendung und der allgemeinen politischen Verhältnisse gewährleistet erscheint, dass dort weder politische Verfolgung noch unmenschliche oder erniedrigende Bestrafung oder Behandlung stattfindet. Dass die Zahl derer, die Asyl nach dem Grundgesetz erhalten, dementsprechend gering ist, ist so leicht nachvollziehbar. Ihr Anteil beträgt, gemessen an den positiven Entscheidungen über Asylanträge nach anderen Rechtsvorschriften, seit Jahren lediglich um rund ein Prozent[1].

---

1 Vgl. BAMF, Das Bundesamt in Zahlen 2023, Stand: Februar 2024, https://www.bamf.de/SharedDocs/Anlagen/DE/Statistik/BundesamtinZahlen/bundesamt-in-zahlen-2023-asyl.pdf?__blob=publicationFile&v=10 (7.4.2024, S. 35.

Seit 1993 spielen deshalb für die Entscheidung über Asyl in Deutschland der *internationale Flüchtlingsschutz* über die GFK sowie der Schutz über die EMRK inhaltlich die entscheidende Rolle. Die dazu gehörigen Regelungen finden sich im Asylgesetz (AsylG). Als Schutzgrundlage für Geflüchtete erstmalig in Kraft gesetzt wurde die Richtlinie 2001/55/EG, die sog. Massenzustromsrichtlinie. Sie gilt für Menschen, die nach Ausbruch des russischen Angriffskrieges aus der Ukraine im Februar 2022 geflohen sind und erforderte einen gesonderten Beschluss des EU-Rates.

Leistungen für Unterbringung, Sicherung des Lebensunterhalts und medizinische Versorgung sind bis zur Entscheidung über den Asylantrag und bei dessen Ablehnung im *Asylbewerberleistungsgesetz* geregelt. Dieses Gesetz trat 1993 zeitgleich mit der geänderten Verfassung in Kraft und sollte – neben der Gewährleistung des Existenzminimums von Asylantragsteller*innen – vor allem verhindern, dass materielle Anreize zur Flucht nach Deutschland führten. Die Leistungssätze waren dementsprechend niedrig und blieben dies fast 20 Jahre lang. Am 18.7.2012 entschied das Bundesverfassungsgericht auf Vorlage des Landessozialgerichts Nordrhein-Westfalen, dass die seit 1993 unverändert gebliebenen Leistungen unvereinbar mit dem Grundrecht auf Gewährleistung eines menschenwürdigen Existenzminimums (Art. 1 Abs. 1 GG i.V.m. dem Sozialstaatsprinzip aus Art. 20 GG) sind und der Gesetzgeber verpflichtet ist, eine Neuregelung zu treffen.[2] Seit 1.3.2015 galt dann eine Regelung, die weitgehend an den Regelbedarfen des SGB II und SGB XII orientiert war, die Grundstrukturen aber beibehielt. Bereits im Oktober 2015 gab es – in Reaktion auf die massive Fluchtbewegung des Jahres 2015 – mit dem *Asylverfahrensbeschleunigungsgesetz*[3] („Asylpaket I") eine erneute Änderung. In den Erstaufnahmeeinrichtungen sollten vorrangig Sachleistungen gewährt und Geldleistungen immer nur einen Monat im Voraus ausgezahlt werden. Hinzu kamen weitere Möglichkeiten, um Leistungen einzuschränken. Ziel dieser Änderung war es u.a., „mögliche Fehlanreize zu beseitigen, die zu ungerechtfertigten Asylanträgen führen können".[4] Die nächste Gesetzesänderung folgte dann wenige Monate später mit dem Gesetz zur Einführung beschleunigter Asylverfahren[5] („Asylpaket II"), das neben der Einführung des beschleunigten Asylverfahrens nach § 30a AsylG auch eine Kürzung der notwendigen persönlichen Bedarfe vorsah. Kurze Zeit darauf folgte das *Integrationsgesetz*[6]. Hierdurch wurden zwar zum einen weitere zusätzliche Arbeitsgelegenheiten und Integrationsmaßnahmen eingeführt, zum anderen aber v.a. auch bestehende Leistungseinschränkungen ausgeweitet. Im Jahr 2019[7] wurden die Bedarfssätze nach dem AsylbLG neu berechnet und die Förderung der Berufsausbildung von Asylantragsteller*innen, Geduldeten sowie Inhaber*innen bestimmter humanitärer Aufenthaltserlaubnisse verbessert. Zeitgleich wurde die Wartezeit für den Wechsel von den originären Leistungen nach dem AsylbLG zu den Analog-Leistungen mit dem sog.

---

2 BVerfG 18.7.2012 – 1 BvL 10/10 und 1 BvL 2/11.
3 Asylverfahrensbeschleunigungsgesetz vom 20.10.2015, BGBl. I S. 1722.
4 BT-Drucks. 18/6185 S. 1.
5 Gesetz zur Einführung beschleunigter Asylverfahren vom 11.3.2016, BGBl. I, S. 390.
6 Integrationsgesetz vom 31.7.2016, BGBl. I S. 1939.
7 Drittes Gesetz zur Änderung des Asylbewerberleistungsgesetzes vom 13.8.2019, BGBl. I, S. 1290.

Geordnete-Rückkehr-Gesetz[8] von 15 auf 18 Monate verlängert. Mit Urteil vom 19.10.2022[9] hat das BVerfG die Anwendung der Regelbedarfsstufe 2 auf gemeinschaftlich untergebrachte erwachsene Leistungsbezieher*innen nach § 2 Abs. 1 Satz 4 Nr. 1 AsylbLG a.F. für verfassungswidrig und nichtig erklärt. Mit dem Rückführungsverbesserungsgesetz vom 21.2.2024[10] wurde die Wartezeit für die Analogleistungen erneut verlängert und zwar diesmal von 18 auf nunmehr 36 Monate. Anfang April 2024 hat sich die Bundesregierung nach langem Streit und auf erheblichen Druck – vor allem – der Bundesländer auf konkrete Regelungen für eine bundesweite Rechtsgrundlage zur Einführung einer Bezahlkarte für Leistungsbezieher*innen nach dem AsylbLG geeinigt. Die Regelungen wurden an das Gesetz zur Anpassung von Datenübermittlungsvorschriften im Ausländer- und Sozialrecht (DÜV-AnpassG) angehängt.[11]

2. Grundlagen des Asylrechts

2.1 Grundbegriffe

Das Recht für Flüchtlinge ist innerstaatlich im Wesentlichen im *Asylgesetz* (AsylG, bis 2015: Asylverfahrensgesetz – AsylVfG) und im *Aufenthaltsgesetz* (AufenthG) geregelt. Hinzu kommen internationale Verträge wie die *Genfer Flüchtlingskonvention* (GFK) und *die Europäische Konvention der Menschenrechte und Grundfreiheiten* (EMRK) sowie zahlreiche Verordnungen und Richtlinien innerhalb der EU, die aufgrund Art. 78 AEUV im Rahmen des gemeinsamen Asylsystems (GEAS) verabschiedet wurden.

Während das *AufenthG* neben der „Steuerung und Begrenzung des Zuzugs von Ausländern", der Ermöglichung und Gestaltung der „Zuwanderung unter Berücksichtigung der Aufnahme- und Integrationsfähigkeit sowie der wirtschaftlichen und arbeitsmarktpolitischen Interessen" Deutschlands auch der „Erfüllung der humanitären Verpflichtungen" (§ 1 Abs. 1 AufenthG) dient, mithin das Aufenthaltsrecht auch für Flüchtlinge regelt, gilt das Asylgesetz ausschließlich für Ausländer*innen, die um Schutz in Deutschland nachsuchen. Dabei kann zwischen folgenden Personen unterschieden werden; die *Zuordnung* bestimmt im Wesentlichen auch die sozialrechtlichen Ansprüche:

- *Asylsuchende* oder Asylbegehrende (Asylantragsteller*innen oder Asylbewerber*innen): Menschen, die einen Schutzantrag beim BAMF gestellt haben bzw. stellen wollen, über den allerdings noch nicht entschieden ist.
- *Asylberechtigte*: Menschen, die vom BAMF eine Anerkennung nach Art. 16a GG als Asylberechtigte erhalten haben.
- *Anerkannte Flüchtlinge*: Menschen, die vom BAMF als Flüchtlinge nach §§ 3 ff. AsylG (Art. 1 GFK) anerkannt worden sind.

---

8 Zweiten Gesetzes zur besseren Durchsetzung der Ausreisepflicht vom 15.8.2019, BGBl. 2019 I S. 1294.
9 BVerfG 19.10.2022 – 1 BvL 3/21.
10 Gesetz zur Verbesserung der Rückführung vom 21.2.2024, BGBl. I Nr. 54.
11 Vgl. Art. 15 Gesetz zur Anpassung von Datenübermittlungsvorschriften im Ausländer- und Sozialrecht (DÜV-AnpassG) vom 8.5.2024, BGBl. I Nr. 152.

- *Subsidiär Schutzberechtigte*: Menschen, die vom BAMF als subsidiär Schutzberechtigte nach § 4 AsylG anerkannt worden sind.

Zuständig für die Anerkennung als Asylberechtigte, Flüchtlinge oder Subsidiär Schutzberechtigte bzw. für die Aussetzung der Abschiebung ist das *Bundesamt für Migration und Flüchtlinge* (BAMF). Das BAMF wendet dabei im Wesentlichen die Regelungen des Asylgesetzes an; das Aufenthaltsgesetz nur, wenn das Asylgesetz darauf verweist. Das BAMF soll bei jeder Aufnahmeeinrichtung, die von den Bundesländern für Asylbewerber*innen eingerichtet wurde und die über mindestens 1.000 dauerhafte Unterbringungsplätze verfügt, in Abstimmung mit dem jeweiligen Bundesland eine so genannte Außenstelle einrichten. Bei den Außenstellen ist der Asylantrag zu stellen (§ 14 Abs. 1 Satz 1 AsylG). Eine besondere Form der Außenstelle stellen die sog. *Ankunftszentren* dar. In ihnen sind unterschiedliche Stationen des Asylverfahrens gebündelt.[12] Eine weiterentwickelte Form dieser Ankunftszentren sind die sog. *AnkER-Zentren* (Ankunft, Entscheidung und Rückführung).[13] Hier arbeiten das BAMF, die für die Aufnahme zuständigen Landesbehörden und die Ausländerbehörden zusammen. Zudem sind hier neben der staatlichen, unabhängigen und flächendeckenden Asylverfahrensberatung, integrationsvorbereitende und tagesstrukturierende Maßnahmen, die Rückkehrberatung sowie weitere Beratungs- und Betreuungsangebote der nichtstaatlichen Akteure angesiedelt.[14]

Die *Ausländerbehörden* in Bundesländern und Kommunen haben unterschiedliche Aufgaben, die den Aufenthalt von Ausländer*innen – nicht nur Asylsuchenden – betreffen. Sie unterstützen das BAMF beim Asylverfahren und entscheiden danach über alle aufenthaltsrechtlichen Angelegenheiten einschließlich der Beendigung des Aufenthalts. Sie wenden das Aufenthaltsgesetz (AufenthG) an und das AsylG nur, wenn sie für das BAMF tätig werden.

2.2 Ablauf des Asylverfahrens

Das Asylverfahren ist gesetzlich genau geregelt. Die Regelungen für das *Asylverfahren* finden sich im Wesentlichen im AsylG. Welche Sozialleistungen geflüchtete Ausländer*innen erhalten, bestimmt sich danach, in welchem Abschnitt des Verfahrens sie sich gerade befinden. Wenn Geflüchtete in Deutschland die Grenze überschreiten, passiert zunächst folgendes:

---

12 NK-AuslR/Münch AsylG § 5 Rn. 20.
13 Die Bundesregierung von SPD, FDP und Bündnis 90/Die Grünen hat sich im Koalitionsvertrag 2021-2025 darauf verständigt, das AnkER-Konzept nicht weiterzuverfolgen, vgl. SPD, Koalitionsvertrag 2021-2025, verfügbar unter https://www.spd.de/fileadmin/Dokumente/Koalitionsvertrag/Koalitionsvertrag_2021-2025.pdf (9.2.2024), S. 111.
14 BAMF, Evaluation der AnkER-Einrichtungen und der funktionsgleichen Einrichtungen, Forschungsbericht 37, 2021, verfügbar unter https://www.bamf.de/SharedDocs/Anlagen/DE/Forschung/Forschungsberichte/fb37-evaluation-anker-fg-einrichtungen.pdf?__blob=publicationFile&v=16 (9.2.2024), S. 16.

Abbildung 1

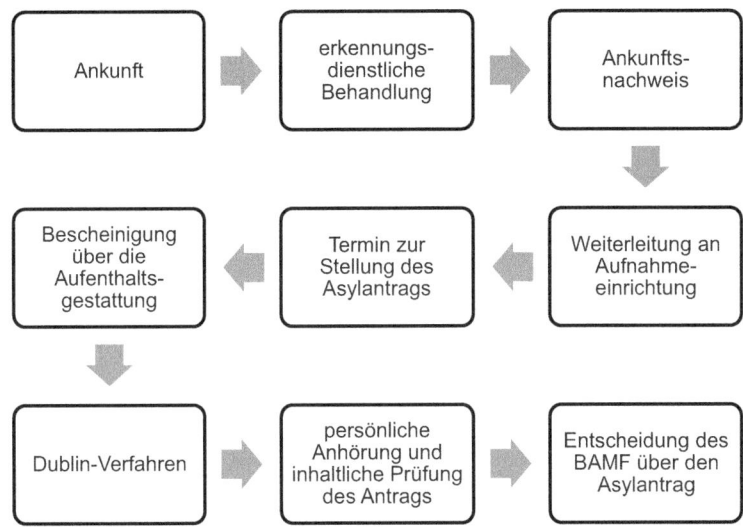

Nachfolgend werden die hier aufgezeigten Stationen des Asylverfahrens kurz beschrieben.

1. Ankunft

Reisen Ausländer*innen nach Deutschland ein, um hierzulande um Asyl nachzusuchen, wird zunächst ihre *Identität erkennungsdienstlich gesichert* (§ 16 AsylG). Sie werden fotografiert, ihre Fingerabdrücke aufgenommen (nur bei Ausländer*innen ab sechs Jahren), persönliche Daten erhoben, die Ausweispapiere gespeichert, ggf. Tonaufnahmen zur Bestimmung des Herkunftsstaates hergestellt. Die Daten werden im Ausländerzentralregister (AZR) gespeichert. Auf die Daten können alle öffentlichen Stellen im Rahmen ihrer Aufgabenbereiche zugreifen. Zuständig für die Identitätsfeststellung und -sicherung sind das BAMF, die Grenzbehörde, die Ausländerbehörden, die Polizei oder die Aufnahmeeinrichtung. Das Bundeskriminalamt leistet Amtshilfe bei der Identitätsfeststellung.

Wurden Ausländer*innen erkennungsdienstlich behandelt und haben sie noch keinen Asylantrag gestellt, erhalten sie einen auf längstens sechs Monate befristeten *Ankunftsnachweis*, mit dem die Meldung als Asylsuchende*r bescheinigt wird (§ 63a AsylG). Der Ankunftsnachweis ist das wichtigste erste offizielle Dokument und berechtigt zum Aufenthalt in Deutschland und zum Bezug von Sozialleistungen (→ Kap. 3.3.2).

Abbildung 2

Quelle: Bundesministerium des Innern (https://de.wikipedia.org/wiki/Datei:Ankunftsnachweis.png), „Ankunftsnachweis"

2. Weiterleitung an Aufnahmeeinrichtung

Nach der erkennungsdienstlichen Behandlung sind die Ausländer*innen unverzüglich an die zuständige, und soweit diese nicht bekannt ist, an die nächstgelegene *Aufnahmeeinrichtung* (→ Kap. 3.3.2) zur Meldung weiterzuleiten. Die Aufnahmeeinrichtungen werden von den Bundesländern entsprechend ihrer Aufnahmequoten geschaffen. Die Erstverteilung erfolgt nach dem sog. *EASY*[15]-*Quotensystem*, das am sog. Königsteiner Schlüssel orientiert ist (§ 45 Abs. 1 AsylG). Es bestimmt, wie viel Asylsuchende jedes Bundesland aufnehmen muss und soll so eine angemessene Verteilung auf alle Bundesländer sicherstellen.[16] Teilweise werden Asylsuchende auch nach Herkunftsstaat auf die Bundesländer aufgeteilt.

Wenn das Asylverfahren beschleunigt durchgeführt werden kann, ist für die Aufnahme die *besondere Aufnahmeeinrichtung* zuständig, die über einen freien Unterbringungsplatz im Rahmen des EASY-Quotensystems verfügt und bei der die ihr zugeordnete Außenstelle des BAMF (→ Kap. 2.1) Asylanträge aus dem Herkunftsland dieses Ausländers bearbeitet (§ 47 Abs. 1 Satz 1 AsylG). Das beschleunigte Verfahren ist nach § 30a AsylG u.a. vorgesehen für Ausländer*innen,

- die Staatsangehörige eines sicheren Herkunftsstaates sind,
- die über ihre Identität oder Staatsangehörigkeit getäuscht haben,

---

[15] EASY = Erstverteilung von Asylbegehrenden.
[16] Die aktuellen Verteilungsquoten, die jährlich von einer Bund-Länder-Kommission festgelegt werden, finden sich unter www.bamf.de.

- die Identitäts- oder Reisedokumente mutwillig vernichtet haben,
- die einen Folgeantrag gestellt haben oder
- die aus schwerwiegenden Gründen der öffentlichen Sicherheit und Ordnung ausgewiesen wurden.

> **Sichere Dritt- und sichere Herkunftsstaaten**
>
> Der Begriff des *sicheren Herkunftsstaates* findet sich bereits in Art. 16a Abs. 3 Satz 1 GG und wird in § 29a AsylG wieder aufgegriffen. Der Asylantrag von Ausländer*innen aus einem solchen sicheren Herkunftsstaat gilt als offensichtlich unbegründet; sollte entgegen der gesetzlichen Vermutung ihnen dennoch abweichend von der allgemeinen Lage im Herkunftsstaat Verfolgung oder ernsthafter Schaden drohen, müssen sie entsprechende Tatsachen und Beweismittel angeben. Zu den sicheren Herkunftsstaaten gehören nach § 29a i.V.m. Anlage II AsylG: Albanien, Bosnien und Herzegowina, Georgien, Ghana, Kosovo, Republik Moldau, Montenegro, Nordmazedonien, Senegal, Serbien.
>
> Zu den *sicheren Drittstaaten* gehören nach Art. 16a Abs. 2 Satz 1 GG die Mitgliedstaaten der EU sowie nach § 26a i.V.m. Anlage I AsylG Norwegen und die Schweiz. Ausländer*innen, die aus einem dieser Staaten eingereist sind, können sich ebenfalls nicht auf das Grundrecht auf Asyl berufen.

Sofern eine besondere Aufnahmeeinrichtung nicht (vorrangig) zuständig ist, erfolgt die Aufnahme durch die *Aufnahmeeinrichtung*, bei der sich die*der Ausländer*in gemeldet hat, wenn sie über einen freien Unterbringungsplatz im Rahmen des EASY-Quotensystems verfügt und die ihr zugeordnete Außenstelle des BAMF Asylanträge aus dem Herkunftsland der*des Ausländerin*Ausländers bearbeitet. Im Übrigen erfolgt die Verteilung auf die Aufnahmeeinrichtungen durch eine vom BMI bestimmte Verteilungsstelle und unter Beachtung des des EASY-Quotensystems.

Ausländer*innen sind verpflichtet, innerhalb der ersten 18 Monate – sechs Monate bei minderjährigen Kindern, deren Eltern und ledigen Geschwistern – in der Aufnahmeeinrichtung zu wohnen (*Residenzpflicht*, § 47 Abs. 1 Satz 1 AsylG).

3. Persönliche Antragstellung und persönliches Gespräch

Nach der Aufnahme in die Aufnahmeeinrichtung erhalten die Ausländer*innen einen Termin zur Stellung des Asylantrages. Die Ausländer*innen sind verpflichtet, persönlich zu diesem Termin zu erscheinen (§ 23 Abs. 1 AsylG). Der förmliche Asylantrag, der grundsätzlich auch für ein minderjähriges, lediges Kind der*des antragstellenden Ausländerin*Ausländers gilt, ist i.d.R. bei der *Außenstelle des BAMF* (Ankunftszentrum oder AnkER-Einrichtung, → Kap. 2.1) zu stellen, die der für die Aufnahme der*des Ausländerin*Ausländers zuständigen Aufnahmeeinrichtung zugeordnet ist (§§ 14 f. AsylG). In materieller Hinsicht beinhaltet ein Asylantrag den schriftlich, mündlich oder auf anderer Weise geäußerten Willen, im Bundesgebiet Schutz vor politischer Verfolgung oder vor Abschiebung in einen Staat zu suchen, in dem der*dem Ausländer*in Verfolgung oder ein ernsthafter Schaden droht (sog. Asylgesuch, § 13 AsylG).

Mit dem Asylgesuch bzw. dem förmlichen Asylantrag ist der Aufenthalt zur Durchführung des Asylverfahrens im Bundesgebiet gestattet (§ 55 Abs. 1 AsylG). Innerhalb von drei Arbeitstagen nach der Asylantragstellung wird der*dem Ausländer*in eine mit den Angaben zur Person und einem Lichtbild versehene Bescheinigung über die Aufenthaltsgestattung ausgestellt (*Bescheinigung über die Aufenthaltsgestattung*). Die Aufenthaltsgestattung ist räumlich auf den Bezirk der Aufnahmeeinrichtung beschränkt.

Vor einer inhaltlichen Prüfung des Asylantrages wird geprüft, ob Deutschland nach der *Dublin-III-Verordnung*[17] innerhalb des Gemeinsamen Europäischen Asylsystems für die Durchführung des Asylverfahrens zuständig ist. Neben den Mitgliedstaaten der EU sind an diesem Verfahren auch Norwegen, Island, Liechtenstein und die Schweiz beteiligt. Ist ein anderer Staat für die Durchführung des Asylverfahrens zuständig, dann ist der Asylantrag unzulässig und die*der Ausländer*in an den zuständigen Mitgliedstaat zu überstellen. Werden Asylsuchende an die Bundesrepublik Deutschland überstellt, dann stehen sie den Ausländer*innen gleich, die in Deutschland um Asyl suchen (§ 22a Satz 1 AsylG).

Nach jahrelangen Diskussionen haben sich Rat und EU-Parlament im Dezember 2023 auf eine Reform des Asyl- und Migrationssystems der EU verständigt.[18] Die Reform soll mit zehn EU-Rechtsakten umgesetzt werden, zu denen auch die Ablösung der Dublin-III-VO durch die neue Verordnung über Asyl- und Migrationsmanagement gehören soll. Die *Verordnung über Asyl- und Migrationsmanagement* soll u.a. die Kriterien für den zuständigen Mitgliedstaat klären und die Regelungen über die Überstellung straffen, die Mitgliedstaaten zur Erarbeitung von Nationalen Strategien zur Gewährleistung ausreichender Asyl- und Migrationskapazitäten verpflichten, Sekundärmigration innerhalb der EU begrenzen und einen neuen Solidaritätsmechanismus einführen.[19] Das Paket wurde im Mai 2024 endgültig angenommen; die Mitgliedstaaten haben nun zwei Jahre Zeit, um die Rechtsakte in innerstaatliches Recht umzusetzen.[20]

4. Persönliche Anhörung

Nach der Antragstellung findet eine *persönliche Anhörung* statt. Das BAMF ist zur persönlichen Anhörung verpflichtet und darf nur in wenigen Ausnahmefällen hiervon absehen (vgl. § 24 Abs. 1 AsylG). Weiterhin muss das BAMF die Ausländer*innen frühzeitig in einer Sprache, deren Kenntnis vernünftigerweise vorausgesetzt werden kann, über den Ablauf des Asylverfahrens, über die Rechte

---

17 Verordnung (EU) Nr. 604/2013 des Europäischen Parlaments und des Rates vom 26.6. 2013 zur Festlegung der Kriterien und Verfahren zur Bestimmung des Mitgliedstaats, der für die Prüfung eines von einem Drittstaatsangehörigen oder Staatenlosen in einem Mitgliedstaat gestellten Antrags auf internationalen Schutz zuständig ist, ABl. 29.6.2013 L 180/31.
18 Rat der EU, Pressemitteilung vom 20.12.2023, verfügbar unter https://www.consilium.europa.eu/de/press/press-releases/2023/12/20/the-council-and-the-european-parliament-reach-breakthrough-in-reform-of-eu-asylum-and-migration-system/ (09.02.2024).
19 Rat der EU, Pressemitteilung vom 20.12.2023, a.aO.
20 Rat der EU, Asyl- und Migrationsvorschriften der EU, verfügbar unter https://www.consilium.europa.eu/de/press/press-releases/2024/05/14/the-council-adopts-the-eu-s-pact-on-migration-and-asylum/(21.5.2024).

und Pflichten von Asylsuchenden im Verfahren, insbesondere über Fristen und die Folgen einer Fristversäumung, sowie über freiwillige Rückkehrmöglichkeiten informieren. Die Ausländer*innen müssen im Rahmen der persönlichen Anhörung selbst die Tatsachen vortragen, die ihre Furcht vor Verfolgung oder die Gefahr eines drohenden ernsthaften Schadens begründen, und die erforderlichen Angaben (z.B. über Wohnsitze, Reisewege, Aufenthalte in anderen Staaten) machen. Die Anhörung ist nicht öffentlich. Es können aber Vertreter*innen des Bundes, eines Landes oder des Hohen Flüchtlingskommissars der Vereinten Nationen oder Bevollmächtigte (z.B. Rechtsanwält*innen) oder Verfahrensbeistände teilnehmen. Ausländer*innen, die nicht über hinreichende Deutschkenntnisse verfügen, ist von Amts wegen bei der Anhörung ein*e Dolmetscher*in, Übersetzer*in oder Sprachmittler*in zur Seite zu stellen (§ 17 AsylG). Die persönliche Anhörung wird protokolliert und der*dem Ausländer*in ist – spätestens mit der Entscheidung des BAMF – eine Kopie des Protokolls auszuhändigen.

5. Entscheidung des BAMF

Spätestens 21 Monate nach der Antragstellung muss das BAMF entscheiden (§ 24 Abs. 7 AsylG). Die *Entscheidung des BAMF* muss schriftlich ergehen, begründet und im Falle der Anfechtbarkeit unverzüglich zugestellt werden (§ 31 Abs. 1 Satz 1 AsylG). Wird der Asylantrag nicht abgelehnt, hat die Entscheidung eine der folgenden vier Schutzformen zum Inhalt:

Abbildung 3

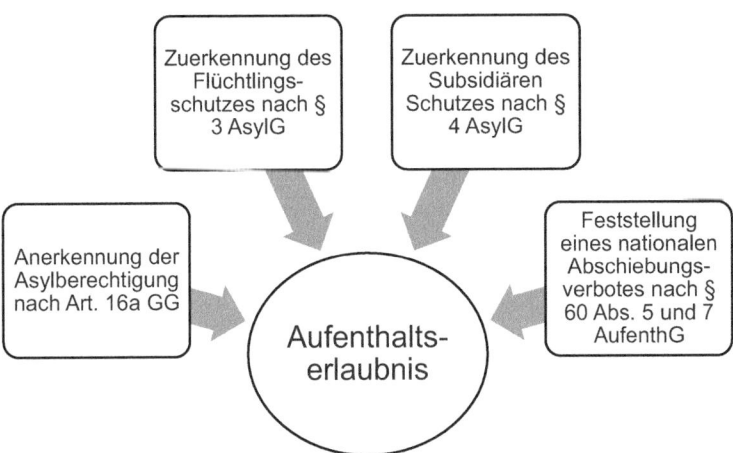

In bestimmten Fällen der Unzulässigkeit (z.B. bei bereits gewährtem Schutz in einem anderen Mitgliedstaat der EU, bei Aufnahmebereitschaft eines sicheren Drittstaates) und im Fall einer offensichtlichen Unbegründetheit des Asylantrages beträgt die *Ausreisefrist* eine Woche (§ 36 Abs. 1 AsylG). In sonstigen Fällen der Ablehnung beträgt die Ausreisefrist 30 Tage nach dem unanfechtbaren Abschluss des Asylverfahrens (§ 38 Abs. 1 Satz 1 AsylG). Für die Rückführungen sind die Ausländerbehörden zuständig, die aber unter Umständen die Rückführung vorübergehend aussetzen und eine Duldung oder befristete Aufenthaltserlaubnis erteilen können, wenn Rückführungshindernisse vorliegen, die bei der Entscheidung des BAMF nicht berücksichtigt wurden oder berücksichtigt werden konnten. Wer sich weigert, freiwillig nach einer abgelehnten Asylantragstellung auszureisen, erhält ein *gesetzliches Einreise- und Aufenthaltsverbot*, das durch das BAMF befristet wird. Die Umsetzung dieses Verbotes erfolgt durch die Ausländerbehörden.

Abbildung 4

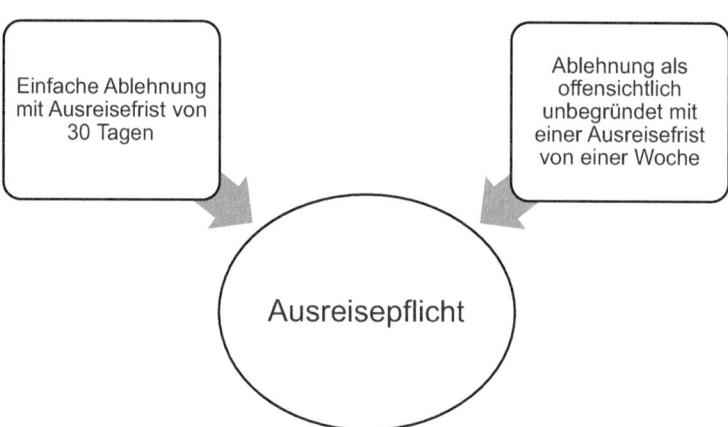

Ist der Schutzstatus geringer als gewünscht (z.B. Subsidiärer Schutz statt anerkannter Flüchtling oder Asylberechtigung) oder wird der Antrag auf Schutz abgelehnt, besteht die Möglichkeit, hiergegen *Rechtsmittel* einzureichen. Als Rechtsmittel steht den betroffenen Ausländer*innen die *Klage zum Verwaltungsgericht* und ggf. *einstweiliger Rechtsschutz* zur Verfügung. Klagen gegen Entscheidungen des BAMF nach dem AsylG müssen *innerhalb von zwei Wochen nach Zustellung* der Entscheidung erhoben werden, der Antrag auf einstweiligen Rechtsschutz nach § 80 Abs. 5 VwGO (Anordnung der aufschiebenden Wirkung, → Teil 3 Kap. 2.3) *innerhalb von einer Woche* (§ 74 Abs. 1 Satz 1 AsylG). Kommt das Gericht zu dem Ergebnis, dass der*dem Ausländer*in ein Schutz zugestanden hätte, dann hebt es die Entscheidung auf und verpflichtet das BAMF, den Schutz zu gewähren. Neben einer gerichtlichen Abänderung kann auch das BAMF seine Entscheidung korrigieren. So kann es die Anerkennung der Asylberechtigung oder der Flüchtlingseigenschaft widerrufen, wenn die Voraussetzungen hierfür nicht mehr vorliegen, weil z.B. die Verfolgungs- und Gewaltsituation im Herkunftsstaat beendet ist oder wenn Ausschlussgründe für die Erteilung bekannt werden. Die Anerkennung kann außerdem zurückgenommen werden, wenn falsche Angaben gemacht wurden oder entscheidende Tatsachen verschwiegen wurden.

6. Landesinterne Verteilung

Mit der Entscheidung des BAMF, längstens aber 18 Monate (sechs Monate bei minderjährigen Kindern, ihren Eltern und volljährigen, ledigen Geschwistern längstens) endet i.d.R. die Pflicht, in der Aufnahmeeinrichtung zu wohnen (§ 47 Abs. 1 Satz 1 AsylG). In Ausnahmefällen kann die Wohnpflicht länger oder kürzer sein (vgl. § 47 Abs. 1 Sätze 3 und 4., Abs. 1a und 1b, § 48 AsylG). Im Fall einer positiven Entscheidung des BAMF werden die Ausländer*innen von den Bundesländern landesintern verteilt (§ 50 AsylG).

2.3 Überblick über den Aufenthaltsstatus geflüchteter Menschen

Wird der Asylantrag positiv entschieden, haben die geflüchteten Menschen ein **Aufenthaltsrecht**, das sich aus dem Aufenthaltsgesetz ableitet. Die Aufenthaltserlaubnis erteilt die zuständige Ausländerbehörde.

1. *Asylberechtigung* nach Art. 16a GG

Die Anerkennung der Asylberechtigung nach Art. 16a GG führt zu einer Aufenthaltserlaubnis für drei Jahre, die verlängert werden kann (§§ 25 Abs. 1, 26 Abs. 1 Satz 1 AufenthG). Der Anspruch entfällt, wenn ein besonders schwerwiegendes Ausweisungsinteresse vorliegt (§ 25 Abs. 1 Satz 2 i.V.m. § 53 Abs. 3a AufenthG). Bereits mit der Aufenthaltserlaubnis besteht ein unbeschränkter Zugang zum Arbeitsmarkt und Anspruch auf Familiennachzug. Familiennachzug meint dabei zunächst den Nachzug von minderjährigen Kindern und Ehegatt*innen bzw. eingetragenen Lebenspartner*innen. Nach drei oder fünf Jahren Aufenthaltserlaubnis können anerkannte Asylberechtigte eine Niederlassungserlaubnis erhalten (§ 26 Abs. 3 AufenthG).

2. *Anerkennung als Geflüchtete*r nach § 3 Abs. 1 AsylG*

Anerkannte Geflüchtete nach § 3 Abs. 1 AsylG i.V.m. der GFK erhalten ebenfalls eine Aufenthaltserlaubnis für drei Jahre, die verlängert werden kann (§ 25 Abs. 2 Satz 1 Alt. 1, § 26 Abs. 1 Satz 2 AufenthG). Auch hier entfällt der Anspruch, wenn ein besonders schwerwiegendes Ausweisungsinteresse vorliegt (§ 25 Abs. 2 Satz 2 i.V.m. Abs. 1 Satz 2, § 53 Abs. 3a AufenthG). Mit der Aufenthaltserlaubnis für anerkannte Geflüchtete besteht ebenfalls ein unbeschränkter Zugang zum Arbeitsmarkt und Anspruch auf Familiennachzug. Nach drei oder fünf Jahren Aufenthaltserlaubnis können anerkannte Geflüchtete eine Niederlassungserlaubnis erhalten (§ 26 Abs. 3 AufenthG).

3. *Anerkennung als Subsidiär Schutzberechtigter nach § 4 Abs. 1 AsylG*

Subsidiär Schutzberechtigte nach § 4 Abs. 1 AsylG erhalten eine Aufenthaltserlaubnis für ein Jahr, die für zwei weitere Jahre verlängert werden kann (§ 25 Abs. 2 Satz 1 Alt. 2, § 26 Abs. 1 Satz 3 AufenthG). Auch hier entfällt der Anspruch, wenn ein besonders schwerwiegendes Ausweisungsinteresse vorliegt (§ 25 Abs. 2 Satz 2 i.V.m. Abs. 1 Satz 2, § 53 Abs. 3a AufenthG). Ein Anspruch auf Familiennachzug zu subsidiär Schutzberechtigten besteht nicht (§ 30 Abs. 1 Satz 1 Nr. 3 Buchstabe e) Halbsatz 2 AufenthG). Der Familiennachzug kann aber aus humanitären Gründen und im Rahmen eines Kontingents von 1.000 Personen pro Monat gewährt werden (§ 36a Abs. 2 AufenthG). Nach fünf Jahren Aufenthaltserlaubnis können Subsidiär Schutzberechtigte eine Niederlassungserlaubnis erhalten (§ 26 Abs. 4 AufenthG).

4. Abschiebungsverbot – § 60 Abs. 5 und 7 AufenthG

Ausländer*innen, bei denen ein Abschiebeverbot nach § 60 Abs. 5 oder Abs. 7 AufenthG vorliegt, sollen eine Aufenthaltserlaubnis für mindestens ein Jahr erhalten (§ 25 Abs. 3 Satz 1 AufenthG). Eine Verlängerung der Aufenthaltserlaubnis ist möglich. Ein Abschiebeverbot besteht

- nach § 60 Abs. 5 AufenthG, wenn sich aus der EMRK ein nationales, zielstaatenbezogenes Abschiebeverbot ergibt und
- nach § 60 Abs. 7 AufenthG, wenn im Zielstaat für die*den Ausländer*in eine erhebliche konkrete Gefahr für Leib, Leben oder Freiheit besteht.

Eine Aufenthaltserlaubnis wegen Abschiebeverbots wird nur gewährt, wenn kein *Ausschlussgrund* vorliegt. Geflüchtete Menschen erhalten dann keinen Schutz, wenn die*der Ausländer*in

- in einen anderen Staat ausreisen kann und dies zumutbar ist,
- wiederholt oder gröblich gegen entsprechende Mitwirkungspflichten verstößt,
- Kriegsverbrechen oder eine schwere nichtpolitische Straftat außerhalb des Bundesgebiets begangen hat,
- den Zielen und Grundsätzen der Vereinten Nationen zuwider gehandelt hat,
- als Gefahr für die Sicherheit der Bundesrepublik Deutschland anzusehen ist oder
- eine Gefahr für die Allgemeinheit bedeuten, weil sie wegen eines Verbrechens oder besonders schweren Vergehens rechtskräftig zu einer Freiheitsstrafe verurteilt worden sind.

Eine Beschäftigung ist mit Erlaubnis der Ausländerbehörde möglich; einen Anspruch auf Familiennachzug haben Betroffene nicht. Nach fünf Jahren Aufenthaltserlaubnis können Ausländer*innen mit einer Aufenthaltserlaubnis wegen Abschiebeverbots eine Niederlassungserlaubnis erhalten (§ 26 Abs. 4 AufenthG).

Familienasyl

Halten sich mehrere Mitglieder einer Familie in Deutschland auf und hat eine Person Asyl, eine Anerkennung als Flüchtling oder subsidiären Schutz erhalten (sog. stammberechtigte Person), erhalten alle Mitglieder der Familie diesen Schutzstatus (sog. *Familienasyl*).
Als Familienmitglieder gelten:

- Ehegatt*innen,
- eingetragene Lebenspartner*innen,
- minderjährige ledige Kinder,

- sorgeberechtigte Eltern oder andere sorgeberechtigte Personen eines minderjährigen ledigen Kindes und
- minderjährige ledige Geschwister eines minderjährigen Kindes.

3. Sozialleistungen für geflüchtete Menschen

Welche Sozialleistungen geflüchtete Menschen erhalten, bestimmt sich danach, in welchem *Stadium* sich das *Verfahren* befindet und zum Teil auch danach, wie lange sich die Menschen in Deutschland bereits aufhalten. Für existenzsichernde Leistungen gilt im Wesentlichen bis zu einer (positiven) Entscheidung über den Asylantrag das Asylbewerberleistungsgesetz; mit einem legalen Aufenthaltsstatus (Aufenthaltserlaubnis) erhalten die Menschen i.d.R. existenzsichernde Leistungen wie deutsche Staatsbürger*innen. Wird allerdings der Antrag auf Asyl oder internationalen Schutz abgelehnt, verbleiben die Menschen im Asylbewerberleistungsgesetz. Das Gesetz wurde in den vergangenen Jahren – zunächst ausgelöst durch die Entscheidung des Bundesverfassungsgerichts im Jahr 2012 – mehrfach geändert, zuletzt mit dem Rückführungsverbesserungsgesetz, das eine wesentliche Verschlechterung für Leistungsberechtigte, die länger in Deutschland leben, beinhaltet und die den Bezug von sog. Analogleistungen betreffen (§ 2 AsylbLG, → Kap. 3.4.2). Das BVerfG hat im Oktober 2022 entschieden, dass der Regelbedarf eines alleinstehenden Leistungsberechtigten nach dem AsylbLG mit Anspruch auf sog. Analogleistungen (→ Kap. 3.4.2) nicht deshalb auf die Regelbedarfsstufe 2 abgesenkt werden darf, weil er mit einer weiteren Person in einem Zimmer untergebracht ist.[21] Die insoweit notwendig gewordene Neuregelung steht noch aus. Nach Verabschiedung des Rückführungsverbesserungsgesetzes und des DÜV-Anpassungsgesetzes (→ Kap. 1) wurden weitere Leistungen im Zusammenhang mit dem Gesetzentwurf zur Einführung der Kindergrundsicherung diskutiert.[22]

---

21 BVerfG, Beschluss vom 19.10.2022 – 1 BvL 3/21, NJW 2022, S. 37.
22 Vgl. zum Gesetzentwurf zur Einführung einer Kindergrundsicherung BT-Drucks. 20/9092.

3.1 Leistungen nach dem Asylbewerberleistungsgesetz – Überblick

Das AsylbLG kennt folgende Leistungen:

Abbildung 5

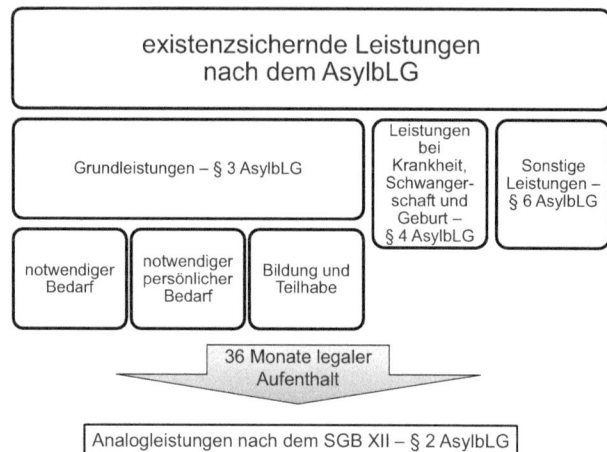

Der *notwendige Bedarf* beinhaltet Leistungen zur Deckung des Bedarfs an Ernährung, Unterkunft, Heizung, Kleidung, Gesundheitspflege und Gebrauchs- und Verbrauchsgütern des Haushalts. Dieser Bedarf wird in der Regel bei einer Unterbringung in Aufnahmeeinrichtungen nach § 44 Abs. 1 AsylG durch Sachleistungen gedeckt (§ 3 Abs. 2 Satz 1 AsylbLG) Kleidung kann, wenn sie nicht direkt geleistet werden kann, in Form von Bezahlkarten , Wertgutscheinen oder anderen vergleichbaren unbaren Abrechnungen gewährt werden. Gebrauchsgüter des Haushalts (z.B. Waschmaschine, Kühlschrank, Mikrowelle) können leihweise zur Verfügung gestellt werden; halten sich geflüchtete Menschen in Gemeinschaftsunterkünften auf, stellen diese die entsprechenden Geräte zur Verfügung.

Der *notwendige persönliche Bedarf* umfasst Leistungen zur Deckung persönlicher Bedürfnisse des täglichen Lebens. Dieser soll bei Unterbringung in einer Aufnahmeeinrichtung durch Sachleistungen gedeckt werden, sofern diese mit vertretbarem Verwaltungsaufwand möglich ist; anderenfalls können die Leistungen in Form von Bezahlkarten, Wertgutscheinen, von anderen vergleichbaren unbaren Abrechnungen oder von Geldleistungen erbracht werden (vgl. § 3 Abs. 2 Sätze 4 und 5 AsylbLG).

Bezahlkarte

Mit dem DÜV-AnpassG wurde die Leistungsgewährung mit Hilfe der Bezahlkarte ausdrücklich in das AsylbLG, nämlich in § 2 Abs. 2, § 3 Abs. 2 Satz 2, 5, Abs. 3 Satz 2, 3, 5, 6, Abs. 5 Satz 1, § 11 Abs. 2 Satz 3 AsylbLG, aufgenommen. Doch auch schon vorher war die Leistungsgewährung mit Hilfe der Bezahlkarte

> möglich, nämlich in Form von sog. *„unbaren Abrechnungen"*. Eine Bezahlkarte ist eine guthabenbasierte Karte mit Abbuchungsfunktion und ohne Kontobindung, die als Ersatz für Bargeld fungiert und eine elektronische Bezahlung in Geschäften und bei Dienstleistern ermöglichen soll.[23]

Bei einer Unterbringung außerhalb von Aufnahmeeinrichtungen wird der notwendige Bedarf durch Geld- oder Sachleistungen oder in Form von Bezahlkarten, Wertgutscheinen oder anderen unbaren Abrechnungen gedeckt. Das gilt ebenso für den Bedarf für Unterkunft, Heizung, Hausrat sowie für Wohnungsinstandhaltung und Haushaltsenergie. Auch außerhalb von Einrichtungen soll der notwendige persönliche Bedarf in Form von Bezahlkarten oder durch Geldleistungen gedeckt werden; in Gemeinschaftsunterkünften nach § 53 AsylG kann der notwendige persönliche Bedarf soweit wie möglich auch durch Sachleistungen (§ 3 Abs. 3 AsylbLG).

Die Möglichkeit, Leistungen nach dem AsylbLG mittels einer Bezahlkarte zu erbringen – nach politischem Wunsch auch noch mit eingeschränkter Bargeldabhebefunktion – wurde mit der Änderung des AsylbLG durch das DÜV-AnpassG (→ Kap. 1) eingefügt. Vorrangiges Ziel der Neuregelungen ist die Schaffung bundeseinheitlicher Regelungen zur Bezahlkarte und die Ausweitung ihres Einsatzes.[24] Weiterhin soll verhindert werden, dass asylbewerberleistungsberechtigte Menschen Geld in ihre Herkunftsländer überweisen[25] und Schlepper bezahlen.[26]

Bei Kindern, Jugendlichen und jungen Erwachsenen werden zu dem notwendigen und dem notwendigen persönlichen Bedarf auch *Bedarfe für Bildung und Teilhabe* berücksichtigt.

Die *Gesundheitsversorgung* richtet sich nicht nach den Leistungen der Gesetzlichen Krankenversicherung, sondern unterliegt den besonderen Vorschriften des § 4 AsylbLG.

Die *sonstigen Leistungen* sind Leistungen, die dann gewährt werden, wenn sie im Einzelfall zur Sicherung des Lebensunterhalts oder der Gesundheit unerlässlich, zur Deckung besonderer Bedürfnisse von Kindern geboten oder zur Erfüllung einer verwaltungsrechtlichen Mitwirkungspflicht erforderlich sind. Es handelt sich hierbei um eine leistungsrechtliche Auffang- und Öffnungsklausel, die angesichts der ansonsten pauschalierten Leistungen des Asylbewerberleistungsgesetzes Gerechtigkeit im Einzelfall bei atypischen Bedarfslagen schaffen und so dem verfassungsrechtlichen Gebot der Sicherung des Existenzminimums dienen soll.

---

[23] BT-Drs. 20/11006, S. 99.
[24] BT-Drs. 20/11006, S. 4, 99.
[25] Tatsächlich gibt es keinen belastbaren Fakten, dass Asylbewerberleistungsberechtigte Geld in ihre Herkunftsländer überweisen; die Zahlen sind nach Schätzungen der Bundesbank eher rückläufig. Der Großteil von Rücküberweisungen geht an Angehörige in Europa, in die Türkei und in die Ukraine und betrifft damit i.d.R. Personen, die keine Leistungen nach dem AsylbLG erhalten. Die Rücküberweisungen, die in die „typischen Asylherkunftsländer" wie Syrien, Irak oder Afghanistan gehen, werden i.d.R. von Geflüchteten getätigt, die in Deutschland einen Job gefunden haben und hier Geld verdienen, vgl. hierzu m.w.N. https://mediendienst-integration.de/fileadmin/Dateien/MEDIENDIENST_INTEGRATION_Remittances_Factsheet_final.pdf (10.3.2024).
[26] Zur Verfassungsmäßigkeit der Bezahlkarte vgl. Seidl, https://verfassungsblog.de/bar-oder-mit-karte/ (10.3.2024).

Neben diesen Leistungen enthält das AsylbLG Regelungen zur möglichen Verpflichtung von Asylberechtigten in Aufnahmeeinrichtungen nach § 44 AsylG zu Arbeitsgelegenheiten (§ 5 AsylbLG) und zur Integration (§ 5b AsylbLG).

3.2 Grenzübertritt und Ankunft

Haben Asylsuchende erfolgreich die deutsche Grenze (i.d.R. auf dem Landweg) überschritten, werden sie nach ihrer Ankunft in Deutschland registriert und – ggf. in einem anderen Bundesland als dem, in dem sie angekommen sind – auf die Ankunftszentren bzw. in die Erstaufnahmeeinrichtungen verteilt. Erforderlich ist dafür, dass sie ein **Asylgesuch** stellen, d.h. deutlich machen, dass sie in Deutschland Asyl beantragen wollen. Vgl. hierzu (→ Kap. 2.2).

Asylgesuch

Ein Asylgesuch ist ein Asylantrag bei einer unzuständigen Behörde. Flüchtlinge machen gegenüber Grenzbehörden, Ausländerbehörden oder Polizei deutlich, dass sie um Asyl in Deutschland nachsuchen und werden an die zuständige oder, wenn diese noch nicht bekannt ist, an die nächstgelegene Aufnahmeeinrichtung zur Meldung weitergeleitet.

Asylantrag

Der Asylantrag ist der Antrag, der i.d.R. bei einer Außenstelle des BAMF gestellt wird, die für die Aufnahme der Flüchtlinge zuständigen Aufnahmeeinrichtung zugeordnet ist (§ 14 Abs. 1 AsylG). Er kann unter bestimmten Umständen auch bei Bundesamt direkt oder bei der Ausländerbehörde gestellt werden, die ihn dann an die zuständige Außenstelle weiterleitet (§ 14 Abs. 2 AsylG).

Bei Personen, die auf dem Luftweg einreisen, ist das Verfahren nicht anders, es sei denn, sie unterfallen dem sog. *Flughafenverfahren* (§ 18a AsylG). Dies ist ein Schnellverfahren für Personen aus sicheren Herkunftsstaaten und Personen ohne gültigen Pass oder Passersatz; unbegleitete minderjährige Flüchtlinge werden davon nicht erfasst.

Grenzbehörden, Polizei oder Ausländerbehörden stellen eine sog. *Anlaufbescheinigung* aus. Hierbei handelt es sich um die (gesetzlich nicht geregelte[27]) Aufforderung, sich innerhalb einer bestimmten Frist in das zuständige Ankunftszentrum bzw. die zuständige Erstaufnahmeeinrichtung zu begeben. Sie überbrückt die Zeit bis zur Ausstellung des Ankunftsnachweises. Ist für die Aufnahme des Asylantrags ein anderes Bundesland zuständig – die Prüfung läuft nach dem EASY-Verfahren (→ Kap. 2.2) – erhalten Asylsuchende eine Fahrkarte und ggf. Proviant, um zu der zuständigen Erstaufnahmeeinrichtung bzw. zum zuständigen Ankunftszentrum zu fahren. Sie sind verpflichtet, sich unverzüglich, spätestens bis zu dem in der Anlaufbescheinigung genannten Termin in der Einrichtung persönlich zu melden. Kommen sie dieser Verpflichtung nicht nach, werden sie so behandelt, als hätten sie einen gestellten Asylantrag zurückgenommen. Auf diese Weise geht der Asylanspruch verloren (§ 22 Abs. 3 Satz 2 i.V.m. § 33 Abs. 1, 5, 6 AsylG), es sei denn, sie

---

[27] BT-Drucks. 18/7834, S. 3.

können nachweisen, dass sie die verspätete oder versäumte Meldung nicht selbst verschuldet haben. Darüber müssen die Asylsuchenden in ihrer jeweiligen Sprache belehrt werden.

3.3 In der zuständigen Erstaufnahmeeinrichtung / Im Ankunftszentrum

Welche Sozialleistung Asylsuchende in der *Erstaufnahmeeinrichtung* erhalten, richtet sich danach, ob sie bereits einen Ankunftsnachweis erhalten haben und der Aufenthalt ihnen damit förmlich gestattet ist.

> **Ankunftsnachweis – § 63a Abs. 1 Satz 1 AsylG**
>
> Einem Ausländer, der um Asyl nachgesucht hat und nach den Vorschriften des Asylgesetzes oder des Aufenthaltsgesetzes erkennungsdienstlich behandelt worden ist, aber noch keinen Asylantrag gestellt hat, wird unverzüglich eine Bescheinigung über die Meldung als Asylsuchender (Ankunftsnachweis) ausgestellt.

Der *Ankunftsnachweis* ist das Dokument, das den Zeitraum zwischen erkennungsdienstlicher Behandlung und Registrierung bis zum förmlichen Asylantrag beim BAMF „überbrückt" und den Aufenthalt der Asylsuchenden in Deutschland legitimiert. Da der Asylantrag persönlich beim BAMF gestellt werden muss (§ 23 AsylG), können zwischen Ankunft in Deutschland und dem Termin zur Asylantragstellung mehrere Monate vergehen.[28] Der Ankunftsnachweis wird i.d.R. auf sechs Monate befristet und kann um jeweils längstens drei Monate verlängert werden (§ 63a Abs. 2 AsylG), wenn

- Asylsuchende keinen Termin beim BAMF zur förmlichen Antragstellung in der Sechs-Monats-Frist erhalten haben oder
- dieser Termin außerhalb der Frist liegt oder
- Asylsuchende einen entsprechenden Termin aus Gründen nicht wahrnehmen können, die sie nicht selbst verschuldet haben (z.B. weil sie krank geworden sind).

> **Zuständig für die Ausstellung, die Änderung der Anschrift und die Verlängerung des Ankunftsnachweises sind (§ 63a Abs. 3 AsylG):**
>
> => die Aufnahmeeinrichtung, auf die Asylsuchende verteilt worden sind, sofern nicht dort die zugeordnete Außenstelle des BAMF die Registrierung (erkennungsdienstliche Behandlung oder Verarbeitung der personenbezogenen Daten) übernimmt.
> Sind Asylsuchende nicht mehr verpflichtet, in der Aufnahmeeinrichtung zu wohnen, ist
> => die Ausländerbehörde zuständig, in deren Bezirk die Asylsuchenden zu wohnen verpflichtet sind bzw. in deren Bezirk sie sich tatsächlich aufhalten

---

[28] Vgl. BT-Drucks. 18/7834, S. 4: Zu Beginn des Jahres 2016 betrug die durchschnittliche Wartefrist vom Asylgesuch bis zum förmlichen Asylantrag in Berlin neun bis zehn Monate.

3.3.1 Vor Erteilung des Ankunftsnachweises

Auch wenn der Ankunftsnachweis nach § 63a AsylG unverzüglich zu erteilen ist, kann es aus verschiedenen Gründen, die sowohl in der Verantwortung der Asylsuchenden (z.B. fehlende Mitwirkung bei der Registrierung) als auch in der Verantwortung der ausstellenden Behörden (z.B. technische Probleme bei der Ausstellung) liegen können, zur Verzögerung kommen. In dieser Zeit erhalten Leistungsberechtigte *anstelle der Grundleistungen* (§ 3 AsylbLG), der analogen Leistungen nach dem SGB XII (§ 2 AsylbLG) und der sonstigen Leistungen (§ 6 AsylbLG) folgende eingeschränkte Leistungen (§ 11 Abs. 2a i.V.m. § 1 Abs. 1 Nr. 1a, § 1a Abs. 1 AsylbLG):

Abbildung 6

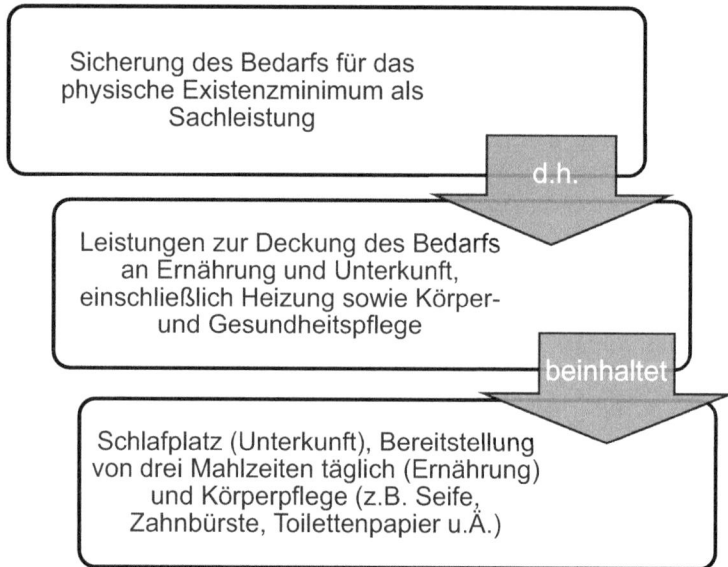

Es handelt sich bei diesen Leistungen um eine Art „reduziertes physisches Existenzminimum"[29] oder einen „*Überbrückungsbedarf*"[30].

In bestimmten Fällen werden die Leistungen für die Berechtigen *nicht eingeschränkt*, auch wenn der Ankunftsnachweis noch nicht ausgestellt wurde (§ 11 Abs. 2a Satz 2 AsylbLG). Das gilt dann, wenn

1. die erkennungsdienstliche Behandlung, die für die Erstellung eines Ankunftsnachweises nach § 63a AsylG vorausgesetzt wird, bereits erfolgt ist,
2. die Leistungsberechtigten in der Aufnahmeeinrichtung, in die sie zugewiesen wurden, bereits aufgenommen sind und wenn
3. sie die fehlende Ausstellung nicht zu vertreten haben.

---

29 Vgl. BeckOK MigR/Decker AsylbLG § 1a Rn. 12.
30 BT-Drucks. 18/7538, S. 24.

Asylsuchende haben die fehlende Ausstellung des Ankunftsnachweises insbesondere dann nicht zu vertreten, wenn die technischen Voraussetzungen nicht vorliegen oder z.B. aufgrund des Andrangs Asylsuchender oder anderer organisatorischer Schwierigkeiten die Behörden mit der Ausstellung nicht hinterherkommen.[31] Sie haben die fehlende Ausstellung andererseits vor allem dann zu vertreten, wenn sie Mitwirkungspflichten verletzt haben. Die für ein Verschulden entscheidenden *Mitwirkungspflichten* sind in § 15 Abs. 2 AsylG geregelt und betreffen:

- die Verpflichtung, die erforderlichen *Angaben* mündlich und ggf. auch schriftlich an die für die Durchführung des AsylG zuständigen Behörden (vor allem dem BAMF bzw. der Ausländerbehörde, wenn sie im Auftrag des BAMF tätig wird) wahrheitsgemäß und nach bestem Wissen und Gewissen zu machen (Nr. 1),
- die Verpflichtung, sich bei bestimmten Behörden oder Einrichtungen zu *melden oder persönlich zu erscheinen*, wenn die gesetzlich oder behördlich angeordnet ist (Nr. 3),
- die Verpflichtung, den *Pass* oder den Passersatz den zuständigen Behörden *vorzulegen*, auszuhändigen und zu überlassen (Nr. 4),
- die Verpflichtung, alle erforderlichen *Urkunden* und sonstigen Unterlagen, die Asylsuchende in ihrem Besitz haben, *vorzulegen*, auszuhändigen und zu überlassen (Nr. 5) und
- die Verpflichtung, *erkennungsdienstliche Maßnahmen* zu dulden (Nr. 7).

Vertretenmüssen der fehlenden Ausstellung eines Ankunftsnachweises
Insbesondere die Feststellung, ob Asylsuchende die Nichtausstellung des Ankunftsnachweises zu vertreten haben, kann in der Praxis schwierig sein. Die Gesetzesbegründung geht davon aus, dass sich die Beschränkung des Anspruchs auf die reduzierten Leistungen auf nur wenige Tage belaufen wird. Werden der Ankunftsnachweis trotz Einhaltung des vorgesehenen Verfahrens nicht ausgestellt und keine vollen Leistungen nach dem AsylbLG erbracht, sollte unter Umständen ein Eilantrag auf eine einstweilige Anordnung beim Sozialgericht gestellt werden.

Das *Verschulden* setzt ein bewusstes Fehlverhalten voraus. Das ist besonders dann problematisch, wenn es sich bei denjenigen, deren Leistungen eingeschränkt werden, um Kinder handelt.

Die *sachliche Zuständigkeit* für Leistungen regelt § 10 AsylbLG. Zuständig sind die von den Landesregierungen oder den von ihnen beauftragten obersten Landesbehörden zur Durchführung des AsylbLG benannten Leistungsträger.

Die *örtliche Zuständigkeit* der Leistungsträger regelt § 10a AsylbLG. Nach Abs. 1 Satz 1 dieser Vorschrift sind diejenigen Leistungsträger örtlich zuständig, in deren Bereich die Leistungsberechtigten nach dem AsylG oder AufenthG verteilt oder zugewiesen worden sind. Daher sind die Leistungsträger örtlich zuständig, in deren Bereich sich die zugewiesene Erstaufnahmeeinrichtung befindet.

---

31 Vgl. BT-Drucks. 18/7538, S. 24.

Leistungen nach dem Asylbewerberleistungsgesetz sind *nicht antragspflichtig*, allerdings muss die zuständige Behörde oder der zuständige Leistungsträger *Kenntnis* vom Hilfebedarf des Asylsuchenden haben. Dies gilt nach § 6b AsylbLG für alle Leistungen nach den §§ 3, 4 und 6 – die Vorschrift verweist hierbei auf § 18 SGB XII.

In der Regel werden die Flüchtlinge von der Ausländerbehörde an die für die Erbringung der Leistungen nach dem AsylbLG zuständigen Leistungsträger (v.a. Sozialämter) verwiesen, teilweise registrieren die Mitarbeiter*innen des zuständigen Leistungsträgers die Flüchtlinge direkt in den Ankunftszentren, teilweise erhalten die Leistungsträger Ankunftslisten von den Betreibern der Unterkunft.

Zusammenfassung: Leistungen vor Erteilung des Ankunftsnachweises

Sozialleistung	Rechtsgrundlage	Inhalt der Leistung	Zuständigkeit	Antrag	zu beachten!
Existenzsichernde Leistungen	§ 11 Abs. 2a i.V.m. § 1 Abs. 1 Nr. 1a, § 1a Abs. 2 AsylbLG	physisches Existenzminimum als Sachleistung	von Landesbehörde bestimmte Stellen	nein, Kenntnisgrundsatz	maximal sechs Monate, keine Kürzung, wenn fehlende Ausstellung nicht selbst verschuldet

3.3.2 Nach Erteilung des Ankunftsnachweises

Haben Asylsuchende ihren Ankunftsnachweis erhalten und sind in einem Ankunftszentrum oder einer *(Erst)Aufnahmeeinrichtung* i.S.d. § 44 AsylG aufgenommen, sind sie nach § 1 Abs. 1 Nr. 1 AsylbLG uneingeschränkt leistungsberechtigt.

(Erst)Aufnahmeeinrichtungen i.S.d. § 44 AsylG

Es handelt sich hierbei um Aufnahmeeinrichtungen für die Unterbringung Asylbegehrender in den einzelnen Bundesländern, die geschaffen und unterhalten werden müssen, um die Anzahl Asylbegehrender entsprechend den Aufnahmequoten unterzubringen. Ausländer*innen, die einen Asylantrag stellen wollen oder zu stellen haben, sind verpflichtet, bis zur Entscheidung über den Antrag oder im Fall der Ablehnung bis zur Ausreise, in der Regel aber längstens bis zu 18 Monaten in der Aufnahmeeinrichtung zu wohnen (bei minderjährigen Kindern längstens bis zu sechs Monaten). In bestimmten Ausnahmefällen müssen Ausländer*innen auch länger als 18 Monate in der Aufnahmeeinrichtung wohnen (z. B. bei bestimmten Mitwirkungspflichtverletzungen). Asylsuchende aus den sicheren Herkunftsländern bleiben bis zur Entscheidung über ihren Asylantrag und dann – bei Ablehnung des Antrags – bis zur Ausreise bzw. zum Vollzug der Abschiebungsandrohung oder -anordnung in diesen Aufnahmeeinrichtungen wohnen. In den Aufnahmeeinrichtungen sind die Asylsuchenden innerhalb von 15 Tagen nach Asylantragstellung möglichst schriftlich und in einer Sprache, deren Kenntnis vernünftigerweise vorausgesetzt werden kann, auf ihre Rechte und Pflichten nach dem AsylbLG hinzuweisen (§ 47 Abs. 4 AsylG).

Der Ankunftsnachweis steht der Aufenthaltsgestattung nach dem AsylG gleich (vgl. § 55 Abs. 1 Satz 1 AsylG).

Aufenthaltsgestattung nach dem AsylG (§ 55 Abs. 1 AsylG)

Einem Ausländer, der um Asyl nachsucht, ist zur Durchführung des Asylverfahrens der Aufenthalt im Bundesgebiet ab Ausstellung des Ankunftsnachweises gestattet.

Zuständigkeit für die Leistungen nach dem AsylbLG

Leistungen nach dem AsylbLG werden von den (sachlich zuständigen) Behörden und Kostenträgern erbracht, die durch die Landesregierungen oder den von ihnen bestimmten obersten Landesbehörden bestimmt sind (§ 10 AsylbLG). Bis zur Entlassung aus den Erstaufnahmeeinrichtungen sind in den einzelnen Bundesländern folgende Behörden zuständig:

Baden-Württemberg	Aufnahmebehörden – hier insbesondere Regierungspräsidium Karlsruhe als höhere Aufnahmebehörde als Landeserstaufnahmeeinrichtung – hier auch zuständig für die Leistungen nach dem AsylbLG in Erstaufnahmeeinrichtungen
Bayern	Regierungen der Bezirke als Betreiberinnen von Aufnahmeeinrichtungen für Asylbewerber (ANKER)
Berlin	Landesamt für Flüchtlingsangelegenheiten
Brandenburg	Zentrale Ausländerbehörde für Leistungsberechtigte in Aufnahmeeinrichtungen
Bremen	Senatorin für Soziales, Kinder, Jugend, Integration und Sport für Leistungsberechtigte in Aufnahmeeinrichtungen
Hamburg	in der Regel bei der Behörde für Inneres und Sport für Leistungsberechtigte in Aufnahmeeinrichtungen

Hessen	Landeseinrichtung für Leistungsberechtigte in Aufnahmeeinrichtungen – Regierungspräsidium Gießen für Erstaufnahmeeinrichtungen, Verteilung über Regierungspräsidium Darmstadt
Mecklenburg-Vorpommern	Landesamt für innere Verwaltung, Amt für Migration und Flüchtlingsangelegenheiten in Aufnahmeeinrichtungen
Niedersachsen	Landesaufnahmebehörde Niedersachsen für Leistungsberechtigte in Aufnahmeeinrichtungen (Standorte: Braunschweig, Bramsche, Friedland)
Nordrhein-Westfalen	Bezirksregierung in deren Bezirk die Aufnahmeeinrichtung liegt
Rheinland-Pfalz	Aufnahme- und Dienstleistungsdirektion für in Aufnahmeeinrichtungen untergebrachte Leistungsberechtigte
Saarland	Landesverwaltungsamt für Leistungsberechtigte in Aufnahmeeinrichtungen
Sachsen	Landesdirektion Sachsen
Sachsen-Anhalt	Landkreise und kreisfreie Städte
Schleswig-Holstein	Landesamt für Zuwanderung und Flüchtlinge für Leistungsberechtigte in Aufnahmeeinrichtungen
Thüringen	Landesverwaltungsamt für die Durchführung des Asylbewerberleistungsgesetzes

3. Sozialleistungen für geflüchtete Menschen

a) Grundleistungen

Asylsuchende erhalten als Leistungen zur Sicherung des Lebensunterhalts zunächst die Grundleistungen nach § 3 AsylbLG:

Abbildung 7

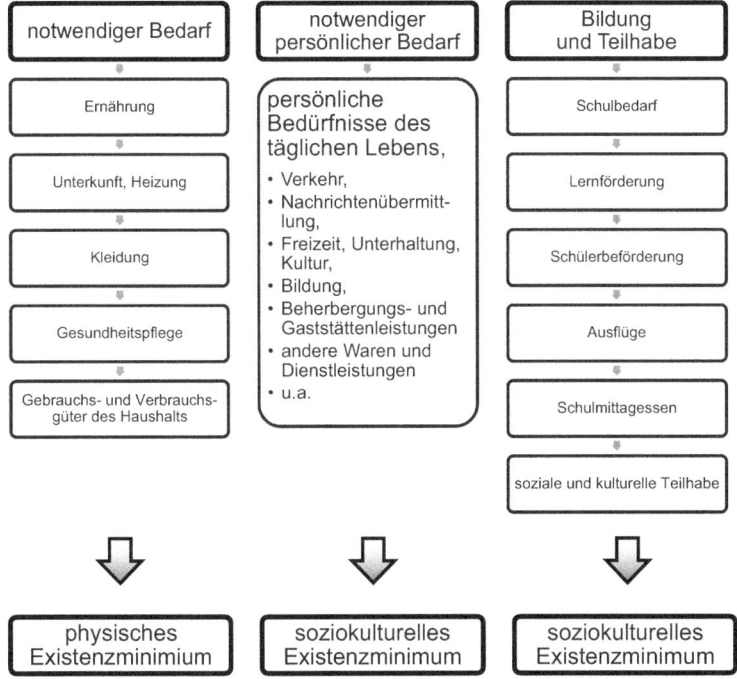

Der *notwendige Bedarf* zur Sicherung des physischen Existenzminimums ist in den Erstaufnahmeeinrichtungen zwingend als Sachleistung zu erbringen. Davon sind die folgenden Bedarfe erfasst (§ 3 Abs. 1 Satz 1 AsylbLG):

1. Ernährung: Die Organisation der Ernährung obliegt den Leistungserbringern, Fertigmahlzeiten und Lunchpakete sind möglich, wobei besonderen ernährungsphysiologischen und religiösen Gewohnheiten Rechnung getragen werden soll. Benötigt jemand eine spezielle Krankenkost, muss diese über § 6 AsylbLG finanziert werden.

2. Unterkunft: Sie wird in Form eines Schlafplatzes in der Erstaufnahmeeinrichtung gewährt. Räumliche Enge wird dabei häufig nicht zu vermeiden sein, allerdings muss ein Mindeststandard gewährleistet sein, der ein nicht gesundheitsgefährdendes, menschenwürdiges Wohnen ermöglicht.[32]

---

[32] LSG Nordrhein-Westfalen 14.2.2011 – L 20 AY 46/08; LSG Niedersachsen-Bremen 15.4.2010 – L 11 AY 1/10 B ER.

3. *Heizung*: Die Leistungen werden wie der Schlafplatz unmittelbar durch den Träger der Erstaufnahmeeinrichtungen erbracht.

4. *Kleidung*: Kleidung wird häufig durch Kleiderkammern sichergestellt; sie sollte zweckmäßig, hygienisch sein und den unterschiedlichen Jahreszeiten entsprechen. Eine Leistungserbringung erfolgt sonst in Form von Bezahlkarten, Wertgutscheinen oder anderen unbaren Abrechnungen i (§ 3 Abs. 2 Satz 2 AsylbLG). Das bietet sich insbesondere dann an, wenn es sich um Unterwäsche, Socken oder Nachtkleidung handelt. Gibt es einen besonderen Bekleidungsbedarf (z.B. Umstandskleidung) muss dieser über § 6 Abs. 1 AsylbLG abgedeckt werden.

5. *Gesundheitspflege*: Hierzu gehören Pflaster, Verbandsmaterial, Fieberthermometer u.Ä. Sie werden regelmäßig unmittelbar durch den Einrichtungsbetreiber zur Verfügung gestellt.

6. *Gebrauchs- und Verbrauchsgüter des Haushalts*: Damit sind die Grundausstattung mit Einrichtungsgegenständen ebenso wie Reinigungsmittel, Waschmittel, Lappen u.Ä. gemeint. Diese werden i.d.R. in einer Aufnahmeeinrichtung vorgehalten; andernfalls können diese leihweise zur Verfügung gestellt werden.

Der Wert der *Sachleistungen* kann in etwa anhand der Geldbeträge ermittelt werden, die § 3a AsylbLG für den notwendigen Bedarf außerhalb von Aufnahmeeinrichtungen vorsieht. Er beträgt seit dem 1.1.2024 z.B. für volljährige alleinstehende Leistungsberechtigte 256 EUR (→ s.u.). Da in den Aufnahmeeinrichtungen die Sachleistungen insgesamt erbracht werden, lassen sich die einzelnen Posten allerdings kaum transparent aufschlüsseln.

Der *notwendige persönliche Bedarf* wird zur Deckung persönlicher Bedürfnisse des täglichen Lebens erbracht (§ 3 Abs. 1 Satz 2 AsylbLG). Er soll ein Mindestmaß an Teilhabe am Leben in der Gemeinschaft sichern und deckt damit das sog. *soziokulturelle Existenzminimum*. Das Bundesverfassungsgericht hat in seiner Entscheidung zum Asylbewerberleistungsgesetz von 2012[33] hier die Abteilungen 7 (Verkehr), 8 (Nachrichtenübermittlung), 9 (Freizeit, Unterhaltung, Kultur), 10 (Bildung), 11 (Beherbergungs- und Gaststättendienstleistungen) und 12 (Andere Waren und Dienstleistungen) der Einkommens- und Verbrauchsstichprobe (EVS) verortet gesehen. Darüber hinaus gehört auch der Bedarf an *Körperpflegemitteln* (Shampoo, Seife, Rasierklingen, Toilettenpapier u.Ä.) zum notwendigen persönlichen Bedarf, da er nicht mehr über den notwendigen Bedarf abgedeckt wird. Er wird zur Abteilung 12 gerechnet.

In den Erstaufnahmeeinrichtungen soll der notwendige persönliche Bedarf – soweit es mit *vertretbarem Verwaltungsaufwand* möglich ist – ebenfalls als *Sachleistungen* erbracht werden (§ 3 Abs. 2 Satz 4 AsylbLG). Nur dann, wenn der Verwaltungsaufwand nicht vertretbar ist – wobei die Behörden, die darüber befinden, keinen Einschätzungs- und Beurteilungsspielraum haben und dies von den Gerichten vollständig überprüft werden kann – können die Leistungen in Form von Bezahlkarten, Wertgutscheinen, unbaren Abrechnungen und *auch als Geldleistung*

---

[33] BVerfG 8.7.2012 – 1 BvL 10/10 und 2/11.

gewährt werden. Dabei sollen zwar die Bedürfnisse der Leistungsberechtigten eine Rolle spielen, ebenso sind aber auch die sparsame Verwendung von Steuermitteln und – vor allem – die Vermeidung von Fehlanreizen in der Zuwanderung zu berücksichtigen.[34] Sachleistungen im Bereich des notwendigen persönlichen Bedarfs wären z.B. die Ausgabe von Körperpflegemitteln, Fahrscheinen, Telefonkarten, Eintrittskarten, Tageszeitungen, Internet-Sticks u.Ä.

Ob Bezahlkarten, *Geld- oder Sachleistungen* für den notwendigen persönlichen Bedarf ausgegeben werden, entscheiden die Bundesländer Sofern ausschließlich Sachleistungen gewährt werden, verstößt dies nicht gegen das Grundgesetz;[35] ob die Bezahlkarten verfassungskonform ausgestaltet werden, bleibt abzuwarten.[36] Der Leistungsträger kann auch eine Mischform aus Sach- und Geldleistungen gewähren.[37]

Werden *ausschließlich Geldleistungen* für die notwendigen persönlichen Bedarfe erbracht, so beträgt der Geldbetrag seit dem 1.1.2024:[38]

Leistungsberechtigte	Höhe der Leistung
alleinstehende Leistungsberechtigte	204 EUR
zwei volljährige Leistungsberechtigte, die als Partner in einem gemeinsamen Haushalt leben	je 184 EUR
weitere volljährige Leistungsberechtigte ohne eigenen Haushalt	164 EUR
minderjährige Leistungsberechtigte vom Beginn des 15. Lebensjahres	139 EUR
leistungsberechtigte Kinder vom Beginn des 7. bis zur Vollendung des 14. Lebensjahres	137 EUR
leistungsberechtigte Kinder bis zur Vollendung des sechsten Lebensjahres	132 EUR

Der *Geldbetrag* für den notwendigen persönlichen Bedarf wird zum 1. Januar eines Jahres entsprechend § 28a SGB XII *fortgeschrieben* (§ 3a Abs. 4 AsylbLG); dies entspricht den Regelungen des SGB II und SGB XII für die Regelbedarfsstufen. Er kann auch anteilig erbracht werden; der Monat wird dann mit 30 Tagen berechnet. Hat z.B. eine asylsuchende Person ihren Ankunftsnachweis am 15.

---

34 BeckOK SozR/Korff AsylbLG § 3 Rn. 18.
35 LPK-SGB XII/Ulrich-Arthur Birk AsylbLG § 3 Rn. 17 mit weiteren Nachweisen.
36 Vgl. hierzu Seidl, https://verfassungsblog.de/bar-oder-mit-karte/ (11.3.2024), der insbesondere die mit der Karte verbundenen und diskutierten Vorschläge wie Verlust von Autonomie und Gefahr von Diskriminierungen durch den Ausschluss des Kaufs bestimmter Waren wie Alkohol und Tabak oder die damit verbundenen räumlichen Beschränkungen als verfassungswidrig beurteilt.
37 LPK-SGB XII/Ulrich-Arthur Birk AsylbLG § 3 Rn. 17.
38 Bekanntmachung über die Höhe der Leistungssätze nach § 3a Absatz 4 des Asylbewerberleistungsgesetzes für die Zeit ab 1. Januar 2024 vom 19.10.2023, BGBl. 2023 Nr. 288.

eines Monats erhalten, steht ihr der Geldbetrag noch zur Hälfte für den jeweiligen Monat zu.

> **Auszahlung des Geldbetrags**
>
> Leistungen in Geld und Geldeswert sollen den Leistungsberechtigten oder einem volljährigen leistungsberechtigten Mitglied des Haushalts persönlich ausgehändigt werden. Geldleistungen werden maximal einen Monat im Voraus erbracht. Davon dürfen die Bundesländer nicht abweichen.
> Die Einführung der Bezahlkarte soll verhindern, dass Asylbewerberleistungsberechtigte über zu viel Bargeld verfügen (zur Bezahlkarte vgl. → Kap. 2.1); die Abhebefunktion soll auf einen bestimmten Betrag – diskutiert werden derzeit 50 EUR – beschränkt werden.

Befinden sich Leistungsberechtigte in *Abschiebungs- und Untersuchungshaft*, wird der individuelle Geldbetrag zur Deckung des notwendigen persönlichen Bedarfs durch die zuständige Behörde festgelegt (→ Kap. 3.4.1.).

Zu den Grundleistungen gehören auch Leistungen für *Bildung und Teilhabe* am sozialen und kulturellen Leben in der Gemeinschaft, die nach dem AsylbLG leistungsberechtigte Kinder, Jugendliche und junge Erwachsene gemäß § 3 Abs. 4 AsylbLG i.V.m. §§ 34, 34a und 34b SGB XII haben. Das sog. Bildungs- und Teilhabepaket, auf das § 3 Abs. 4 AsylbLG verweist, bedeutet im Einzelnen:

Abbildung 8

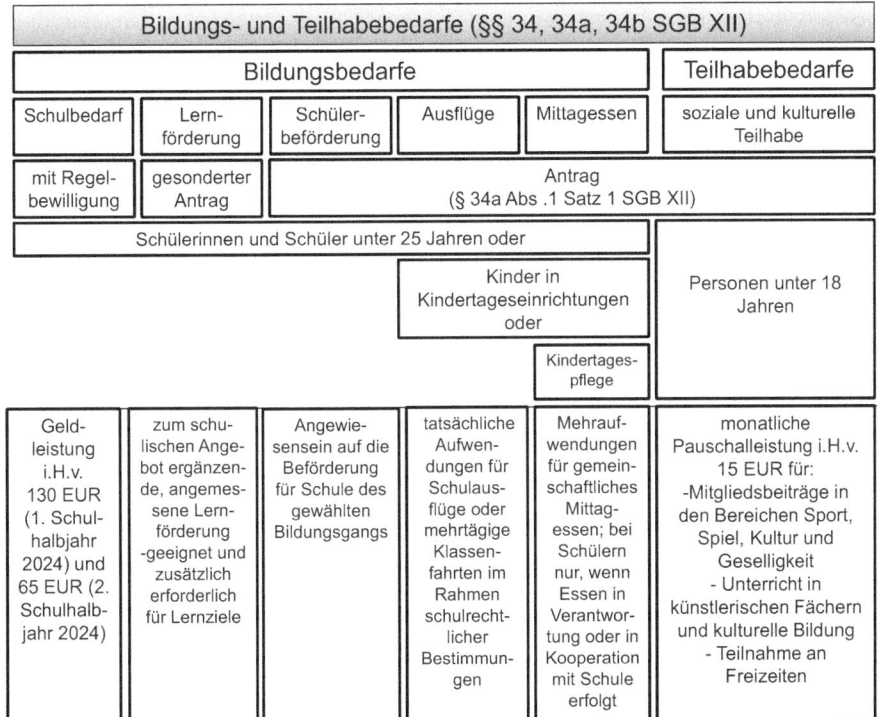

Die Leistungen für *Schulbedarf* sind als dynamische Leistungen ausgestaltet (§ 34 Abs. 3, Abs. 3a SGB XII). Im Jahr 2024 betragen sie 130 EUR im ersten und 65 EUR im zweiten Schulhalbjahr. Erfolgt die erstmalige Aufnahme nicht zu Beginn des Schul(halb)jahres oder wird der Schulbesuch unterbrochen, trifft § 34 Abs. 3 Satz 2 SGB XII Sonderregelungen.

Von den Leistungen des Bildungs- und Teilhabepaketes werden nur der Schulbedarf und die Schülerbeförderung (§ 34 Abs. 3 bzw. Abs. 4, § 34a Abs. 2 Satz 3 SGB XII) als *Geldleistungen* erbracht. Alle anderen Leistungen der Bildung und Teilhabe – einschließlich der 15 EUR für die soziale und kulturelle Teilhabe sind grundsätzlich *Sach- oder Dienstleistungen*, auch in Form von personalisierten Gutscheinen oder Direktzahlungen an die Anbieter dieser Leistungen. Der Sozialleistungsträger kann zwar auch Geldleistungen für Ausflüge oder Klassenfahrten gewähren (§ 34a Abs. 2 Satz 2 SGB XII); dies liegt allerdings in seinem Ermessen. Werden Flüchtlingskinder nach den Stichtagen für den Schulbedarf (1.2. und 1.8.) eingeschult, erhalten sie Leistungen für den Schulbedarf nach Maßgabe des § 34 Abs. 3 Satz 2 SGB XII.

Gutscheine für Lernförderung können auch für zusätzliche Sprachförderung eingesetzt werden, falls diese von den Schulen nicht ausreichend angeboten wird.

Berechtigte Selbsthilfe – § 34b SGB XII

Gehen leistungsberechtigte Personen durch die Zahlung an den Anbieter (bei den Sach- und Dienstleistungen, nicht bei Schulbedarf und Schülerbeförderung) in Vorleistung, weil der Sozialleistungsträger die Leistung nicht rechtzeitig erbracht hat, obwohl die Voraussetzungen hierfür vorlagen und eine rechtzeitige Bedarfsdeckung zum Zeitpunkt der Selbsthilfe nicht möglich war, ohne dass dieLeistungsberechtigen dies verschuldet haben, muss der Leistungsträger die berücksichtigungsfähigen Aufwendungen erstatten. Die rechtzeitige Deckung des Bedarfs fehlt insbesondere dann, wenn der Anbieter auf einer Barzahlung besteht oder der Träger die Leistung rechtswidrig und säumig verweigert oder die Bedarfslage sehr kurzfristig eintritt und ein Antrag nicht mehr rechtzeitig gestellt werden kann. In letztem Fall wird eine Antragstellung mit § 34b Satz 2 SGB XII fingiert auf den Zeitpunkt der Selbstvornahme. Die Vorschrift ermöglicht keine generelle Selbstbeschaffung – insbesondere müssen Leistungsberechtigte den Träger frühzeitig und vollständig einbinden und angemessene Fristen zur Antragsbearbeitung lassen.

Gibt der Leistungsträger *Gutscheine* aus, so kann er verlangen, dass diese nur bei geeigneten oder ggf. eigenen Anbietern eingelöst werden. Sie können für den gesamten Bewilligungszeitraum im Voraus ausgegeben werden; ihre Gültigkeit wird angemessen befristet (§ 34a Abs. 3 SGB XII). Darüber hinaus kann der zuständige Träger einen Nachweis über die zweckentsprechende Verwendung der Leistung verlangen; ist das nicht möglich, soll die Bewilligungsentscheidung widerrufen werden (§ 34a Abs. 5 SGB XII).

Anspruch auf das Bildungs- und Teilhabepaket

Der Gesetzgeber hat bei der Einführung des Bildungs- und Teilhabepakets für Kinder, Jugendliche und junge Erwachsene, die nach § 3 AsylbLG leistungsberechtigt sind, deutlich gemacht, dass dieser Anspruch von Anfang an besteht, um eine Ausgrenzung der Leistungsberechtigten z.B. vom gemeinsamen Mittagessen in Schulen und Kindertageseinrichtungen zu vermeiden. Darüber hinaus sollen grundlegende Bildungs- und Teilhabechancen rechtzeitig eröffnet werden, um späteren Integrationsproblemen vorzubeugen. Da viele Lernprozesse stark altersgebunden sind, ist es auch geboten, die Ansprüche bereits zu einem Zeitpunkt zu erfüllen, in dem noch nicht feststeht, ob sich der Aufenthalt der Leistungsberechtigten im Bundesgebiet dauerhaft verfestigen wird.[39]

b) Medizinische Versorgung

In den Erstaufnahmeeinrichtungen, ebenso in Gemeinschaftseinrichtungen, werden Asylsuchende ärztlich auf *übertragbare Krankheiten* untersucht; eine Röntgenaufnahme der Lunge wird erstellt. Diese Untersuchung müssen die Asylsuchenden dulden (§ 62 AsylG, § 36 Abs. 4 IfSchG).

Ansonsten richtet sich die medizinische Versorgung nach § 4 AsylbLG, das heißt sie erhalten die erforderlichen (zahn-)ärztliche Behandlung akuter Erkrankungen und Schmerzzustände, Schutzimpfungen, medizinisch gebotene Vorsorgeuntersu-

---

39 BT-Drucks. 18/2592 S. 24.

chungen und in absoluten Ausnahmefällen Zahnersatz. Schwangere und Frauen nach der Geburt erhalten ärztliche und pflegerische Hilfe und Betreuung, Hebammenhilfe, Arznei-, Verband- und Heilmittel. Vorschriften der gesetzlichen Krankenversicherung sind auf Leistungsberechtigte, die nach § 3 AsylbLG Grundleistungen erhalten, nicht anwendbar (§ 5 Abs. 11 Satz 3 SGB V). Zu den *medizinischen Leistungen* nach dem AsylbLG gehören zunächst

Abbildung 9

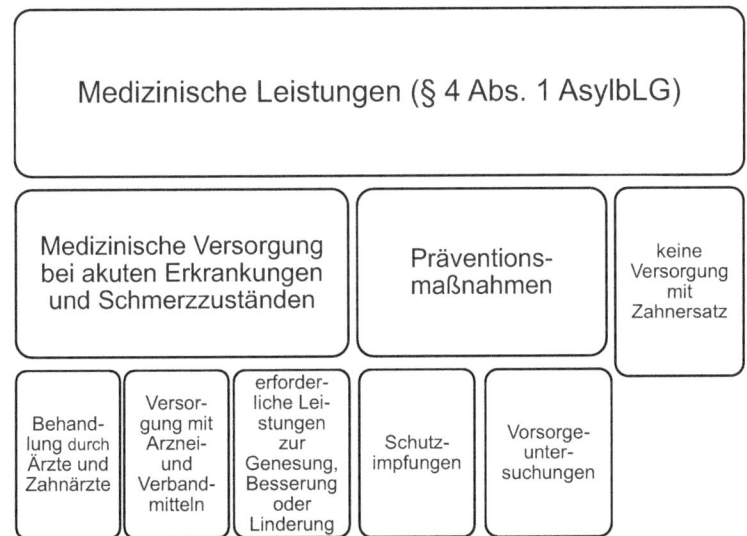

Akute Erkrankungen sind plötzlich auftretende, schnell und heftig verlaufende Erkrankungen des Körper- oder Geisteszustandes, die der sofortigen ärztlichen oder zahnärztlichen Behandlung bedurfen. Chronische Erkrankungen werden grundsätzlich nicht nach § 4 Abs. 1 AsylbLG behandelt, es sei denn, die chronische Erkrankung führt zu akuten Krankheits- oder Schmerzzuständen oder die Behandlung der akuten Erkrankung erfordert auch die Behandlung eines chronischen Grundleidens.[40] So hat das BSG als akute Erkrankung einen Gesundheitszustand definiert, der bei bereits bestehenden ggf. chronischen Erkrankungen eine Behandlung aus medizinischen Gründen unaufschiebbar werden lässt, um eine unumkehrbare oder akute Verschlechterung des Gesundheitszustandes oder ein kritisches Stadium zu verhindern.[41] Ansonsten ist die Behandlung chronischer Erkrankungen unter Umständen Gegenstand der sonstigen Leistungen nach § 6 Abs. 1 Satz 1 Alt. 2 AsylbLG.[42] *Schmerzzustände* sind – nach medizinischer Terminologie – mit einer aktuellen oder potenziellen Gewebsschädigung verknüpfte

---

40 Vgl. OVG Greifswald 28.1.2004 – 1 O 5/04; ähnlich: Grube/Wahrendorf/Flint/Leopold, 8. Aufl. 2024, AsylbLG § 4 Rn. 24.
41 BSG 29.2.2024 – B 8 AY 3/23 R für die Übernahme von Kosten für eine akute psychische Erkrankung.
42 BeckOK SozR/Korff, 70. Ed. 1.9.2023, AsylbLG § 4 Rn. 4. Vgl. auch LSG Baden-Württemberg 11.1.2007 – L 7 AY 6025-06 PKH/B m.w.N.

unangenehme Sinnes- und Gefühlszustände, die aus medizinischen Gründen der ärztlichen oder zahnärztlichen Behandlung bedürfen. Die Schmerzzustände müssen nicht akut sein, können also auch bei Chronifizierung behandelt werden.[43]

Da das AsylbLG keine Zuzahlungsregelungen wie das SGB V kennt, *dürfen Zuzahlungen und Eigenleistungen* für z.B. Medikamente, Krankentransporte, Krankenhäuser *nicht* verlangt werden.[44] Auch rezeptfreie Medikamente sind grundsätzlich zu übernehmen, wenn diese der Behandlung von Akutkrankheiten, der Linderung von Schmerzzuständen oder der Prävention von Krankheiten dienen. Sollten Leistungsberechtigte nach dem AsylbLG durch eine Erwerbstätigkeit ausnahmsweise gesetzlich krankenversichert sein und erhalten sie darüber hinaus ergänzende Leistungen nach dem AsylbLG, müssen die Eigenanteile und Rezeptgebühren über § 6 AsylbLG im Rahmen der sonstigen Leistungen übernommen werden.[45] Das jeweilige Bundesland entscheidet darüber, ob die medizinische Grundversorgung durch angestellte Ärzte in den Aufnahmeeinrichtungen oder durch niedergelassene Ärzte erfolgt. Die *Sicherstellung der Versorgung* ist Sache der zuständigen Behörden, was dem Wortlaut nach eine freie Arztwahl ausschließt.[46]

Durchsetzung des Leistungsanspruchs

Wie Asylsuchende in den Erstaufnahmeeinrichtungen ihren Anspruch auf medizinische Versorgung durchsetzen, ist in den Bundesländern unterschiedlich geregelt. Teilweise muss für jede Behandlung ein gesonderter Antrag gestellt und bewilligt werden, was im Falle von akuten Krankheits- oder Schmerzzuständen unangemessene Verzögerungen mit sich bringt. Viele Bundesländer haben jeweils für ein Quartal gültige Krankenscheine oder Berechtigungsscheine, die über den zuständigen Leistungsträger ausgegeben werden und die die Behandlung (teilweise beschränkt auf ambulante Versorgung) im Umfang des § 4 Abs. 1 AsylbLG sicherstellen sollen. Mit diesen Scheinen kann dann faktisch auch eine Ärztin oder ein Arzt der Wahl aufgesucht werden.

Die auf akute Erkrankungen und Schmerzzustände eingeschränkte medizinische Versorgung vermittelt *keinen Anspruch auf eine optimale oder bestmögliche Versorgung*. Langwierige Behandlungen, die wegen der absehbar kurzen Dauer des weiteren Aufenthalts voraussichtlich nicht abgeschlossen werden können, begründen keine Leistungsverpflichtung.[47] Die Leistungspflicht erfasst allerdings auch die Versorgung mit den zur Behandlung der akuten Erkrankungen und Schmerzzustände notwendigen *Arznei- und Verbandsmitteln* und den Leistungen, die darüber hinaus zur Genesung, Besserung oder zur Linderung der Folgen hierfür erforderlich sind. Darüber hinaus können auch die Transportkosten aus Anlass einer ärztlichen Behandlung übernommen werden.[48]

---

43 Grube/Wahrendorf/Flint/Leopold, 8. Aufl. 2024, AsylbLG § 4 Rn. 25.
44 Vgl. BT-Drucks. 18/2592, S. 24.
45 Paritätische, Soziale Rechte für Geflüchtete, Stand: 25. September 2019, S. 13.
46 Birk in LPK-SGB XII, § 4 AsylbLG Rn. 11.
47 LSG Baden-Württemberg 11.1.2007 – L 7 AY 6025/06 PKH-B. An der Rechtmäßigkeit dieser Argumentation zweifelnd Eichenhofer, ZAR 2013, 169 ff. m.w.N.
48 LSG Sachsen-Anhalt 9.3.2015 – L 8 SO 23/14 B ER.

Der Anspruch auf *Schutzimpfungen und Vorsorgeuntersuchungen* entspricht den Regelungen der §§ 47, 52 Abs. 1 Satz 1 SGB XII. Art und Umfang der Vorsorgeleistungen richten sich so nach dem Leistungskatalog der gesetzlichen Krankenversicherung; i.d.R. werden nur Pflichtleistungen, nicht dagegen Ermessensleistungen erbracht. Deshalb gehören dazu z.B.[49]

- Untersuchungen zur Verhütung von Zahnerkrankungen sowie die Fissurenversiegelung der Molaren für Personen zwischen dem vollendeten sechsten und achtzehnten Lebensjahr (§ 22 Abs. 1 und 3 SGB V);
- ärztliche Behandlung und Versorgung mit Arznei-, Verbands-, Heil- und Hilfsmitteln zur Verhütung einer Krankheit oder zur Vermeidung von Pflegebedürftigkeit (§ 23 Abs. 1 SGB V);
- medizinisch notwendige ambulante oder stationäre Vorsorgekuren zur Verhütung einer Krankheit oder Vermeidung von Pflegebedürftigkeit (§ 23 Abs. 2 SGB V);
- Krebsvorsorgeuntersuchungen (§ 25 Abs. 2 SGB V);
- Kinderuntersuchungen bis zum vollendeten sechsten Lebensjahr sowie eine weitere Untersuchung nach dem vollendeten zehnten Lebensjahr (§ 26 SGB V).

Schutzimpfungen werden dann finanziert, wenn es sich um solche handelt, die von der Ständigen Impfkommission (STIKO) amtlich empfohlen werden.

Eine *Versorgung mit Zahnersatz* ist grundsätzlich ausgeschlossen. Eine Ausnahme besteht nur, wenn diese medizinisch unaufschiebbar ist. Dies erfordert zum einen eine medizinisch indizierte Notwendigkeit, weil z. B. das Verdauungssystem durch fehlende Zähne beeinträchtigt ist und ebenso, dass die Versorgung keinen zeitlichen Aufschub duldet. Hier kann insbesondere auch die voraussichtliche Aufenthaltsdauer der Asylsuchenden eine Rolle spielen.[50]

Nach § 4 Abs. 2 AsylbLG erhalten darüber hinaus *werdende Mütter und Wöchnerinnen* die erforderliche ärztliche und pflegerische Hilfe und Betreuung, Hebammenhilfe, Arznei, Verband- und Heilmittel. Der Leistungsumfang orientiert sich an den sozialhilferechtlichen Maßstäben (§ 50 SGB XII), die wiederum den Leistungen der gesetzlichen Krankenversicherung entsprechen.

c) Sonstige Leistungen nach dem AsylbLG

Die in § 6 AsylbLG aufgenommenen „sonstigen Leistungen" sollen *Gerechtigkeit im Einzelfall* und bei *atypischen Bedarfslagen* schaffen und erfassen deshalb Bedarfe, die in den anderen Leistungen nicht abgebildet sind. Die Vorschrift wird sehr restriktiv[51] und strikt einzelfallbezogen angewendet, um die gesetzgeberisch gewollte Trennung von Grundleistungen und Analogleistungen – letztere nach legalem Aufenthalt von (seit 27.2.2024) 36 Monaten – nicht zu nivellieren.[52] Als

---

49 Bieritz-Harder in LPK-SGB XII, § 47 Rn. 2.
50 BeckOK SozR/Korff, 70. Ed. 1.9.2023, AsylbLG § 4 Rn. 18.
51 Vgl. LSG Baden-Württemberg 11.1.2007 – L 7 AY 6025-06 PKH/B; s. auch Frerichs in Schlegel/Voelzke, jurisPK-SGB XII, § 6 Rn. 37.
52 Vgl. BeckOK SozR/Korff AsylbLG § 6 Rn. 2.

Auslegungskriterium dient dabei auch die tatsächliche Aufenthaltsdauer der Leistungsberechtigten in der Bundesrepublik, so dass sie bei absehbarer Ablehnung des Asylantrags eher nicht gewährt werden. Bei den sonstigen Leistungen des § 6 Abs. 1 AsylbLG handelt es sich um Ermessensleistungen, d.h. die zuständige Behörde entscheidet grundsätzlich sowohl darüber, ob sie Leistungen im Einzelfall erbringt (sog. *Entschließungsermessen*) als auch darüber, welche Leistungen und in welcher Form sie erbracht werden (sog. *Auswahlermessen*).

Die Vorschrift unterscheidet Leistungen in zwei Absätzen. Nach § 6 Abs. 1 AsylbLG werden gewährt:

Abbildung 10

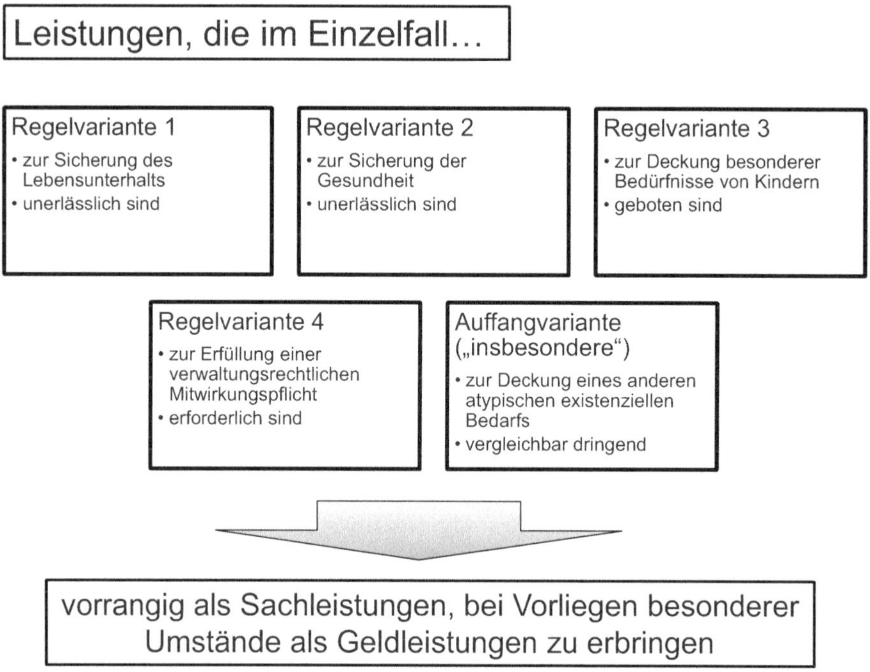

Leistungen, die im Einzelfall...

Regelvariante 1
- zur Sicherung des Lebensunterhalts
- unerlässlich sind

Regelvariante 2
- zur Sicherung der Gesundheit
- unerlässlich sind

Regelvariante 3
- zur Deckung besonderer Bedürfnisse von Kindern
- geboten sind

Regelvariante 4
- zur Erfüllung einer verwaltungsrechtlichen Mitwirkungspflicht
- erforderlich sind

Auffangvariante („insbesondere")
- zur Deckung eines anderen atypischen existenziellen Bedarfs
- vergleichbar dringend

⬇

vorrangig als Sachleistungen, bei Vorliegen besonderer Umstände als Geldleistungen zu erbringen

Sonstige Leistungen als Ermessensleistungen

Alle Leistungen des § 6 Abs. 1 AsylbLG sind grundsätzlich Ermessensleistungen. Da die Gewährung der Leistungen aber an bestimmte Begriffe wie „Unerlässlichkeit" oder „Gebotenheit" geknüpft sind und damit bereits eine bestimmte Dringlichkeit deutlich wird, hat die Behörde hinsichtlich des Entschließungsermessens – d.h. „ob" sie eine Leistung gewährt – kaum Spielraum.
Dagegen besteht bezüglich des Auswahlermessens – d.h. „wie" die Leistung erbracht werden soll – ein größerer Entscheidungsspielraum; da es sich aber um die Deckung des jeweiligen notwendigen Bedarfs handelt, wird es hier wenig Auswahlmöglichkeiten geben.

Die Prüfung, ob eine Leistung im Sinne von § 6 Abs. 1 Satz 1 Var. 1 AsylbLG *zur Sicherung des Lebensunterhalts unerlässlich* ist, läuft zweistufig.[53] Zuerst wird geprüft, ob sie bereits zu den Grundleistungen des § 3 AsylbLG gehört und danach, ob sie tatsächlich unerlässlich ist. Es erfolgt eine umfassende Einzelfallprüfung, die sowohl die in Deutschland herrschenden Lebensverhältnisse als auch die gesetzgeberische Wertung berücksichtigt, dass Leistungen für Asylbewerber*innen deutlich unter dem Niveau des SGB II und XII liegen sollen. Die Leistungsberechtigten müssen ihren besonderen Bedarf dokumentieren.[54]

Bei der Auslegung der Fallgruppe ist die bisherige und die voraussichtliche *Aufenthaltsdauer* der*des Ausländerin*Ausländers im besonderen Maße zu berücksichtigen – bei einem voraussichtlich kurzen Aufenthalt (z.B. im Flughafenverfahren nach § 18a AsylG oder bei Asylsuchenden aus sicheren Herkunftsstaaten) wird der Bedarf an lebensunterhaltssichernden Leistungen nach § 6 Abs. 1 AsylbLG geringer ausfallen.[55] Darüber hinaus kann ein den Hilfesuchenden vorwerfbares Verhalten in die Entscheidung einfließen, das ihre Ausreise aus Deutschland vereitelt.[56]

> **Beispiele für Leistungen, die zur Sicherung des Lebensunterhalts unerlässlich sind:**
>
> - besonderer Hygienebedarf[57], u.a. von Wöchnerinnen,[58]
> - Leistungen im Zusammenhang mit Todesfällen,[59]
> - Leistungen bei körperlichen Beeinträchtigungen,[60]
> - physiologisch bedingter außergewöhnlicher Bedarf an Bekleidung oder Schuhwerk, Extragrößen,[61]
> - Übernahme der Fahrkosten, die durch Ausübung des Umgangsrechts entstehen, wenn die Elternteile in unterschiedlichen Kommunen untergebracht sind,[62]
> - Bademantel und Waschbeutel mit Inhalt bei Krankenhausaufenthalt oder
> - Fahrt- und Transportkosten bei Verlegung in eine andere Unterkunft
>
> In der Literatur werden teilweise auch ein Mehrbedarf für eine kostenaufwändige Ernährung aus medizinischen Gründen (wie in § 21 Abs. 5 SGB II bzw. § 30 Abs. 5 SGB XII → 3.4.2)[63], eine Erstausstattung für Neugeborene[64], Hilfen zur Religionsausübung, einschließlich der Kosten einer Beschneidung, Umzugskosten bei Wechsel in der Gemeinschaftsunterkunft u.a. genannt.

---

53 Hierzu Grube/Wahrendorf/Flint/Leopold AsylbLG § 6 Rn. 7-8.
54 Vgl. OVG Bremen 25.9.2009 – 3 A 272/07.
55 Frerichs in Schlegel/Voelzke, jurisPK-SGB XII, § 6 Rn. 47.
56 Zu Letzterem LSG Nordrhein-Westfalen 19.5.2014 – L 20 AY 90/13.
57 BT-Drucks. 13/2746, S. 16.
58 BT-Drucks. 12/4451, S. 10.
59 BT-Drucks. 13/2746, S. 16.
60 BT-Drucks. 13/2746, S. 16.
61 Frerichs in Schlegel/Voelzke, jurisPK-SGB XII, § 6 Rn. 46.
62 LSG Sachsen-Anhalt 3.1.2006 – L 8 B 11/05 AY ER.
63 Frerichs in Schlegel/Voelzke, jurisPK-SGB XII, § 6 Rn. 49 ff.
64 Frerichs in Schlegel/Voelzke, jurisPK-SGB XII, § 6 Rn. 54.

Die zweite Variante des § 6 Abs. 1 Satz 1 AsylbLG vermittelt einen Anspruch auf Leistungen, die *für die Gesundheit unerlässlich* sind. Es muss sich dabei um Leistungen handeln, die nicht bereits von § 4 Abs. 1 AsylbLG erfasst sind. Damit werden Leistungen außerhalb der Akutversorgung von Krankheiten und Schmerzen erfasst, insbesondere die dringende Behandlung chronischer Erkrankungen. Sie müssen einerseits einen nachweisbaren inhaltlichen Bezug zum Schutz der Gesundheit des Leistungsberechtigten haben und andererseits objektiv geeignet sein, das Auftreten einer Krankheit zu verhindern bzw. die Verschlechterung einer bestehenden Krankheit zu vermeiden. Der Begriff der *Gesundheit* ist dabei weit zu verstehen und umfasst nicht nur die menschliche Gesundheit im biologisch-physiologischen Sinne, sondern auch das psychische Wohlbefinden, sofern es den physischen Gesundheitsstörungen in ihrer Wirkung gleichzusetzen ist.[65] Die Leistung ist *unerlässlich*, wenn sie aus medizinischer Sicht unbedingt erforderlich ist und eine gleich geeignete, ggf. kostengünstigere Möglichkeit nicht zur Verfügung steht.[66] Entscheidend ist wiederum die voraussichtliche Aufenthaltsdauer der*des Ausländerin*Ausländers in Deutschland; steht eine Aufenthaltsbeendigung unmittelbar bevor oder kann die Behandlung während des voraussichtlichen Aufenthalts nicht abgeschlossen werden, werden keine Leistungen erbracht. Entscheidend sind letztlich wieder die *Umstände des Einzelfalls*, insbesondere der Schweregrad der Erkrankung (problematisch insbesondere bei psychischen Erkrankungen) und die Dauer der begehrten Behandlung. Dabei spielen drohende negative Folgen auf die Gesundheit bei einer Leistungsentscheidung eine besondere Rolle.[67]

Beispiele für Leistungen, die für die Gesundheit unerlässlich sein können

- Hilfsmittel wie Brillen, Hörgeräte, Körperersatzstücke, orthopädische und andere Hilfsmittel, wenn diese nicht bereits durch die Notversorgung nach § 4 AsylbLG erbracht werden; dabei werden nur solche Hilfsmittel gewährt, die auch im Rahmen des SGB II und SGB XII berücksichtigt werden können,
- Pflegesachleistungen oder – bei Vorliegen besonderer Umstände, wie die fehlende Möglichkeit, dass die Pflegesachleistung rechtzeitig durch den Leistungsträger erbracht wird – auch Pflegegeld zur Finanzierung selbst beschaffter Pflegehilfen; ein weitergehender Anspruch auf Pflegegeld besteht nicht,[68]

---

65 Vgl. SG Frankfurt 16.1.2006 – S 20 AY 1/06 unter Bezugnahme auf die Rechtsprechung des Bundesverfassungsgerichts zum Verständnis des Menschen als Einheit von Leib, Seele und Geist 14.1.1981 – 1 BvR 612/72.
66 Wahrendorf in Grube/Wahrendorf, SGB XII, § 6 AsylbLG Rn. 11.
67 Vgl. Frerichs in Schlegel/Voelzke, jurisPK-SGB XII, § 6 Rn. 67 f.
68 Vgl. BVerwG 20.7.2001 – 5 B 50/01; LSG Nordrhein-Westfalen 14.2.2011 – L 20 AY 28/08.

- Kostenübernahme für den vorübergehenden Aufenthalt im Frauenhaus, wenn Frauen und ihre Kinder von häuslicher und sexueller Gewalt betroffen sind, zum Schutz ihrer körperlichen Unversehrtheit, wenn sie ohne Obdach weiteren Gefährdungen durch den Täter ausgesetzt sind[69] – zuständig sind in diesen Fällen die Leistungsträger, in deren Bereich die Frau ihren gewöhnlichen Aufenthalt im Zeitpunkt der Aufnahme in das Frauenhaus oder in den zwei Monaten zuvor gehabt hat (§ 10a Abs. 2 Satz 1 AsylbLG),[70]
- Kostenübernahme für Psychotherapie, wenn diese aufgrund einer chronischen Erkrankung unerlässlich ist[71] und kostengünstige Alternativen nicht zur Verfügung stehen[72], einschließlich ggf. der notwendigen Fahrt- und Dolmetscherkosten (strittig),
- Eingliederungshilfeleistungen[73], meist nur bei längerfristiger Bleibeperspektive

Bleibeperspektive und sonstige Leistungen:

Leistungen, die bei Gesundheit unerlässlich sind – insbesondere Eingliederungs- oder Pflegeleistungen – werden nach § 6 AsylbLG i.d.R. nur übernommen, wenn eine dauerhafte oder zumindest längerfristige Bleibeperspektive besteht. Ist absehbar, dass der Asylantrag einer*eines Leistungsberechtigten abgelehnt wird (weil sie*er z.B. aus einem sicheren Herkunftsstaat kommt), wird der Anspruch verneint. Im Übrigen erfolgt mit dem AsylbLG keine Besserstellung der Asylbewerber*innen im Vergleich zu Leistungsberechtigten nach dem SGB XII; erhalten diese bestimmte Leistungen (z.B. Brillen) nicht, stehen sie Leistungsberechtigten nach dem AsylbLG auch nicht zu.

Die dritte Variante des § 6 Abs. 1 Satz 1 AsylbLG regelt Leistungen zur *Deckung von besonderen Bedürfnissen von Kindern*. Kinder sind alle Minderjährigen, die grundleistungsberechtigt sind. Erfasst werden – anders als bei den zuvor genannten Alternativen auch typische Bedarfe Minderjähriger wie ein Schulbedarf, der die Bildungs- und Teilhabebedarfe nach § 3 Abs. 4 AsylbLG ergänzt (z. B. ein internetfähiger Schul-PC). Zu den besonderen Bedürfnissen von Kindern im Sinne des § 6 Abs. 1 Satz 1 Var. 3 können auch Bedarfe der Eingliederungshilfe[74] zählen, wobei diese von den Leistungen nach dem SGB VIII, die auch Leistungsberechtigten nach dem AsylbLG zustehen können,[75] abzugrenzen sind. Benötigen Kinder oder Jugendliche Leistungen der Kinder- und Jugendhilfe nach dem SGB VIII, sind diese vorrangig (§ 9 Abs. 2 AsylbLG). Dabei sind die unterschiedlichen Ziele des SGB VIII – Förderung der Entwicklung junger Menschen und Unterstützung

---

69 Vgl. LSG Nordrhein-Westfalen 23.6.2016 – L 20 AY 38/16 B ER; Frerichs in Schlegel/Voelzke, jurisPK-SGB XII, § 6 Rn. 75.
70 LSG Nordrhein-Westfalen 23.6.2016 – L 20 AY 38/16 B ER, L 20 AY 43/16 B m.w.N. zur Zuständigkeit im Fall einer Frau mit Duldung, die einer Wohnsitzauflage unterlag.
71 Vgl. OVG Lüneburg 22.9.1999 – 4 M 3551/99; das Gericht hat hier offengelassen, ob der Anspruch aus § 4 oder § 6 AsylbLG folgt. Insgesamt ist diese Frage allerdings sehr umstritten – andere Gerichte haben die Kostenübernahme für Psychotherapie abgelehnt, vgl. OVG Nordrhein-Westfalen 20.8.2003 – 16B 2140/02; SG Landshut 24.11.2015 – S 11 AY 11/14.
72 OVG Lüneburg 6.7.2004 – 12 ME 209/04; LSG Thüringen 22.8.2005 – L 8 AY 383/05 ER; SG Aachen 2.6.2008 – S 20 AY 110/08.
73 Hierzu ablehnend OVG Schleswig-Holstein 9.9.1998 – 1 M 98/98.
74 Vgl. SG Hildesheim 30.8.2012 – S 42 AY 140/12 ER.
75 Vgl. LSG Bayern 21.1.2015 – L 8 SO 316/14 B ER.

und Ergänzung der Erziehung in der Familie (vgl. § 8 Abs. 2 SGB VIII) – auf der einen Seite und des AsylbLG – Existenzsicherung – auf der anderen Seite zu unterscheiden. Zur Auslegung der Vorschrift kann die UN-Kinderrechtskonvention als Orientierungsmaßstab herangezogen werden; maßgeblich ist, was für die Persönlichkeitsentfaltung des Kindes und seine Entwicklung erforderlich ist.[76] Darüber hinaus können Leistungen der *Eingliederungshilfe* für Kinder mit Behinderungen erbracht werden, wenn diese notwendig sind, um die besonderen Bedürfnisse – insbesondere zum Besuch einer Schule oder einer vergleichbaren Einrichtung – zu decken.[77] Die Leistungen zur Deckung besonderer Bedürfnisse von Kindern müssen geboten sein, was weniger ist als das Kriterium der Unerlässlichkeit in § 6 Abs. 1 Satz 1 Var. 1 und 2 AsylbLG.

Die letzte, ausdrücklich genannte Variante des § 6 Abs. 1 AsylbLG erfasst Konstellationen, bei denen Leistungen zur *Erfüllung einer verwaltungsrechtlichen Mitwirkungspflicht* erforderlich sind. Damit sind alle Kosten erfasst, die dadurch entstehen, dass Leistungsberechtigte verwaltungsrechtlich bestimmten Mitwirkungsverpflichtungen unterliegen, insbesondere solchen, die sich aus dem AsylbLG, AsylG, AufenthG und aus den Verwaltungsverfahrensgesetzen der Länder ergeben.[78] Die Vorschrift dient zum einen dem Schutz der Leistungsberechtigten vor leistungs-, ausländer- und/oder strafrechtlichen Nachteilen und steht zum anderen im Interesse eines zügigen Asylverfahrens.[79] Erforderlich sind die Leistungen dann, wenn sie nicht anderweitig – z.B. durch humanitäre Hilfsprogramme oder durch Beratungs- und Prozesskostenhilfe – gedeckt werden können.

> **Beispiele für sonstige Leistungen, die für eine verwaltungsrechtliche Mitwirkungspflicht erforderlich sind:**
>
> - Passbeschaffungskosten, d.h. Passgebühren und Fahrten zur Abholung,[80]
> - Übernahme der Kosten für Passfotos für Bescheinigungen und Ausweise,
> - Kosten, die im Zusammenhang mit der Meldepflicht nach § 8a AsylbLG (bei Aufnahme einer Erwerbstätigkeit) entstehen,
> - Kosten, die im Rahmen einer vom BAMF angeordneten Anhörung oder mit der Durchführung des Asylverfahrens (§§ 15, 25 AsylG) entstehen

Da § 6 Abs. 1 AsylbLG die Alternativen mit „insbesondere" einleitet, ist die Aufzählung nicht abschließend. Das bedeutet, dass es noch in weiteren, *atypischen Einzelfällen* möglich ist, sonstige Leistungen zu erhalten, wenn die Bedarfslage

---

76 Vgl. BeckOK SozR/Korff AsylbLG § 6 Rn. 12.
77 Vgl. z.B. VG Sigmaringen 2.4.2003 – 5 K 781/02: Übernahme der Kosten für die vollstationäre Unterbringung eines hochgradig sehbehinderten Kindes abgelehnter Asylbewerber in einer Schule für Sehbehinderte; VG München 26.6.2002 – M 18 K 01.4925: Unterbringung eines mehrfach behinderten Kindes von Asylbewerbern in einem integrativen Kindergarten; OVG Niedersachsen 25.2.1999 – 12 L 3799/98: Übernahme der Kosten für eine Tagesbildungsstätte für ein schulpflichtiges behindertes Kind; SG Hildesheim 30.8.2012 – S 42 AY 140/12 ER: Übernahme der Kosten für einen Integrationshelfer zum Besuch einer Förderschule.
78 Vgl. LSG Nordrhein-Westfalen 10.3.2008 – L 20 AY 16/07.
79 BeckOK SozR/Korff AsylbLG § 6 Rn. 14.
80 LSG Nordrhein-Westfalen 10.3.2008 – L 20 AY 16/07. Vgl. auch BT-Drucks. 18/2592 S. 22.

vergleichbar dringend ist und das soziokulturelle Existenzminimum ansonsten nicht gedeckt werden kann.

Beispiele für weitere atypische Bedarfslagen:

- Kostenübernahme für Verhütungsmittel,[81]
- Haftpflichtversicherungsbeiträge für Leistungsberechtigte – Vorschlag des Deutschen Städtetages und des Deutschen Landkreistages,[82]
- Bestattungskosten,[83]
- im Zusammenhang mit Schwangerschaft und Geburt anfallende Bedarfe (Geburtsvorbereitungskurs, hochwertigere Ernährung während Schwangerschaft und Stillzeit, Kinderwagen, Kinderbett u.Ä.) – keine Umstandskleidung, die gehört zu den Sachleistungen nach § 3 AsylbLG,
- Aufnahme in einem Frauenhaus, wenn nicht bereits von der zweiten Alternative erfasst,
- nicht übernommen werden dagegen Besuchsreisen zu einem im Ausland lebenden Ehegatten – diese sind auch nicht im Rahmen des SGB II oder SGB XII übernahmefähig,[84]
- besondere Bedarfe an Verkehrsdienstleistungen (z.B. Fahrt zu einem weiter entfernten Rechtsanwalt) oder Nachrichtenübermittlung (z.B. Auslandstelefonate)[85]

Form der Leistungserbringung

Die Leistungen nach § 6 Abs. 1 AsylbLG werden grundsätzlich als Sachleistung erbracht, v.a. dann, wenn sich die Leistungsberechtigten in (Erst-)Aufnahmeeinrichtungen aufhalten. Nur bei Vorliegen besonderer Umstände sind Geldleistungen möglich.

Sonstige Leistungen nach § 6 Abs. 2 AsylbLG erhält eine besondere Personengruppe mit einer *speziellen humanitären Aufenthaltserlaubnis* nach § 24 Abs. 1 AufenthG. Da diese Leistungen erst erbracht werden, wenn diese Aufenthaltserlaubnis erteilt ist, fallen sie als Rechtsanspruch nicht in Erstaufnahmeeinrichtungen an (→ Kap. 3.5.3 Buchst. b, zur besonderen Situation der Geflüchteten aus der Ukrainie s. Kap. 4).

d) Einkommens- und Vermögensanrechnung

Leistungen nach dem AsylbLG unterliegen als *bedürftigkeitsabhängige Leistungen* bestimmten Einkommens- und Vermögensregelungen, die im Einzelnen in § 7 AsylbLG normiert sind. Nach Absatz 1 der Vorschrift besteht ein Leistungsanspruch erst, wenn verfügbares Einkommen und Vermögen der*des Leistungsberechtigten und ihrer*seiner mit ihr*ihm im selben Haushalt lebenden Familien-

---

81 Birk in LPK-SGB XII, § 6 AsylbLG Rn. 7.
82 Schriftliche Stellungnahme zum Entwurf eines Gesetzes zur Änderung des Asylbewerberleistungsgesetzes und des Sozialgerichtsgesetzes (BT-Drucks. 18/2592) u.a. BT-Drucks. 18(11)220, S. 72.
83 Wahrendorf in Grube/Wahrendorf, SGB XII, § 6 AsylbLG Rn. 28.
84 Zum SGB II vgl. LSG Hessen 6.7.2012 – L 7 AS 275/12 B ER.
85 BT-Drucks. 18/2592, S. 23.

angehörigen aufgebraucht sind. Als Familienangehörige werden dabei vor allem Ehegatt*innen und Lebenspartner*innen sowie minderjährige Kinder betrachtet.[86] Einkommen und Vermögen von Partner*innen einer eheähnlichen oder lebenspartnerschaftlichen Gemeinschaft werden ebenfalls berücksichtigt (Verweis auf § 20 SGB XII in § 7 Abs. 1 Satz 2 AsylbLG).

> **Einkommen und Vermögen**
>
> Wie im Grundsicherungsrecht des SGB II und SGB XII erfolgt auch im Recht der Asylbewerberleistungen die Abgrenzung von Einkommen und Vermögen nach dem Zeitpunkt des Zuflusses. Die Werte, die bei Eintritt des Leistungsbezugs in Geld oder Geldeswert bereits vorhanden sind, werden dem Vermögen zugerechnet, diejenigen, die während des Leistungsbezugs zufließen, dem Einkommen.[87]

Einkommen wird *nicht berücksichtigt*, wenn es sich um folgendes Einkommen handelt:

1. Leistungen nach dem AsylbLG selbst (auch Nachzahlungen wegen falscher Berechnungen),
2. *staatliche Entschädigungsleistungen* in Form von Zahlungen nach dem 9. Kapitel des SGB XIV oder Einmalzahlungen bei Gewalttaten im Ausland nach § 102 Abs. 4 und 5 SGB XIV, in Form von Zahlungen nach Gesetzen, die das SGB XIV für entsprechend anwendbar erklären, sowie in Form von Renten oder Beihilfen nach dem Bundesentschädigungsgesetz[88] für Schaden an Leben sowie an Körper oder Gesundheit bis zur Höhe der vergleichbaren Leistungen nach dem SGB XIV.

> **Entschädigungsleistungen nach dem 9. Kapitel des SGB XIV**
>
> Das SGB XIV hat das Bundesversorgungsgesetz und andere Entschädigungsgesetze zum 1.1.2024 abgelöst. Sog. Geschädigte – das sind Personen, die durch ein schädigendes Ereignis nach SGB XIV (z. B. Gewalttaten, Kriegsauswirkungen, Zivildienst oder Schutzimpfungen) unmittelbar eine gesundheitliche Schädigung erlitten haben – sowie deren Hinterbliebenen haben nunmehr nach Maßgabe des 9. Kapitels des SGB XIV Anspruch auf eine monatliche Entschädigungszahlung oder auf eine Abfindung. Personen, die bis Ende 2023 eine Grundrente nach dem Bundesversorgungsgesetz bezogen haben, erhalten vergleichbare Geldleistungen im Rahmen von Besitzschutzregelungen nach §§ 142, 144 SGB XIV.

3. Schadensersatz für immateriellen Schaden („*Schmerzensgeld*"), auch Entschädigungsleistungen nach § 15 Abs. 2 AGG[89],

---

[86] LSG Nordrhein-Westfalen 21.9.2010 – L 20 B 5009 AY ER; zur Frage, ob darüber hinaus auch andere Mitglieder einer Großfamilie erfasst sind, vgl. Grube/Wahrendorf/Flint/Leopold AsylbLG § 7 Rn. 13-15.
[87] BVerwG 18.2.1999 – 5 C 35-97.
[88] Das Bundesentschädigungsgesetz gewährt Personen, die während der Zeit des Nationalsozialismus aus politischen, rassischen, religiösen oder weltanschaulichen Gründen verfolgt wurden und dadurch Schäden an Leben, Körper, Gesundheit, Freiheit, Eigentum oder Vermögen sowie im beruflichen oder wirtschaftlichen Fortkommen erlitten haben, eine Entschädigung in Geld. Berücksichtigt werden hier nur Renten wegen Schäden an Leben, Körper und Gesundheit.
[89] LSG Nordrhein-Westfalen 20.12.2010 – L 19 AS 1166/10 ER.

3. Sozialleistungen für geflüchtete Menschen

Anrechnungsfähig ist allerdings eine Rente wegen vermehrter Bedürfnisse nach § 843 BGB, die ein Schädiger einem Geschädigten zahlt, da es sich hierbei nicht um Schmerzensgeld, sondern um die Kompensation eines Vermögensschadens handelt.[90]

4. die *Aufwandsentschädigung* für Arbeitsgelegenheiten nach § 5 Abs. 2 AsylbL sowie die Mehraufwandsentschädigung für die inzwischen ausgelaufenen Flüchtlingsintegrationsmaßnahmen (FIM) nach § 5a AsylbLG,
5. der *Fahrtkostenzuschuss* des BAMF für die Teilnahme an einem Integrationskurs i.S.d. § 43 AufenthG bzw. an einer berufsbezogenen Deutschsprachförderung nach § 45a AufenthG sowie
6. Leistungen der „Bundesstiftung Mutter und Kind" – dies ergibt sich aus § 5 Abs. 2 des Gesetzes zur Errichtung einer Stiftung Mutter und Kind –Schutz des ungeborenen Lebens (MuKStiftG).

Einkommen, die nicht unter diese Ausnahmen fallen, sind nicht mit ihrem Bruttobetrag anzurechen. Vielmehr sind vor einer Anrechnung im Wege einer Bereinigung nach § 7 Abs. 3 AsylbLG *Freibeträge* abzuziehen und damit gleichsam „Nettobeträge" zu ermitteln.

> **Erwerbstätigkeit und Asylverfahren**
>
> Asylsuchende können bereits nach drei Monaten eine Erwerbstätigkeit aufnehmen, unabhängig davon, wie der Stand ihres Asylverfahrens ist, sofern die Bundesagentur für Arbeit zugestimmt oder durch Rechtsverordnung bestimmt hat, dass die Beschäftigung ohne Zustimmung möglich ist (§ 61 Abs. 2 AsylG). Die Erwerbstätigkeit ist nur ausgeschlossen, solange Asylsuchende verpflichtet sind, in der Aufnahmeeinrichtung zu wohnen (vgl. § 61 Abs. 1 Satz 1 iVm §§ 47 ff. AsylG). Für Asylsuchende aus sicheren Herkunftsstaaten, deren Asylantrag abgelehnt wurde, bedeutet das praktisch ein Beschäftigungsverbot, da sie bis zur Ausreise verpflichtet sind, in der Aufnahmeeinrichtung zu wohnen (→ Kap. 3.3.2 Buchst. f).

Dabei wird vom Erwerbseinkommen zunächst abgesetzt

- 25 % des Bruttoeinkommens, höchstens 50 % der maßgeblichen Bedarfsstufe des Geldbetrags zur Deckung aller notwendigen persönlichen Bedarfe nach § 3a Absatz 1 und des notwendigen Bedarfs nach § 3a Absatz 2, jeweils in Verbindung mit § 3a Absatz 4. Im Fall von steuerfreien Aufwandsentschädigungen aus ehrenamtlichen Tätigkeiten[91] beläuft sich der maximal anrechnungsfreie Betrag auf monatlich 250 EUR.

> **Beispiele:**
>
> 1. Ein alleinstehender Asylsuchender nimmt während des laufenden Asylverfahrens einen Minijob zu 538 EUR als Bedienung in einem Restaurant an. 25 % davon sind 134,50 EUR. Der ihm zustehende notwendige persönliche Bedarf beträgt 204 EUR (§ 3a Abs. 1 Nr. 1, Abs. 4 AsylbLG), der notwendige Bedarf

---
90 LSG Thüringen 21.10.2015 – L 4 AS 1751/12.
91 Vgl. im Einzelnen hierzu Grube/Wahrendorf/Flint/Leopold AsylbLG § 7 Rn. 37.

> 256 EUR (§ 3a Abs. 2 Nr. 1, Abs. 4 AsylbLG), insgesamt 460 EUR. Sein Einkommensfreibetrag beträgt daher höchstens 230 EUR. Vom Einkommen nicht berücksichtigt wird der gesamte Freibetrag i.H.v. 134,50 EUR, der Rest des Einkommens i.H.v. 403,50 EUR stellt dem Grunde nach anrechnungsfähiges Einkommen dar.
> 2. Eine verheiratete Asylsuchende arbeitet als Erzieherin in einem Kindergarten und verdient hier 1.200 EUR brutto. 25 % davon sind 300 EUR. Nach § 3a Abs. 1 Nr. 2, Abs. 4 AsylbLG stehen ihr 184 EUR als notwendiger persönlicher Bedarf, nach § 3a Abs. 2 Nr. 2, Abs. 4 AsylbLG 229 EUR als notwendiger Bedarf zu, insgesamt 413 EUR. Da von ihrem Einkommen lediglich 50 % dieses Betrages freigestellt werden können, hat sie einen Freibetrag von 206,50 EUR. Der Rest ihres Einkommens stellt dem Grunde nach anrechnungsfähiges Einkommen dar.

Nach Abzug dieses Freibetrags zur Deckung aller notwendigen persönlichen Bedarfe[92] wird das Einkommen um *weitere Beträge bereinigt* (§ 7 Abs. 3 Satz 3 AsylbLG). Dazu gehören:

- Steuern und Sozialversicherungsbeiträge,
- Beiträge zu gesetzlich vorgeschriebenen öffentlichen oder privaten Versicherungen oder ähnlichen Einrichtungen (z.B. Kfz-Haftpflichtversicherung für ein für die Erwerbstätigkeit notwendiges Auto oder Berufshaftpflichtversicherungen) und
- sog. *Werbungskosten*, d.h. Aufwendungen, die mit der Erzielung des Einkommens verbunden sind (entsprechen nach § 3 der Durchführungsverordnung zu § 82 SGB XII: Aufwendungen für Arbeitsmittel von 5,20 EUR/Monat oder die tatsächlich entstandenen Kosten für Arbeitskleidung und andere Arbeitsmittel, Fahrtkosten zur Arbeit, für die Benutzung des ÖPNV die günstigste Zeitkarte, bei Benutzung des PKW, wenn ÖPNV nicht möglich oder zumutbar ist, 5,20 EUR pro Entfernungskilometer zwischen Wohnung und Arbeitsstelle im Monat (max. 40 Kilometer), Gewerkschaftsbeiträge)

Im Fall von steuerfreien Aufwandsentschädigungen aus ehrenamtlichen Tätigkeiten können Beiträge zu gesetzlich vorgeschriebenen öffentlichen oder privaten Versicherungen bzw. ähnlichen Einrichtungen und Werbungskosten nur abgesetzt werden, wenn die Aufwendungen nachgewiesenermaßen 250 EUR übersteigen.

Meldepflicht

Nehmen Leistungsberechtigte eine unselbständige oder selbständige Erwerbstätigkeit auf, haben sie dies spätestens am dritten Tag nach der Aufnahme der Tätigkeit der zuständigen Behörde zu melden (§ 8a AsylbLG).

Vermögen wird nach § 7 Abs. 5 Satz 2 AsylbLG nicht berücksichtigt, wenn es sich um Vermögensgegenstände handelt, die zur Aufnahme oder Fortsetzung der Berufsausbildung oder der Erwerbstätigkeit unentbehrlich sind. Darüber hinaus gibt es im Asylbewerberleistungsgesetz kein weitergehendes Schonvermögen oder höhere Freibeträge für geflüchtete Menschen, die in den Aufnahmeeinrich-

---

92 Vgl. BeckOK SozR/Korff AsylbLG § 7 Rn. 14.

tungen wohnen. Von dem berücksichtigungsfähigen Vermögen wird nach § 7 Abs. 5 AsylbLG für Leistungsberechtigte und ihre Familienangehörigen, mit denen sie in einem gemeinsamen Haushalt leben, jeweils ein Vermögensfreibetrag von 200 EUR abgesetzt.

> **Härtefall**
>
> Das Asylbewerberleistungsgesetz kennt keine Härtefallklausel wie § 90 Abs. 3 SGB XII, so dass der Verwertung des Vermögens auch keine persönliche oder wirtschaftliche Härte entgegengehalten werden kann.[93]

Ist Vermögen bei Leistungsberechtigten und ihren Familienangehörigen vorhanden, kann die zuständige Behörde, die Leistungen nach dem AsylbLG erbringt, nach § 7a AsylbLG *Sicherheitsleistungen* verlangen.[94] Die Anordnung dazu kann *ohne vorherige Vollstreckungsandrohung* durch unmittelbaren Zwang erfolgen. Sind Leistungsberechtigte nach dem AsylbLG in einer Gemeinschaftsunterkunft untergebracht, können zudem die Kostenträger für die erbrachten Leistungen nach § 3a Abs. 2 AsylbLG sowie für die Kosten der Unterkunft und Heizung eine *Kostenerstattung* von denjenigen verlangen, deren Einkommen und Vermögen berücksichtigt werden kann (§ 7 Abs. 1 Satz 3 AsylbLG). Es handelt sich hier um eine Umkehrung des Leistungsanspruchs, so dass Erstattungsforderungen hinreichend bezüglich Höhe und Adressaten konkretisiert werden müssen.[95]

e) Asylsuchende mit einem besonderen Schutzbedarf

Bestimmte medizinische Leistungen wie z.B. psychotherapeutische Behandlung und die Übernahme der Kosten, um diese Leistungen in Anspruch zu nehmen, können für besonders schutzbedürftige Personen aus einer europäischen Richtlinie, der sog. „Aufnahmerichtlinie"[96] abgeleitet werden. Diese Richtlinie verpflichtet die EU-Mitgliedstaaten zur Durchführung eines *Clearingverfahrens*, unmittelbar nachdem Asylsuchende ein Asylgesuch gestellt haben. Da das Asylgesuch bereits in den Ankunftszentren/Aufnahmeeinrichtungen gestellt wird, ist dort auch das Clearingverfahren durchzuführen. Diese Menschen müssen die erforderliche medizinische und sonstige Hilfe erhalten, einschließlich erforderlichenfalls einer geeigneten psychologischen Betreuung (Art. 19 Abs. 2 Richtlinie). Da diese Richtlinie (noch) nicht in deutsches Recht umgesetzt wurde, kann zur Klärung der damit verbundenen Fragen direkt die Richtlinie herangezogen werden.[97]

---

[93] BeckOK SozR/Korff AsylbLG § 7 Rn. 17.
[94] Das VG Düsseldorf 4.8.2003 – 13 K 6469/00 bestätigte die Anordnung einer unteren Verwaltungsbehörde, von einer Asylbewerberin eine Sicherheitsleistung in Höhe des Wertes ihres Mobiltelefons einschließlich der SIM-Karte und des Ladegerätes zur Absicherung behördlicher Erstattungsansprüche zu verlangen. Das Urteil ist allerdings umstritten und angesichts geänderter Zeiten, in denen Mobiltelefone zur „Standardausstattung" jeder erwachsenen Person gehören, heute kaum mehr haltbar, vgl. Hammel, ZFSH 2016, 171 (173).
[95] LSG Baden-Württemberg 8.12.2011 – L 7 AY 3353/09.
[96] Richtlinie 2013/33/EU des Europäischen Parlaments und des Rates vom 26.6.2013 zur Festlegung von Normen für die Aufnahme von Personen, die internationalen Schutz beantragen, ABl. L 180/96.
[97] Die Richtlinie hätte bis 20.7.2015 umgesetzt werden müssen (Art. 31 Abs. 1 RL); da sie hinreichend bestimmt und unbedingt gefasst ist, ist eine unmittelbare Anwendung grundsätzlich möglich. Vgl. hierzu auch Grube/Wahrendorf/Flint/Leopold AsylbLG § 4 Rn. 12 f.

Besonders schutzbedürftige Asylsuchende sind nach Art. 21 der Richtlinie

- (unbegleitete) Minderjährige,
- Menschen mit Behinderungen,
- ältere Menschen,
- Schwangere und Alleinerziehende mit minderjährigen Kindern,
- Opfer von Menschenhandel,
- Personen mit schweren körperlichen Erkrankungen,
- Personen mit psychischen Störungen und
- Personen, die Folter, Vergewaltigung oder sonstige schwere Formen psychischer, physischer oder sexueller Gewalt erlitten haben, wie z.B. Opfer der Verstümmelung weiblicher Genitalien.

Für diese Personengruppen können unterschiedliche Bedarfe anfallen, die teilweise in den Art. 22 bis 25 der Richtlinie aufgeführt werden und zu denen auch z.B. ein Wechsel aus der Aufnahmeeinrichtung berechtigen kann.

Praktische Durchsetzung der Richtlinie

Die Durchsetzung der Ansprüche aus der Richtlinie auf eine zusätzliche medizinische Versorgung und insbesondere auf einen Wechsel der Unterkunft gestaltet sich in der Praxis als schwierig. Rechtsprechung hierzu findet sich kaum, die Mehrzahl der entschiedenen Fälle asylsuchender Menschen mit besonderem Schutzbedürfnis betrifft den Schutz vor Abschiebung und Überstellung nach dem Dublin-Abkommen.
Wurde ein Aufenthaltstitel nach § 24 Abs. 1 AufenthG erteilt, können entsprechende Leistungen nach § 6 Abs. 2 AsylbLG beantragt werden (→Kap. 3.5.3). Wird die besondere Schutzbedürftigkeit allerdings schon in der Aufnahmeeinrichtung festgestellt und bestehen dringende, unaufschiebbare Bedarfe, muss ggf. über den sozialgerichtlichen Eilrechtsschutz unter Bezugnahme auf die Aufnahmerichtlinie die Leistung eingeklagt werden. Teilweise wird davon ausgegangen, dass § 6 Abs. 1 AsylbLG richtlinienkonform ausgelegt und deshalb die notwendigen Leistungen für die Gruppe besonders schutzbedürftiger Flüchtlinge über diese Vorschrift finanziert werden müssen.[98]

f) Arbeitsgelegenheiten und Integration in den Arbeitsmarkt

Asylsuchende dürfen – solange sie zum Aufenthalt in einer Aufnahmeeinrichtung verpflichtet sind – keine Erwerbstätigkeit ausüben (§ 61 Abs. 1 Satz 1 AsylG). Dies gilt nach Maßgabe des § 61 Abs. 1 Satz 2 AsylG nicht bei Asylsuchenden, bei denen das Asylverfahren nicht innerhalb von neun Monaten nach Antragsstellung unanfechtbar abgeschlossen ist. Kann-Ausnahmen regeln

- § 61 Abs. 1 Satz 2 AsylG für Ausländer*innen, die seit mindestens sechs Monaten eine Duldung nach § 60a des Aufenthaltsgesetzes besitzen, und
- § 61 Abs. 2 Satz 1 AsylG für Asylsuchende, die sich seit drei Monaten gestattet im Bundesgebiet aufhalten.

---

[98] Vgl. Frerichs in Schlegel/Voelzke, jurisPK SGB XII § 4 AsylbLG Rn. 15 m.w.N.

Ausländer*innen aus einem sicheren Herkunftsstaat gemäß § 29a AsylG, die nach dem 31. August 2015 einen Asylantrag gestellt haben, darf während des Asylverfahrens die Ausübung einer Beschäftigung nicht erlaubt werden.

§ 5 AsylbLG regelt *Arbeitsgelegenheiten* für Leistungsberechtigte nach dem AsylbLG. Diese haben – anders als im SGB II und SGB XII – nicht in erster Linie die Förderung der Selbsthilfe und die Integration der Betroffenen in den allgemeinen Arbeitsmarkt zum Ziel, sondern ergänzen das Sachleistungsprinzip des Gesetzes vor dem Hintergrund des vermuteten, nur zeitweiligen Aufenthalts in Deutschland auf eine bloße Bereitstellung.[99] Dafür gibt es zwei Möglichkeiten:

Abbildung 11

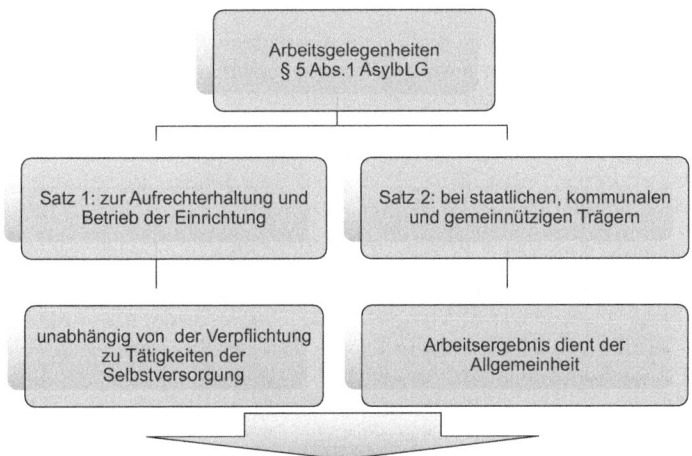

Die *Aufwandsentschädigung* steht dem Leistungsberechtigten zusätzlich zur Verfügung, sie wird als Leistung des AsylbLG im Sinne des § 7 Abs. 2 Nr. 1 AsylbLG nicht als Einkommen angerechnet.

Arbeitsgelegenheiten und Beschäftigungsverbot

Da es sich bei den Arbeitsgelegenheiten nicht um reguläre Beschäftigungs- oder Arbeitsverhältnisse handelt, unterliegen sie nicht den asyl- und ausländerrechtlichen Auflagen über das Verbot und die Beschränkung einer Erwerbstätigkeit.

Anders als die Arbeitsgelegenheiten dienten die zum 31.12.2020 ausgelaufenen Arbeitsgelegenheiten auf der Grundlage des Arbeitsmarktprogramms *Flüchtlingsintegration* nach § 5a AsylbLG a. F. dazu, Flüchtlingen mit einer guten Bleibeper-

---

[99] BeckOK SozR/Korff AsylbLG § 5 Rn. 1.

spektive durch die Ermöglichung einer sinnvollen und gemeinnützigen Betätigung für die Dauer des Asylverfahrens möglichst zügig an die deutsche Gesellschaft und den Arbeitsmarkt heranzuführen.[100]

Die Arbeitsgelegenheiten nach § 5 AsylbLG haben zunächst als Voraussetzung, dass nur arbeitsfähige, nicht erwerbstätige Leistungsberechtigte, die nicht der Schulpflicht unterliegen (§ 5 Abs. 4 Satz 1 AsylbLG), verpflichtet werden können.

Arbeitsunfähigkeit

Leistungsberechtigte sind arbeitsunfähig, wenn sie aufgrund eines körperlichen oder geistigen Zustands die konkret zur Verfügung gestellte Arbeitsgelegenheit nicht oder nur unter der in absehbar nächster Zeit zu erwartenden Gefahr der Verschlimmerung dieses Zustands ausüben können.[101] Die so verstandene Arbeitsunfähigkeit hat nichts mit der Erwerbsfähigkeit nach dem SGB II oder der vollen Erwerbsminderung nach dem Rentenrecht[102] zu tun. So können auch Erwerbsunfähige in diesem Sinn zu Arbeitsgelegenheiten herangezogen werden, wenn sie diese zumindest stundenweise ausüben können.[103]

Leistungsberechtigte sind von der Verpflichtung zu Arbeitsgelegenheiten entbunden, wenn sie bereits einer *Erwerbstätigkeit* nachgehen, unabhängig davon, ob diese selbständig oder unselbständig ausgeübt wird.

Darüber hinaus müssen die Arbeitsgelegenheiten *zumutbar* sein (§ 5 Abs. 3 AsylbLG). Hierbei bezieht sich das Gesetz auf § 11 Abs. 4 SGB XII, der indessen mit dem Bürgergeld-Gesetz[104] komplett neu gefasst wurde; die Zumutbarkeitsregelungen wurden ersatzlos gestrichen, ohne dass der Gesetzgeber diese Änderung im AsylbLG nachvollzogen hat. Gleichwohl müssen die Gründe, die die Vorschrift in ihrer Fassung bis 31.12.2022 enthielt, herangezogen werden, weil sie für die grundsätzliche Zumutbarkeit der Aufnahme von Erwerbstätigkeit und Arbeitsgelegenheiten auch in anderen Rechtsvorschriften (vgl. § 10 SGB II) gelten.[105] Deshalb ist eine Arbeitsgelegenheit nicht zumutbar, wenn die Verpflichteten

- wegen Erwerbsminderung, Krankheit, Behinderung oder Pflegebedürftigkeit hierzu nicht in der Lage sind,
- die Regelaltersgrenze erreicht oder überschritten haben,
- ein Kind erziehen, das das dritte Lebensjahr noch nicht vollendet hat – danach soll die Betreuung in einer Kindertageseinrichtung oder in Kindertagespflege stattfinden,

---

100 BT-Drucks. 18/8615, S. 1, 23.
101 VGH München 19.6.2000 – 12 ZE 00.1581.
102 Hiernach ist jemand nicht erwerbsfähig, der aufgrund einer Krankheit oder Behinderung nicht in der Lage ist, unter den üblichen Bedingungen des allgemeinen Arbeitsmarktes mindestens drei Stunden täglich zu arbeiten (vgl. § 9 Abs. 1 SGB II oder § 43 Abs. 2 Satz 2 SGB VI).
103 BeckOK SozR/Korff AsylbLG § 5 Rn. 14.
104 Art. 5 Nr. 2 Zwölftes Gesetz zur Änderung des Zweiten Sozialgesetzbuch und anderer Gesetze – Einführung eines Bürgergeldes vom 16.12.2022, BGBl. I 2022, Nr. 51.
105 Vgl. zu diesem Rechtsgedanken BGH Urt. v. 20.06.2017, Az.: EnZR 32/16, Rn. 16 (jL): Auch nach Aufhebung einer Norm, kann der Regelungsinhalt der aufgehobenen Norm noch in einer anderen Norm in Bezug genommen werden.

- einen Angehörigen pflegen oder Pflichten bei der Führung eines Haushalts haben oder
- einen wichtigen Grund für die Weigerung der Aufnahme einer Arbeitsgelegenheit haben.

Ein *wichtiger Grund* liegt insbesondere dann vor, wenn Leistungsberechtigte eine Beschäftigung auf dem allgemeinen Arbeitsmarkt, eine Berufsausbildung oder ein Studium aufnehmen oder aufgenommen haben (§ 5 Abs. 3 Satz 3 AsylbLG).

Weigern sich Leistungsberechtigte eine zumutbare Arbeitsgelegenheit aufzunehmen, ohne dafür einen wichtigen Grund zu haben, können *Leistungen* nach dem AsylbLG *eingeschränkt* werden. Die betroffenen Personen erhalten dann nur eingeschränkte Leistungen entsprechend § 1a Abs. 1 AsylbLG. Über diese Rechtsfolge hat eine *schriftliche Belehrung* zu erfolgen.

Abbildung 12

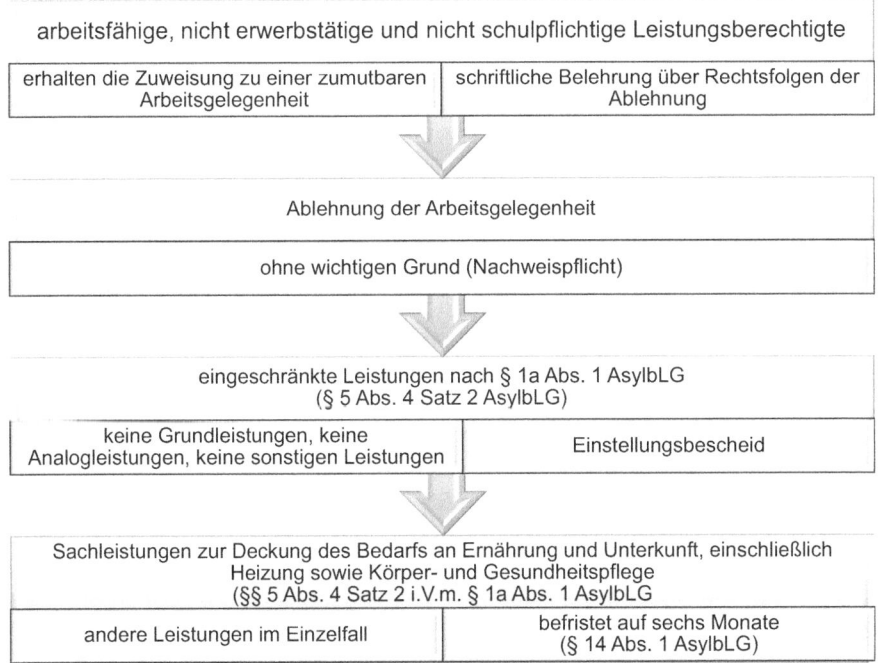

Für die Dauer der Wohnpflicht in einer Aufnahmeeinrichtung dürfen Ausländer*innen grundsätzlich keine *Erwerbstätigkeit* ausüben (§ 61 Abs. 1 Satz 1 AsylG). Ausnahmen sind möglich, wenn das Asylverfahren nicht innerhalb von sechs Monaten nach Antragstellung unanfechtbar abgeschlossen wurde, die Bundesagentur für Arbeit zugestimmt hat, die*der Ausländer*in nicht Staatsangehörige*r eines sicheren Herkunftsstaates ist, der Asylantrag nicht als offensichtlich unbegründet oder unzulässig abgelehnt wurde oder wenn Ausländer*innen seit mindestens sechs Monaten eine Duldung nach § 60a AufenthG besitzen (§ 61 Abs. 1 Sätze 2 und 3 AsylG). Bei Letzteren soll die Erlaubnis erteilt werden, es sei denn, zum Zeitpunkt der Beantragung stehen konkrete Maßnahmen der Aufenthaltsbeendigung bevor (vgl. im Einzelnen § 61 Abs. 2 Satz 3 AsylG). Auch wenn Ausländer*innen nach diesen Regelungen keine Erwerbstätigkeit ausüben dürfen, kann die Bundesagentur für Arbeit sie mit *Leistungen der Vermittlung* nach § 35 ff. SGB III, mit Leistungen aus dem *Vermittlungsbudget* nach § 44 SGB III und mit Maßnahmen der *Aktivierung und beruflichen Eingliederung* nach § 45 SGB III fördern. Voraussetzung ist allerdings, dass die Betroffenen über eine Aufenthaltsgestattung verfügen – was ab Ausstellung des Ankunftsnachweises gemäß § 55 Abs. 1 Satz 1 AsylG der Fall ist (→ Kap. 3.3.2) – und dass bei den Betroffenen ein rechtmäßiger und dauerhafter Aufenthalt zu erwarten ist (§ 39a, § 44 Abs. 4, § 45 Abs. 9 SGB III). Berufsvorbereitende Bildungsmaßnahmen zur Vorbereitung auf eine Berufsausbildung sowie Leistungen in der Vorphase einer Assistierten Ausbildung, kommen für Ausländer*innen mit einem Ankunftsnachweis i.d.R. nicht in Betracht, weil eine entsprechende Förderberechtigung einen mindestens 15-monatigen erlaubten, gestatteten oder geduldeten Aufenthalt fordert (§ 52 Abs. 2, § 75a Abs. 1 Sätze 2 f. SGB III), ein Ankunftsnachweis aber längstens auf 6 Monate befristet werden kann (§ 63a Abs. 2 Satz 1 AsylG). Leistungen der Berufsausbildungsbeihilfe dürfen nicht für gestattete Ausländer*innen erbracht werden (§ 56 Abs. 2, § 60 Abs. 3 Satz 1 SGB III). Ähnliches gilt für das BAföG (vgl. § 8 BAföG).

Ausländer*innen mit Ankunftsnachweis und entsprechender Aufenthaltsgestattung können nach § 5b Abs. 1 AsylbLG schriftlich verpflichtet werden, an einem *Integrationskurs* im Sinne des § 43 AufenthG teilzunehmen. Voraussetzung ist allerdings, dass sie arbeitsfähig, nicht erwerbstätig und leistungsberechtigt nach dem AsylbLG sind sowie das 18. Lebensjahr vollendet haben und nicht mehr der Vollzeitschulpflicht unterliegen.

g) Weitere Sozialleistungen

Kinder haben grundsätzlich während des laufenden Asylverfahrens Anspruch auf einen *Kindergartenplatz* ab drei Jahren (§ 6 Abs. 2, § 24 Abs. 3 SGB VIII), allerdings ist der Anspruch in den (Erst)Aufnahmeeinrichtungen kaum umsetzbar, weil zunächst die Zuweisung zu einer Kommune erfolgen muss, bevor diese sich um einen entsprechenden Platz kümmert. Das Gleiche gilt für den Schulbesuch; die Schulpflicht wird i.d.R. erst nach der Zuweisung in die Kommune umgesetzt.

> **Zugang zum Bildungssystem**
>
> Art. 14 Abs. 2 der Aufnahmerichtlinie verlangt, dass der Zugang zum Bildungssystem für Minderjährige nach spätestens drei Monaten, nachdem ein Antrag auf internationalen Schutz von dem Minderjährigen selbst oder seinem gesetzlichen Vertreter gestellt wurde, eröffnet werden muss, zumindest dann, wenn keine konkreten Ausweisungsmaßnahmen ergriffen wurden. Teilweise sind Kinder

3. Sozialleistungen für geflüchtete Menschen

allerdings länger als drei Monate in den Aufnahmeeinrichtungen; insbesondere solche, die mit ihren Familien aus sicheren Herkunftsstaaten kommen. In diesen Fällen sollte zunächst eine Einschulung oder der Besuch einer Kindertageseinrichtung am Ort der Aufnahmeeinrichtung erfolgen.

Zusammenfassung: Sozialleistungen während des Aufenthalts in einer Erstaufnahmeeinrichtung

Sozial-leistung	Rechts-grundlage	Inhalt der Leistung	Zuständigkeit	Antrag	zu beachten!
Grundleistungen	§ 3 AsylbLG	notwendiger Bedarf als Sachleistung, notwendiger persönlicher Bedarf eher als Sachleistung, bei unvertretbarem Verwaltungsaufwand in Form einer Bezahlkarte, Wertgutscheinen oder unbaren Abrechnungen, nachrangig als Geldleistung – hier Mischformen möglich	von den Bundesländern bestimmte Leistungsträger	nein, Kenntnisgrundsatz	Geldbeträge werden nur für einen Monat im Voraus ausgezahlt. Anrechnung von Einkommen und Vermögen nach § 7 AsylbLG
Medizinische Versorgung	§ 4 AsylbLG	Behandlung bei akuten Erkrankungen und Schmerzzuständen, Präventionsmaßnahmen, Leistungen für Schwangere und Wöchnerinnen entsprechend den GKV-Leistungen		nein, Kenntnisgrundsatz	keine Zuzahlung, kein Zahnersatz
Sonstige Leistungen	§ 6 Abs. 1 AsylbLG	einzelfallbezogen, in atypischen Bedarfslagen		nein, Kenntnisgrundsatz	Ermessensleistungen, abhängig von voraussichtlicher Aufenthaltsdauer und Bleibeperspektive

Sozial-leistung	Rechts-grundlage	Inhalt der Leistung	Zuständig-keit	Antrag	zu beachten!
Besondere Leistungen für Schutzbedürftige	Aufnahme-richtlinie	erforderliche medizinische und sonstige Hilfen	nicht geklärt, da Aufnahmerichtlinie nicht umgesetzt		
Arbeitsgelegenheiten	§ 5 AsylbLG	zur Aufrechterhaltung und Betrieb der Einrichtung oder gemeinnützige Arbeit mit Mehraufwandsentschädigung	von den Bundesländern bestimmte Leistungsträger	nein	Sanktion und Leistungseinschränkungen bei Weigerung ohne wichtigen Grund
Arbeitsförderung	§§ 39a, 44, 45 SGB III	Einzelne Integrationsleistungen (z.B. Vermittlungsleistungen, Vermittlungsbudget, Aktivierung und berufliche Eingliederung)	Bundesagentur für Arbeit	ja	nur für Asylsuchende, bei denen ein rechtmäßiger und dauerhafter Aufenthalt zu erwarten ist
Kindergartenplatz	§§ 6 Abs. 2, 24 Abs. 3 SGB VIII	bis zur Zuweisung zur Kommune i.d.R. nicht umgesetzt			

3.3.3 Asylantragstellung

Menschen, die nach Deutschland kommen und um Asyl nachsuchen, müssen einen *Antrag bei der Außenstelle des BAMF* stellen, die der für die Aufnahme zuständigen Aufnahmeeinrichtung zugeordnet ist (§ 14 Abs. 1 AsylG). Sie erhalten hierfür einen Termin,[106] bei dem sie unverzüglich *persönlich* zu erscheinen haben. Versäumen sie das – ohne Nachweis, dass ihr Versäumnis nicht von ihnen verschuldet ist – wird vermutet, dass sie das Asylverfahren nicht betreiben wollen; der Asylantrag gilt als zurückgenommen (§ 23 AsylG). Auf diese Konsequenzen sind die Asylsuchenden hinzuweisen.

In den Fällen des § 14 Abs. 2 AsylG kann der Antrag auch *direkt beim BAMF* gestellt werden. Das ist z.B. der Fall, wenn Ausländer*innen bereits einen Aufenthaltstitel mit einer Gesamtgeltungsdauer von mehr als sechs Monaten besitzen oder in Haft oder in einem Krankenhaus sind oder wenn es sich um unbegleitete Minderjährige handelt.

Haben Asylsuchende ihren Antrag bei der Außenstelle des BAMF gestellt, erhalten sie innerhalb von drei Arbeitstagen eine mit Angaben zur Person und einem

---

106 Die Terminierung ist notwendig, weil u.a. Dolmetscher eingesetzt werden müssen, die bei der Antragstellung zur Seite stehen, BT-Drucks. 18/7834, 4. Erfolgt eine zeitnahe Terminvergabe nicht, hat dies nach § 67 Abs. 1 Satz 2 AsylG keinen Einfluss auf die Aufenthaltsgestattung.

Lichtbild versehene *Bescheinigung über die Aufenthaltsgestattung* (§ 63 AsylG). Zuständig für die Ausstellung ist das BAMF, solange die Antragsteller verpflichtet sind, in der Aufnahmeeinrichtung zu wohnen, anderenfalls die Ausländerbehörde, auf deren Bezirk die Aufenthaltsgestattung beschränkt ist bzw. dort, wo die Residenzpflicht besteht.

Abbildung 13

Quelle: Opihuck (https://commons.wikimedia.org/wiki/File:Aufenthaltsgestattung-Traegervordruck.jpg), „Aufenthaltsgestattung-Traegervordruck", als gemeinfrei gekennzeichnet, Details auf Wikimedia Commons: https://commons.wikimedia.org/wiki/Template:PD-GermanGov

Nach der Antragstellung erfolgt eine *persönliche Anhörung* der Antragsteller*innen, in der sie die Tatsachen vortragen müssen, die ihre Furcht vor Verfolgung oder die Gefahr eines ihnen drohenden ernsthaften Schadens begründen. Diese Anhörung ist das Kernstück jedes Asylverfahrens und entscheidet im Wesentlichen über die Anerkennung als Asylberechtigte, Flüchtlinge oder subsidiär Schutzberechtigte. Zwischen förmlicher Asylantragstellung und persönlicher Anhörung können wenige Tage oder aber mehrere Monate liegen. Die *Gesamtverfahrensdauer* von der förmlichen Asylantragstellung bis zur Unanfechtbarkeit der Entscheidung betrug im Jahr 2022 durchschnittlich rund 20 Monate.[107] Dabei ist zu berücksichtigen, dass die meisten Verfahren, nämlich rund 37 %, innerhalb von sechs Monaten abgeschlossen werden, wohingegen rund 14 % der Verfahren mehr als vier Jahre brauchen.[108] Für Asylsuchende aus den sicheren Herkunftsstaaten, für diejenigen, die falsche Angaben gemacht, Dokumente vernichtet oder zurückgehalten, Folgeanträge gestellt oder sich geweigert haben, Fingerabdrücke abzugeben oder die aus schwerwiegenden Gründen der öffentlichen Sicherheit oder öffentlichen Ordnung ausgewiesen wurden, gibt es ein *beschleunigtes Asylverfahren* nach § 30a AsylG, im Rahmen dessen innerhalb einer Woche über den Asylantrag entschieden werden kann.

Aus diesen Zahlen wird deutlich, dass ein Teil der Asylsuchenden länger auf eine Entscheidung wartet und dadurch auch länger im System des Asylbewerberleistungsgesetzes verbleibt.

3.4. Nach der Verteilung in den Bundesländern und Kommunen

Teilt das BAMF der zuständigen Landesbehörde mit, dass es eine positive Asylentscheidung getroffen hat oder dass das Verwaltungsgericht die aufschiebende Wirkung der Klage gegen eine Entscheidung des BAMF angeordnet hat, müssen die Ausländer*innen unverzüglich *aus der Aufnahmeeinrichtung entlassen* und innerhalb des Bundeslandes verteilt werden. Wenn die Ausländer*innen aus anderen Gründen nicht mehr verpflichtet sind, in der Aufnahmeeinrichtung zu wohnen (z. B. weil die Mindestdauer nach § 47 Abs. 1 AsylG ausgelaufen ist), kann die zuständige Landesbehörde eine Verteilung innerhalb des Bundeslandes vornehmen.

> **Asylsuchende aus sicheren Herkunftsstaaten**
>
> werden grundsätzlich nicht aus der zuständigen Aufnahmeeinrichtung entlassen, sondern verbleiben dort bis zum Ende des Asylverfahrens oder – im Falle der Ablehnung des Asylantrags – bis zu ihrer Ausreise bzw. Abschiebung (§ 47 Abs. 1a AsylG).

Die Landesstelle legt fest, in welche *Kommune* die Asylsuchenden *zugewiesen* werden (§ 50 Abs. 4 AsylG). Bei Flächenstaaten erfolgt die Zuweisung in eine Kommune, in Bayern in einen Regierungsbezirk, und in den Stadtstaaten Hamburg, Bremen und Berlin wird die weitere Unterbringung unmittelbar durch die Landesverwaltung organisiert. Dabei können Familieneinheiten (Ehegatt*innen, Lebenspartner*innen, minderjährige, ledige Kinder) und andere humanitäre Gründe berücksichtigt werden. Entsprechende Anträge auf *Zuweisung an einen bestimmten Ort* können schon während des Aufenthalts in der Aufnahmeeinrichtung gestellt werden.

---

107 BAMF, Das Bundesamt in Zahlen 2022. Asyl, Migration und Integration, Nürnberg 2023, S. 63.
108 BAMF, Das Bundesamt in Zahlen 2022. Asyl, Migration und Integration, Nürnberg 2023, S. 63.

Asylantragsteller*innen, die nicht oder nicht mehr verpflichtet sind, in einer Aufnahmeeinrichtung zu wohnen, sollen nach § 53 Abs. 1 AsylG i.d.R. in *Gemeinschaftsunterkünften* untergebracht werden und zwar bis das BAMF über den Asylantrag positiv entschieden hat oder durch ein Gericht zur Anerkennung als Asylberechtigte entschieden hat. Auch wenn

- die Klage gegen einen ablehnenden Asylbescheid anhängig ist oder
- das BAMF bzw. ein Gericht Ausländer*innen internationalen Schutz i.S.d. § 1 Abs. 1 Nr. 2 AsylG (Anerkennung als Flüchtling oder subsidiär Schutzberechtigte) zuerkannt hat

und

- Asylantragsteller*innen eine andere Unterkunft nachweisen,

kann die Verpflichtung zum Aufenthalt in der Gemeinschaftsunterkunft enden, wenn dadurch keine Mehrkosten für die Kostenträger entstehen (§ 53 Abs. 2 AsylG).

Letztlich müssen die Kommunen entscheiden, wie sie die *Unterbringung* von Asylsuchenden organisieren. Gerade in Zeiten großer Flüchtlingsbewegungen sind die Plätze in Gemeinschaftsunterkünften häufig nicht ausreichend (gewesen), so dass auf *Alternativen* wie die Anmietung von Wohnungen, eine Übernahme der Kosten für ein Hotel- oder Hostelzimmer oder – im ungünstigen Fall – die Unterbringung in Turnhallen zurückgegriffen wurde. Die Aufnahmerichtlinie legt einige Kriterien für die Ausgestaltung der Unterkunft fest (Art. 18 AufnahmeRL). Dazu gehört z.B. die Sicherstellung des Schutzes des Familienlebens, die Ermöglichung von Kontakten zu Verwandten, Berater*innen, Personen des UNHCR usw., die Berücksichtigung geschlechts- und altersspezifischer Aspekte, das Treffen geeigneter Maßnahmen, um Übergriffe und geschlechtsspezifische Gewalt zu verhindern u.a. Die Unterbringung muss menschenwürdig und nicht gesundheitsgefährdend sein.

Verlassen die Asylsuchenden die Unterkunft, um z.B. zu Verwandten zu ziehen, wird der Platz nicht freigehalten. Es gibt auch *kein Rückkehrrecht* in die entsprechende Unterkunft.

Residenzpflicht

Die Aufenthaltsgestattung, die mit dem Ankunftsnachweis bzw. die zur Durchführung des Asylverfahrens ausgestellt wird (§§ 55, 63 AsylG) ist mit einer räumlichen Beschränkung auf den Bezirk der Ausländerbehörde verbunden, in dem die für die Aufnahme des Asylsuchenden zuständige Aufnahmeeinrichtung liegt (§ 56 AsylG). Während der Verpflichtung, in der Aufnahmeeinrichtung zu wohnen, kann Asylsuchenden das Verlassen dieses Bereiches bei zwingenden Gründen durch das BAMF gestattet werden (§ 57 AsylG). Sind die Asylsuchenden nicht mehr verpflichtet, in der Aufnahmeeinrichtung zu wohnen, kann die Ausländerbehörde eine Erlaubnis zum Verlassen des Geltungsbereichs der Aufenthaltsgestattung oder zum Aufenthalt im Bezirk einer anderen Ausländerbehörde erteilen (§ 58 AsylG).

> Zunächst besteht aber für Asylsuchende nach der Verteilung in den Kommunen eine Residenzpflicht für bis zu drei Monate. Wenn die Asylsuchenden sich in dieser Zeit ununterbrochen erlaubt, geduldet oder gestattet im Bundesgebiet aufgehalten haben, erlischt die Beschränkung (§ 59a Abs. 1 AsylG). Sie kann allerdings unter den Voraussetzungen des § 59b AsylG (Verurteilung wegen einer Straftat, Verstoß gegen das Betäubungsmittelgesetz oder unmittelbar bevorstehende Abschiebung) durch die zuständige Ausländerbehörde wieder angeordnet werden.
>
> Auch kann nach Auslaufen der Residenzpflicht der Aufenthalt durch die zuständige Ausländerbehörde räumlich beschränkt und eine Wohnsitzauflage erteilt werden, solange das BAMF noch keinen Aufenthaltstitel erteilt hat (§ 12 AufenthG).

Beziehen Asylsuchende Leistungen nach dem Asylbewerberleistungsgesetz und haben sie den zugewiesenen Wohnort verlassen, um z.B. zu Angehörigen in eine andere Kommune zu ziehen, *ohne* dass sie dafür eine *Genehmigung* hatten, handeln sie den asyl- und aufenthaltsrechtlichen Beschränkungen zuwider. Sie erhalten dann ihre Leistungen nicht von der zuständigen Behörde ihres tatsächlichen Aufenthaltsortes, sondern weiterhin nur von der, die für den zugewiesenen Wohnort zuständig ist. Die Behörde des Aufenthaltsortes darf nach § 11 Abs. 2 AsylbLG lediglich nur eine *Reisebeihilfe* zur Deckung des unabweisbaren Bedarfs – Fahrkarte und Reiseproviant – für die Reise zum zugewiesenen Wohnort erbringen. Faktisch stellt dies eine Leistungsbeschränkung bei einem unerlaubten Aufenthalt[109] für die Betroffenen dar. Hintergrund der Regelung ist, dass der der Gesetzgeber die asyl- und ausländerrechtlich nicht gewollte Binnenwanderung unterbinden bzw. Anreize hierzu mit Hilfe eines Leistungsgesetzes vermeiden will.[110]

Allerdings kann es Fälle geben, in denen es gerechtfertigt ist, dass die Behörde des *tatsächlichen Aufenthaltsortes* die Leistungen nach dem AsylbLG erbringt. Das Gesetz spricht insofern von einer „regelmäßigen" Leistungseinschränkung und lässt insofern Ausnahmen unter besonderen Umständen zu.

Beispiele für Ausnahmen des § 11 Abs. 2 AsylbLG

- Ausländer*innen können aus gesundheitlichen Gründen die Rückreise nicht (sofort) antreten,[111]
- Ausländer*innen sind einer besonderen Gefahr für Leib oder Leben am zugewiesenen Ort ausgesetzt, sind dort vielleicht schon Opfer eines Gewaltverbrechens geworden oder mussten Zuflucht in einem Frauenhaus nehmen,[112]
- Ausländer*innen und/oder ihre Familien sind latenten Bedrohungen durch Vergeltungs- und Racheakten ausgesetzt[113] oder

---

109 So z.B. LSG NRW 27.10.2006 – L 20 B 52/06 AY ER; LSG Niedersachsen-Bremen 20.2.2014 – L 8 AY 98/13 B ER.
110 Wahrendorf in Grube/Wahrendorf, § 11 AsylbLG Rn. 6.
111 BR-Drucks. 446/15, S. 62.
112 LSG Nordrhein-Westfalen 23.6.2016 – L 20 AY 38/16 B ER, L 20 AY 43/16 B.
113 SG Aachen 3.9.2014 – S 19 AY 8/14 ER.

- Ausländer*innen wollen zu ihren Ehegatt*innen/Lebenspartner*innen/minderjährigen unverheirateten Kindern ziehen – hier müssen sie aber vorrangig einen Umverteilungsantrag stellen.[114]

Die Behörde des Aufenthaltsortes kann nach *freien Ermessen* entscheiden, ob sie den Leistungsberechtigten den für die Rückkehr zum Zuweisungsort notwendigen unabweisbaren Bedarf als *Geld- oder als Sachleistung* oder in Form einer Bezahlkarte erbringt.

Girokonto

Das Problem entschärft sich etwas, wenn Asylsuchende ein Girokonto bei einer Bank haben und die zuständige Behörde sich bereit erklärt, die Leistungen als Geldleistungen zu erbringen und auf ein Konto zu überweisen. Diese können auch die Kosten der Unterkunft umfassen.[115]

3.4.1 Sozialleistungen während des Asylverfahrens – bis einschließlich 36 Monate Aufenthalt

Während der Dauer des Asylverfahrens unterliegen die Asylsuchenden weiterhin dem AsylbLG. Die Art und die Höhe der Leistungen sind dabei davon abhängig, ob die Leistungsberechtigten (noch) in Gemeinschaftsunterkünften oder auf andere Weise untergebracht sind oder wohnen und wie lange sie sich bereits rechtmäßig – mit einer Aufenthaltsgestattung oder u.U. einem Aufenthaltstitel – in Deutschland aufhalten. Mit einem *rechtmäßigen Aufenthalt* von mindestens 36 Monaten[116] werden nach § 2 AsylbLG Leistungen entsprechend des SGB XII erbracht (sog. Analogleistungen).

Zuständigkeit für die Leistungen nach dem AsylbLG

Leistungen nach dem AsylbLG werden von den (sachlich zuständigen) Behörden und Kostenträgern erbracht, die durch die Landesregierungen oder den von ihnen bestimmten obersten Landesbehörden bestimmt sind (§ 10 AsylbLG). Nach Erteilung des Ankunftsnachweises und der Verteilung in den Kommunen sind in den einzelnen Bundesländern folgende Behörden zuständig:

---

114 LSG Niedersachsen-Bremen 27.5.2011 – L 8 AY 31/11 B ER.
115 Politische Überlegungen sehen allerdings die Möglichkeit einer Einschränkung der Beweglichkeit innerhalb des Bundesgebietes durch die Bezahlkarte gegeben. Diese soll nur in dem jeweils zugewiesenen Landkreis einsetzbar sein; faktisch gibt es dies bereits in einem Pilotprojekt im Landkreis Greiz/Thüringen. Zu den verfassungsmäßigen Zweifeln der Durchsetzung räumlicher Beschränkungen über das Existenzsicherungsrecht s. Seidl, https://verfassungsblog.de/bar-oder-mit-karte/ (11.3.2024).
116 Die Zeit des Übergangs zu Analogleistungen nach dem SGB XII wurde mit dem Rückführungsverbesserungsgesetz vom 21.2.2024, BGBl. 2024 I Nr. 54, mWz 27.2.2024 verdoppelt.

Baden-Württemberg	Stadt- und Landkreise als untere Verwaltungsbehörden
Bayern	Landratsämter oder kreisfreie Gemeinden für Leistungsberechtigte in dezentraler Unterkunft Bezirksregierungen für Sachleistungen in Gemeinschaftsunterkünften sonst Landkreise und kreisfeie Gemeinden als örtliche Träger
Berlin	Landesamt für Flüchtlingsangelegenheiten bzw. Bezirksämter
Brandenburg	Landkreise und kreisfreie Städte
Bremen	Gemeinden
Hamburg	Bezirksämter
Hessen	Landkreise und kreisfreie Städte
Mecklenburg-Vorpommern	Landkreise und kreisfreie Städte
Niedersachsen	Landkreise und kreisfreie Städte soweit nicht die Zuständigkeit des Landes besteht
Nordrhein-Westfalen	Gemeinden
Rheinland-Pfalz	Landkreise und kreisfreie Städte
Saarland	Landkreise und Regionalverband Saarbrücken
Sachsen	Landkreise und kreisfreie Städte – niedere Unterbringungsbehörden
Sachsen-Anhalt	Landkreise und kreisfreie Städte
Schleswig-Holstein	Kreise und kreisfreie Städte
Thüringen	Landkreise und kreisfreie Städte

Örtlich zuständig sind die Behörden, in deren Bereich die Leistungsberechtigten nach dem AsylG oder dem AufenthG zugewiesen worden sind oder für deren Bereich für die Leistungsberechtigten eine Wohnsitzauflage besteht. Besteht eine solche Zuweisung oder Wohnsitzauflage nicht, ist die Behörde zuständig, in der die Leistungsberechtigten sich tatsächlich aufhalten, d.h. der Ort, an dem sie erkennbar ihren Lebensmittelpunkt haben.

a) Grundleistungen

Werden Asylsuchende nach ihrer Verteilung auf die Kommunen außerhalb von Aufnahmeeinrichtungen i.S.d. § 44 AsylG untergebracht, soll nach § 3 Abs. 3

AsylbLG idF des DÜV-AnpassG (→ Kap. 1) der notwendige Bedarf durch Geld- oder Sachleistungen oder in Form von Bezahlkarten, Wertgutscheinen oder anderen unbaren Abrechnungen gedeckt werden. Der notwendige persönliche Bedarf soll in Form von Bezahlkarten oder durch Geldleistungen gedeckt werden. Die Vorschrift folgt dabei folgender Systematik:

Abbildung 14

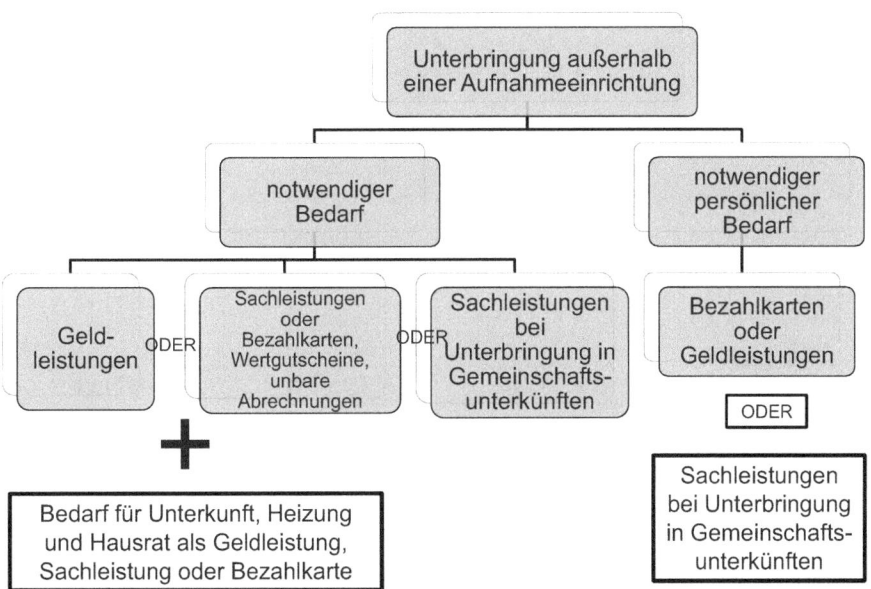

Die zuständigen Behörden können – vor allem, wenn sich die Asylantragsteller*innen in *Gemeinschaftsunterkünften* i.S.d. § 53 AsylG aufhalten – den notwendigen persönlichen Bedarf, soweit möglich, in Form von Sachleistungen, erbringen (§ 3 Abs. 3 AsylbLG).

Gemeinschaftsunterkünfte

Asylbewerber*innen können in Gemeinschaftsunterkünften i.S.d. § 53 AsylG untergebracht werden, wenn sie nicht mehr verpflichtet sind, in Aufnahmeeinrichtungen im Sinne des § 44 AsylG zu leben.

Die *Geldleistungsbeträge* richten sich nach *sechs Stufen*, vergleichbar mit den Regelbedarfsstufen des SGB II und SGB XII. Danach stehen den Leistungsberechtigten folgende Geldleistungsbeträge zur Verfügung (ab dem 1.1.2024):

Leistungsberechtigte	notwendiger Bedarf (§ 3 Abs. 1 Satz 1, § 3a Abs. 2, 4 AsylbLG)	notwendiger persönlicher Bedarf (§ 3 Abs. 1 Satz 2, § 3a Abs. 1, 4 AsylbLG)	Gesamtleistung
alleinstehende Leistungsberechtigte	256 EUR	204 EUR	460 EUR
zwei erwachsene Leistungsberechtigte, die als Partner in einem gemeinsamen Haushalt leben	je 229 EUR	je 184 EUR	je 413 EUR
weitere erwachsene Leistungsberechtigte ohne eigenen Haushalt	204 EUR	164 EUR	368 EUR
jugendliche Leistungsberechtigte vom Beginn des 15. bis zu Vollendung des 18. Lebensjahres	269 EUR	139 EUR	408 EUR
leistungsberechtigte Kinder vom Beginn des 7. bis zur Vollendung des 14. Lebensjahres	204 EUR	137 EUR	341 EUR
leistungsberechtigte Kinder bis zur Vollendung des sechsten Lebensjahres	180 EUR	132 EUR	312 EUR

Die Gesamtleistungsbeträge sind niedriger als die Regelbedarfe im SGB II und SGB XII, allerdings sind die *Kosten für Hausrat nicht* mit berücksichtigt, sondern werden zusätzlich erbracht (§ 3 Abs. 3 Satz 3 AsylbLG). Hintergrund dessen ist, dass Asylsuchende auf der Flucht keinen Hausrat dabei haben und dieser neu angeschafft werden muss oder auch – nach § 3 Abs. 3 Satz 4, Abs. 2 Satz 3 AsylbLG leihweise – zur Verfügung gestellt werden kann. Darüber hinaus wurden einige Verbrauchsausgaben, die Gegenstand der Einkommens- und Verbrauchsstichprobe (EVS) für Bezieher*innen existenzsichernder Sozialleistungen sind, nicht berücksichtigt (Verbrauchsausgaben für Freizeit, Unterhaltung, Kultur, für Bildungswesen und für den Personalausweis[117]). Der Gesetzgeber ging davon aus, dass angesichts des ungesicherten Aufenthalts von Leistungsberechtigten nach dem AsylbLG keine so umfassende Bedarfslage besteht, die das Ansparen zur Deckung unregelmäßiger Bedarfe erfordert.[118] Indessen ist das Grundrecht auf Gewährleistung eines menschenwürdigen Existenzminimums aus Art. 1 Abs. 1 i.V.m. Art. 20 Abs. 1 GG verletzt, wenn erwachsenen Leistungsberechtigten ein niedriger Regel-

---

117 Grube/Wahrendorf/Flint/Leopold AsylbLG § 3a Rn. 9.
118 BT-Drucks. 18/7538, S. 11; 19/22750, S. 70 unter Bezugnahme auf 19/10052, S. 21 f.

bedarf zugesprochen wird als Stufe 1, weil sie mit einer anderen erwachsenen Person, die kein*e Partner*in ist, in einer Gemeinschaftsunterkunft untergebracht sind.[119]

Die *Kosten der Unterkunft und Heizung* werden in den Gemeinschaftsunterkünften als Sachleistung übernommen; auch der Hausrat wird i.d.R. als Sachleistung erbracht. Haben Asylsuchende eine eigene Wohnung beziehen können, liegt es im Ermessen der leistenden Behörde, ob sie die *Miete* direkt an den Vermieter zahlt (als Sachleistung) oder als Geldleistung oder in Form einer Bezahlkarte den Leistungsberechtigten zur Verfügung stellt. Grundsätzlich haben Leistungsberechtigte allerdings keinen Anspruch auf eine bestimmte Unterkunft.[120] Die Gemeinden können sie auch auffordern, von einer Gemeinschaftsunterkunft in eine andere umzuziehen; gegen eine entsprechende Aufforderung ist Klage beim Sozialgericht einzureichen.[121]

Zu den Grundleistungen gehören auch die *Leistungen für Bildung und Teilhabe* (§ 3 Abs. 4 AsylbLG i.V.m. §§ 34, 34a, 34b SGB XII) für Kinder, Jugendliche und junge Erwachsene erbracht (→Kap. 3.3.2 Buchst. a), die nunmehr nach der Verteilung in die Kommunen besser umgesetzt werden können.

Befinden sich Leistungsberechtigte in *Abschiebungs- und Untersuchungshaft* wird der individuelle Geldbetrag zur Deckung des notwendigen persönlichen Bedarfs durch die zuständige Behörde festgelegt, wenn der Bedarf ganz oder teilweise anderweitig gedeckt ist (§ 3a Abs. 3 AsylbLG). Das bedeutet, dass auch Untersuchungs- und Abschiebehäftlinge grundsätzlich einen Anspruch auf Leistungen nach dem AsylbLG haben, zumindest in Bezug auf die Leistungen für den notwendigen persönlichen Bedarf. In welcher Höhe dieser gewährt wird, ist allerdings davon abhängig, was in der Haftanstalt bereitgestellt wird.

> **Neubezug einer Wohnung und Hausrat**
>
> Können Asylbewerber*innen in eine eigene Wohnung ziehen, fehlt es ihnen in der Regel an eigenen Haushaltsgegenständen und an einer Wohnungseinrichtung. Zwar kann diese zum Teil (z.B. Küche, Waschmaschine) leihweise zur Verfügung gestellt werden, allerdings wird das nicht für eine vollständige Wohnungseinrichtung möglich sein. Es empfiehlt sich daher, einen detaillierten Antrag auf Hausrat zu stellen, um alle Bedarfe zu berücksichtigen. Ein passendes Formular findet sich unter http://fluechtlingsinfo-berlin.de/fr/arbeitshilfen/Antraege_AsylbLG_SGBII_SGBXII.pdf (11.3.2024)

Bis zur Änderung des AsylbLG durch das DÜV-AnpassG (→ Kap. 1) und der Einführung der Bezahlkarte wurden - anders als in den Aufnahmeeinrichtungen - die *notwendigen persönlichen Bedarfe* grundsätzlich als Geldleistung erbracht; auch wenn Sachleistungen dann möglich sind, wenn die Asylsuchenden in Gemeinschaftsunterkünften untergebracht sind (§ 3 Abs. 3 Satz 5 AsylbLG). Darüber hinaus kann jetzt auch außerhalb von Aufnahmeeinrichtungen der notwendige

---

[119] BVerfG, Beschluss vom 19.10.2022 – 1 BvL 3/21, NJW 2023, 37.
[120] Vgl. SG Aachen 11.12.2015 – S 20 AY 14/15 ER.
[121] Vgl. LSG Nordrhein-Westfalen 27.8.2015 – L 20 AY 50/15 B.

persönliche Bedarf in Form von Bezahlkarten und als Geldleistung erbracht werden (§ 3 Abs. 3 Satz 4 AsylbLG).

Asylsuchende, die einer *Zuweisung oder Wohnsitzauflage* unterliegen und die hiergegen zuwider handeln, indem sie von dort wegziehen, erhalten von der dortigen Behörde keine Asylbewerberleistungen, sondern lediglich unabweisbare Leistungen (Fahrkarte, Reiseproviant), um zu ihrem Zuweisungs- oder Wohnsitzverpflichtungsort zurückzukehren.

> **Zuweisung und Wohnsitzauflagen:**
>
> Asylsuchende und Ausländer*innen können in folgenden Fällen zu einem bestimmten Wohnort zugewiesen bzw. verpflichtet werden, dort zu wohnen:
>
> 1. Ausländer*innen, die nicht oder nicht mehr verpflichtet sind, in einer Aufnahmeeinrichtung zu wohnen, solange sie ihren Lebensunterhalt nicht allein sichern können, müssen an dem Ort zu wohnen, an den sie nach § 50 Abs. 4 AsylG zugewiesen sind (§ 60 Abs. 1 Satz 1 AsylG).
> 2. Vollziehbar ausreisepflichtige Ausländer*innen (Geduldete), deren Lebensunterhalt nicht gesichert ist, unterliegen einer Wohnsitzauflage, das ist i.d.R. der Wohnort, an dem sie zum Zeitpunkt der Entscheidung über die vorübergehende Aussetzung der Abschiebung gewohnt haben (§ 61 Abs. 1d AufenthG)
> 3. Ausländer*innen, die als Asylberechtigte, Flüchtlinge oder subsidiär Schutzberechtigte anerkannt sind oder die aus humanitären Gründen erstmalig eine Aufenthaltserlaubnis haben, sind verpflichtet, für drei Jahre ihren Wohnsitz in dem Bundesland zu nehmen, in das sie zur Durchführung ihres Asyl- oder Aufnahmeverfahrens zugewiesen wurden; es sei denn, die Betroffenen haben eine sozialversicherungspflichtige Beschäftigung gefunden mit einer Arbeitszeit von mindestens 15 Stunden wöchentlich und einem Einkommen, das ihren Lebensunterhalt sichert oder sie nehmen eine Berufsausbildung auf oder stehen in einem Studien- oder Ausbildungsverhältnis (§ 12a Abs. 1 AufenthG)

b) Medizinische Versorgung

Während des Asylverfahrens erhalten die Asylsuchenden weiterhin die Leistungen der *Gesundheitsversorgung* nach §§ 4 und 6 AsylbLG. Diese entsprechen den Leistungen, die sie auch in den Erstaufnahmeeinrichtungen erhalten (→ Kap. 3.3.2 Buchst. b und c). Sie erhalten nach § 4 Abs. 1 und 2 AsylbLG:

- die zur *Behandlung akuter Erkrankungen und Schmerzzustände* notwendige ärztliche und zahnärztliche Behandlung einschließlich der hierfür notwendigen Versorgung mit Arznei- und Verbandsmitteln sowie den sonstigen Leistungen, die zur Genesung, Besserung oder zur Linderung dieser Krankheiten oder den daraus entstehenden Krankheitsfolgen erforderlich sind,[122]

---

[122] Teilweise haben Gerichte auch eine Psychotherapie, die zur Behandlung von schweren depressiven Leidenszuständen durch Psychotherapeuten durchgeführt werden sollte und die ebenso quälend und beeinträchtigend war wie körperliche Schmerzen als Leistung unter § 4 AsylbLG gesehen – OVG Lüneburg 22.9.1999 – 4 M 3551/99; anders entschied das LSG Thüringen 22.8.2005 – L 8 AY 383/05 ER, allerdings

- *Präventionsleistungen* und Schutzimpfungen sowie
- ärztliche und pflegerische Hilfen und Betreuung für *werdende Mütter und Wöchnerinnen* sowie die in diesem Rahmen erforderlichen Hebammenhilfen, Arznei-, Verbands- und Heilmittel.

Darüber hinaus werden als sonstige Leistungen nach § 6 Abs. 1 AsylbLG gewährt (→ Kap. 3.3.2 Buchst. c),

- Leistungen, die zur Sicherung der Gesundheit unerlässlich sind.

Die einzelnen Bundesländer haben unterschiedliche Möglichkeiten, wie der Zugang zur medizinischen Versorgung von Asylbewerber*innen geregelt ist. Früher erhielten Asylbewerber*innen in allen Bundesländern sog. *Behandlungsscheine*, die entweder quartalsweise oder im Einzelfall ausgegeben wurden. Behandlungsscheine, die quartalsweise gelten, ermöglichen eine Behandlung beim Hausarzt und bei Bedarf eine Überweisung zu Fachärzt*innen. Die Beurteilung der medizinischen Notwendigkeit der Behandlung für eine akute Erkrankung oder einen Schmerzzustand obliegt den Ärzt*innen. Für die Leistungsberechtigten am schwierigsten ist die Ausstellung einzelner Behandlungsscheine, die vor der Inanspruchnahme einer medizinischen Behandlung durch Verwaltungsmitarbeiter*innen der Kostenträger ausgestellt werden. Diese müssen die Behandlungsbedürftigkeit selbst einschätzen und stellen einen Schein für eine einzelne Behandlung aus.

Seit dem Jahr 2015 können Asylbewerber*innen – auch wenn sie sich noch nicht 18 bzw. seit dem Rückführungsverbesserungsgesetz 36 Monate in Deutschland rechtmäßig aufhalten – eine *elektronische Gesundheitskarte* erhalten. Voraussetzung hierfür ist, dass zwischen der Landesregierung und der ausstellenden Krankenkasse eine entsprechende Vereinbarung besteht, § 264 Abs. 1 Satz 2 f. SGB V. Von dieser Möglichkeit haben allerdings bisher nur die Bundesländer Schleswig-Holstein, Niedersachsen, Hamburg, Bremen, Brandenburg, Berlin, Thüringen, Nordrhein-Westfalen und Rheinland-Pfalz Gebrauch gemacht.[123] Trotz der Ausgabe einer elektronischen Gesundheitskarte ist der Leistungsanspruch der Asylbewerber*in zwar auf die Leistungen nach §§ 4 und 6 AsylbLG beschränkt. Allerdings können Leistungsberechtigte direkt damit zur Ärztin oder zum Arzt der Wahl gehen. Wenn diese die Behandlung für akute Erkrankungen oder Schmerzzustände für notwendig erachten, muss sie der Kostenträger übernehmen, auch wenn es im Einzelfall bei kostenintensiven Behandlungen zu Schwierigkeiten kommen kann, die besser vorab geklärt werden sollten.

---

war hier der Ausgangsfall anders gelagert, die Antragstellerin erhielt nur eingeschränkte Leistungen nach § 1a AsylbLG und hatte auch nur eine leichte Depression.

123 Dinter, NZS 2021, 285 (289); LPK-SGB V/Arne von Boetticher SGB V § 264 Rn. 5 f.

Besonderheit Zahnersatz als Leistung bei gesetzlicher Krankenversicherung

Sind Ausländer*innen während ihres laufenden Asylverfahrens mit einer sozialversicherungspflichtigen Beschäftigung erwerbstätig und aufgrund dessen gesetzlich krankenversichert, haben sie erst Anspruch auf die Versorgung mit Zahnersatz, wenn sie mindestens ein Jahr lang Mitglied einer Krankenkasse oder familienversichert waren, es sei denn, die Behandlung ist aus medizinischen Gründen unaufschiebbar (§ 27 Abs. 2 Nr. 1 SGB V)

Da nach § 6b AsylbLG i.V.m. § 18 SGB XII der Anspruch auf medizinische Leistungen erst einsetzt, wenn das Sozialamt vom Bedarf *Kenntnis* hat, gleichwohl aber Leistungen im Notfall notwendig werden können, ohne dass der Leistungsträger zuvor informiert werden kann, regelt § 6a AsylbLG die Erstattung der Kosten für diejenigen, die im Notfall tätig werden. Voraussetzungen für die *Kostenerstattung* sind:

- die medizinische Behandlung musste sofort erfolgen, um Schmerzen zu lindern oder eine Verschlimmerung der Erkrankung zu verhindern (Notfall),
- das Sozialamt konnte aufgrund der Dringlichkeit nicht vor der Behandlung informiert werden (Information kann auch bei laufender Behandlung erfolgen),
- die*der Behandelte war nach dem AsylbLG behandlungsbedürftig und
- der Anspruch muss unverzüglich – spätestens ein Monat[124] nach dem Ende des Notfalls – geltend gemacht werden.

Leistungen für den Abbruch einer Schwangerschaft

Nach § 19 Schwangerschaftskonfliktgesetz hat eine Frau Anspruch auf Leistungen der Krankenversicherung für einen Schwangerschaftsabbruch, wenn ihr die Aufbringung der Mittel nicht zuzumuten ist und sie ihren Wohnsitz oder gewöhnlichen Aufenthalt im Geltungsbereich des Gesetzes hat. Frauen mit einer Aufenthaltsgestattung nach dem AsylG haben in diesem Sinne ihren gewöhnlichen Aufenthalt in Deutschland – nach § 10a Abs. 3 Satz 4 und 5 AsylG ist das der Ort, an dem die Frau zugewiesen oder für den sie eine Wohnsitzauflage erteilt bekommen hat. Nach dem AsylbLG leistungsberechtigte Frauen können daher auch einen Schwangerschaftsabbruch über die Krankenkasse bzw. den örtlich zuständigen Sozialleistungsträger beantragen.

c) Sonstige Leistungen nach § 6 Abs. 1 AsylbLG

Die sonstigen Leistungen sind – neben den bereits erwähnten, für die Gesundheit unerlässlichen Leistungen – während des Asylverfahrens und einer Aufenthaltsdauer von unter 36 Monaten:

- Leistungen, die im Einzelfall zur Sicherung des Lebensunterhalts unerlässlich sind,
- Leistungen zur Deckung der besonderen Bedürfnisse von Kindern,

---

124 Vgl. BSG 23.8.2013 – B 8 SO 19/12 R.

- Leistungen, die zur Erfüllung einer verwaltungsrechtlichen Mitwirkungspflicht erforderlich sind sowie
- Leistungen bei sonstigen atypischen Bedarfslagen.

Insofern kann auf obige Ausführungen verwiesen werden (→ Kap. 3.3.2 Buchst. c).

Das AsylbLG kennt *keine* Leistungen für *Mehrbedarfe*; diese können auch nicht im Rahmen des § 6 AsylbLG geltend gemacht werden.[125]

Darüber hinaus sind *weitere Leistungen der Sozialhilfe* wie Eingliederungshilfe, Hilfe zur Pflege, Hilfe zur Überwindung besonderer sozialer Schwierigkeiten dem Grunde nach für Berechtigte nach dem AsylbLG *ausgeschlossen* (§ 23 Abs. 2 SGB XII). Diese Leistungen können lediglich im Einzelfall auf der Grundlage von § 6 Abs. 1 AsylbLG erbracht werden.

Sonstige Leistungen i.S.d. § 6 Abs. 1 AsylbLG sind darüber hinaus für Fahrtkosten zur *Wahrnehmung des Sorge- und Umgangsrechts* mit einem leiblichen Kind möglich[126] oder – in Ausnahmefällen – auch für einen Deutschkurs.[127]

d) Anrechnung von Einkommen und Vermögen

Auf die Leistungen nach dem AsylbLG werden Einkommen und Vermögen angerechnet. Grundlage ist hierfür – bis einschließlich den 36. Monat des (legalen) Aufenthalts in Deutschland – § 7 AsylbLG. Die oben dargestellten Grundsätze gelten auch in diesem Zusammenhang (→ Kap. 3.3.2 Buchst. d).

e) Arbeitsgelegenheiten und Integration in den Arbeitsmarkt

Halten sich Asylbewerber*innen in Gemeinschaftsunterkünften auf, können sie zu *Arbeitsgelegenheiten* nach § 5 AsylbLG herangezogen werden. Abs. 1 spricht insofern von „[mit Aufnahmeeinrichtungen] vergleichbaren Einrichtungen". Hierunter fallen auch Gemeinschaftsunterkünfte. Werden Arbeitsgelegenheiten nicht wahrgenommen, ohne dass für die Ablehnung ein wichtiger Grund besteht, sind Leistungseinschränkungen zulässig (→ 3.3.2 Buchst. f).

Während des Asylverfahrens und nach Verteilung in den Kommunen, frühestens aber erst nach drei Monaten, können Asylsuchende mit Genehmigung der Ausländerbehörde arbeiten (§ 61 Abs. 2 AsylG). Voraussetzung für die Beschäftigungserlaubnis ist, dass die Bundesagentur für Arbeit zugestimmt hat oder dass die Beschäftigung ohne Zustimmung der Bundesagentur für Arbeit zulässig ist. In der Gesamtschau der Regelungen ergibt sich ein *gestaffelter Zugang* zum Arbeitsmarkt. Eine Beschäftigungserlaubnis kann ausgestellt werden:

---

125 Vgl. LSG Niedersachsen-Bremen 27.11.2014 – L 8 AY 57/14 B ER. Grundsätzlich ablehnend für die ersten 15 Monate (heute 36 Monate) des Aufenthalts LSG Bayern 18.7.2017 – 8 AY 18/15, allerdings sah das Gericht eine Übernahme der Kosten bei konkret-individuellem Nachweis über Sachleistungen nach § 6 AsylbLG ggf. für möglich an.
126 LSG Sachsen-Anhalt 3.1.2006 – L 8 B 11/05 AY ER.
127 Vgl. LSG Nordrhein-Westfalen 19.5.2014 – L 20 AY 90/13, hier allerdings für einen Ausländer mit Duldung, der seine Ausreise selbst verhindert, abgelehnt.

ohne Zustimmung und ohne Vorrangprüfung
In bestimmten Fällen erteilt die Ausländerbehörde die Beschäftigungserlaubnis *ohne Zustimmung und ohne Vorrangprüfung* durch die Bundesagentur für Arbeit. Dies ist beispielsweise der Fall bei Pflichtpraktika, Berufsorientierungspraktika, berufs- oder studienbegleitenden Praktika und Einstiegsqualifizierungen, bei staatlich anerkannten oder vergleichbar geregelten Berufsausbildungen, bei Hochqualifizierten, Freiwilligendiensten oder nach ununterbrochenem vierjährigem erlaubten, geduldeten oder gestatteten Aufenthalt bei jeder Art von Beschäftigung.

mit Zustimmung und ohne Vorrangprüfung
Bei Fachkräften ist nur die *Zustimmung* der Bundesagentur für Arbeit erforderlich. Eine Vorrangprüfung ist nicht erforderlich, kann aber durch Rechtsverordnung wieder eingeführt werden. Voraussetzung für die Zustimmung ist insbesondere, dass die Arbeitsbedingungen nicht schlechter sind und dass ein inländisches Arbeitsverhältnis vorliegt.

mit Zustimmung und mit Vorrangprüfung
Bei Ausländer*innen, die die Anforderung an eine Fachkraft nicht erfüllen, ist insbesondere Voraussetzung für die *Zustimmung* der Bundesagentur für Arbeit, dass keine schlechteren Arbeitsbedingungen vorliegen und dass für die Beschäftigung deutsche Arbeitnehmer*innen oder ihnen rechtlich gleichgestellte Ausländer*innen für diese Beschäftigung nicht zur Verfügung stehen (sog. *Vorrangprüfung*).

Verfahrenstechnisch reicht die zuständige Ausländerbehörde den Antrag auf Beschäftigungserlaubnis an die regionale Zentrale Auslands- und Fachvermittlung (ZAV) weiter, die innerhalb der Bundesagentur für Arbeit für Zustimmungsanfragen zum Arbeitsmarktzugang zuständig ist. Die Zustimmung muss innerhalb von zwei Wochen erteilt werden; ansonsten gilt sie als erteilt. Die Zustimmung kann beschränkt und darf für längstens vier Jahre erteilt werden. Das Verfahren ist in der Beschäftigungsverordnung (BeschV) geregelt.

Die *Integrationsleistungen*, die die Arbeitsagenturen auch an Ausländer*innen ohne Beschäftigungserlaubnis nach § 61 AsylG erbringen können, richten sich nach dem SGB III. Dazu gehören insbesondere

- Vermittlungsleistungen nach §§ 35 ff., 39a Satz 1 SGB III,
- die Förderung aus dem Vermittlungsbudget nach § 44 SGB III (z.B. Übernahme von Bewerbungskosten, der Kosten für Übersetzungen von Diplomen u.Ä. und für Anerkennungsverfahren[128]),
- Maßnahmen zur Aktivierung und beruflichen Eingliederung iSd § 45 SGB III.

Berufsvorbereitende Bildungsmaßnahmen werden an junge Ausländer*innen nach Maßgabe des § 52 Abs. 2 SGB III gewährt. Mit dem Ausländerbeschäftigungsförderungsgesetz 2019 wurde der Zugang von Ausländer*innen zur Förderung der

---

128 Die Regelungen zur Berufsanerkennung sind sehr komplex und je nach Beruf sind unterschiedliche Stellen zuständig. Hierüber geben zwei Internetseiten genauere Auskunft: www.netzwerk-iq.de und www.anerkennung-in-deutschland.de.

Berufsausbildung und Berufsvorbereitung neu geregelt. Eine Reihe von Vorschriften enthalten Übergangsregelungen für Altfälle (vgl. § 52 Abs. 2, § 75a Abs. 1, § 445a SGB III).

Absolvieren Asylbewerber*innen eine betriebliche Ausbildung, studieren sie oder gehen sie auf eine weiterführende Schule, haben sie weiterhin Anspruch auf Leistungen nach dem AsylbLG – zumindest in den ersten 36 Monaten. Das AsylbLG kennt keine Ausschlussmöglichkeit für *Auszubildende* wie das SGB II oder das SGB XII (§ 7 Abs. 5 SGB II und § 22 Abs. 1 SGB XII) für Personen, die eine dem Grunde nach förderfähige Ausbildung durchlaufen. Spiegelbildlich haben Auszubildende während des Asylverfahrens seit dem 1.8.2019 nach Maßgabe der § 60 Abs. 3 Satz 2, § 56 Abs. 2 Satz 3 bzw. § 122 Abs. 2 SGB III keinen Anspruch auf Berufsausbildungsbeihilfe oder Ausbildungsgeld mehr. Eine Übergangsregelung gilt nach § 448 Satz 1 SGB III, wenn vor dem 31.12.2019 die laufende Ausbildung begonnen und der erste Antrag auf Berufsausbildungsbeihilfe oder Ausbildungsgeld gestellt wurde und die weiteren Anspruchsvoraussetzungen zu diesem Zeitpunkt vorliegen. Gleiches gilt für *Menschen mit Behinderungen* im Hinblick auf die Berufsausbildungsbeihilfe für die Vorphase einer assistierten Ausbildung, § 56 Abs. 2 Sätze 2 und 3, § 74 Abs. 1 Satz 2 SGB III.

Leistungsberechtigte nach dem AsylbLG mit einer Aufenthaltsgestattung können unter den Voraussetzungen des § 5b Abs. 1 AsylbLG schriftlich verpflichtet werden, an einem *Integrationskurs* im Sinne des § 43 AufenthG teilzunehmen (→ Kap. 3.7).

f) Leistungseinschränkungen und Leistungsausschlüsse

Das AsylbLG kennt in bestimmten Fällen besondere *Anspruchseinschränkungen*, die vorrangig das Ziel haben, Anreize zur Einreise nach Deutschland zu verhindern.[129] Die Einschränkungen *während des Asylverfahrens* regelt im Wesentlichen § 1a Abs. 4 und 5 AsylbLG (zu den Einschränkungen bei Nichtteilnahme an einem Integrationskurs trotz Verpflichtung → Kap. 3.7). Danach gilt Folgendes (zu weiteren Leistungseinschränkungen nach § 1a Abs. 2 AsylbLG → Kap. 3.5.4 und 3.5.5):

---

129 Die Rechtmäßigkeit der Anspruchseinschränkungen wird verschiedentlich stark angezweifelt, ausführlich dazu Voigt, infoalso 2016, 99 ff.

Abbildung 15

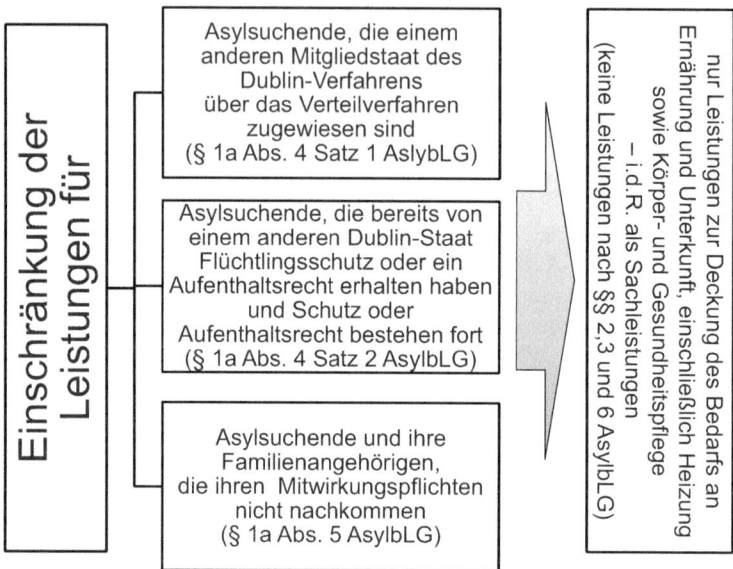

§ 1a Abs. 4 Satz 1 AsylbLG, der für *Personen mit Aufenthaltsgestattung, für Asylsuchende ohne Ankunftsnachweis und für vollziehbar Ausreisepflichtige* gilt, setzt voraus, dass ein anderes Land der Dublin III-Verordnung (vgl. → Kap. 2.2) für die*den Leistungsberechtigte*n zuständig ist und die Betroffenen über ein Assoziierungsabkommen innerhalb der EU bzw. einem an der Verteilung teilnehmenden Staat (Schweiz, Island, Norwegen, Liechtenstein) anderweitig – vor allem zur Entlastung von Griechenland und Italien – verteilt wurden (relocations). Wurden nun diese Personen in ein anderes Land als Deutschland verteilt und halten sich dennoch hier auf, sollen sie nur eingeschränkte Leistungen erhalten.[130] Von dieser Einschränkung, die in verfassungsrechtlicher Hinsicht kontrovers diskutiert wird,[131] nicht betroffen sollen Asylsuchende sein, für die direkt nach der Dublin III-Verordnung ein anderer Mitgliedstaat zuständig ist, weil sie dort erstmals einen Antrag auf internationalen Schutz gestellt haben.[132]

Im Falle des § 1a Abs. 4 Satz 2 AsylbLG müssen Leistungsberechtigte schon *in einem anderen EU-Mitgliedstaat* oder in einem am Dublin-Verfahren teilnehmenden Staat internationalen *Schutz* oder eine andere Aufenthaltserlaubnis erhalten haben; der Schutz muss noch Bestand haben. Eine andere Zuständigkeit nach der Dublin-Verordnung allein genügt nicht; sanktioniert wird in diesem Fall eine unerwünschte europäische Sekundärmigration.[133] Nach dem Wortlaut des Gesetzes ist dabei unerheblich, warum die Sekundärmigration nach Deutschland erfolgte.

---

130 Oppermann in jurisPK-SGB XII, § 1a AsylbLG Rn. 94.
131 Vgl. hierzu Grube/Wahrendorf/Flint/Leopold AsylbLG § 1a Rn. 96 m.w.N.
132 So LSG Berlin-Brandenburg 19.5.2016 – L 15 AY 23/16 B ER.
133 Oppermann in jurisPK-SGB XII, § 1a AsylbLG Rn. 97.1.

Mitwirkungspflichten, deren Nichtbefolgung zu Leistungseinschränkungen der Asylsuchenden führen können, sind:

- ihrer Pflicht zur unverzüglichen Stellung eines Asylantrags nicht nachkommen (§ 13 Abs. 3 Satz 3 AsylG),
- den Pass oder Passersatz den mit der Ausführung des AsylG befassten Behörden vorzulegen, auszuhändigen oder zu überlassen (§ 15 Abs. 2 Nr. 4 AsylG),
- alle erforderlichen Urkunden und sonstigen Unterlagen, die in ihrem Besitz sind und die der Identitätsklärung dienen, den mit der Ausführung des AsylG befassten Behörden vorzulegen, auszuhändigen oder zu überlassen (§ 15 Abs. 2 Nr. 5 AsylG),
- im Falle eines fehlenden Passes an der Beschaffung eines Identitätspapieres mitzuwirken und auf Verlangen identitätsfestellungsrelevante Datenträger (z.B. USB-Stick, Smartphone, Tablet) vorzulegen, auszuhändigen oder zu überlassen (§ 15 Abs. 2 Nr. 6 AsylG),
- erkennungsdienstliche Maßnahmen (z.B. Abnahme von Fingerabdrücken) zu dulden (§ 15 Abs. 2 Nr. 7 AsylG),
- den gewährten Termin zur förmlichen Antragstellung bei der zuständigen Außenstelle des BAMF oder dem BAMF selbst wahrzunehmen (§ 1 Abs. 5 Satz 1 Nr. 6 AsylbLG) oder
- im Asylverfahren Angaben zur Identität oder zur Staatsangehörigkeit verweigern (§ 1 Abs. 5 Satz 1 Nr. 7 AsylbLG).

Leistungsberechtigte, deren Anspruch nach dem AsylbLG eingeschränkt ist, erhalten keine Leistungen nach den §§ 2, 3 und 6 AsylbLG. Ihnen stehen nur *unabweisbare Leistungen* zur Deckung des Bedarfs an Ernährung, Unterkunft, einschließlich Heizung, sowie Körper- und Gesundheitspflege zu, alles vorrangig als Sachleistungen. Nicht ausgeschlossen sind Leistungen nach § 4 AsylbLG zur medizinischen Versorgung bei akuten Erkrankungen und Schmerzzuständen, bei Schwangerschaft und Geburt.

Widerspruch und Anfechtungsklage gegen Leistungskürzungen
Werden Leistungen nach dem AsylbLG gekürzt, können Rechtsmittel eingelegt werden. Allerdings haben Widerspruch und Anfechtungsklage gegen eine Kürzungsentscheidung nach § 11 Abs. 4 AsylbLG keine aufschiebende Wirkung, d.h. die Kürzung kann sofort vollzogen werden. Besteht dringender Bedarf, die ungekürzten Leistungen zu erhalten, muss deshalb neben Widerspruch und Anfechtungsklage einstweiligen Rechtsschutz beim Sozialgericht beantragt werden. Der Antrag geht auf Anordnung der aufschiebenden Wirkung (→ Teil 3 Kap. 2.3)

Nach § 14 Abs. 1 AsylbLG sind die *Anspruchseinschränkungen* auf *sechs Monate* zu befristen. Wird das pflichtwidrige Verhalten (z.B. die entsprechende Mitwirkungspflicht) nachgeholt, kann die Einschränkung schon früher enden. Eine Verlängerung ist möglich, wenn die Pflichtverletzung weiter besteht und die gesetzlichen Voraussetzungen weiterhin erfüllt sind. Das erfordert eine weitere Prüfung durch den Leistungsträger. Dabei muss das Recht auf Sicherung des Existenzminimums angemessen berücksichtigt werden. Der *Verhältnismäßigkeitsgrundsatz* gebietet es, dass ein nicht mehr änderbares, zurückliegendes Fehlverhalten oder sogar ein bereits korrigiertes Fehlverhalten in einer Sanktion nicht unbegrenzt fortwirkt. Die Leistungseinschränkung ist daher nach Absatz 2 nur bei einer Fortsetzung des pflichtwidrigen Verhaltens aufrechtzuerhalten.[134]

Daneben werden nach § 8 AsylbLG keine Leistungen nach dem AsylbLG gewährt, wenn der erforderliche Lebensunterhalt anderweitig gedeckt werden kann, insbesondere durch eine *Verpflichtungserklärung einer anderen Person* nach § 68 Abs. 1 Satz 1 AufenthG. Mit einer solchen Erklärung verpflichtet sich jemand gegenüber der Ausländerbehörde oder einer Auslandsvertretung schriftlich, die Kosten für den Lebensunterhalt einer*eines Ausländerin*Ausländers, einschließlich der Versorgung mit Wohnraum sowie der Versorgung bei Krankheit und im Fall der Pflegebedürftigkeit über einen Zeitraum von fünf Jahren[135] zu erstatten. Landesrecht kann vorsehen, dass die Kosten im Krankheitsfall, bei Behinderung und bei Pflegebedürftigkeit durch die zuständige Behörde getragen werden.

Hat jemand eine entsprechende Verpflichtung zur Kostenerstattung bereits sechs Monate oder länger erfüllt, kann nach § 8 Abs. 2 AsylbLG ein *monatlicher Zuschuss* bis zum Doppelten des Betrages, den § 3a Abs. 1 AsylbLG für den notwendigen persönlichen Bedarf vorsieht, durch die Behörde getragen werden, wenn *außergewöhnliche Umstände in der Person des Verpflichteten* es rechtfertigen. Es kommt nicht auf die Situation der*des Leistungsberechtigten an, für den die Garantie gegeben wurde. Der Anspruch der Garantiegeber*innen richtet sich gegen die für Asylbewerberleistungen zuständige Behörde (§§ 10, 10a AsylbLG).

Beispiele für außergewöhnliche Umstände, die einen Zuschuss rechtfertigen:

- erhebliche, unvermittelte und unverschuldete Verschlechterungen der Einkommens- oder Vermögenssituation oder der Wohnsituation.[136] Die Umstände dürfen zu dem Zeitpunkt, als die Verpflichtung nach § 68 Abs. 1 Satz 1 AufenthG abgegeben wurde, noch nicht absehbar gewesen sein.
- andere atypische Umstände, die mit Rücksicht auf die eingegangene Verpflichtung wirtschaftlich besonders ins Gewicht fallen, z.B. eine nicht nur vorübergehende Arbeitslosigkeit oder das Einsetzen einer Unterhaltsverpflichtung für nahestehende Verwandte.

Da § 8 Abs. 2 AsylbLG auf § 3a Abs. 1 AsylbLG verweist, ist die Höhe des Zuschusses beschränkt. Die Behörde kann höchstens einen Zuschuss gewähren, der von der jeweiligen Bedarfsstufe abhängt. Die Obergrenze des Zuschusses beträgt das Doppelte der Beträge nach § 3a Abs. 1 AsylbLG (→ Kap. 3.3.2. Buchst. a).

---

134 BT-Drucks. 18/6185, 47f.
135 Verpflichtungserklärungen, die vor dem 6.8.2016 abgegeben wurden, gelten nur für drei Jahre (§ 68a AufenthG).
136 Vgl. BT-Drucks. 13/2746, S. 17.

> **Leistungsverweigerung aufgrund einer Verpflichtungserklärung**
> Sozialämter dürfen die Leistungen nicht unter Berufung auf die Existenz einer Garantieerklärung ablehnen, da die davon betroffenen Ausländer*innen selbst keinen Anspruch aus der Garantie geltend machen können. Nur die Leistungsbehörden haben einen einklagbaren Erstattungsanspruch für die aufgewendeten Kosten gegen die Garantiegeber*innen aus der Garantieerklärung.[137]

Haben geflüchtete Menschen eine *Aufenthaltserlaubnis aus völkerrechtlichen oder humanitären Gründen* (§§ 22, 23, 25 Abs. 3–5 AufenthG) und stellen sie einen Asylantrag, verlieren sie diese (vgl. § 51 Abs. 1 Nr. 8 AufenthG). Sie unterfallen dann dem AsylbLG. Die Verpflichtungserklärung gilt auch für die Zeit des Asylverfahrens weiter, so dass die Garantiegeber die Kosten erstatten müssen, die im Rahmen des AsylbLG aufgewendet wurden.[138] Ob die Garantieerklärung auch nach der Anerkennung als Flüchtling oder der Erteilung einer Aufenthaltserlaubnis nach § 25 Abs. 1 oder 2 AufenthG weiter gilt oder ob mit dieser Anerkennung oder diesem Aufenthaltstitel ein neuer Tatbestand geschaffen wird, für den die Erklärung nicht mehr gilt, war strittig.[139] Der Gesetzgeber hat aber mit § 68 Abs. 1 Satz 4 AufenthG klargestellt, dass die Verpflichtungserklärung auch dann weiter gilt, wenn ein Aufenthaltstitel nach den §§ 22 ff. AufenthG erteilt wurde.

---

137 Vgl. BVerwG 13.2.2014 – 1 C 4.13.
138 BVerwG 13.2.2014 – 1 C 4.13.
139 Dafür LSG Sachsen-Anhalt 9.10.2015 – L 5 AS 643/15 B ER; VG Minden 30.3.2016 – 7 K 2137/15; für eine Weitergeltung der Garantieerklärung, die dann auch die Aufwendungen für Leistungen nach dem SGB II (Arbeitslosengeld II und Sozialgeld) umfassen würde, das Bundesministerium des Innern sowie VG Düsseldorf 1.3.2016 – 22 K 7814/15, VG Köln 19.42016 – 5 K 79/16.

Teil 1: Sozialleistungen für geflüchtete Menschen

Zusammenfassung: Sozialleistungen während des Asylverfahrens- Aufenthalt bis 36 Monate

Sozial-leistung	Rechts-grundlage	Inhalt der Leistung	Zuständigkeit	Antrag	zu beachten!
Grundleistungen	§ 3 AsylbLG	notwendiger Bedarf und notwendiger persönlicher Bedarf in Form einer Bezahlkarte Wertgutscheinen oder unbaren Abrechnungen oder als Geldleistung, Sachleistungen bei Unterbringung in Gemeinschaftunterkünften; Bedarf für Unterkunft, Heizung und Hausrat extra als Sachleistung oder in Form einer Bezahlkarte oder als Geldleistung	von den Bundesländern bestimmte Leistungsträger	nein, Kenntnisgrundsatz	Geldbeträge werden nur für einen Monat im Voraus ausgezahlt; bei Aufenthalt in Gemeinschaftsunterkünften wird notwendiger Bedarf um Strompauschale gekürzt. Wohnsitzauflage. Anrechnung von Einkommen und Vermögen nach § 7 AsylbLG. Leistungseinschränkungen und Leistungsausschlüsse möglich
Medizinische Versorgung	§ 4 AsylbLG	Behandlung bei akuten Erkrankungen und Schmerzzuständen, Präventionsmaßnahmen, Leistungen für Schwangere und Wöchnerinnen entsprechend den GKV-Leistungen		nein, Kenntnisgrundsatz	keine Zuzahlung, kein Zahnersatz, Abrechnung über Krankenversicherungskarte, Gesundheitskarte oder Berechtigungsscheine
Sonstige Leistungen	§ 6 Abs. 1 AsylbLG	einzelfallbezogen, in atypischen Bedarfslagen		nein, Kenntnisgrundsatz	Ermessensleistungen, abhängig von voraussichtlicher Aufenthaltsdauer und Bleibeperspektive

Sozial-leistung	Rechts-grundlage	Inhalt der Leis-tung	Zuständig-keit	Antrag	zu beachten!
Arbeitsgele-genheiten	§ 5 AsylbLG	zur Aufrecht-erhaltung und Betrieb der Einrichtung oder gemein-nützige Arbeit mit Mehrauf-wandsentschä-digung	von den Bundeslän-dern be-stimmte Leistungs-träger	nein	Sanktion und Leistungsein-schränkungen bei Weigerung ohne wichtigen Grund
Arbeitsförde-rung	§§ 39a, 44 f. SGB III	Einzelne Integ-rationsleistun-gen (z.B. Ver-mittlungsleis-tungen, Ver-mittlungsbud-get, Aktivie-rung und be-rufliche Ein-gliederung)	Bundes-agentur für Arbeit	ja	nur für Asylsu-chende, bei de-nen ein recht-mäßiger und dauerhafter Aufenthalt zu erwarten ist
Ausbildungs-förderung	§ 52 Abs. 2, § 448 SGB III	berufsvorberei-tende Bil-dungsmaßnah-men nur nach Maßgabe des § 52 Abs. 2 SGB III weitere Leis-tungen für Alt-fälle nach § 52 Abs. 2 Satz 3, § 448 SGB III	Bundes-agentur für Arbeit	ja	nur für Asylsu-chende, die sich für eine bestimmte Zeit erlaubt in Deutschland aufhalten und bei denen ein rechtmäßiger und dauerhaf-ter Aufenthalt zu erwarten ist
Kindergar-tenplatz	§ 6 Abs. 2, § 24 Abs. 3 SGB VIII	Zur Verfü-gung-Stellen eines Platzes in Kitas oder Kindertages-pflege	Jugendam-ter und kommunale Stellen, die durch die Länder be-stimmt sind	ja	
Wohngeld	§ 3 Abs. 5 Nr. 4 WoGG	Mietzuschuss zur selbst ge-mieteten Woh-nung	Wohngeld-stellen	ja	

3.4.2 Sozialleistungen während des Asylverfahrens ab dem 37. Monat des Aufenthalts – Analogleistungen

Halten sich geflüchtete Menschen seit *36 Monaten ohne wesentliche Unterbre-chung* in Deutschland auf (sog. Wartefrist) und haben sie die Dauer des Aufent-halts *nicht rechtsmissbräuchlich* selbst beeinflusst, bemisst sich ihr Leistungsan-spruch nicht mehr nach den §§ 3, 4, 6, 7 AsylbLG, sondern nach dem SGB XII und dem Teil 2 des SGB IX. Sie erhalten die Leistungen des SGB XII und des SGB IX nach § 2 Abs. 1 Satz 1 AsylbLG analog, weshalb diese Leistungen auch als *Analogleistungen* bezeichnet werden.

> **Verlängerung der Frist seit 27.2.2024**
>
> Bis zum 26.2.2024 genügte es, wenn die Leistungsberechtigten nach dem AsylbLG sich 18 Monate rechtmäßig in Deutschland aufgehalten haben, um Analogleistungen beziehen zu können. Mit dem Rückführungsverbesserungsgesetz vom 21.2.2024[140] wurde die Frist auf 36 Monate rechtmäßigen Aufenthalts angehoben. Für die Leistungsberechtigten ist das eine massive Verschlechterung, vor allem für Personen mit chronischen Erkrankungen, psychischen Beeinträchtigung oder Behinderungen, die nunmehr noch länger von notwendigen Leistungen ausgeschlossen sind. § 20 AsylbLG trifft eine Übergangsregelung: Danach erhalten Leistungsberechtigte, die bis zum 26.2.2024 Analogleistungen erhalten haben, diese weiter. Die Regelung gilt demzufolge für Personen, die ab 27.2.2024 analogleistungsberechtigt gewesen wären.

Diese Regelung gilt nicht nur für Leistungsberechtigte, deren Asylverfahren noch läuft, sondern auch für diejenigen, deren Asylverfahren bereits abgeschlossen ist, die aber aufgrund z.B. einer Duldung nach § 60a AufenthG im Bundesgebiet verbleiben können oder die vollziehbar ausreisepflichtig sind und bei denen die Abschiebungsandrohung aber noch nicht oder nicht mehr vollzogen werden kann. In diesen Fällen spielt insbesondere die Frage, ob jemand seinen Aufenthalt rechtsmissbräuchlich selbst beeinflusst hat, eine entscheidende Rolle – während des Asylverfahrens und der Prüfung des Flüchtlings- oder Asylschutzes durch das BAMF ist die für die Ausführung des AsylbLG verpflichtete Behörde nicht berechtigt, die Aufenthaltsberechtigung zu prüfen.

> **Beginn der 36-Monats-Frist**
>
> Der Zeitpunkt, ab dem die 36-Monatsfrist zu laufen beginnt, ist der erste Tag der Anwesenheit auf dem deutschen Staatsgebiet. Dies ist in der Regel der Zeitpunkt, an dem der Ankunftsnachweis ausgestellt wurde – nicht die förmliche Asylantragstellung bei der Außenstelle des BAMF oder beim BAMF selbst. Nicht der Bezug von Leistungen nach dem AsylbLG oder anderer Sozialleistungen ist für die Wartefrist entscheidend, sondern allein der tatsächliche Aufenthalt, der anhand von Unterlagen des BAMF oder der Ausländerbehörde (z.B. Aufenthaltsgestattungen, Aufenthaltstitel, Duldungen usw. nachgewiesen werden kann.[141] Analogleistungen erhalten auch Ausländer*innen, die grundsätzlich nach dem AsylbLG leistungsberechtigt waren, aufgrund einer Erwerbstätigkeit und ausreichendem Einkommen zwischenzeitlich keine Sozialleistungen bezogen haben, nun aber wieder arbeitslos und auf Transferleistungen angewiesen sind.

Die Ausländer*innen müssen sich *„ohne wesentliche Unterbrechung"* tatsächlich im Bundesgebiet aufgehalten haben. Kurzfristige Auslandsaufenthalte für z.B.

---

140 BGBl. 2024 I Nr. 54.
141 BT-Drucks. 18/2592, S. 19.

Klassenfahrten, Besuche von Angehörigen[142] oder die Teilnahme an Beerdigungen führen zu keiner wesentlichen Unterbrechung.[143] Das Gleiche gilt bei der – meist behördlich veranlassten – Heimreise zur Beschaffung von Papieren für die Ausländerbehörde. Neben der Dauer des Aufenthalts ist auch der Grund der zeitweisen Ausreise (wie familiäre oder schulische Gründe) zu prüfen und welches Gewicht dieser für die Leistungsberechtigten hat. Bei nicht nur unwesentlichen Unterbrechungen beginnt die Frist mit der Wiedereinreise erneut zu laufen.[144] Verbüßen Asylbewerber*innen eine Haftstrafe, unterbricht das die Wartezeit nicht, sofern die Strafe im Bundesgebiet vollzogen wird.[145] Reisen Ausländer*innen nach einer wesentlichen Unterbrechung wieder ein, beginnt die Frist erneut zu laufen.[146]

Minderjährige Kinder erhalten Analogleistungen bereits dann, wenn ein Elternteil, mit dem sie in einem Haushalt leben, die Voraussetzung des 36-monatigen Aufenthalts erfüllt und Analogleistungen erhält (§ 2 Abs. 3 AsylbLG). Alle anderen Familienangehörigen müssen die Wartezeit selbst erfüllt haben; ein Konstrukt wie die Bedarfsgemeinschaft im SGB II gibt es im AsylbLG nicht.[147]

Auch wenn es sich bei den Analogleistungen nicht um Leistungen der Sozialhilfe handelt, sondern um solche des AsylbLG, muss nicht im Einzelnen geprüft werden, ob die Leistungen aus dem Bereich der §§ 3, 4, 6, 7 AsylbLG stammen. Die Aufzählung dieser Vorschriften in § 2 Abs. 1 Satz 1 AsylbLG bedeutet nur, dass diese Regelungen nicht anwendbar sind.[148] Gleichwohl sind die Besonderheiten des AsylbLG zu berücksichtigen. Daher gibt es keinen Anspruch auf die Übernahme der Kosten für eine eigene Mietwohnung,[149] es sei denn, dies ist aus besonderen Gründen (z.B. gesundheitliche Gründe oder Aufnahme einer Erwerbstätigkeit) geboten. Hinsichtlich der Leistungserbringung steht der zuständigen Behörde ein grundsätzliches Ermessen zu. Nach § 2 Abs. 2 Satz 1 AsylbLG bestimmt die zuständige Behörde bei einer Unterbringung in einer *Gemeinschaftsunterkunft* aufgrund der Verhältnisse vor Ort, in welcher Form die Leistungen erbracht werden. Unabhängig von der Art der Unterbringung können die Leistungen auch in Form einer Bezahlkarte erbracht werden. Allerdings ist die Behörde nach § 2 Abs. 2 Satz 3 AsylbLG aber verpflichtet, diejenigen Bedarfe des monatlichen Regelbedarfs als Geldleistung zu erbringen, die nicht mittels einer Bezahlkarte gedeckt werden können.

---

142 So schon zur vorhergehenden Rechtslage LSG Schleswig-Holstein 13.4.2011 – L 9 AY 54/11 B ER bei Ausreise wegen schwerer Erkrankung von nahen Angehörigen.
143 BT-Drucks. 18/2592, S. 19f.
144 BT-Drucks. 18/2592, S. 20.
145 Vgl. LSG Bayern 13.4.2015 – L 8 AY 6/15 B ER.
146 Grube/Wahrendorf/Flint/Leopold AsylbLG § 2 Rn. 11.
147 BSG 24.3.2009 – B 8 AY 10/07 R.
148 Vgl. BSG 24.6.2021 – B 7 AY 1/20 R, NJW 2022, S. 966 (S. 967 Rn. 13 ff.) zur Blindenhilfe; zustimmend: Grube/Wahrendorf/Flint/Leopold AsylbLG § 2 Rn. 36; BeckOK AuslR/Spitzlei AsylbLG § 2 Rn. 6; a.A.: Cantzler in: Cantzler, Asylbewerberleistungsgesetz, § 2 AsylbLG Rn. 47.
149 Vgl. LSG Niedersachsen-Bremen 11.10.2006 – L 7 AY 10/06 ER; Bayerischer VGH 16.2.2006 – 21 CS 06.230; LSG Nordrhein-Westfalen 16.10.2007 – L 20 B 68/07 AY ER.

> **Antragstellung für Analogleistungen**
>
> Nach § 6b AsylbLG setzen die Leistungen nach den §§ 3, 4 und 6 AsylbLG in analoger Anwendung des § 18 SGB XII ein, d.h. es handelt sich nicht um Leistungen, die einen ausdrücklichen Antrag erfordern. Sie werden erbracht, wenn die zuständige Behörde Kenntnis von der Bedarfslage der Leistungsberechtigten hat. Obwohl § 2 AsylbLG nicht in diese Vorschrift ausdrücklich mit aufgenommen wurde, gilt sie bei Analogleistungen ebenfalls.[150] Der Gesetzgeber ist hier wohl davon ausgegangen, dass § 18 SGB XII im Rahmen des § 2 AsylbLG berücksichtigt ist.

a) Sicherung des Lebensunterhalts

Erhalten Asylbewerber*innen Analogleistungen nach dem SGB XII, entsprechen die Leistungen zur Sicherung des Lebensunterhalts denen der Sozialhilfe. Wichtig ist dabei, dass es sich rechtlich nicht um originäre Leistungen der Sozialhilfe handelt, da Leistungsberechtigte nach dem AsylbLG gemäß § 23 Abs. 2 SGB XII und § 9 Abs. 1 AsylbLG von den (originären) SGB-XII-Leistungen ausgeschlossen sind. Es erfolgt damit *keine Gleichstellung* der Leistungsberechtigten nach dem AsylbLG mit denen des SGB XII. Die Leistungen sind:

Abbildung 16

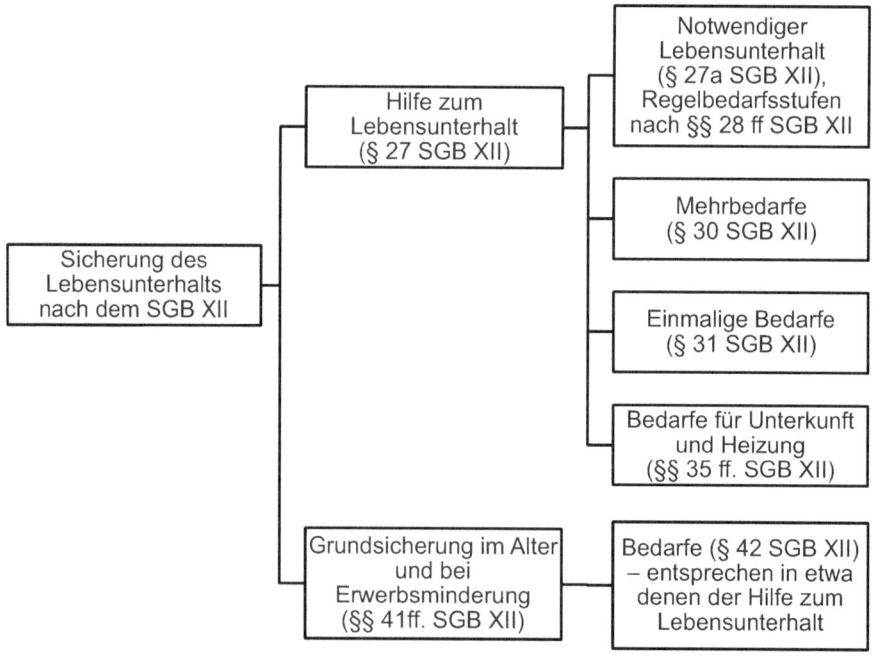

---

150 Vgl. BT-Drucks. 18/2592, S. 26.

Welche Leistungen die Leistungsberechtigten analog beziehen – Hilfe zum Lebensunterhalt oder Grundsicherung im Alter und bei Erwerbsminderung – hängt davon ab, ob die *Regelaltersgrenze* bereits erreicht wurde oder eine *dauerhafte, arbeitsmarktunabhängige volle Erwerbsminderung* vorliegt oder nicht. Die Bedarfe und die Höhe der Leistungen sind in beiden Fällen vergleichbar.

Grundsicherung im Alter und bei Erwerbsminderung erhalten in analoger Anwendung[151] des § 41 SGB XII Personen, die

- entweder die Regelaltersgrenze im Sinne des § 41 Abs. 2 SGB XII erreicht haben
- oder
- die volljährig und dauerhaft voll erwerbsgemindert unabhängig von der jeweiligen Arbeitsmarktlage sind
 und
- die hilfebedürftig sind und ihren gewöhnlichen Aufenthalt in Deutschland haben.

Die *Altersgrenze* entspricht derjenigen, die die gesetzliche Rentenversicherung als Altersgrenze für die Regelaltersrente festlegt. Für die Geburtenjahrgänge ab 1947 wird die Altersgrenze für die Grundsicherung im Alter entsprechend der Regelaltersgrenze in der Rentenversicherung schrittweise auf 67 Jahre angehoben (§ 41 Abs. 2 Satz 3 SGB XII). Personen, die ab dem 1.1.1964 geboren sind, erreichen die Altersgrenze – wie in der Rentenversicherung – erst mit 67 Jahren.

Dauerhaft voll erwerbsgemindert unabhängig von der jeweiligen Arbeitsmarktlage sind volljährige Personen, die auf nicht absehbare Zeit wegen Krankheit oder Behinderung nicht in der Lage sind, unter den üblichen Bedingungen des allgemeinen Arbeitsmarktes mindestens drei Stunden täglich erwerbstätig zu sein (§ 43 Abs. 2 Satz 2 SGB VI). Die Erwerbsminderung muss dauerhaft sein (§ 41 Abs. 3 SGB XII), d. h. es muss unwahrscheinlich sein, dass die Erwerbsminderung wieder behoben werden kann. Die Rentenversicherung müsste in diesen Fällen eine unbefristete volle Erwerbsminderungsrente gewähren (vgl. § 102 Abs. 2 Satz 5 SGB VI). Wenn eine solche Unwahrscheinlichkeit nicht vorliegt, dürfte die Rentenversicherung lediglich eine *befristete* volle Erwerbsminderungsrente gewähren. In diesem Fall liegt auch keine dauerhafte volle Erwerbsminderung im Sinne des § 41 Abs. 3 SGB XII vor. Weiterhin muss die volle Erwerbsminderung *unabhängig von der jeweiligen Arbeitsmarktlage* bestehen. Dieses Tatbestandsmerkmal des § 41 Abs. 3 SGB XII knüpft an eine rentenrechtliche Besonderheit an: die sog. Arbeitsmarktrente. Versicherte, die aus gesundheitlichen oder behinderungsbedingten Gründen nicht voll, sondern nur teilweise erwerbsgemindert sind und die keinen Teilzeitarbeitsplatz haben oder erhalten können („Verschlossenheit des Teilzeitarbeitsmarktes"), erhalten von der Rentenversicherung ausnahmsweise eine volle Erwerbsminderungsrente. Dieser Leistungsfall der sog. *Arbeitsmarktrente* reicht für eine volle Erwerbsminderung im Sinne des § 41 Abs. 3 SGB XII nicht, wie das Gesetz mit den Wörtern „unabhängig von der jeweiligen Arbeitsmarktlage" klarstellt.

---

151 Für die Anwendung der §§ 41 ff SGB XII im Rahmen des § 2 AsylbLG: BSG 26.6.2013 – B 7 AY 6/11 R.

§ 41 Abs. 1 SGB XII setzt darüber hinaus einen *gewöhnlichen Aufenthalt* in Deutschland voraus.

> **Gewöhnlicher Aufenthalt – § 30 Abs. 3 Satz 2 SGB I**
>
> Den gewöhnlichen Aufenthalt hat jemand dort, wo er sich unter Umständen aufhält, die erkennen lassen, dass er an diesem Ort oder in diesem Gebiet nicht nur vorübergehend verweilt. Erforderlich für einen gewöhnlichen Aufenthalt ist also ein zukunftsoffener Verbleib. Insoweit kann die Bestimmung eines gewöhnlichen Aufenthaltes bei Leistungsberechtigten nach dem AsylbLG problematisch sein.[152] Hält sich ein*e Ausländer*in entgegen einer Wohnsitzauflage in einem anderen Ort auf, kann dort kein „gewöhnlicher Aufenthalt" begründet werden.[153]

Ein gewöhnlicher Aufenthalt im Sinne dieser Vorschrift liegt bereits dann vor, wenn Leistungsberechtigte mehr als vorübergehend tatsächlich im Bundesgebiet verweilen. Entscheidend hierfür ist, ob der örtliche Schwerpunkt der Lebensverhältnisse faktisch dauerhaft ist, d. h. wenn und solange Aufenthalt zukunftsoffen und nicht auf Beendigung angelegt ist.[154] Ein bisheriger längerer Aufenthalt kann ein Indiz für einen gewöhnlichen Aufenthalt sein,[155] hier genügte bis zur Änderung der Frist durch das Rückführungsverbesserungsgesetz für den Bezug von Analogleistungen ein Aufenthalt von 18 Monaten. Die Gesetzesbegründung für die Änderung der Frist geht allerdings davon aus, dass Leistungsberechtigte nach dem AsylbLG innerhalb der ersten 36 Monate keine Perspektive auf einen Daueraufenthalt haben, sondern von einem vorläufigen Aufenthalt in Deutschland ausgehen müssen;[156] danach ist von einem „gewöhnlichen Aufenthalt" wohl erst nach 36 Monaten auszugehen.

Analogleistungen im Bereich der Existenzsicherung umfassen sowohl bei der *Hilfe zum Lebensunterhalt* analog der §§ 27 ff. SGB XII als auch der Grundsicherung im Alter und bei Erwerbsminderung analog der §§ 41 ff. SGB XII den notwendigen Lebensunterhalt in Höhe der jeweiligen Regelbedarfsstufe, Mehrbedarfe, einmalige Bedarfe und die Kosten für Unterkunft und Heizung.

Die Höhe des *Regelbedarfs* zur Deckung des soziokulturellen Existenzminimums bestimmt sich nach §§ 27a, 28, 28a SGB XII. Sie werden jeweils zum 1.1. eines Jahres angepasst. Für das Jahr 2024 gelten folgende Regelbedarfssätze (vgl. § 8 RBEG i.V.m. § 2 RBSFV 2024[157]):

---

152 Vgl. zu dieser Problematik Mrozynski SGB I SGB I § 30 Rn. 30.
153 LSG Hessen 7.6.2017 – L 4 SO 88/16.
154 BSG, Urt. v. 30.1.2013 – B 4 AS 54/12 R, NJOZ 2014, S. 866 (S. 867 Rn. 18).
155 Hierzu Thie in LPK-SGB XII, § 41 Rn. 10.
156 BT-Drucks. 20/10090, 22.
157 Regelbedarfsstufen-Fortschreibungsverordnung 2024 – RBSFV 2024 vom 24.10.2023, BGBl 2023 I Nr. 287.

3. Sozialleistungen für geflüchtete Menschen

Regelbedarfsstufe	Leistungsberechtigte	Betrag
1	jede erwachsene Person, die in einer Wohnung lebt und für die nicht Regelbedarfsstufe 2 gilt	563 EUR
2	jede erwachsene Person, die mit einer (Ehe-)Partner*in in einer Wohnung zusammenlebt oder die in einer besonderen Wohnform lebt	je 506 EUR
3	erwachsene Person, die in einer stationären Einrichtung untergebracht ist und deren Lebensunterhalt sich deshalb nach § 27b SGB XII bestimmt	451 EUR
4	Jugendliche ab 14 Jahren	471 EUR
5	Kinder und Jugendliche von 6 bis unter 14 Jahren	390 EUR
6	Kinder unter 6 Jahren	357 EUR

Zusätzlich gibt es für Menschen in besonderen Lebenssituationen *Mehrbedarfe*[158], die im Wesentlichen in § 30 SGB XII und in § 42b SGB XII (ergänzend für die Grundsicherung im Alter und bei Erwerbsminderung) geregelt sind und die ebenfalls im Rahmen der Analogleistungen erbracht werden. Mehrbedarfe gibt es für:

1. *schwerbehinderte Menschen*, die die Regelaltersgrenze erreicht haben oder dauerhaft voll erwerbsgemindert sind mit Merkzeichen G (gehbehindert) oder aG (außergewöhnlich gehbehindert) in Höhe von 17 Prozent der maßgebenden Regelbedarfsstufe, sofern nicht im Einzelfall ein abweichender Bedarf besteht,

> **Beispiel:**
> Ein alleinstehender Asylbewerber ist aufgrund einer Verletzung durch eine Landmine, bei der er beide Beine verlor, auf den Rollstuhl angewiesen. Er erhält – sofern sein Aufenthalt in Deutschland länger andauert – auf Antrag einen Schwerbehindertenausweis mit dem Merkzeichen aG und dann nach 36 Monaten tatsächlichem Aufenthalt in Deutschland im Jahr 2024 neben seinem Regelbedarf der Stufe 1 als Mehrbedarf zusätzlich 95,71 EUR (17 % von 563 EUR). Lebt er in einer Partnerschaft, erhält er im Jahr 2024 einen Mehrbedarf zu seiner Regelbedarfsstufe 2 in Höhe von 86,02 EUR (17 % von 506 EUR).

---

158 Vgl. LSG Berlin-Brandenburg 28.4.2016 – L 15 AY 22/16 B ER.

> **Schwerbehinderung und kostenlose Beförderung im ÖPNV**
>
> Schwerbehinderte mit Merkzeichen G (gehbehindert), aG (außergewöhnlich gehbehindert), Gl (gehörlos), H (hilfebedürftig) oder Bl (blind), die Leistungen nach dem AsylbLG erhalten und die ihren gewöhnlichen Aufenthalt in Deutschland haben (gilt nicht für Asylbewerber aus sicheren Herkunftsländern), erhalten eine kostenlose Wertmarke für den öffentlichen Personennahverkehr in analoger Anwendung des § 228 SGB IX.[159] Zum Antrag auf einen Schwerbehindertenausweis → Kap. 3.5.2 Buchst. c

2. *werdende Mütter* nach der 12. Schwangerschaftswoche in Höhe von 17 Prozent der maßgeblichen Regelbedarfsstufe, sofern nicht im Einzelfall ein abweichender Bedarf besteht,

3. *Alleinerziehende*, die mit einem oder mehreren minderjährigen Kindern zusammenleben, soweit im Einzelfall kein abweichender Bedarf besteht, in Höhe von 36 Prozent der Regelbedarfsstufe 1 für ein Kind unter sieben Jahren oder für zwei oder drei Kinder unter 16 Jahren oder in Höhe von 12 Prozent der Regelbedarfsstufe 1 für jedes Kind, wenn obige Voraussetzungen nicht vorliegen, höchstens aber 60 Prozent der Regelbedarfsstufe 1,

> **Beispiel:**
>
> Eine 34-jährige Frau aus Äthiopien hat Asyl beantragt, das Verfahren dauert bereits länger als 36 Monate. Die Frau lebt in einer Gemeinschaftsunterkunft und ist alleinerziehende Mutter von zwei Kindern, drei und acht Jahre alt. Sie erhält im Jahr 2024 einen Mehrbedarf für Alleinerziehende in Höhe von 202,68 EUR (36 % von 563 EUR). Hätte sie noch ein drittes Kind unter 16 Jahre, bliebe der Mehrbedarf gleich hoch.
> Hätte sie allerdings vier Kinder unter 18 Jahre, stünde ihr im Jahr 2024 ein Mehrbedarf von 270,24 EUR zu (4 x 12 % = 48 % von 563 EUR. Bei fünf Kindern erhielte sie 337,80 EUR (5 x 12 % = 60 % von 563 EUR. Das ist allerdings auch der maximale Mehrbedarf für Alleinerziehende, da dieser höchstens insgesamt 60 Prozent der Regelbedarfsstufe 1 betragen darf.
> Hat ein alleinerziehender Elternteil nur Kinder über 16 Jahre, wird hierfür auch nur ein Mehrbedarf von 12 % pro Kind gewährt.

4. *Leistungsberechtigte mit Behinderungen* nach vollendetem 15. Lebensjahr, die *Eingliederungshilfeleistungen* erhalten, in Höhe von 35 Prozent der maßgeblichen Regelbedarfsstufe, soweit nicht im Einzelfall ein höherer Bedarf besteht.

> **Beispiel:**
>
> Ein 18-jähriger Mann aus dem Irak ist gehörlos. Er möchte eine kaufmännische Ausbildung machen und benötigt für eine ausbildungsvorbereitende Maßnahme Assistenzleistungen in Form von Gebärden- oder Sprachdolmetschern, die ihm analog zu §§ 99, 102 SGB IX (Eingliederungshilfe) gewährt werden. Er erhält den Mehrbedarf in Höhe von 35 % seiner maßgeblichen Regelbedarfsstufe, wenn er allein in einer Wohnung lebt. Sein Mehrbedarf beträgt im Jahr 2024 197,05 EUR (35 % von Regelbedarfsstufe 1)

---

159 BSG, Urteil vom 6.10.2011 – B 9 SB 7/10 R, SGb 2012, S. 718.

> Der Mehrbedarf wird nur gewährt, wenn Leistungsberechtigte mit Behinderungen tatsächlich Eingliederungshilfeleistungen erhalten; das Vorliegen einer Behinderung allein ist nicht ausreichend.

Der Mehrbedarf kann auch noch für eine angemessene Übergangszeit nach Beendigung der Eingliederungshilfeleistungen übernommen werden, z.B. während einer Einarbeitungszeit.

5. Menschen, die aufgrund einer (drohenden) Krankheit oder Behinderung oder in der Rekonvaleszensphase einer *kostenaufwändigen Ernährung* bedürfen, in angemessener Höhe. Für die Höhe dieses Mehrbedarfs können die vom Deutschen Verein für öffentliche und private Fürsorge entwickelten Empfehlungen[160] herangezogen werden.

Beispiele

Ernährung bei krankheitsassoziierter Mangelernährung:	10 %
Mukoviszidose:	10 %
Niereninsuffizienz mit Dialysediät	5 %
Zöliakie:	20 %

Die *Empfehlungen* sind für die Gerichte *nicht bindend*. Sie stellen kein sog. antizipiertes Gutachten dar, sondern können – bei Abweichungen im Einzelfall – von den Gerichten auch anders ausgelegt werden.

Höchstbetrag für Mehrbedarfe

Erhalten Leistungsberechtigte mehrere von den zuvor genannten Mehrbedarfen (z.B. schwangere Alleinerziehende oder Alleinerziehende mit Behinderung, die Eingliederungshilfe erhalten), darf die Summe aller Mehrbedarfe nicht höher sein als die maßgebliche Regelbedarfsstufe (§ 30 Abs. 6 SGB XII).

Weitere *zusätzlich zu gewährende Mehrbedarfe* nach §§ 30, 42b SGB XII analog, die nicht auf die zuvor genannten Mehrbedarfe angerechnet werden, sind:

6. Leistungsberechtigte, in deren Unterkunft *Warmwasser dezentral* erzeugt wird (z.B. durch einen Boiler) und deshalb nicht in en Kosten für Unterkunft und Heizung enthalten ist. Der Mehrbedarf ist abhängig von der Regelbedarfsstufe und beträgt:
   – bei Regelbedarfsstufen 1 und 2: 2,3 Prozent
   – bei Regelbedarfsstufe 4: 1,4 Prozent
   – bei Regelbedarfsstufe 5: 1,2 Prozent und
   – bei Regelbedarfsstufe 6: 0,8 Prozent.
   Eine Abweichung im Einzelfall ist möglich, wenn sie durch separate Messeinrichtungen nachgewiesen werden. Werden die Kosten im Rahmen der Kosten für Unterkunft und Heizung übernommen, gibt es keinen Mehrbedarf.

---

[160] Zu finden unter https://www.deutscher-verein.de/de/uploads/empfehlungen-stellungnahmen/2020/dv-12-20_kostenaufwaendige-ernaehrung.pdf (17.3.2024)

7. Für die gemeinschaftliche *Mittagsversorgung in einer Werkstatt für Menschen mit Behinderungen*, bei einem anderen Anbieter oder im Rahmen vergleichbarer anderer tagesstrukturierender Angebote in Höhe von 1/30 des Sachbezuges nach § 2 Abs. 1 Nr. 2 der Sozialversicherungsentgeltverordnung für jeden Arbeitstag (2024: 4,13 EUR). Allerdings muss die Mittagsverpflegung in Verantwortung durch oder in Kooperation mit der Werkstatt, dem anderen Anbieter oder dem vergleichbaren Leistungserbringer angeboten werden.

8. Schüler*innen ist ein Mehrbedarf für die *Anschaffung oder Ausleihe von Schulbüchern* und gleichstehenden Arbeitsheften anzuerkennen, sofern diese Materialien durch schulrechtliche Bestimmungen oder schulische Vorgaben gefordert werden.

9. Weiterhin wird ein Mehrbedarf anerkannt für *einmalige, unabweisbare, besondere Bedarfe*, die nicht auf andere Weise gedeckt werden können und bei denen ein Darlehen ausnahmsweise nicht zumutbar oder wegen der Art des Bedarfs nicht möglich ist. Anders als im SGB II (vgl. → Kap. 3.5.2 Buchst. a, auch zur Frage der Unabweisbarkeit) gilt dieser Mehrbedarf ausdrücklich nicht für laufende unabweisbare Sonderbedarfe, weil die Sozialämter in diesen Fällen die Möglichkeit haben, den Regelbedarf abweichend festzusetzen (vgl. § 27a Abs. 4 SGB XII analog). Ein Beispiel für einen unabweisbaren besonderen Einmalbedarf sind die Kosten für Ausweispapiere für ein im Ausland geborenes Kind.[161]

Einmalige Bedarfe nach § 31 SGB XII analog werden gewährt für:

1. *Erstausstattungen* für die Wohnung, einschließlich Haushaltsgeräte
   Diese Leistungen sind nur dann notwendig, wenn Asylantragsteller*innen eine eigene Wohnung beziehen; die Leistungen fallen in Gemeinschaftsunterkünften dem Grunde nach nicht an. Berücksichtigt werden muss auch, dass nach der Systematik des AsylbLG Haushaltsgeräte auch leihweise zur Verfügung gestellt werden können.
2. *Erstausstattungen* für Bekleidung und Erstausstattungen bei Schwangerschaft und Geburt sowie
3. die Anschaffung und Reparaturen von *orthopädischen Schuhen*, Reparaturen von *therapeutischen Geräten* und Ausrüstungen sowie für die Miete von therapeutischen Geräten.

Die *Kosten der Unterkunft und Heizung*, die nach § 35 SGB XII analog gewährt werden, werden in Höhe der tatsächlichen Aufwendungen übernommen, soweit sie angemessen sind. Halten sich Leistungsberechtigte in Gemeinschaftsunterkünften auf, werden die Kosten an die Gemeinschaftseinrichtung erbracht. Die Angemessenheit der Kosten für Unterkunft und Heizung in Mietwohnungen bestimmt sich nach der jeweiligen Kommune. In manchen Kommunen wurden Satzungen erlassen, die die Angemessenheit einer Unterkunft für Bezieher*innen von Bürgergeld, Sozialhilfe und Asylbewerberleistungen festlegen.

---

161 Vgl. für das SGB II: SG Köln 17.5.2022 – S 15 AS 4356/19.

> **Beispiel für eine Festlegung der Angemessenheit von Unterkunftskosten**
>
> In Berlin regeln die „Ausführungsvorschriften zur Gewährung von Leistungen gemäß § 22 SGB II und §§ 35 und 36 SGB XII (AV-Wohnen)" vom 13.12.2022[162] die Angemessenheit der Unterkunftskosten. Es wird zwischen der abstrakten und der konkreten Angemessenheit unterschieden.
> Bei der abstrakten Angemessenheit wird die Vergleichsmiete einer angemessen großen, einfachen Wohnung im Vergleichsraum ermittelt. Insoweit legt die AV-Wohnen bestimmte Wohnflächen und Bruttokaltmieten auf Basis des Berliner Mietspiegels fest. Eine Tabelle gibt Auskunft darüber, welche Wohnungsgröße und welche Bruttokaltmiete als angemessen anzusehen ist. So gilt z.B. für eine Person eine abstrakt gemessene Wohnungsgröße von 50 qm bei einer Bruttokaltmiete von 449 EUR als angemessen. Eine vierköpfige Familie hat eine angemessene Wohnung von 90 qm bei einer Bruttokaltmiete von 752,40 EUR. Die Heizkosten werden gesondert berechnet und richten sich nach Gebäudefläche und Heizmaterial. Häufig müssen Asylantragsteller*innen in Gemeinschaftsunterkünften verbleiben, weil angemessener Wohnraum für diese Personengruppe in Berlin häufig nicht zu finden ist, vor allem dann, wenn viele Leistungsberechtigte nach dem SGB II und SGB XII um solche Wohnungen konkurrieren und die Höhe angesetzten Bruttokaltmiete zu gering ist. In solchen Fällen gelten Bruttokaltmieten, die die Richtwerte um bis zu 20 % überschreiten, nach der AV-Wohnen noch als abstrakt angemessen.
> Bei der konkreten Angemessenheit wird die konkrete Verfügbarkeit einer abstrakt angemessenen Wohnung geprüft. Insoweit regelt die AV-Wohnen, dass in bestimmten Härtefällen (z.B. bei Alleinerziehenden, Schwangeren oder Menschen mit Behinderungen) die jeweiligen Richtwerte der die abstrakt angemessenen Bruttokaltmieten um bis zu 10 % überschritten werden dürfen.

Die Leistungen werden durch die für das AsylbLG zuständigen Leistungsträger erbracht, die die einzelnen Bundesländer bestimmt haben (§ 10a AsylbLG). Das sind die in → Kap. 3.4.1 dargestellten Leistungsträger.

Darüber hinaus erhalten Kinder, Jugendliche und junge Erwachsene weiterhin *Leistungen zur Bildung und Teilhabe*, dieses Mal in analoger Anwendung der §§ 34, 34a SGB XII. Inhaltlich ändert sich hierbei nichts (→ Kap. 3.3.2 Buchst. a)

> **Umstellung von Grundleistungen nach dem AsylbLG auf Analogleistungen**
>
> Die Umstellung von Grundleistungen auf Analogleistungen nach dem AsylbLG erfolgt von Amts wegen ohne gesonderten Antrag, wenn die 36-Monatsfrist abgelaufen ist. Versäumt der zuständige Leistungsträger die Umstellung, müssen die Leistungen für bis zu einem Jahr rückwirkend nachgezahlt werden (§ 44 SGB X i.V.m. § 9 Abs. 4 Satz 2 Nr. 2 AsylbLG).

---

162 Veröffentlicht unter https://www.berlin.de/sen/soziales/service/berliner-sozialrecht/kategorie/ausfuehrungsvorschriften/av_wohnen-571939.php (27.1.2024) und zuletzt aktualisiert durch das Rundschreiben Soz Nr. 3/2023 über die aktuellen Richtwerte für die Höhe der angemessenen Aufwendungen für die Unterkunft (Bruttokaltmiete) vom 4.9.2023, veröffentlicht unter: https://www.berlin.de/sen/soziales/service/berliner-sozialrecht/kategorie/rundschreiben/2023_03-1370812.php (27.1.2024).

b) Medizinische Versorgung

Sind Asylantragsteller*innen nach § 2 AsylbLG leistungsberechtigt, erhalten sie neben den Leistungen zur Sicherung des Lebensunterhalts analog den SGB XII-Leistungen auch *Hilfen zur Gesundheit* entsprechend dem Fünften Kapitel des SGB XII. Von besonderer Bedeutung sind hier die Hilfen bei Krankheit analog § 48 SGB XII sowie die Hilfen bei Schwangerschaft und Geburt analog § 50 SGB XII.

Leistungsberechtigte erhalten eine *Gesundheitskarte*; die Krankenbehandlung wird nach § 264 Abs. 2 SGB V von der Krankenkasse übernommen. Damit besteht zwar keine Mitgliedschaft in der gesetzlichen Krankenversicherung, aber der Krankenversicherungsschutz ist nicht mehr nur auf akute Erkrankungen und Schmerzzustände beschränkt, sondern umfasst alle Leistungen der Krankenversicherung (§ 52 Abs. 1 Satz 1 SGB XII), um „eine Krankheit zu erkennen, zu heilen, ihre Verschlimmerung zu verhüten oder Krankheitsbeschwerden zu lindern" (§ 48 Satz 1 SGB XII). Dazu gehören auch Behandlungen bei chronischen oder psychischen Erkrankungen (auch Psychotherapien) oder die zahnärztliche Versorgung sowie Leistungen der medizinischen Rehabilitation. Die Abrechnung der Leistungen durch die Krankenkasse erfolgt mit dem für das AsylbLG zuständigen Leistungsträger.

Waren Asylantragsteller*innen bereits während des Asylverfahrens erwerbstätig und aufgrund dieser Erwerbstätigkeit gesetzlich oder freiwillig krankenversichert, können sie sich – falls sie ihre Erwerbstätigkeit aufgeben und wieder Leistungen nach dem AsylbLG beziehen (müssen) – freiwillig in der Kranken- und Pflegeversicherung weiterversichern; die Beiträge werden hierfür analog § 32 SGB XII vom Leistungsträger übernommen.

c) Leistungen in besonderen Lebenslagen

Die Leistungen, die Leistungsberechtigte nach § 2 AsylbLG analog dem SGB XII erhalten, beschränken sich nicht auf die Leistungen zur Sicherung des Lebensunterhalts mit der Anpassung an einen höheren Regelbedarf und die bessere medizinische Versorgung. Vielmehr beinhalten sie auch Leistungen in *besonderen Lebenslagen* nach dem SGB XII, die zuvor – in der Regel streng einzelfallbezogen und nur sehr restriktiv – über § 6 AsylbLG erbracht wurden. Dabei sind vor allem die Leistungen nach den Kapiteln 7 bis 9 des SGB XII gemeint. Neben den SGB-XII-Leistungen ist auch die *Eingliederungshilfe* nach dem Teil 2 des SGB IX analog anwendbar. Anders als im Fall der SGB-XII-Leistungen, die nach § 18 Abs. 1 SGB XII analog ab Kenntnisnahme zu leisten sind, erfordern die Eingliederungshilfeleistungen nach Teil 2 des SGB IX gem. § 108 SGB IX einen *Antrag*.

Ob diese Leistungen allerdings gewährt werden und, wenn ja, in welchem Umfang, ist umstritten. Insbesondere stellt sich die Frage, ob angesichts des im Fall der Aufenthaltsgestattung noch laufenden Asylverfahrens und des damit einhergehenden, nicht gesicherten Aufenthaltsstatus derartige Leistungen gerechtfertigt sind. Für die Blindenhilfe nach § 72 SGB XII hat das BSG entschieden, dass diese auch im Rahmen von Analogleistungen zu gewähren ist.[163] Aus der Entscheidung lassen sich Argumente dafür gewinnen, dass die Analogleistungen – abgesehen von der Blindenhilfe – auch für die anderen Leistungen des SGB XII grundsätzlich offen sind. Besonders umstritten war die analoge Anwendung der Eingliederungshilfe, was allerdings nunmehr ausdrücklich in § 2 Abs. 1 Satz 1 AsylbLG vorgeschrieben ist. Gleichwohl ist bei den Analogleistungen in besonderen Lebenslagen im Einzelfall zu prüfen, ob es sich um Leistungen handelt, die Ausländer*innen grundsätzlich verschlossen sind (vgl. § 23 Abs. 1 Satz 3 SGB XII).[164]

Abgesehen von der Krankenhilfe nach dem SGB XII (→ s.o. Buchst. b) können die Analogleistungen nach § 2 Abs. 1 Satz 1 AsylbLG somit grundsätzlich die folgenden Leistungen in besonderen Lebenslagen nach dem SGB XII umfassen:

Abbildung 17

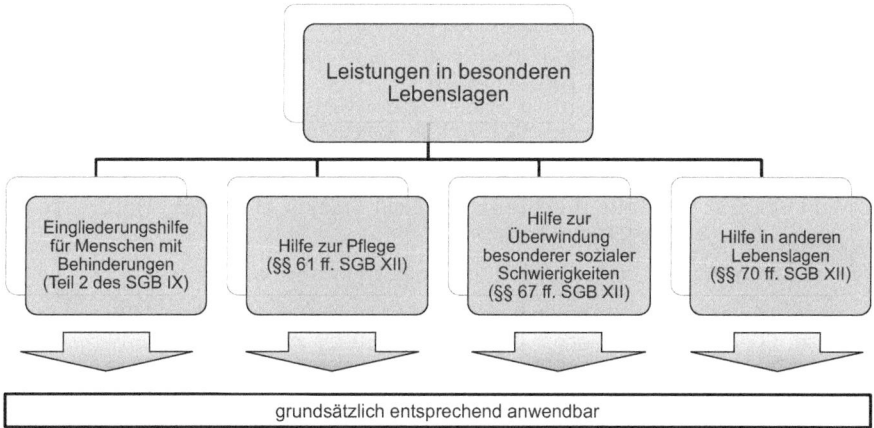

d) Besonderheiten bei Unterbringung in Gemeinschaftsunterkünften

Nach § 2 Abs. 2 Satz 1 AsylbLG kann die Leistungserbringung für Leistungsberechtigte eingeschränkt werden, wenn sie in *Gemeinschaftsunterkünften* leben.

In diesen Fällen kann die zuständige Behörde nämlich die Form der Leistung entsprechend den örtlichen Umständen bestimmen; es gilt **nicht** mehr der *Vorrang* des *Geldleistungsprinzips* nach § 10 Abs. 3 SGB XII.[165] Unabhängig von der Art der Unterbringung kann die zuständige Behörde die Leistungen nach § 2 Abs. 2 Satz 2 AsylbLG in Form der Bezahlkarte erbringen. Nur wenn einzelne Bedarfe des Regelbedarfs nicht in Form der Bezahlkarte erbracht werden können, verpflichtet § 2 Abs. 2 Satz 3 AsylbLG die Behörde, diese Bedarfe als Geldleistungen zu erbringen. Die Einschränkung des Geldleistungsprinzips Unterbringung in einer Gemeinschaftsunterkunft nach § 2 Abs. 2 Satz 1 AsylbLG sollte Spannungen zwi-

---

163 BSG Urteil vom 24.6.2021 – B 7 AY 1/20 R, NJW 2022, S. 966 (S. 967 Rn. 13 ff.).
164 Grube/Wahrendorf/Flint/Leopold AsylbLG § 2 Rn. 46.
165 Birk in LPK-SGB XII, § 2 AsylbLG Rn. 5.

schen Asylantragsteller*innen in Gemeinschaftsunterkünften vorbeugen.[166] Diese können daraus folgen, dass dort sowohl Leistungsberechtigte mit Anspruch nach § 3 AsylbLG (Grundleistungen – vor allem in Form von Sachleistungen) als auch mit Anspruch nach § 2 AsylbLG (Analogleistungen – vor allem in Form von Geldleistungen) leben. Entscheidet sich die Behörde für Sachleistungen an Analogleistungsberechtigte, besteht lediglich ein Rechtsanspruch auf einen *Barbetrag* (Taschengeld) analog § 27b Abs. 2 SGB XII in Höhe von 27 % der Regelbedarfsstufe 1 (2024: 152,01 EUR). Die erbrachten Sachleistungen und der gewährte Barbetrag müssen insgesamt im Wert den Geldleistungen entsprechen. Die Problematik wird durch die Bezahlkarte entschärft, die sowohl für Grundleistungen als auch für Analogleistungen eingeführt werden kann.

e) Anrechnung von Einkommen und Vermögen

Leistungsberechtigte nach § 2 AsylbLG unterfallen nicht mehr den Einkommens- und Vermögensregelungen des AsylbLG. Die Vorschrift nimmt in Absatz 1 Satz 1 § 7 AsylbLG ausdrücklich aus. Damit richten sich die Einkommens- und Vermögensregelungen nach den §§ 82 ff. SGB XII.[167]

Welche *Einkommen*[168] und in welcher Höhe sie einzusetzen sind, regeln die §§ 82 bis 84 SGB XII. Danach gilt folgendes:

1. Einkommen sind alle Einkünfte in Geld oder Geldeswert, außer (§§ 82 Abs. 1, 83, 84 SGB XII):
   – Leistungen nach dem SGB XII, die analog gewährt werden,
   – Renten oder Beihilfen nach dem Bundesentschädigungsgesetz für Schaden an Leben sowie an Körper oder Gesundheit bis zur Höhe der vergleichbaren Grundrente nach dem SGB XIV (→ Kap. 3.3.2 Buchst. d),
   – Aufwandspauschale für ehrenamtliche Betreuer*innen bis zur Höhe der einkommensteuerlichen Übungsleiterpauschale,
   – Mutterschaftsgeld,
   – Einnahmen von Schüler*innen aus Ferienjobs,
   – Einnahmen von Schüler*innen, Auszubildenden und Freiwilligendienstleistenden bis zur Höhe der Minijobgrenze,
   – steuerfreie Einnahmen aus ehrenamtlichen oder nebenberuflichen Tätigkeiten bis zu 3.000 EUR im Jahr,
   – einmalige Einnahmen aus Erbschaften (hier ist allerdings eine Berücksichtigung als Vermögen zu prüfen),
   – Überbrückungsgeld für Haftentlassene,
   – Sachleistungen (hier ist eine abweichende Regelsatzfestsetzung im Sinne des § 27a Absatz 4 Satz 1 Nummer 1 SGB XII zu prüfen),

---

166 jurisPK-SGB XII/Oppermann Rn. 154.
167 Vgl. LSG Bayern 13.4.2015 – L 8 AY 6/15 B ER.
168 § 82 SGB XII wird ergänzt durch die Verordnung zur Durchführung des § 82 des Zwölften Sozialgesetzbuches vom 28.11.1962, zuletzt geändert durch Art. 8 des Gesetzes vom 22.12.2015, BGBl. I, 2557.

- ausdrücklich zweckgebundene Leistungen (z.B. Leistungen bei Pflegebedürftigkeit), wenn sie nicht demselben Zweck wie die Asylbewerberleistung dient,
- Schmerzensgeldzahlungen oder Entschädigungen, die nach dem AGG gezahlt werden[169], sowie
- Zuwendungen der freien Wohlfahrtspflege, soweit Sozialhilfe neben diesen Leistungen nicht ungerechtfertigt wäre, oder Zuwendungen, die ohne rechtliche oder sittliche Pflicht zu erbringen sind und deren Berücksichtigung eine besondere Härte bedeuten würde.

2. Vom Einkommen können folgende *Beträge abgesetzt* werden:
   - auf das Einkommen entrichtete Steuern,
   - Pflichtbeiträge zur Sozialversicherung,
   - Beiträge zu öffentlichen oder privaten Versicherungen oder ähnlichen Einrichtungen, soweit diese Beiträge gesetzlich vorgeschrieben oder nach Grund und Höhe angemessen sind (z.B. Haftpflichtversicherungen, private Unfallversicherungen) sowie geförderte Altersvorsorgebeiträge (Riester-Rente),
   - die mit der Erzielung des Einkommens verbundenen notwendigen Ausgaben (z.B. Arbeitsmittel, Fahrtkosten, Berufsbekleidung, Beiträge für Berufsverbände) sowie
   - das in Werkstätten für behinderte Menschen gezahlte Arbeitsförderungsgeld und den Erhöhungsbeitrag des Arbeitsentgelts.

Sind Menschen, die Analogleistungen beziehen, selbständig oder unselbständig erwerbstätig, kann vom (Brutto-)Einkommen ein *Freibetrag* in Höhe von 30 Prozent, höchstens jedoch 50 Prozent der Regelbedarfsstufe 1 abgezogen werden.

> **Beispiel:**
> Ein nach § 2 AsylbLG leistungsberechtigter Asylantragsteller aus Kamerun arbeitet auf Minijobbasis in einem Möbelhaus und räumt dort Regale ein. Von den dort verdienten 538 EUR werden 161,40 EUR nicht auf seine Leistungen nach dem AsylbLG angerechnet. Da dieser Betrag unter den maximalen Freibetrag von 281,50 EUR (für 2024) liegt, kann er den Freibetrag vollständig geltend machen. Arbeitet er statt auf Minijobbasis für 1.000 EUR, werden Steuern und Sozialversicherungsbeiträge und weitere notwendige Ausgaben abgezogen; er hat allerdings keinen Freibetrag von 300 EUR (30 % von 1.000 EUR), sondern nur in Höhe des Maximalbetrages (281,50 EUR).

Als Einkommen aus Erwerbstätigkeit zählen auch Entgeltfortzahlungen im Krankheitsfall oder Insolvenzgeld, nicht aber das Krankengeld.[170]

Das einzusetzende *Vermögen* richtet sich bei Analogleistungsberechtigten nach § 90 SGB XII. Dem Grunde nach ist das gesamte verwertbare Vermögen einzuset-

---

[169] So jedenfalls nach dem SGB II – BSG 22.8.2012 – B 14 AS 164/11 R – das Urteil kann hier angesichts der vergleichbaren Regelungen im SGB II herangezogen werden.
[170] Vgl. LPK-SGB XII/Geiger § 82 Rn. 96 m.w.N.

zen. Ausnahmen regelt Abs. 2. Diese Ausnahmen werden aber in der Regel für Leistungsberechtigte nach dem AsylbLG nur dann in Betracht kommen, wenn sie entweder bereits erwerbstätig waren und entsprechende Ersparnisse tätigen konnten oder ihnen auf andere Weise Vermögen zugeflossen ist (z.B. durch Erbschaft). Während eines vorangegangenen Bezugs von Asylbewerberleistungen werden kaum Vermögenswerte angespart worden sein, zumal die Regelungen des AsylbLG sehr viel strikter auf vorhandenes Vermögen – sollte dieses die Flucht überstanden haben – zurückgreifen lassen.

f) Arbeitsgelegenheiten und Integration in den Arbeitsmarkt

Leistungsberechtigte nach § 2 AsylbLG können zu *Arbeitsgelegenheiten* nach den § 5 AsylbLG herangezogen werden. Damit soll dieser Personengruppe ebenfalls eine sinnvolle Beschäftigung außerhalb des allgemeinen Arbeitsmarktes eröffnet werden. Die Berechtigten können zu Arbeiten in den Gemeinschaftsunterkünften, die der Aufrechterhaltung und dem Betrieb dieser Einrichtungen dienen, herangezogen werden oder auch zu gemeinnützigen Tätigkeiten außerhalb der Einrichtungen. Ziel der Arbeitsgelegenheiten im Sinne des § 5 AsylbLG ist neben der Strukturierung des Tagesablaufs die Möglichkeit, durch diese Tätigkeiten zugleich am gesellschaftlichen Leben teilzuhaben, Sprachkompetenzen zu erwerben und an den Arbeitsmarkt herangeführt zu werden.[171] Hintergrund ist allerdings auch, arbeitsfähige Analogleistungsberechtigte in die Pflicht zu nehmen und damit – unter Androhung von Sanktionen – dem Grundsatz des Forderns nachzukommen (zu den Sanktionen → Kap. 3.3.2 Buchst. f).

Leistungsberechtigte nach dem AsylbLG können darüber hinaus unter den Voraussetzungen des § 5b Abs. 1 AsylbLG schriftlich verpflichtet werden, an einem *Integrationskurs* im Sinne des § 43 AufenthG teilzunehmen (→ Kap. 3.7).

g) Weitere Sozialleistungen

Ein Aufenthalt mit einer Aufenthaltsgestattung ist ein *rechtmäßiger Aufenthalt* i.S.d. § 6 Abs. 2 SGB VIII; ein „gewöhnlicher Aufenthalt" nach § 30 Abs. 3 Satz 2 SGB I besteht bei einem zukunftsoffenen Verbleib (→ Kap. 3.4.2 Buchst. a). Aus diesen Gründen können minderjährige Asylantragsteller*innen Anspruch auf *Leistungen der Kinder- und Jugendhilfe* haben, auch wenn sie mit ihren Eltern einreisen. Das betrifft zumindest den Anspruch auf den Besuch einer Kindertageseinrichtung nach § 24 Abs. 3 SGB VIII ab dem dritten, ggf. auch vor dem dritten Geburtstag nach § 24 Abs. 2 SGB VIII in Form einer Tagesbetreuung. Die *Schulpflicht* für Kinder im Asylverfahren regeln die Schulgesetze der Länder.

---

[171] Vgl. BT-Drucks. 18/8615, S. 36.

3. Sozialleistungen für geflüchtete Menschen

Bundesland	Regelung zur Schulpflicht	gesetzliche Grundlage
Baden-Württemberg	Schulpflicht besteht bei Aufenthaltsgestattung in Baden-Württemberg aufgrund eines Asylantrags oder aufgrund einer Duldung, auch wenn nur die Eltern (oder ein Elternteil) diese Voraussetzung erfüllen. Die Schulpflicht beginnt sechs Monate nach dem Zuzug aus dem Ausland und besteht bis zur Erfüllung der Ausreisepflicht.	§ 72 Abs. 1 Satz 3 SchG Baden-Württemberg
Bayern	Schulpflicht besteht bei Aufenthaltsgestattung in Bayern aufgrund eines Asylantrags oder aufgrund einer Duldung, bei Aufenthaltserlaubnis aus humanitären Gründen und auch, wenn vollziehbare Ausreisepflicht besteht, die Abschiebungsandrohung aber noch nicht oder nicht mehr vollziehbar ist, auch wenn nur die Eltern (oder ein Elternteil) diese Voraussetzung erfüllen. Die Schulpflicht beginnt drei Monate nach dem Zuzug aus dem Ausland und besteht bis zur Erfüllung der Ausreisepflicht.	Art. 35 Abs. 1 Satz 2 BayEUG
Berlin	Ausländische Kinder und Jugendliche, denen aufgrund eines Asylantrags der Aufenthalt in Berlin gestattet ist oder die hier geduldet werden, unterliegen der allgemeinen Schulpflicht.	§ 41 Abs. 2 SchulG Berlin
Brandenburg	Schulpflichtig sind die ausländischen jungen Menschen, denen aufgrund eines Asylantrags der Aufenthalt im Land Brandenburg gestattet ist oder die geduldet werden.	§ 36 Abs. 2 BbgSchulG
Bremen	keine ausdrückliche Regelung, Schulpflicht besteht für alle Kinder, die in Bremen ihren Wohnsitz haben.	§ 52 BremSchulG

Bundesland	Regelung zur Schulpflicht	gesetzliche Grundlage
Hamburg	keine ausdrückliche Regelung, Schulpflicht besteht für alle Kinder, die in Hamburg ihren Wohnsitz oder gewöhnlichen Aufenthalt haben.	§ 37 Abs. 1 Satz 1 HmbSG
Hessen	Asylbewerber*innen sind nach Zuweisung zu einer Gebietskörperschaft schulpflichtig,	§ 46 Verordnung zur Gestaltung des Schulverhältnisses i.V.m. § 56 Abs. 1 HSchG
Mecklenburg-Vorpommern	keine ausdrückliche Regelung, Schulpflicht besteht für alle Kinder, die in Hamburg ihren Wohnsitz oder gewöhnlichen Aufenthalt haben.	§ 41 SchulG M-V
Niedersachsen	Schulpflicht beginnt nach Wegfall der Verpflichtung, in einer Aufnahmeeinrichtung zu wohnen (nach Zuweisung zu einer Kommune)	Ziff. 3.1.2 Ergänzende Bestimmungen zum Rechtsverhältnis zur Schule und zur Schulpflicht i.V.m. § 63 NSchG
Nordrhein-Westfalen	Schulpflicht besteht bei Kindern von Asylbewerber*innen nach Zuweisung zu einer Gemeinde und solange der Aufenthalt gestattet ist. Für ausreisepflichtige Kinder bis zur Erfüllung der Ausreisepflicht.	§ 34 Abs. 6 SchG

Bundesland	Regelung zur Schulpflicht	gesetzliche Grundlage
Rheinland-Pfalz	Schulpflicht besteht für Kinder von Asylbewerber*innen und sich ohne ihre Eltern in Rheinland-Pfalz aufhaltende Kinder und Jugendliche, die einen Asylantrag gestellt haben, sobald sie einer Gemeinde zugewiesen sind und solange ihr Aufenthalt gestattet ist. Für ausreisepflichtige Kinder und Jugendliche besteht die Pflicht zum Schulbesuch bis zur Erfüllung ihrer Ausreisepflicht. Ansonsten sind ausländische Kinder schulpflichtig, wenn sie ihren Wohnsitz oder gewöhnlichen Aufenthalt im Land Rheinland-Pfalz haben.	§ 56 Abs. 2 SchulG
Saarland	Allgemeine Schulpflicht für alle Kinder, Jugendlichen und Heranwachsenden, die im Saarland ihren Wohnsitz oder gewöhnlichen Aufenthalt oder ihre Berufsausbildungs- oder Arbeitsstätte haben, auch für ausländische Kinder, Jugendliche und Heranwachsende, die im Besitz einer Aufenthaltsgestattung oder Duldung sind. Für ausreisepflichtige ausländische Kinder, Jugendliche und Heranwachsende besteht die Schulpflicht bis zur Erfüllung ihrer Ausreisepflicht.	§ 1 Schulpflichtgesetz
Sachsen	Schulpflicht besteht für alle Kinder und Jugendlichen, die ihren Wohnsitz oder gewöhnlichen Aufenthalt in Sachsen haben; bei Kindern von Asylbewerber*innen Recht auf Schulbildung nach Zuweisung zu einer sächsischen Gebietskörperschaft.	Ziff. 1.1 Verwaltungsvorschrift zum Unterricht für ausländische Schüler im Freistaat Sachsen i.V.m. § 26 Abs. 1 SchulG

Bundesland	Regelung zur Schulpflicht	gesetzliche Grundlage
Sachsen-Anhalt	Schulpflicht besteht grundsätzlich für alle Kinder mit Wohnsitz in Sachsen-Anhalt, bei Kindern von Asylbewerber*innen müssen die Eltern einen Antrag auf Aufnahme in einer Schule stellen	Ziff. 2.2 Runderlass Beschulung von Kindern deutscher Spätaussiedlerinnen und Spätaussiedler sowie ausländischer Bürgerinnen und Bürger i.V.m. § 36 Abs. 1 SchulG LSA
Schleswig-Holstein	keine ausdrückliche Regelung, Schulpflicht besteht aufgrund einer Wohnung in Schleswig-Holstein	§ 20 Abs. 1 SchulG
Thüringen	Schulpflicht besteht bei Wohnsitz oder gewöhnlichen Aufenthalt in Thüringen; bei Asylantragsteller*innen, denen der Aufenthalt gestattet ist oder ausländische Kinder, die geduldet sind, sind ebenfalls schulpflichtig, unabhängig davon, ob sie selbst oder ihre Eltern (ein Elternteil) diese Voraussetzungen erfüllt. Schulpflicht beginnt drei Monate nach dem Zuzug aus dem Ausland.	§ 17 Abs. 1 ThürSchulG

Studierende Asylbewerber*innen sind nicht berechtigt, BAföG zu beziehen (vgl. § 8 BAföG); absolvieren sie eine Ausbildung, haben sie auch keinen Anspruch auf Berufsausbildungsbeihilfe (§ 60 Abs. 3 Satz 1 SGB III). Die Analogleistungen des SGB XII zur Sicherung des Lebensunterhalts sind nach § 22 Abs. 1 Satz 1 SGB XII, der ebenfalls analog anwendbar ist (von den Sonderfällen des § 22 Abs. 2 SGB XII abgesehen) ausgeschlossen, wenn ein dem Grunde nach förderungsfähiges Studium oder eine dem Grunde nach förderfähige Ausbildung vorliegt. § 2 Abs. 1 Satz 2 AsylbLG ordnet für zwei Fälle an, dass der Ausschluss des § 22 SGB XII nicht gilt. Der erste, in Nr. 1 der Vorschrift geregelte Fall betrifft u.a. die Analogleistungsberechtigten mit Aufenthaltsgestattung, die eine berufsvorbereitende Bildungsmaßnahme nach § 51 SGB III, eine Berufsausbildung nach § 57 SGB III oder eine Berufsausbildung im Ausland nach § 58 SGB III absolvieren. Der zweite, in Nr. 2 des § 2 Abs. 1 Satz 2 AsylbLG geregelte Fall betrifft zwar Studierende, aber nicht die Analogleistungsberechtigten mit Aufenthaltsgestattung. Für sie regelt § 2 Abs. 1 Satz 3 AsylbLG, dass sie die Analogleistungen zur Sicherung des Lebensunterhalts nach dem Dritten und Vierten Kapitel des SGB XII als Beihilfe oder als Darlehen erhalten. Ob die Leistungen als Beihilfe oder als Darlehen gewährt werden, hat die zuständige Behörde nach pflichtgemäßem Ermessen zu entscheiden.[172]

Asylbewerber*innen mit Behinderung können – sofern ihre Rückkehr auf unabsehbare Zeit unmöglich oder unzumutbar ist – auch eine *Anerkennung als Schwerbehinderte* erhalten, sofern die sonstigen Voraussetzungen vorliegen (→ Kap. 3.5.2 Buchst. c).

Zusammenfassung: Sozialleistungen während des Asylverfahrens – Aufenthalt ab dem 37. Monat

Sozialleistung	Rechtsgrundlage	Inhalt der Leistung	Zuständigkeit	Antrag	zu beachten!
Leistungen zur Sicherung des Lebensunterhalts	§ 2 AsylbLG, analoge Anwendung der §§ 27 ff. und §§ 41 ff. SGB XII	SGB-XII-Leistungen für Regelbedarf, Mehrbedarfe, Kosten der Unterkunft und Heizung und ggf. einmalige Bedarfe	von den Bundesländern bestimmte Leistungsträger (§ 10 AsylbLG)	nur bei Grundsicherung im Alter und bei Erwerbsminderung, nicht bei Hilfe zum Lebensunterhalt	auf Ablauf der 36-Monatsfrist (ab Ankunftsnachweis) achten; in Gemeinschaftsunterkünften Sachleistungen möglich, unabhängig von Unterkunft auch Bezahlkarte

---

172 Grube/Wahrendorf/Flint/Leopold AsylbLG § 2 Rn. 65.

Sozialleistung	Rechtsgrundlage	Inhalt der Leistung	Zuständigkeit	Antrag	zu beachten!
Medizinische Versorgung	§ 2 AsylbLG, analoge Anwendung der §§ 47 ff. SGB XII	alle Leistungen der Krankenversicherung		nein, bei bestimmten Leistungen (Hilfsmittel, Reha) ggf.	Ausgabe einer Krankenversicherungskarte, aber keine Mitgliedschaft in der GKV
Leistungen in besonderen Lebenslagen (Hilfe zur Pflege, Hilfen zur Überwindung besonderer sozialer Schwierigkeiten und in anderen Lebenslagen sowie der Eingliederungshilfe)	§ 2 AsylbLG, analoge Anwendung der Kapitel 6 bis 9 SGB XII und des Teil 2 des SGB IX	Leistungen wie vorgesehen		im Fall der SGB-XII-Leistungen nein im Fall der Eingliederungshilfe ja	Leistungsgewährung problematisch, häufig abhängig von Bleibeperspektive (außer Hilfe zur Pflege)
Arbeitsförderung	wie zuvor, → Kap. 3.4.1 - Zusammenfassung				
Leistungen der Kinder- und Jugendhilfe	§ 24 Abs. 3 i.V.m. § 6 Abs. 2 SGB VIII,	Kindergartenplatz	Jugendämter	ja	
Wohngeld	§ 3 Abs. 5 Nr. 4 WoGG	Mietzuschuss zur selbst gemieteten Wohnung	Wohngeldstellen	ja	
Soziale Entschädigung	§ 7 SGB XIV	Leistungen nach § 3 SGB XIV	die nach Landesrecht bestimmten Stellen	ja	

Zusammenfassung: Zugang zu Arbeit und Bildung für Asylsuchende[173]

Der *Zugang zum Arbeitsmarkt* wird mit zunehmender Aufenthaltsdauer leichter, wobei bestimmte Berufsgruppen aus sog. Mangelberufen (z.B. Kranken- und Altenpflege) weiteren Erleichterungen unterliegen. Die Aufnahme einer Beschäftigung bedarf einer Erlaubnis durch die Ausländerbehörde, die über einen entsprechenden Antrag eine pflichtgemäße Ermessensentscheidung treffen kann.

---

[173] Einen guten Überblick über den Arbeitsmarktzugang für Asylbewerber und Flüchtlinge findet sich auch auf der Seite der Bundesagentur für Arbeit unter https://www.arbeitsagentur.de/fuer-menschen-aus-dem-ausland/beratung-vermittlung-menschen-aus-ausland (17.3.2024) im Downloadbereich („Arbeitsmarktzugang für Asylbewerber und Flüchtlinge").

Asylsuchende aus sicheren Herkunftsstaaten werden allerdings von diesen Regelungen nicht erfasst.

Alle Fristen beginnen mit der Stellung des Asylgesuchs, nicht der förmlichen Antragstellung beim BAMF. Das Datum ist in der Regel durch den Ankunftsnachweis nach § 63a AsylG belegbar.

Aufenthalt	Schule/ Studium	Förderung	betriebliche Ausbildung	abhängige Beschäftigung	selbständige Tätigkeit
bei Wohnpflicht in Aufnahmeeinrichtung	ja	ja, einzelne Integrationsleistungen	Grundsatz: nein 1. Ausnahme: Anspruch auf Beschäftigungserlaubnis, wenn ■ das Asylverfahren nicht innerhalb von neun Monaten unanfechtbar abgeschlossen ist, ■ die BA zugestimmt hat oder BA nicht zustimmen muss, ■ keine Staatsangehörigkeit eines sicheren Herkunftsstaates vorliegt ■ und der Asylantrag nicht als offensichtlich unbegründet oder als unzulässig abgelehnt wurde 2. Ausnahme: Beschäftigungserlaubnis nach pflichtgemäßem Ermessen möglich, wenn Duldung von mehr als sechs Monaten besteht		nein
ohne Wohnpflicht in Aufnahmeeinrichtung	ja	ja, einzelne Integrationsleistungen	Anspruch auf Beschäftigungserlaubnis im Fall der o.g. 1. Ausnahme i.Ü.: Beschäftigungserlaubnis nach pflichtgemäßem Ermessen möglich, wenn ■ gestatteter Aufenthalt im Bundesgebiet seit mindestens 3 Monaten ■ die BA zugestimmt hat oder BA nicht zustimmen muss ■ und kein*e Ausländer*in aus einem sicheren Herkunftsstaat.		

Zur Wohnpflicht in einer Aufnahmeeinrichtung vgl. → Kap. 2.2.

Eine *Zustimmung* der BA ist *nicht erforderlich* nach

- § 32 Abs. 2 Nr. 1 BeschV bei Praktika in Form von Praktika im Rahmen (hoch-)schulrechtlichen Bestimmungen oder Ausbildungsordnungen, Orientierungspraktika für eine Ausbildung oder ein Studium, dreimonatigen Pflichtpraktika im Rahmen einer Berufs- oder Hochschulausbildung, Einstiegsqualifizierung oder Berufsausbildungsvorbereitung,

- § 32 Abs. 2 Nr. 2 BeschV bei Berufsausbildung in einem staatlich anerkannten oder vergleichbar geregelten Ausbildungsberuf,
- § 32 Abs. 2 Nr. 3 BeschV bei einer Beschäftigung
  - als hoch qualifizierte Fachkraft mit akademischer Ausbildung nach § 18c Absatz 3 AufenthG,
  - als Fachkraft mit akademischer Ausbildung und einem Jahreseinkommen in Höhe von 50 % der Beitragsbemessungsgrenze zur gesetzlichen Rentenversicherung nach § 18g Abs. 1 Satz 1 AufenthG,
  - in Wissenschaft, Forschung und Entwicklung nach § 5 BeschV,
  - in Freiwilligendiensten, aus karitativen oder vorwiegen religiösen Gründen nach § 14 Abs. 1 f. BeschV,
  - im Rahmen von ausbildungsbedingten Praktika nach § 15 Nr. 2 BeschV,
  - im Rahmen von Tagesdarbietungen nach § 22 Nr. 3 BeschV,
  - im Rahmen von Berufssportler*innen und -trainer*innen nach § 22 Nr. 4 BeschV,
  - im Rahmen von berufsmäßigen eSport-Wettkämpfen nach § 22 Nr. 5 BeschV,
  - als Fotomodelle, Werbetypen, Mannequins oder Dressmen nach § 22 Nr. 6 BeschV
  - sowie im Rahmen von internationalen Sportveranstaltungen nach § 23 BeschV
- § 32 Abs. 2 Nr. 4 BeschV bei einer Beschäftigung von Ehegatten, Lebenspartnern, Verwandten und Verschwägerten ersten Grades eines Arbeitgebers in dessen Betrieb, wenn der Arbeitgeber mit diesen in häuslicher Gemeinschaft lebt oder nach
- § 32 Abs. 2 Nr. 5 BeschV bei jeder Beschäftigung nach einem ununterbrochen vierjährigen erlaubten, geduldeten oder gestatteten Aufenthalt im Bundesgebiet.

Bei Fachkräften mit einer Berufsausbildung und bestimmten Fachkräften mit einer akademischen Ausbildung *verzichtet* die BA – zwar nicht auf die Zustimmung – aber i.d.R. auf die *Vorrangprüfung*. Allerdings belässt § 39 Abs. 2 Satz 2 AufenthG die Möglichkeit, die Vorrangprüfung wieder in der Beschäftigungsverordnung einzuführen.

3.5 Nach Abschluss des Asylverfahrens

3.5.1 Aufenthaltstitel

Das Asylverfahren wird mit einem *Bescheid* abgeschlossen, der entweder eine *Aufenthaltserlaubnis* als anerkannte*r Asylberechtigte*r, anerkannter Flüchtling oder subsidiär Schutzberechtigte*r oder aufgrund eines nationalen Abschiebungsverbotes gewährt (→ Abbildung 3, Kap. 2.2) oder die Asylantragstellerinnen und -antragsteller zur Ausreise verpflichtet (→ Abbildung 3, Kap. 2.2). Ist die Ausreisepflicht vollziehbar, wurde eine Ausreisefrist nicht gewährt oder ist diese abgelaufen und ist die freiwillige Erfüllung der Ausreisepflicht nicht gesichert bzw. ist aus Gründen der öffentlichen Sicherheit und Ordnung die Überwachung der

Ausreise notwendig, werden die betroffenen Ausländer*innen *abgeschoben* (§ 58 Abs. 1 AufenthG). Die Behörden können allerdings aus verschiedenen, in § 60a AufenthG aufgeführten Gründen die Abschiebung vorübergehend aussetzen. Die Betroffenen erhalten dann eine *Duldung*.

> **Chancen-Aufenthaltsrecht**
>
> Geduldete Ausländer*innen erhalten eine Aufenthaltserlaubnis nach § 104c AufenthG, wenn sie sich am 31.10.2022 seit fünf Jahren ununterbrochen geduldet, gestattet oder mit einer Aufenthaltserlaubnis im Bundesgebiet aufgehalten haben, nicht straffällig geworden sind und sich zur freiheitlich demokratischen Grundordnung bekennen. Sie kann für 18 Monate erteilt werden und gilt als Aufenthaltstitel im Sinne des Kapitel 2 Abschnitt 5 AufenthG.

Zusammengefasst ergeben sich folgende – nicht abschließende – Möglichkeiten für das *Ende eines Asylverfahrens*, wenn das Asylgesuch nicht rechtskräftig abgelehnt wurde und die Betroffenen unaufschiebbar zur Ausreise verpflichtet sind:[174]

	Rechtsgrund	Aufenthaltstitel	Rechtsgrundlage
Asylberechtigte zuständig: BAMF	Art. 16a GG	Aufenthaltserlaubnis für längstens drei Jahre	§§ 25 Abs. 1, 26 Abs. 1 AufenthG
anerkannte Flüchtlinge zuständig: BAMF	§ 60 Abs. 1 AufenthG, §§ 3-3e AsylG	Aufenthaltserlaubnis für längstens drei Jahre	§§ 25 Abs. 2, 26 Abs. 1 AufenthG
subsidiär Schutzberechtigte zuständig: BAMF	§ 60 Abs. 2 AufenthG, § 4 AsylG	Aufenthaltserlaubnis für ein Jahr, bei Verlängerung für weitere zwei Jahre	§§ 25 Abs. 2, 26 Abs. 1 AufenthG
Abschiebungsschutz (zielstaatsbezogen) zuständig: BAMF bei Asylantrag, sonst Ausländerbehörde mit Beteiligung des BAMF (§ 72 AufenthG)	§ 60 Abs. 5, Abs. 7 AufenthG	Aufenthaltserlaubnis für ein Jahr	§§ 25 Abs. 3, 26 Abs. 1 AufenthG

---

174 Tabelle im Wesentlichen aus Heinhold, Recht für Flüchtlinge, S. 190 ff. Dort sind noch weitere Arten des Abschiebungsschutzes aufgeführt.

	Rechtsgrund	Aufenthaltstitel	Rechtsgrundlage
sonstiges Abschiebungsverbot zuständig: Ausländerbehörde	Unmöglichkeit aus rechtlichen Gründen (z.B. Grundrechte wie Art. 6 GG, Art. 8 EMRK, Unverhältnismäßigkeit) oder aus tatsächlichen Gründen (z.B. Annahmeverweigerung des Herkunftslandes)	Aufenthaltserlaubnis, maximal sechs Monate, Verlängerung bis 18 Monate	§§ 25 Abs. 5, 26 Abs. 1 Satz 1 AufenthG
„de-facto-Flüchtlinge" zuständig: Ausländerbehörde	Abschiebung derzeit nicht möglich	Duldung (auch u.U. Aufenthaltserlaubnis, maximal sechs Monate, Verlängerung bis 18 Monate)	§ 60a AufenthG (u.U. § 25 Abs. 4 oder Abs. 5 AufenthG)
vorübergehender Aufenthalt zuständig: Ausländerbehörde	§ 25 Abs. 4 AufenthG	Aufenthaltserlaubnis, maximal sechs Monate, Verlängerung bis 18 Monate	§§ 25 Abs. 4, 26 Abs. 1 S. 1 AufenthG
vorübergehender Schutz zuständig: Ausländerbehörde	§ 24 AufenthG	Aufenthaltserlaubnis	Art. 4 und 6 Richtlinie 2001/55/EG[175] (derzeit Flüchtlinge aus der Ukraine, → Kap. 4)
Aufenthaltsgewährung durch Landesbehörden oder BMI zuständig für Erteilung: Ausländerbehörde	§ 23 AufenthG	Aufenthaltserlaubnis	§ 23 AufenthG

---

[175] Richtlinie 2001/55/EG des Rates vom 20.7.2001 über Mindestnormen für die Gewährung vorübergehenden Schutzes im Falle eines Massenzustroms von Vertriebenen und Maßnahmen zur Förderung einer ausgewogenen Verteilung der Belastungen, die mit der Aufnahme dieser Personen und den Folgen dieser Aufnahme verbunden sind, auf die Mitgliedstaaten, ABl. L 212/12 vom 7.8.2001.

Eine *(befristete) Aufenthaltserlaubnis* kann darüber hinaus

- für Opfer einer Straftat (§ 25 Abs. 4a AufenthG) und
- für Opfer einer Straftat nach Schwarzarbeitsgesetz (§ 25 Abs. 4b AufenthG) sowie
- für gut integrierte Jugendliche und Eltern (§ 25a AufenthG)

durch die *Ausländerbehörden* erteilt werden.

Anerkannte Asylberechtigte und anerkannte Flüchtlinge haben das Recht auf den *Nachzug ihrer Familien*. Das Recht umfasst den Nachzug der Ehegatt*innen (§ 30 Abs. 1 Nr. 3 Buchstabe c) AufenthG) und der minderjährigen ledigen Kinder (§ 32 Abs. 1 Nr. 2, Abs. 2 Satz 2 Nr. 1 AufenthG). Ein entsprechender *Antrag* auf Erteilung eines Aufenthaltstitels muss *innerhalb von drei Monaten* nach rechtskräftiger Anerkennung als Flüchtling bzw. Asylberechtigte*r gestellt werden. Dem Antrag wird dann stattgegeben, ohne dass die sonstigen Voraussetzungen für einen Familiennachzug wie ausreichende Sicherstellung des Lebensunterhalts oder ausreichender Wohnraum vorliegen müssen, wenn die Herstellung der familiären Lebensgemeinschaft im Herkunftsstaat nicht möglich ist. *Eltern* eines unbegleitet eingereisten minderjährigen Flüchtlings, der einen Schutzstatus erhalten hat, haben gleichfalls das Recht auf Nachzug, sofern er zum Zeitpunkt der Visumserteilung an die Eltern noch minderjährig ist (§ 36 Abs. 1 AufenthG). Dies gilt unabhängig von der Sicherstellung des Lebensunterhalts und dem Vorhandensein ausreichenden Wohnraums. Der Familiennachzug zu subsidiär Schutzberechtigten ist seit dem 1.8.2018 in § 36a AufenthG und für die Übergangsfälle in § 104 Abs. 13 AufenthG geregelt. Hier gilt eine Obergrenze von 1.000 Visa im Monat.

Im Folgenden sollen die *wesentlichen Sozialleistungsansprüche* für diejenigen Personengruppen dargestellt werden, die ein Asylverfahren durchlaufen haben und

- die eine *Aufenthaltserlaubnis* aufgrund einer Anerkennung als Asylberechtigte, als Flüchtling oder als subsidiär Schutzberechtigte erhalten haben oder diese aufgrund eines nationalen Abschiebungsverbotes gewährt wurde bzw.
- die eine *Aufenthaltserlaubnis*
    - aus völkerrechtlichen oder humanitären Gründen nach § 23 Abs. 1 oder
    - aus vorübergehenden Schutz nach § 24 AufenthG haben bzw.
    - die nicht vollziehbar ausreisepflichtig sind und denen eine Aufenthaltserlaubnis für einen vorübergehenden Aufenthalt nach § 25 Abs. 4 AufenthG aus dringenden humanitären oder persönlichen Gründen erteilt wurde oder weil erhebliche öffentliche Interessen ihre Anwesenheit im Bundesgebiet erfordern bzw.
    - die zwar vollziehbar ausreisepflichtig sind, denen aber eine Aufenthaltserlaubnis nach § 25 Abs. 5 AufenthG erteilt wurde, weil ihre Ausreise aus rechtlichen oder tatsächlichen Gründen unmöglich ist und das Ausreisehindernis auch nicht in absehbarer Zeit wegfallen wird bzw.
- die eine *Duldung* nach § 60a AufenthG erhalten haben.

Ein Aufenthaltstitel muss durch die Ausländer*innen beantragt werden, sofern nichts anderes bestimmt ist. Da die Entscheidung über den Antrag unter Umständen einige Zeit dauert, dokumentiert eine sog. *Fiktionsbescheinigung* den zwischenzeitlichen Status. Die Ausländerbehörde ist nach § 81 Abs. 5 AufenthG verpflichtet, eine solche Fiktionsbescheinigung auszustellen. Von den verschiedenen Formen der Fiktionsbescheinigungen sind für hier vorliegende Fälle besonders die *Duldungsfiktion* (§ 81 Abs. 3 Satz 2 AufenthG) sowie die *Fortgeltungsfiktion* (§ 81 Abs. 4 AufenthG) von Bedeutung.

Die *Duldungsfiktion* greift dann ein, wenn ein Antrag auf erstmalige Erteilung eines Aufenthaltstitels verspätet gestellt wird und damit der Aufenthalt im Zeitpunkt der Antragstellung nicht mehr rechtmäßig war. Ab Antragstellung bis zur Entscheidung über den Antrag gilt dann die Abschiebung der Betroffenen als ausgesetzt. Mit einer Duldungsfiktion gelten die sozialrechtlichen Regelungen, die auch beim Besitz einer Duldung selbst gelten (→ Kap. 3.5.4).

Die *Fortgeltungsfiktion* greift ein, wenn bereits ein Aufenthaltstitel bestanden hat und dessen Verlängerung oder die Erteilung eines anderen Aufenthaltstitels vor Ablauf der Geltungsdauer beantragt wird – bis zur Entscheidung der Ausländerbehörde gilt der bisherige Aufenthaltstitel als fortbestehend. Wird die Verlängerung verspätet beantragt, kann die Ausländerbehörde eine Fortgeltungsfiktion anordnen. Hier gelten die sozialrechtlichen Regelungen weiter, die mit diesem Aufenthaltstitel verbunden waren.

3.5.2 Aufenthaltserlaubnis nach § 25 Abs. 1, 2 oder 3 AufenthG

a) Sicherung des Lebensunterhalts

Anerkannte Asylberechtigte und Flüchtlinge mit einer Aufenthaltserlaubnis nach § 25 Abs. 1 bis 3 AufenthG haben Anspruch auf *Sozialleistungen in gleichem Umfang* wie deutsche Staatsbürger*innen. Das ergibt sich auch aus der Genfer Flüchtlingskonvention; Art. 23 und 24 verpflichtet die vertragsschließenden Staaten, dieser Personengruppe sowohl bezüglich der öffentlichen Fürsorge und der sonstigen Hilfen als auch grundsätzlich im Arbeitsrecht und in Angelegenheiten der sozialen Sicherheit dieselbe Behandlung zu gewähren wie den Staatsangehörigen des Staates, in dem die Anerkennung als Flüchtling erfolgt ist. Als Leistungen zur Sicherung des Lebensunterhalts stehen ihnen und ihren Familien deshalb *Leistungen nach dem SGB II oder dem SGB XII* zu, sofern sie nicht in der Lage sind, den Lebensunterhalt für sich und ihre Familien durch eigenes Einkommen und Vermögen zu decken.

Die Leistungsberechtigung nach dem AsylbLG endet bei anerkannten Asylberechtigten mit Ablauf des Monats, in dem die Leistungsvoraussetzung entfällt (§ 1 Abs. 3 Satz 1 AsylbLG). Die frühere Regelung des § 1 Abs. 3 Satz 1 Nr. 2 AsylbLG, die einen früheren Rechtskreiswechsel im Fall einer noch nicht unanfechtbaren gerichtlichen Entscheidung vorsah, wurde aufgehoben, um Schwierigkeiten bei der Rückabwicklung zu vermeiden, wenn die gerichtliche Entscheidung in einer höheren Instanz aufgehoben wird.[176]

> **Anerkennung als Flüchtling und Antrag auf Leistungen nach dem SGB II**
>
> Haben Flüchtlinge eine Anerkennung vom BAMF als Asylberechtigte, Flüchtlinge oder subsidiär Schutzberechtigte erhalten, sollten sie zeitnah eine Bescheinigung bei der Ausländerbehörde über ihr Aufenthaltsrecht besorgen bzw. einen elektronischen Aufenthaltstitel holen. Auch vor Erteilung der Aufenthaltserlaubnis ist der Aufenthalt bereits erlaubt (§ 25 Abs. 1 Satz 3, Abs. 2 Satz 2 AufenthG – Erlaubnisfiktion). Beim zuständigen Leistungsträger sollte eine Bescheinigung über die Einstellung der Leistungen nach dem AsylbLG besorgt werden. Mit beiden Bescheinigungen kann dann der Antrag beim Jobcenter gestellt, ggf. kann ein Vorschuss nach § 42 SGB I beantragt werden.

Leistungen nach dem SGB II sind *nicht* durch § 7 Abs. 1 Satz 2 Nr. 1 SGB II in den ersten drei Monaten des Aufenthalts *ausgeschlossen* für Ausländer*innen mit einem Aufenthaltstitel nach den §§ 22 bis 25b AufenthG (§ 7 Abs. 1 Satz 3 SGB II); wird ein entsprechender Aufenthaltstitel zeitnah nach Einreise erteilt, besteht auch vor Ablauf des dreimonatigen (Erst-)Aufenthalts in Deutschland Anspruch auf Leistungen nach dem SGB II. Das gilt auch für die Familienangehörigen von Ausländer*innen mit diesen Aufenthaltstiteln, da sie ein abgeleitetes Aufenthaltsrecht besitzen.

Ob sie Leistungen nach dem SGB II oder dem SGB XII beziehen, richtet sich vor allem nach ihrer *Erwerbsfähigkeit*. Sind Ausländer*innen erwerbsfähig oder leben sie mit erwerbsfähigen Personen in einer Bedarfsgemeinschaft, erhalten sie Leistungen nach dem SGB II. Sind sie nicht erwerbsfähig und leben nicht in einer Bedarfsgemeinschaft mit erwerbsfähigen Personen, dann erhalten sie Leistungen nach dem SGB XII. Zusammengefasst lässt sich das folgendermaßen darstellen:

---

[176] BT-Drucks. 19/10052, S. 18.

Abbildung 18

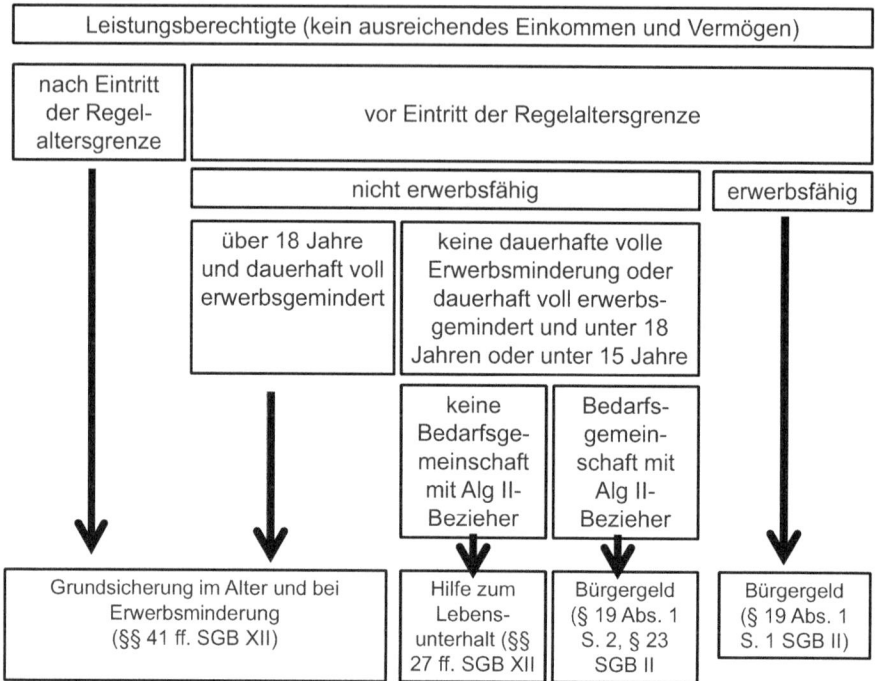

Jemand ist voll erwerbsgemindert und damit nicht erwerbsfähig, wenn er wegen Krankheit oder Behinderung auf nicht absehbare Zeit außerstande ist, unter den üblichen Bedingungen des allgemeinen Arbeitsmarktes mindestens drei Stunden täglich erwerbstätig zu sein (vgl. § 43 Abs. 2 Satz 2 SGB VI). Die *Feststellung über die Erwerbsfähigkeit* wird – sofern dies zweifelhaft ist – von den jeweiligen Leistungsträgern geprüft, in der Regel dort, wo der Antrag auf eine Leistung gestellt wird. Wurde der Antrag auf Leistungen der Grundsicherung für Arbeit gestellt, prüfen die Jobcenter nach § 44a SGB II, ob Erwerbsfähigkeit vorliegt; wurde ein Antrag auf Grundsicherung bei Erwerbsminderung gestellt, prüfen die Sozialhilfeträger die Erwerbsfähigkeit nach § 45 SGB XII. Bei Zweifeln an der Erwerbsfähigkeit begutachtet die gesetzliche Rentenversicherung die medizinischen Voraussetzungen.

Erwerbsfähigkeit und Beschäftigungserlaubnis

Ausländer*innen erfüllen die Anforderungen an eine Erwerbsfähigkeit im Sinne des SGB II nicht, wenn ihnen die Aufnahme einer Beschäftigung nicht erlaubt ist und auch nicht erlaubt werden kann (§ 8 Abs. 2 SGB II). Als erlaubt gilt eine Beschäftigung aber auch, wenn sie dem Vorbehalt der Zustimmung der Bundesagentur für Arbeit nach § 39 AufenthG unterliegt. Die Regelung des § 8 Abs. 2 SGB II erfasst daher i.d.R. Personen, die verpflichtet sind, in Aufnahmeeinrichtungen zu wohnen. Hat die Ausländerbehörde die Aufenthaltserlaubnis mit der Nebenbestimmung „Erwerbstätigkeit nicht gestattet" oder „Beschäftigung nicht

> gestattet" versehen, weil noch keine konkrete Beschäftigung erfolgt, muss gegen diese Nebenbestimmung vorgegangen werden. Eine Beschäftigung ist i.d.R. unter Beachtung des Vorrangprinzips mit Zustimmung der Arbeitsverwaltung zumindest theoretisch möglich, so dass die Betroffenen erwerbsfähig und damit leistungsberechtigt nach dem SGB II sind.

Die *Leistungen zur Sicherung des Lebensunterhalts nach dem SGB XII* wurden bei den Analogleistungen (→ Kap. 3.4.2) bereits dargestellt. Unterliegen anerkannte Asylberechtigte, Flüchtlinge, subsidiär Schutzberechtigte sowie Ausländer*innen mit einer Aufenthaltserlaubnis nach § 25 Abs. 3 AufenthG einer *Wohnsitzauflage* nach § 12a AufenthG und halten sie sich entgegen dieser Auflage in einer anderen Gegend Deutschlands auf, darf der für den tatsächlichen (rechtswidrig gewählten) Aufenthaltsort örtlich zuständige Träger nur die nach den Umständen des Einzelfalls gebotenen Leistungen erbringen. Unabweisbar geboten ist i.d.R. nur eine Reisebeihilfe zur Deckung des Bedarfs für die Reise zu dem Wohnort, an dem die Ausländer*innen ihren Wohnsitz zu nehmen hatten (§ 23 Abs. 5 SGB XII).

Leistungen nach dem SGB II sind (§ 19a SGB I):

- Leistungen zur Eingliederung in Arbeit (§§ 16 ff. SGB II) – sog. „aktive Leistungen" und
- Leistungen zur Sicherung des Lebensunterhalts (§§ 19 ff. SGB II) – sog. „passive Leistungen".

Leistungen zur Sicherung des Lebensunterhalts sollen nur erbracht werden, wenn die Hilfebedürftigkeit nicht anders beseitigt werden kann; vorrangig soll Unterstützung zur Eingliederung in den Arbeitsmarkt geleistet werden. Die Leistungen werden als *Geld-, Sach- und Dienstleistungen* erbracht; Leistungen zur Sicherung des Lebensunterhalts sind in der Regel Geldleistungen.

Anspruch auf Bürgergeld nach dem SGB II haben erwerbsfähige Leistungsberechtigte (§ 19 Abs. 1 Satz 1 SGB II). Nach § 7 Abs. 1 Satz 1 SGB II sind *erwerbsfähige Leistungsberechtigte* Personen, die

- das 15. Lebensjahr vollendet und die Regelaltersgrenze noch nicht erreicht haben,
- erwerbsfähig sind,
- hilfebedürftig sind und
- ihren gewöhnlichen Aufenthalt in Deutschland haben.

Die *Regelaltersgrenze* wird in § 7a SGB II je nach Geburtsjahrgang festgelegt und ab dem Geburtsjahr 1947 schrittweise auf 67 Jahre angehoben. Sie entspricht derjenigen, die auch für die Altersrente nach dem SGB VI gilt (vgl. § 35 Satz 2 i.V.m. § 235 SGB VI). Ab dem Geburtsjahrgang 1964 ist die Altersgrenze erst mit 67 Jahren erreicht.

Hilfebedürftigkeit liegt nach § 9 Abs. 1 SGB II vor, wenn jemand seinen Lebensunterhalt (oder den seiner Bedarfsgemeinschaft) nicht oder nicht ausreichend aus dem zu berücksichtigenden Einkommen und Vermögen sichern kann und auch von anderen – z.B. Angehörigen oder Sozialleistungsträgern – nicht die erforderliche Hilfe erhält. Die Hilfebedürftigkeit entfällt auch nicht, wenn eine schriftliche *Verpflichtungserklärung* nach § 68 Abs. 1 AufenthG für Leistungsberechtigte vorliegt (→ Kap. 3.4.1 Buchst. f). Die Verpflichtungserklärung begründet keinen Anspruch der Leistungsberechtigten gegen die Verpflichteten, sondern lediglich einen Erstattungsanspruch des Leistungsträgers gegen den durch die Erklärung Verpflichteten.[177]

Mit einer Aufenthaltserlaubnis nach § 25 Abs. 1 bis 3 AufenthG haben Ausländer*innen ihren gewöhnlichen Aufenthalt in Deutschland. Diese Ausländer*innen fallen nicht unter die Leistungsausschlussklausel des § 7 Abs. 1 Satz 2 SGB II.

Leben Ausländer*innen mit nicht erwerbsfähigen und nicht dauerhaft voll erwerbsgeminderten Personen über 18 Jahren in einer *Bedarfsgemeinschaft*, haben diese Anspruch auf *Bürgergeld* (früher Sozialgeld) (§ 19 Abs. 1 Satz 2 SGB II).

Bedarfsgemeinschaft nach dem SGB II (§ 7 Abs. 3, Abs. 3a SGB II)

Eine Bedarfsgemeinschaft ist eine selbstbehaltslose Unterhaltsgemeinschaft zwischen erwerbsfähigen Leistungsberechtigten und deren ehelichen oder eheähnlichen Partner*innen sowie hilfebedürftigen unter 25-jährigen, nicht verheirateten und hilfebedürftigen leiblichen Kindern sowie Stief- oder Partner*innenkindern in einem Haushalt.

Zu einer Bedarfsgemeinschaft gehören:

- die erwerbsfähige leistungsberechtigte Person,
- die im Haushalt lebenden Eltern oder der im Haushalt lebende Elternteil eines unverheirateten, erwerbsfähigen Kindes unter 25 und die*der im Haushalt lebende Partner*in des Elternteils – in dieser Konstellation sind die Eltern i.d.R. nicht erwerbsfähig und das über 15 Jahre alte Kind konstituiert die Bedarfsgemeinschaft; die Vorschrift gilt auch in sog. überlappenden Bedarfsgemeinschaften, in denen ein unter 25-jähriges Kind mit einem eigenen Kind bei seinen Eltern oder einem Elternteil lebt,
- die*der nicht dauernd getrennt lebende Ehegattin*Ehegatte der*des erwerbsfähigen Leistungsberechtigten,
- die*der nicht dauernd getrennt lebende Lebenspartner*in (gemeint sind hier nur eingetragene Lebenspartnerschaften nach dem Lebenspartnerschaft, d.h. gleichgeschlechtliche Lebenspartnerschaften),
- die*der mit der*dem erwerbsfähigen Leistungsberechtigten in einer sog. Einstands- und Verantwortungsgemeinschaft zusammenlebende Partner*in, d.h. Menschen, die in ehe- oder partnerschaftsähnlichen Lebensgemeinschaften leben sowie
- die zum Haushalt gehörenden leiblichen unverheirateten unter 25-Jährigen, hilfebedürftigen Kinder.

---

177 Deutscher Verein, Handreichung, S. 107.

In einer Bedarfsgemeinschaft stehen die Eltern bzw. die Elternteile und die mit diesen zusammenlebenden Partner*innen mit ihrem Einkommen und Vermögen vollständig für die leiblichen unverheirateten unter 25-jährigen Kinder ein. Die Regelung ist insofern strenger als die *Unterhaltspflicht* im bürgerlichen Recht, weil sie zum einen auch diejenigen Partner*innen zum Unterhalt verpflichtet, die nicht Eltern des Kindes sind („Stiefkinder") und zum anderen auch keinen Selbstbehalt zulässt, so dass Einkommen und Vermögen immer ganz eingesetzt werden müssen. Auch die Ehegatt*innen, Lebenspartner*innen oder Partner*innen einer ehe- oder partnerschaftsähnlichen Gemeinschaft stehen für den jeweils anderen immer vollständig mit ihrem Einkommen und Vermögen ein. Lediglich für die Kinder gilt etwas Anderes: sie müssen mit ihrem Einkommen und Vermögen nur ihren eigenen Bedarf decken, haben sie darüber hinaus mehr Geld zur Verfügung, müssen sie damit nicht für ihre Eltern oder Elternteile und deren Partner*innen einstehen. Sie gehören insoweit nicht mehr zur Bedarfsgemeinschaft.

> **Bedarfsgemeinschaft und mehrere Ehefrauen**
>
> In einer Bedarfsgemeinschaft kann nur eine Person als Partner*in der*des erwerbsfähigen Leistungsberechtigten berücksichtigt werden. Das islamische Recht sieht die Möglichkeit von Vielehen vor (bis zu vier Frauen), die in Deutschland nur religiös (vor einem Imam) abgeschlossen werden können. Die „Zweit- oder Drittfrau" bildet im SGB II regelmäßig keine Bedarfsgemeinschaft mit dem „Ehegatten". Einer Berücksichtigung als Bedarfsgemeinschaft i.S.d. SGB II steht entgegen, dass nach dem Wortlaut nur eine Ehegattin mit einem erwerbsfähigen Leistungsberechtigten eine solche Bedarfsgemeinschaft bilden kann. Auch eine Berücksichtigung als „eheähnlich" scheidet aus, da eine Partnerschaft in einer eheähnlichen Lebensgemeinschaft keine weitere Lebensgemeinschaft gleicher Art zulässt.[178]
> Erfüllen die „weiteren Ehefrauen" die Voraussetzungen des § 7 Abs. 1 Satz 1 SGB II bilden sie eine eigene Bedarfsgemeinschaft.

Leben mehrere Menschen in einer Bedarfsgemeinschaft, gilt nach § 38 SGB II die Vermutung, dass derjenige, der den Antrag auf Leistungen stellt, alle anderen Mitglieder seiner Bedarfsgemeinschaft vertritt und faktisch einen Antrag für alle stellt. Es ist also nicht erforderlich, dass alle Mitglieder in einer Bedarfsgemeinschaft einen eigenen Antrag stellen, es sei denn, es gibt Gründe (z.B. familiäre Zerwürfnisse), die ein anderes Vorgehen erfordern. Dann muss die *Vertretungsvermutung* widerlegt werden.

Im SGB II sind *Leistungen zur Beratung und Eingliederung in Arbeit* vorrangig (Grundsatz des Förderns – § 14 SGB II). Die Leistungsberechtigen sollen in die Lage versetzt werden, ihren Lebensunterhalt und den ihrer Bedarfsgemeinschaft möglichst selbst zu verdienen und nur, wenn das nicht möglich ist, sollen Leistungen zur Existenzsicherung erbracht werden. Das SGB II kennt daher eine Vielzahl von Leistungen zur Eingliederung in Arbeit, die zum großen Teil auch auf die Arbeitsförderungsmaßnahmen des SGB III verweisen. Dabei handelt es sich aller-

---

[178] S. Fachliche Weisungen der BA zum SGB II § 7 Rn. 7.75 unter Verweis auf die Rechtsprechung zu eheähnlichen Gemeinschaften BVerfG 17.11.1992 – 1 BvL 8/87; BSG 23.8.2012 – B 4 AS 34/12 R.

dings in der Mehrzahl der Leistungen um *Ermessensleistungen*, d.h. die Jobcenter entscheiden über die Bewilligung der Leistungen nach pflichtgemäßem Ermessen.

Leistungen zur Eingliederung in Arbeit sind:

- Eingliederungsleistungen, die aus dem SGB III ins SGB II überführt wurden (§ 16 SGB II)
- Eingliederungsleistungen, die speziell im SGB II geregelt sind und in den Aufgabenbereich der Arbeitsagenturen fallen (§§ 16b-16j SGB II) sowie
- Eingliederungsleistungen, die in den Aufgabenbereich der kommunalen Träger fallen (§ 16a SGB II).

In Betracht kommen vor allem Leistungen zur *Arbeitsmarktintegration* durch z.B.

- die Übersetzung von Diplomen, Arbeitszeugnissen und Schulabschlüssen sowie die Kosten des Verfahrens auf Anerkennung von Berufsabschlüssen nach § 16 Abs. 1 Satz 2 Nr. 2 SGB II i.V.m. § 44 SGB III,
- die Übernahme von Bewerbungskosten nach § 16 Abs. 1 Satz 2 Nr. 2 SGB II i.V.m. § 44 SGB III,
- die Förderung des Erwerb berufsbezogener Deutschkenntnisse als Maßnahme zur Aktivierung und beruflichen Eingliederung für einen Zeitraum von bis zu acht Wochen (§ 16 Abs. 1 Satz 2 Nr. 2 SGB II i.V.m. § 45 Abs. 2 Satz 3 SGB III)
- die Förderung der Vermittlung berufsbezogener Deutschkenntnisse als Förderung der beruflichen Weiterbildung (§ 16 Abs. 1 Satz 2 Nr. 4 SGB II i.V.m. §§ 81 ff. SGB III),
- die Übernahme von Kosten für eine Einstiegsqualifizierung, wenn kein anerkannter Schul- oder Berufsabschluss vorhanden ist oder keine ausreichenden Deutschkenntnisse bestehen (§ 16 Abs. 1 Satz 2 Nr. 3 SGB II i.V.m. § 54a SGB III) oder
- die Maßnahmen der assistierten Ausbildung (§ 16 Abs. 1 Satz 2 Nr. 3 SGB II i.V.m. § 74 SGB III).

Auch eine berufsbezogene Deutschförderung nach § 45a AufenthG ist möglich. Diese wird durch das BAMF angeboten und schließt an einen Integrationskurs an.

Zur Eingliederung in Arbeit sollen die Jobcenter mit den erwerbsfähigen Leistungsberechtigten eine *Potentialanalyse* durchführen und einen *Kooperationsplan* erarbeiten (§ 15 SGB II). Dabei handelt es sich um eine rechtlich unverbindliche Niederschrift, der einerseits die Leistungen zur Eingliederung für die erwerbsfähigen Leistungsberechtigten enthält und andererseits festlegt, welche Bemühungen diese selbst zu unternehmen haben. Der Kooperationsplan kann auch eine Teilnahme an einem Integrationskurs nach § 43 AufenthG oder an einer Maßnahme der berufsbezogenen Deutschsprachförderung nach § 45a AufenthG vorsehen.

Wesentliche Leistungen zur Sicherung des Lebensunterhalts nach dem SGB II lassen sich im Überblick folgendermaßen darstellen:

Abbildung 19

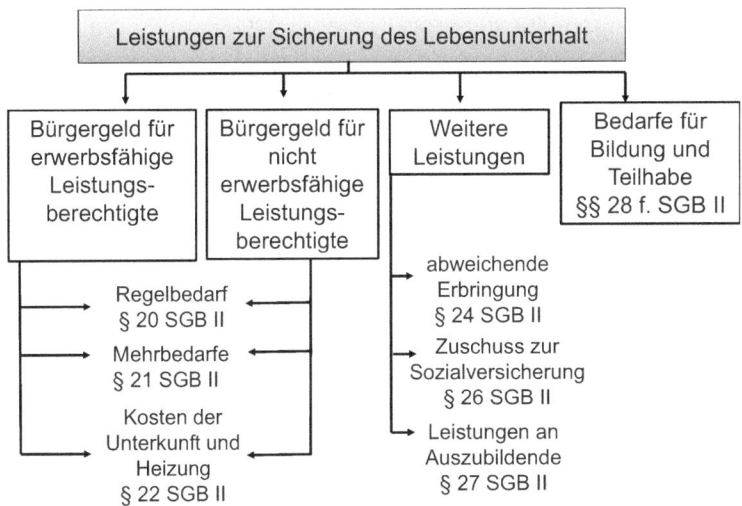

Die *Regelbedarfe* entsprechen denen des SGB XII. § 20 Abs. 1a SGB II verweist auf die §§ 28, 28a und § 40 SGB XII und dort vorgesehene jährliche Anpassung der Regelbedarfe (→ Kap. 3.4.2 Buchst. a). Einen Unterschied gibt es allerdings bei der Regelbedarfsstufe 3 – anders als im SGB XII erhalten diesen Regelbedarf auch volljährige Angehörige der elterlichen Bedarfsgemeinschaft bis sie 25 Jahre alt werden. Die Regelbedarfsstufe 3 erhalten auch Volljährige unter 25 Jahren, wenn sie ohne vorherige Zusicherung des Jobcenters umziehen. Im § 20 SGB II sind direkt nur die Regelbedarfe ab Vollendung des 15. Lebensjahres festgelegt; diejenigen, die unter 15 sind, erhalten im Rahmen des *Bürgergeldes für nicht erwerbsfähige Leistungsberechtigte* die Regelbedarfe nach § 23 Nr. 1 SGB II.

Regelbedarfsstufe	Leistungsberechtigte	Betrag (2024)
1	Personen, die alleinstehend oder alleinerziehend sind oder deren Partner*in minderjährig ist (§ 20 Abs. 2 Satz 1 ggf. i.V.m. § 23 SGB II)	563 EUR
2	volljährige Partner*innen einer Bedarfsgemeinschaft (§ 20 Abs. 4 ggf. i.V.m. § 23 SGB II)	je 506 EUR
3	sonstige volljährige Angehörige einer Bedarfsgemeinschaft (§ 20 Abs. 2 Satz 2 Nr. 2 ggf. i.V.m. § 23 SGB II)	451 EUR
4	minderjährige Angehörige einer Bedarfsgemeinschaft ab 14 Jahren (§ 20 Abs. 2 Satz 2 Nr. 1 ggf. i.V.m. § 23 Nr. 1 SGB II)	471 EUR

Regelbedarfsstufe	Leistungsberechtigte	Betrag (2024)
5	Kinder und Jugendliche ab 6 Jahren bis unter 14 Jahren (§ 23 Nr. 1 SGB II)	390 EUR
6	Kinder unter 6 Jahren (§ 23 Nr. 1 SGB II)	357 EUR

Bedarfsgemeinschaften zwischen Leistungsberechtigten nach dem SGB II und dem AsylbLG

Leben Partner*innen in einer Bedarfsgemeinschaft (§ 7 Abs. 3 Nr. 3 SGB II) zusammen, von denen eine Person Grundleistungen nach dem AsylbLG bezieht und die andere Person SGB-II-Leistungen, dann besteht eine sog. „gemischte Bedarfsgemeinschaft". In diesen Fällen ist fraglich, welcher Regelbedarf für die SGB-II-Leistungen beziehende Partner*in maßgeblich ist. Solange die Partner*innen aus dem SGB II und dem AsylbLG keine vergleichbaren Regelbedarfe für Partner*innen erhalten, erhält die Person mit SGB-II-Leistungsanspruch nach einem Urteil des BSG aus dem Jahr 2011 nicht den Partnerregelbedarf nach § 20 Abs. 4 SGB II, sondern die Regelbedarfsstufe 1.[179] Demgegenüber ist der Person mit SGB-II-Leistungsanspruch nach einem Folgeurteil des BSG aus dem Jahr 2017 jedenfalls in der Zeit von Januar 2011 bis März 2016, in denen die SGB-II-Regelbedarfe und die Bedarfssätze für die Grundbedarfe nach dem AsylbLG vergleichbar waren, der Partnerregelbedarf nach § 20 Abs. 4 SGB II zu gewähren.[180]

Wohnen Bürgergeld-Berechtigte in Gemeinschaftsunterkünften ohne Selbstversorgung, können Teile des Regelbedarfs – nämlich Ernährung und Haushaltsenergie – als Sachleistung erbracht werden. Der Wert dieser Sachleistung beträgt (§ 68 Abs. 1 Satz 2 SGB II):

Regebedarfsstufe	Regelbedarfshöhe	Wert der Sachleistung für Ernährung und Haushaltsenergie	verbleibende Geldleistung
1	563 EUR	186 EUR	377 EUR
2	506 EUR	167 EUR	339 EUR
3	451 EUR	149 EUR	302 EUR
4	471 EUR	178 EUR	293 EUR
5	390 EUR	131 EUR	259 EUR
6	357 EUR	98 EUR	259 EUR

Auch die *Mehrbedarfe* nach §§ 21, 23 Nr. 2–4 SGB II entsprechen im Wesentlichen denjenigen, die das SGB XII vorsieht (→ Kap. 3.4.2 Buchst. a). Die Leistun-

---

[179] BSG, Urteil vom 6.10.2011 – B 14 AS 171/10 R, Rn. 25.
[180] BSG, Urteil vom Urteil vom 12.10.2017 - B 4 AS 37/16 R, Rn. 27.

gen für *unabweisbare Sonderbedarfe* sind im SGB II anders geregelt. § 21 Abs. 6 Satz 1 SGB II beinhaltet eine Grundlage sowohl für laufende als auch für einmalige unabweisbare Sonderbedarfe. Ein Mehrbedarf ist unabweisbar, wenn er insbesondere nicht durch die Zuwendungen Dritter sowie unter Berücksichtigung von Einsparmöglichkeiten der Leistungsberechtigten gedeckt ist und seiner Höhe nach erheblich von einem durchschnittlichen Bedarf abweicht. Im Fall von einmaligen unabweisbaren Sonderbedarfen ist zusätzliche Voraussetzung, dass ein Darlehen ausnahmsweise nicht zumutbar oder wegen der Art des Bedarfs nicht möglich ist.

> **Beispiele für unabweisbare laufende Bedarfe**
>
> Aus gesundheitlichen Gründen kann sich ein laufender besonderer Bedarf ergeben, z.B. für Pflege- und Hygieneartikel bei Hauterkrankungen, HIV-Infektionen u.Ä. Ebenso können die Kosten für eine Haushaltshilfe übernommen werden, wenn körperlich stark beeinträchtigte Personen Unterstützung benötigen oder die Kosten für nicht erstattungsfähige Medikamente, Mobilitätskosten bei Behinderung usw.
>
> Für die Aufrechterhaltung familiärer Kontakte können die Kosten für die Wahrnehmung des Umgangsrechts zwischen einem Kind und dem getrennt lebenden Elternteil – auch wenn dieser z.B. in Haft ist – als laufender unabweisbarer Bedarf anerkannt werden.
>
> Menschen, die Bekleidung in Über- bzw. Untergrößen benötigen, die erhebliche Mehrkosten verursacht, können einen Mehrbedarf nach dieser Vorschrift erhalten.

Wie im SGB XII dürfen auch die Mehrbedarfe nach dem SGB II auf die Höhe der jeweiligen Regelbedarfsstufe begrenzt (§ 21 Abs. 8 SGB II). Dies gilt nicht für den unabweisbaren Mehrbedarf (§ 21 Abs. 6 SGB II), den Mehrbedarf für Schulbücher oder gleichstehende Arbeitshefte (§ 21 Abs. 6a SGB II) und den Mehrbedarf für die dezentrale Warmwassererzeugung (§ 21 Abs. 7 SGB II).

Die *Kosten der Unterkunft und Heizung* werden in angemessenen Rahmen nach § 22 SGB II übernommen (→ Kap. 3.4.2 Buchst. a).

Weitere wichtige Leistungen nach § 24 SGB II sind u.a.:

- Darlehen bei *unabweisbaren Bedarfen*, die eigentlich vom Regelbedarf umfasst sind (z.B. die Neuanschaffung von Haushaltsgeräten, wenn diese kaputt gegangen sind). Darlehen sind grundsätzlich nur bei einmaligen unabweisbaren Bedarfen zu gewähren, weil sie bei laufenden Bedarfen schnell zu einer Überschuldung führen würden.
- *Erstausstattungen* für Wohnung, Bekleidung und bei Schwangerschaft und Geburt sowie für die Anschaffung und Reparatur von orthopädischen Schuhen, Reparaturen von therapeutischen Geräten und Ausrüstungen sowie die Miete von therapeutischen Geräten.

Auszubildende sind nach § 7 Abs. 5 SGB II dann ausgeschlossen,

- nach Satz 1, wenn ihre Ausbildung im Rahmen des BAföG dem Grunde nach förderungsfähig ist oder
- nach Satz 2, wenn sich ihr Bedarf sich nach § 61 Abs. 2, § 62 Abs. 3, § 123 Abs. 1 Nr. 2 sowie § 124 Nr. 2 SGB III bemisst. Es handelt sich hierbei um Auszubildende, die in einem Wohnheim oder Internat oder sonst bei voller Verpflegung untergebracht sind.

Unter den Voraussetzungen des § 27 SGB II können sie allerdings *Mehrbedarfe* bei Schwangerschaft, für Alleinerziehende, für kostenaufwändige Ernährung und für unabweisbare laufende Bedarfe erhalten. Zudem sind eine Erstausstattung für Bekleidung und bei Schwangerschaft und Geburt möglich. Weiterhin können nach § 27 Abs. 3 SGB II Leistungen für Regelbedarfe, ein Mehrbedarf bei dezentraler Warmwassererzeugung, Bedarfe für Unterkunft und Heizung, für Bildung und Teilhabe sowie Zuschüsse zur Kranken- und Pflegeversicherung als *Darlehen* erbracht werden, wenn der Leistungsausschluss nach § 7 Abs. 5 SGB II eine *besondere Härte* darstellt. Der Ausschluss des § 7 Abs. 5 SGB II mit den Ausnahmen des § 27 SGB II gilt nicht für Auszubildende in den Fällen des § 7 Abs. 6 SGB II. Hier erhalten sie den vollen Leistungsanspruch nach dem SGB II.

Leistungsberechtigte Bürgergeldbezieher*innen haben darüber hinaus nach Maßgabe der §§ 28-30 SGB II Anspruch auf *Leistungen der Bildung und Teilhabe*. Voraussetzungen und Leistungsumfang entsprechen denen des SGB XII (→ Kap. 3.3.2 Buchst. a).

Leistungen nach dem SGB II erhalten nur diejenigen, die *hilfebedürftig* sind, d.h. deren Einkommen und Vermögen nicht ihren Bedarf und den ihrer Bedarfsgemeinschaft deckt. *Einkommen* wird nach den §§ 11 ff. SGB II, *Vermögen* nach § 12 SGB II angerechnet. Nicht jedes Einkommen und nicht jeder Vermögenswert müssen für den Lebensunterhalt eingesetzt werden. Ausnahmen sind in §§ 11a, 11b sowie in § 12 Abs. 1 SGB II aufgeführt.

> **Nachzahlungen aus dem AsylbLG als Einkommen**
>
> Erhalten Ausländer*innen eine Nachzahlung von zuvor rechtswidrig verweigerten Leistungen nach dem AsylbLG, darf diese Nachzahlung nicht als Einkommen berücksichtigt werden. Nach § 11a Abs. 1 Nr. 1 SGB II dürfen zwar lediglich die nach dem SGB II selbst gewährten Leistungen nicht berücksichtigt werden. Allerdings bilden die Leistungen nach dem SGB II, dem SGB XII und dem AsylbLG drei nebeneinander stehende Existenzsicherungssysteme; Sinn und Zweck des § 11a Abs. 1 Nr. 1 SGB II liegen darin, existenzsichernde Leistungen nicht als Einkommen einsetzen zu müssen. Das gilt auch und erst recht für Nachzahlungen, die ggf. erst im Rechtsschutzverfahren erstritten werden müssen. Würden dann Nachzahlungen als Einkommen berücksichtigt, würde das rechtswidrige Verhalten der Leistungsträger praktisch „belohnt" werden, indem sie die Nachzahlung mit laufenden Ansprüchen zulasten der Leistungsberechtigten „aufrechnen" könnten.[181]

---

[181] Vgl. BSG 25.6.2013 – B 14 AS 17/14 R.

Anders als bei Bezug von Asylbewerberleistungen und Leistungen nach dem SGB XII bestehen im SGB II günstigere Anrechnungsregelungen, insbesondere für das *Vermögen*. So haben volljährige Bürgergeld-Bezieher*innen und die in der Bedarfsgemeinschaft lebenden Partnerinnen und Partner z.B. einen nicht anzurechnenden Vermögensfreibetrag von 15.000 EUR pro Person (§ 12 Abs. 2 Satz 1 SGB II). Zudem wird Vermögen innerhalb von einer Karenzzeit von einem Jahr nach dem erstmaligen Bezug von SGB-II-Leistungen nicht berücksichtigt, sofern es nicht erheblich ist. Erhebliches Vermögen liegt vor, wenn es 40.000 EUR für die leistungsberechtigte Person zuzüglich 15.000 EUR für jede weitere in der Bedarfsgemeinschaft lebende Person übersteigt.

Ob ein Wert als Einkommen oder als Vermögen angesehen wird, bestimmt sich nach der *Zuflusstheorie*. Einkommen ist alles, was innerhalb des Bewilligungszeitraums zufließt, Vermögen das, was man bereits vorher hatte. Der Stichtag ist der Erste des Monats, in dem Betroffene einen Antrag gestellt haben. Einkommen werden – unabhängig davon, ob es sich um laufende oder einmalige Einnahmen handelt – nach § 11 Abs. 2 Satz 1 SGB II berücksichtigt. Etwas anderes gilt für Nachzahlungen, die den Anspruch im Zuflussmonat entfallen lassen würde (vgl. § 11 Abs. 3 SGB II).

> **Beispiel:**
> Nach Anerkennung als Flüchtling beantragt ein 23-jähriger Syrer am 16.5. Bürgergeld. Er hat bereits vor Anerkennung in einem arabischen Restaurant als Servicekraft gearbeitet und erhält hierfür seinen Lohn am 10.5. Da der Antrag vom 16.5. auf den 1.5. zurückwirkt, zählt sein Lohn als Einkommen, das angerechnet wird und den Anspruch auf Bürgergeld mindert. Hat er dagegen seinen Lohn bereits am 28.4. erhalten, zählt dieser als Vermögen, das – sofern der Vermögensfreibetrag noch nicht ausgeschöpft ist – nicht angerechnet wird. Erst der Lohn, den er dann Ende Mai erhält, wäre anrechenbares Einkommen.

Um den Grundsatz des Forderns durchzusetzen, gibt es im SGB II allerdings auch Möglichkeiten, mit denen die Jobcenter *Pflichtverletzungen* der Leistungsberechtigten sanktionieren können. Die *Leistungsminderungen (früher Sanktionen)* bestehen in der Absenkung des Bürgergeldes. Die Regelungen hierzu finden sich in den §§ 31 ff. SGB II. Die aufgeführten Pflichtverletzungen ergeben sich abschließend aus §§ 31 und 32 SGB II. Sie betreffen vor allem Pflichtverletzungen, die mit der Eingliederung in den Arbeitsmarkt zu tun haben oder Meldeversäumnisse.

> **Kooperationsplan und Integrationskurse**
> Erwerbsfähige Leistungsberechtigte, die nicht über ausreichende Deutschkenntnisse verfügen und entweder zur Teilnahme an einem Integrationskurs nach § 44 AufenthG berechtigt oder nach § 44a AufenthG verpflichtet sind, sollen vorrangig an einem Integrationskurs im Sinne des § 43 AufenthG teilnehmen (§ 3 Abs. 4 Satz 1 Nr. 1 SGB II). Benötigen sie berufsbezogene Sprachkenntnisse, sollen sie vorrangig an der berufsbezogenen Deutschsprachförderung nach § 45a Abs. 1 AufenthG teilnehmen (§ 3 Abs. 4 Satz 1 Nr. 2 SGB II). Integrationskurse und berufsbezogene Deutschsprachförderung gelten nach § 3 Abs. 4 Satz 3 SGB II in der Regel als erforderlich für eine dauerhafte Eingliederung, so dass

der Vermittlungsvorrang nach § 3 Abs. 4 Satz 2, Abs. 1 Satz 3 SGB II in der Regel nicht gilt. Die Teilnahme an einem Integrationskurs bzw. an einer berufsbezogenen Deutschförderung soll Bestandteil des Kooperationsplans werden (§ 15 Abs. 2 Satz 2 Nr. 3 SGB II).

Die *Folgen einer Pflichtverletzung* sind in den §§ 31a, 31b und 32 SGB II geregelt. § 31 Abs. 1 SGB II normiert eingliederungsbezogene Pflichtverletzungen, die eine *Belehrung* oder Kenntnis der Rechtsfolgen fordern und entfallen, wenn die Leistungsberechtigten einen wichtigen Grund für ihr Verhalten darlegen und beweisen. § 31 Abs. 2 SGB II bestimmt sonstige Pflichtverletzungen, die in der Regel auch ohne Kenntnis und Rechtsfolgenbelehrung sanktionierbar sind und keine Exkulpation durch wichtigen Grund vorsehen. § 32 SGB II regelt *Meldeversäumnisse*. Bei einer Pflichtverletzung nach § 31 SGB II mindert sich das Bürgergeld in einer ersten Stufe um 10 Prozent für einen Monat, bei der ersten Wiederholung um 20 % für zwei Monate und bei jeder weiteren Wiederholung um 30 % des maßgebenden Regelbedarfs für drei Monate. Meldeversäumnisse nach § 32 SGB II führen zu einer Leistungsminderung von 10 % des maßgebenden Regelbedarfs, sofern die Leistungsberechtigten keinen wichtigen Grund für ihr Verhalten darlegen und beweisen können. Die Leistungsminderungen dürfen 30 % des maßgebenden Regelbedarfs nicht übersteigen und sie müssen aufgehoben werden, wenn die Leistungsberechtigten die Pflicht erfüllen oder sich nachträglich ernsthaft und nachhaltig zur künftigen Pflichterfüllung bereiterklären. Die Leistungsberechtigten können verlangen, vor einer Leistungsminderung persönlich angehört zu werden. Ab der ersten Wiederholung soll die *persönliche Anhörung* im Regelfall erfolgen. Würde die Leistungsminderung eine besondere Härte bedeuten, darf sie nicht ausgesprochen werden. Unter 25-Jährige sollen innerhalb von vier Wochen nach der festgestellten Leistungsminderung ein Beratungsangebot zur Überprüfung und Fortschreibung des Kooperationsplans erhalten. Verschärfte Sanktionen für unter 25-Jährige sieht das SGB II nicht mehr vor.

Leistungen nach dem SGB II und Antrag

Leistungen nach dem SGB II müssen beantragt werden, § 37 SGB II. Der Antrag wirkt – unabhängig davon, an welchem Tag er in einem Monat gestellt wurde – auf den Ersten eines Monats zurück (§ 37 Abs. 2 SGB II). Nach § 14 Abs. 2 Satz 4 SGB II richten sich Art und Umfang der Beratung durch die Jobcenter nach dem Beratungsbedarf der leistungsberechtigten Personen. Bei sprachbarrieren ist daher die erforderliche Sprachmittlung durch die Jobcenter zu organisieren.[182]

Die Leistungen nach dem SGB II werden durch die *örtlich zuständigen Leistungsträger* erbracht (§ 36 SGB II). Das sind diejenigen Jobcenter, in deren Bezirk die erwerbsfähigen leistungsberechtigten Personen ihren gewöhnlichen Aufenthalt haben. Kann ein gewöhnlicher Aufenthalt nicht festgestellt werden, ist der Träger örtlich zuständig, in dessen Bereich sich der Leistungsberechtigte tatsächlich aufhält.

---

182 Hökendorf/Berlit in: LPK-SGB II, § 14 SGB II Rn. 19.

Nach § 12a Abs. 1 AufenthG sind Ausländer*innen in bestimmten Fällen verpflichtet, *für den Zeitraum von drei Jahren* ab Anerkennung oder Erteilung der Aufenthaltserlaubnis in dem Land ihren Wohnsitz zu nehmen, in das sie während des Asylverfahrens oder des Aufnahmeverfahrens zugewiesen wurden (*Wohnsitzauflage*). Betroffen sind Ausländer*innen, die als Asylberechtigte, Flüchtlinge oder subsidiär Schutzberechtigte oder erstmalig eine Aufenthaltserlaubnis aus bestimmten völkerrechtlichen, humanitären oder politischen Gründen erhalten haben. Auf diese Weise soll ihre nachhaltige Integration in die Lebensverhältnisse Deutschlands gefördert werden, insbesondere in den Fällen, in denen die Betroffenen auf staatliche Transferleistungen angewiesen sind. Ausländer*innen, deren gewöhnlicher Aufenthalt durch eine Verteilung oder Zuweisungsentscheidung nach dem SGB VIII bestimmt worden war (vgl. § 42c SGB VIII), unterliegen mit Eintritt der Volljährigkeit ebenfalls der Wohnsitzverpflichtung nach § 12a Abs. 1 AufenthG. Dabei werden die bis zur Volljährigkeit verbrachte Aufenthaltszeit auf den Dreijahreszeitraum angerechnet.

Neben der Auflage des § 12a Abs. 1 AufenthG, den Wohnsitz in einem bestimmten Bundesland zu nehmen, können Ausländer*innen nach § 12a Abs. 2–4 AufenthaltG verpflichtet werden, ihren Wohnsitz an einem bestimmten Ort zu nehmen. Dabei werden die folgenden Fälle einer *konkreten Wohnsitzauflage* unterschieden:

- Personen, die in einer Aufnahmeeinrichtung oder in einer anderen vorübergehenden Unterkunft wohnen, können innerhalb von sechs Monaten – längstens bis 12 Monate – nach Anerkennung oder Aufnahme zur Versorgung mit angemessenen Wohnraum zur Wohnsitznahme an einem bestimmten Ort verpflichtet werden, wenn dies der Förderung ihrer nachhaltigen Integration nicht entgegensteht (Abs. 2).
- Personen können innerhalb der ersten sechs Monate nach Anerkennung oder erstmaliger Erteilung der Aufenthaltserlaubnis zur Förderung ihrer nachhaltigen Integration in die Lebensverhältnisse in Deutschland eine Wohnsitzauflage erhalten, wenn dadurch
    - die Versorgung mit angemessenen Wohnraum,
    - der Erwerb hinreichender mündlicher Deutschkenntnisse auf B1-Niveau *und*
    - die Aufnahme einer Erwerbstätigkeit erleichtert werden können (Abs. 3).

Ausländer*innen können nach Abs. 4 auch verpflichtet werden, ihren Wohnsitz in einem bestimmten Ort nicht zu nehmen (sog. *negative Wohnsitzauflage*). Ziel ist dabei, soziale und gesellschaftliche Ausgrenzung zu vermeiden, insbesondere dann, wenn vermutet wird, dass Ausländer*innen an diesem bestimmten Ort Deutsch nicht als wesentliche Verkehrssprache nutzen werden.

> **Widerspruch und Anfechtung gegen eine Wohnsitzauflage**
>
> Ordnet die Ausländerbehörde eine Wohnsitzauflage an, kann man sich mit Widerspruch und Anfechtungsklage dagegen wehren. Allerdings haben diese Rechtsmittel nach § 12a Abs. 8 AufenthG keine aufschiebende Wirkung, d.h. sie verhindern nicht die Pflicht, der Wohnsitzauflage zu folgen. Bestehen dringende Gründe, der Verpflichtung nicht nachkommen zu müssen, ist einstweiliger Rechtsschutz in Form eines Antrags auf Anordnung der aufschiebenden Wirkung (→ Teil 3 Kap. 2.3) beim Verwaltungsgericht möglich.

Eine *Wohnsitzverpflichtung* besteht nach § 12a Abs. 1 Satz 2 AufenthG nicht (bzw. kann wieder aufgehoben werden – § 12a Abs. 5 AufenthG), wenn die verpflichtete Person, ihre Ehegatt*in oder eingetragene Lebenspartner*in oder ihr minderjähriges lediges Kind

- eine sozialversicherungspflichtige Beschäftigung mit einem Umfang von mindestens 15 Stunden wöchentlich aufnimmt oder aufgenommen hat, mit der ein Einkommen in Höhe des monatlichen Durchschnittsbedarfs einer Einzelperson nach §§ 20, 22 SGB II erzielt wird,
- eine Berufsausbildung aufnimmt oder aufgenommen hat,
- in einem Ausbildungs- oder Studienverhältnis steht,
- einen Integrationskurs nach § 43 AufenthG,
- einen Berufssprachkurs nach § 45a AufenthG,
- eine Qualifizierungsmaßnahme von einer Dauer von mindestens drei Monaten mit dem Ziel einer Berufsanerkennung oder
- eine Weiterbildungsmaßnahme nach §§ 81, 82 SGB III aufnimmt, aufgenommen oder abgeschlossen hat, sofern der Kurs oder die Maßnahme nicht an dem verpflichteten Wohnsitz ohne Verzögerung durchgeführt oder fortgesetzt werden kann.

> **Wohnsitzverpflichtung und örtliche Zuständigkeit der Jobcenter**
>
> Die Wohnsitzverpflichtung nach § 12a AufenthG hat Auswirkungen auf die örtliche Zuständigkeit der SGB II-Leistungsträger. Sind Ausländer*innen verpflichtet, ihren Wohnsitz in einem bestimmten Bundesland zu nehmen, so ist das örtliche Jobcenter an ihrem Wohnsitz in dem entsprechenden Bundesland zuständig (§ 36 Abs. 2 Satz 1, Abs. 1 SGB II). Nehmen die Ausländer*innen entgegen der Auflage einen Wohnsitz in einem anderen Bundesland, dann können sie dort keine Zuständigkeit des Jobcenters begründen.[183]
> Erhalten Ausländer*innen eine konkrete Wohnsitzauflage gem. § 12a Abs. 2–4 AufenthG, dann ist das Jobcenter am zugewiesenen Wohnsitz örtlich zuständig und im Fall eines auflagewidrigen Wohnsitzes an einem anderen Ort, wird das dortige Jobcenter nicht zuständig (§ 36 Abs. 2 Satz 1, Abs. 1 SGB II). Für die von dem zuständigen Jobcenter zu gewährenden Leistungen ist die Erreichbarkeit nach § 7b SGB II zu beachten.

---

183 Vgl. zum Streitstand: Luik/Harich/Böttiger SGB II § 36 Rn. 49c.

> Im Falle einer negativen Wohnsitzregelung im Sinne des § 12a Abs. 4 AufenthG kann das dortige Jobcenter wegen § 36 Abs. 2 Satz 2 SGB II nicht zuständig werden.

Anerkannte Flüchtlinge, Asylberechtigte und anerkannt subsidiär Schutzberechtigte erhalten von der Ausländerbehörde eine Aufenthaltserlaubnis, die einen *uneingeschränkten Zugang zum Arbeitsmarkt* ermöglicht. Eine Zustimmung der BA zur Beschäftigung ist nicht notwendig (§ 31 BeschV). Sie können jede Art von Beschäftigung, jede legale Arbeit als Arbeitnehmer*in und jede Berufsausbildung aufnehmen.

b) Krankenversicherung

Ausländer*innen, die Bürgergeld nach dem SGB II beziehen, sind grundsätzlich in der *gesetzlichen Krankenversicherung* (§ 5 Abs. 1 Nr. 2a SGB V) und in der *sozialen Pflegeversicherung* (§ 20 Abs. 1 Satz 1 Nr. 2a SGB XI) *pflichtversichert*.[184] Die Krankenversicherungsbeiträge werden vom Bund getragen und gezahlt (§ 251 Abs. 4, § 252 Abs. 2 SGB V, § 59 Abs. 1, § 60 Abs. 3 SGB XI). Eine Versicherungspflicht besteht auch (§ 5 SGB V), wenn z.B. eine sozialversicherungspflichtige Beschäftigung besteht, Entgeltersatzleistungen wie Alg I bezogen werden oder eine Beschäftigung in einer Werkstatt für Menschen mit Behinderungen erfolgt. Auch Studierende sind gesetzlich krankenversichert.

Haben Menschen keinen anderweitigen Anspruch auf Absicherung im Krankheitsfall und waren bisher nicht oder zuletzt in der gesetzlichen Krankenversicherung versichert und sind auch nicht selbständig erwerbstätig, dann sind sie in der *„Auffangversicherung"* gem. § 5 Abs. 1 Nr. 13 SGB V versicherungspflichtig. Allerdings trifft dieser Versicherungspflichttatbestand nicht für Empfänger*innen von laufenden Leistungen der Hilfe zum Lebensunterhalt, Grundsicherung im Alter und bei Erwerbsminderung und Hilfe zur Pflege nach dem SGB XII, Eingliederungshilfe nach dem SGB IX oder von laufenden Leistungen nach § 2 AsylbLG zu (§ 5 Abs. 8a Satz 2 SGB V). Hier geht der Gesetzgeber davon aus, dass die Versorgung im Krankheitsfall trotz fehlender Mitgliedschaft in der gesetzlichen Krankenversicherung besteht (v.a. Hilfe zur Gesundheit nach den §§ 48 ff. SGB XII). Darüber hinaus werden Ausländer*innen von einer Versicherungspflicht nach § 5 Abs. 13 SGB V nur erfasst, wenn sie eine Niederlassungserlaubnis oder eine Aufenthaltserlaubnis mit einer Befristung von mehr als zwölf Monaten besitzen und sie nicht verpflichtet sind, nach § 5 Abs. 1 Nr. 1 AufenthG ihren Lebensunterhalt selbst zu sichern (§ 5 Abs. 11 Satz 1 SGB V). Eine Alternative hierzu könnte eine *freiwillige (Weiter-)Versicherung* in der GKV unter den Voraussetzungen des § 9 Abs. 1 Nr. 1 SGB V sein; diese ist aber nur möglich, wenn eine Versicherungspflicht von mindestens 24 Monaten in den letzten fünf Jahren vor Ausscheiden aus der gesetzlichen Krankenversicherung oder von mindestens zwölf Monaten unmittelbar vor

---

184 Eine Pflichtversicherung scheidet aus, wenn Bürgergeld-Leistungsempfänger*innen vor Bezug des Bürgergeldes privat krankenversichert oder weder gesetzlich noch privat krankenversichert war und selbständig erwerbstätig oder versicherungsfrei war, § 5 Abs. 5a SGB V.

Ausscheiden bestanden hat. Haben Ausländer*innen allerdings nur Leistungen nach dem SGB XII oder dem AsylbLG erhalten, scheidet diese Möglichkeit aus.

Zu prüfen ist dann immer noch eine *private Krankenversicherung* im PKV-Basistarif nach § 193 Abs. 3 VVG, die allerdings während des Bezugs von laufenden Leistungen nach dem SGB XII, Eingliederungshilfe nach dem SGB IX oder dem AsylbLG nicht möglich ist. Bei einer freiwilligen Versicherung in der gesetzlichen Krankenversicherung bzw. in der sozialen Pflegeversicherung oder bei einer Versicherung bei einem privaten Versicherungsunternehmen besteht die Möglichkeit, einen Zuschuss nach § 26 SGB II bzw. § 32 SGB XII zu diesen Versicherungen zu erhalten.

Kinder, Ehegatten und Lebenspartner von gesetzlich krankenversicherten Menschen sind – sofern die Voraussetzungen des § 10 SGB V, § 25 SGB XI vorliegen – sowohl in der gesetzlichen Krankenversicherung als auch in der sozialen Pflegeversicherung familienversichert. Die *Familienversicherung* gilt für

- Ehegatt*innen, Lebenspartner*innen und die Kinder von gesetzlich Versicherten sowie die Kinder von familienversicherten Kindern, wenn sie
  - ihren Wohnsitz oder gewöhnlichen Aufenthalt in Deutschland haben,
  - nicht anderweitig (z.B. durch ein eigenes Beschäftigungsverhältnis) gesetzlich oder freiwillig versichert sind,
  - nicht versicherungsfrei oder von der Versicherungspflicht befreit sind,
  - nicht hauptberuflich selbständig erwerbstätig sind und
  - kein ausreichendes Einkommen haben. Kein ausreichendes Einkommen besteht, wenn sie höchstens ein Siebtel der monatlichen Bezugsgröße (2024: 505 EUR/West und 495 EUR/Ost); bei geringfügiger Beschäftigung besteht kein ausreichendes Einkommen, wenn die Geringfügigkeitsgrenze (2024: 538 EUR) nicht überschritten wird.

Die Familienversicherung hängt bei Ausländer*innen in Bezug auf den gewöhnlichen Aufenthalt *nicht vom ausländerrechtlichen Status* ab, da es sich hierbei um eine abgeleitete Versicherung handelt. Sie ist von der gesetzlichen Krankenversicherung der Stammversicherten abhängig; Familienangehörige müssen dafür nicht den gleichen Aufenthaltsstatus wie diese haben.[185]

Für *Kinder* verlangt § 10 Abs. 2 SGB V für eine Familienversicherung zusätzlich bestimmte Altersgrenzen; sie sind versichert

- bis zur Vollendung des 18. Lebensjahres,
- bis zur Vollendung des 23. Lebensjahres, wenn sie nicht erwerbstätig sind,
- bis zur Vollendung des 25. Lebensjahres, wenn sie in Ausbildung sind oder ein freiwilliges soziales oder freiwilliges ökologisches Jahr oder einen anderen Freiwilligendienst absolvieren oder

---

[185] Vgl. BSG, Urteil vom 30.4.1997 – 12 RK 30/96.

- ohne Altersgrenze, wenn sie als Menschen mit Behinderungen i.S.d. SGB IX nicht in der Lage sind, sich selbst zu unterhalten und bereits vor der entsprechenden Altersgrenze familienversichert waren.

In der gesetzlichen Krankenversicherung haben versicherte Ausländer*innen grundsätzlich Anspruch auf alle *Leistungen nach dem SGB V*. Ausnahmen gelten für das Krankengeld unter anderem bei einer Versicherung wegen Bezugs von Bürgergeld oder einer Auffangversicherung (§ 44 Abs. 2 Satz 2 Nr. 1 SGB V). Für die Versorgung mit Arznei-, Heil- und Hilfsmitteln gelten die regulären Zuzahlungs- und Befreiungsregelungen. Zu beachten ist, dass als Bruttoeinnahme zur Berechnung der 2- bzw. 1-prozentigen Zuzahlungsbefreiungsgrenze bei Bezieher*innen von Bürgergeld, Grundsicherung im Alter und bei Erwerbsminderung und Hilfe zum Lebensunterhalt die Regelbedarfsstufe 1 ist.

Auf *Leistungen der Pflegeversicherung* besteht erst nach Ablauf der Vorversicherungszeit (zwei Jahre Beitragszahlung innerhalb der letzten zehn Jahre vor Antragstellung – § 33 Abs. 2 SGB XI) Anspruch.

c) Weitere Sozialleistungen

Ausländer*innen mit einer Aufenthaltserlaubnis nach § 25 Abs. 1 und 2 AufenthG haben grundsätzlich Anspruch auf alle Sozialleistungen, die auch deutschen Staatsbürger*innen zustehen. Einschränkungen gibt es teilweise bei einer Aufenthaltserlaubnis wegen Abschiebeverbots nach § 25 Abs. 3 AufenthG. Folgende weitere Sozialleistungen kommen in Betracht:

1. Kindergeld
- Nicht freizügigkeitsberechtigte Ausländer*innen mit einer Aufenthaltserlaubnis nach § 25 Abs. 1 und 2 AufenthG erhalten Kindergeld, da sie zur Ausübung einer Erwerbstätigkeit berechtigt sind (§ 62 Abs. 2 Nr. 2 EStG, § 1 Abs. 3 Nr. 2 BKGG).[186] Handelt es sich um eine Aufenthaltserlaubnis nach § 25 Abs. 3 AufenthG müssen sie zusätzlich
- im Bundesgebiet berechtigt erwerbstätig sein oder Elternzeit nach § 15 Bundeselterngeld- und Elternzeitgesetz oder laufende Geldleistungen nach dem SGB III in Anspruch nehmen (§ 62 Abs. 2 Nr. 3 EStG, § 1 Abs. 3 Nr. 3 BKGG) oder
- sich seit mindestens 15 Monaten erlaubt, gestattet oder geduldet im Bundesgebiet aufhalten (§ 62 Abs. 2 Nr. 4 EStG, § 1 Abs. 3 Nr. 4 BKGG).

Auch Ausländer*innen mit einer Beschäftigungsduldung wegen dringender humanitärer oder persönlicher Gründe oder wegen erheblicher öffentlicher Interessen nach § 60d i.V.m. § 60a Abs. 2 Satz 3 AufenthG erhalten Kindergeld (§ 62 Abs. 2 Nr. 5 EStG, § 1 Abs. 3 Nr. 5 BKGG).

Als *Kinder* werden eigene Kinder, Pflegekinder oder im eigenen Haushalt aufgenommene Enkel grundsätzlich bis Erreichen der Volljährigkeit berücksichtigt. Anspruch auf Kindergeld besteht darüber hinaus in bestimmten Fällen für volljährige

---

186 Im Einzelnen Gerlach in GK-SRB § 62 EStG Rn 20.

Kinder (Einzelheiten in § 62 Abs. 1 Satz 1, § 63 Abs. 1 Satz 1 f., § 32 Abs. 4 EStG, § 2 Abs. 2 und 3 BKKG), etwa wenn

- das volljährige Kind noch nicht 21 Jahre alt ist und in einem Beschäftigungsverhältnis steht oder bei einer Agentur für Arbeit arbeitslos gemeldet ist oder
- das volljährige Kind noch nicht 25 Jahre alt ist und in einer Berufsausbildung steht oder diese mangels Ausbildungsplatz noch nicht beginnen oder fortsetzen kann, in einer Übergangszeit von höchstens vier Monaten zwischen zwei Ausbildungsabschnitten ist, ein FSJ oder FÖJ absolviert oder wegen körperlicher, geistiger oder seelischer Behinderung nicht in der Lage ist, sich selbst zu unterhalten. Voraussetzung bei einem Kind mit Behinderung ist, dass die Behinderung vor Vollendung des 25. Lebensjahres vorlag.

Die *Höhe des Kindergeldes* beträgt in den Jahren 2023/2024 250 EUR für jedes Kind.

Das Kindergeld wird bei den *Familienkassen* der Bundesagentur für Arbeit *beantragt* (§ 67 EStG, § 7 BKGG).

2. Kinderzuschlag nach § 6a BKGG

Der Kinderzuschlag ist eine *einkommensabhängige Leistung*, die den Leistungen zur Sicherung des Lebensunterhaltes des SGB II vorgelagert ist. Er beträgt im Jahr 2024 bis zu 292 EUR im Monat (inkl. Sofortzuschlag i.H.v. 20 EUR). Der Anspruch auf Kinderzuschlag setzt zunächst einen Anspruch der Eltern auf Kindergeld voraus. Da Ausländer*innen mit einer Aufenthaltserlaubnis nach § 25 Abs. 1 und 2 AufenthG Kindergeld erhalten, können sie – bei Vorliegen der übrigen Voraussetzungen – auch Anspruch auf den Kinderzuschlag haben. Demgegenüber müssen nicht freizügigkeitsberechtigte Ausländer*innen mit einer Aufenthaltserlaubnis nach § 25 Abs. 3 AufenthG zusätzlich die Voraussetzungen des § 62 Abs. 2 Nr. 3 oder 4 EStG bzw. § 1 Abs. 3 Nr. 3 oder 4 BKGG (s.o.) erfüllen. Weitere Voraussetzung für den Anspruch auf Kinderzuschlag ist, dass die Eltern mit Ausnahme des Wohngeldes, Kindergeldes und Kinderzuschlags über ein Einkommen in Höhe von mindestens 900 EUR (bei Paaren) oder mindestens 600 EUR (bei Alleinerziehenden) haben und dass bei Bezug des Kinderzuschlages die Hilfebedürftigkeit im Sinne des § 9 SGB II vermieden werden würde (§ 6a Abs. 1 BKGG). Vermeidet der Kinderzuschlag Hilfebedürftigkeit nicht, kann ausnahmsweise nach § 6a Abs. 1a BKGG trotzdem ein Anspruch auf Kinderzuschlag bestehen, wenn nach Anrechnung von Einkommen, Kinderzuschlag und Wohngeld nur 100 EUR fehlen, sich bei der Einkommensbereinigung Absetzbeträge von mindestens 100 EUR ergeben und jedes Mitglied der Bedarfsgemeinschaft auf Leistungen des SGB II oder SGB XII verzichtet.

Der Kinderzuschlag wird auf *schriftlichen Antrag* gewährt und jeweils für sechs Monate bewilligt. Er wird nicht rückwirkend erbracht, sondern erst ab Antragstellung (§ 6a Abs. 7 Satz 2-4 BKGG). Zuständig sind die *örtlich zuständigen Familienkassen* der Bundesagentur für Arbeit, die auch für das Kindergeld zuständig sind (§ 9 BKKG). Da sich der Bezug von Kinderzuschlag und von Bürgergeld ausschließen, kann ersterer ggf. zum Verlust von Vergünstigungen führen, die an das Bürgergeld gekoppelt sind (z.B. Mehrbedarfe, Zuzahlungen Medikamente, Zahnersatz, Befreiung GEZ-Gebühr).

3. Elterngeld

Anspruch auf Elterngeld haben nach § 1 Abs. 1 BEEG Personen, die

- einen Wohnsitz oder gewöhnlichen Aufenthalt in Deutschland haben,
- mit ihrem Kind in einem Haushalt leben,
- dieses Kindes selbst betreuen und erziehen und
- keine oder keine volle Erwerbstätigkeit ausüben.

Wie im Fall des Kindergeldes (s.o.) sind nicht freizügigkeitsberechtigte Ausländer*innen mit einer Aufenthaltserlaubnis nach § 25 Abs. 1 oder 2 AufenthG elterngeldberechtigt, wenn die Aufenthaltserlaubnis sie dazu berechtigt, für einen Zeitraum von mindestens sechs Monaten eine Erwerbstätigkeit aufzunehmen (§ 1 Abs. 7 Satz 1 Nr. 2 BEEG). Handelt es sich um eine Aufenthaltserlaubnis nach § 25 Abs. 3 AufenthG müssen die gleichen zusätzlichen Voraussetzungen erfüllt sein wie beim Kindergeldanspruch (s.o).

Elterngeld wird in Höhe von *67 Prozent des Erwerbseinkommens* gewährt, das vor der Geburt des Kindes erzielt wurde, maximal aber in Höhe von 1.800 EUR. Die Berechnung der Höhe und ggf. eines Geschwisterbonus' oder eines Mehrlingszuschlags regeln die §§ 2 ff. BEEG. Elterngeld wird als Basiselterngeld oder als Elterngeld Plus gewährt. *Basiselterngeld* kann bis zur Vollendung des 14. Lebensmonats des Kindes gewährt werden und *Elterngeld Plus* bis zur Vollendung des 32. Lebensmonats. Anstelle eines Bezugsmonats Basiselterngeld, kann die leistungsberechtigte Person zwei Bezugsmonate Elterngeld Plus beziehen, wobei das Elterngeld Plus höchstens die Hälfte des Basiselterngeldes beträgt.

Elterngeld muss *schriftlich beantragt* werden. Es wird rückwirkend bis zu drei Monaten vor Antragstellung geleistet. Zuständig sind die von den *Bundesländern benannten Behörden*.[187]

4. Unterhaltsvorschuss

Der Unterhaltsvorschuss ist eine *besondere Hilfe für alleinerziehende Elternteile und ihre Kinder*. Er unterstützt Alleinerziehende, wenn sie wegen des Ausfalls der Unterhaltszahlungen des anderen Elternteils selbst nicht nur für die Betreuung und Erziehung des Kindes sorgen, sondern auch für den ausfallenden Barunterhalt aufkommen müssen. Voraussetzung für den Unterhaltsvorschuss bzw. die Unterhaltsausfallleistung ist nach § 1 Abs. 1 UhVerschG, dass

---

[187] Eine Übersicht der zuständigen Elterngeldstellen in den einzelnen Bundesländern findet sich unter https://www.elterngeld.net/elterngeldstellen.html.

- die leistungsberechtigte Person das zwölfte Lebensjahr noch nicht vollendet hat,
- in Deutschland bei einem ihrer Elternteile lebt, der ledig, verwitwet oder geschieden ist oder von seinem Ehegatten oder Lebenspartner dauernd getrennt lebt, und die
- nicht oder nicht regelmäßig Unterhalt von dem anderen Elternteil oder – falls dieser gestorben ist – ausreichende Waisenbezüge erhält.

Ausnahmsweise besteht über das vollendete zwölfte Lebensjahr hinaus *bis zur Volljährigkeit* Anspruch auf Unterhaltsvorschuss bzw. Unterhaltsausfallleistungen, wenn die leistungsberechtigte Person keine SGB-II-Leistungen bezieht und mit dem Unterhaltsvorschuss Hilfebedürftigkeit vermieden werden kann oder wenn der Elternteil, bei dem die leistungsberechtigte Person lebt, Einkommen in Höhe von mindestens 600 EUR hat.

Nicht freizügigkeitsberechtigte *Ausländer*innen* mit einer mit einer Aufenthaltserlaubnis nach § 25 Abs. 1 oder 2 AufenthG oder einer Aufenthaltserlaubnis nach § 25 Abs. 3 AufenthG müssen mit Blick auf ihren Aufenthaltsstatus die gleichen Voraussetzungen erfüllen wie beim Kindergeld (s.o.), allerdings mit der Maßgabe, dass es im Fall des § 1 Abs. 2a Nr. 3 UhVorschG nicht auf eine Erwerbstätigkeit ankommt. Die Höhe des Unterhaltsvorschusses bzw. der Unterhaltsausfallleistung richtet sich nach dem Mindestunterhalt gem. § 1612a BGB. Kindergeld kann den Unterhaltsvorschuss mindern; Unterhaltszahlungen des anderen Elternteils sowie Waisenbezüge werden angerechnet.

Unterhaltsvorschuss wird auf *schriftlichen Antrag des Elternteils*, bei dem das Kind lebt, oder des gesetzlichen Vertreters des Kindes gewährt. Zuständig sind die durch Landesrecht bestimmten Stellen (i.d.R. die *Unterhaltsvorschussstelle bei den Jugendämtern*), in deren Bezirk das Kind seinen Wohnsitz hat (§ 9 Abs. 1 UhVorschG).

5. Ausbildungsbeihilfen

Anspruch auf *Ausbildungsförderung* nach dem BAföG besteht, wenn die auszubildende Person hilfebedürftig ist, bestimmte persönliche Voraussetzungen erfüllt und eine förderungsfähige Ausbildung (z.B. [Fach-]Hochschulstudium) vorliegt. Einzelheiten zu den förderungsfähigen Ausbildungen sind in den §§ 2–7 BAföG normiert. Hilfebedürftigkeit besteht, wenn das Einkommen nach §§ 21 ff. BAföG und das Vermögen nach §§ 26 ff. BAföG nicht für den Bedarf bestehend aus Lebensunterhalt und Ausbildung (§ 11 Abs. 1 BAföG) ausreicht. In persönlicher Hinsicht setzt der Anspruch auf Ausbildungsförderung ein bestimmtes Alter (§ 10 BAföG), Eignung (§ 9 BAföG) und bestimmte Vorgaben bezüglich der Staatsangehörigkeit der auszubildenden Person (§ 8 BAföG) voraus. Insoweit müssen nicht freizügigkeitsberechtigte Ausländer*innen mit einer Aufenthaltserlaubnis nach § 25 Abs. 1 oder 2 AufenthG ihren ständigen Wohnsitz im Inland haben (§ 8 Abs. 2 Nr. 1 BAföG). Bei einer Aufenthaltserlaubnis nach § 25 Abs. 3 AufenthG müssen die nicht freizügigkeitsberechtigten Ausländer*innen mindestens 15 Monate in Deutschland ununterbrochen rechtmäßig, gestattet oder geduldet in Deutschland aufgehalten haben (§ 8 Abs. 2 Nr. 2 BAföG).

Überschreiten der Altersgrenze

Ein Anspruch auf Ausbildungsförderung besteht grundsätzlich nur, wenn die Ausbildung vor Vollendung des 45. Lebensjahrs beginnt. Eine Ausnahme besteht nach § 10 Abs. 3 Nr. 3 BAföG dann, wenn Auszubildende aus persönlichen oder familiären Gründen gehindert waren, den Ausbildungsabschnitt zu beginnen. Neben dem in der Vorschrift selbst genannten Beispiel der Erziehung von Kindern können solche Umstände auch vorliegen, wenn Geflüchtete ein Studium oder eine Ausbildung aufgrund der Verfolgungssituation im Heimatland nicht aufnehmen konnten oder an einer rechtzeitigen Studienaufnahme wegen der eingeschränkten Anerkennungsfähigkeit ihres im Herkunftsland erworbenen Reifezeugnisses gehindert waren und für die Zulassung zur Hochschule noch eine Zusatzqualifikation erwerben mussten.[188]

Ähnlich setzt auch der Anspruch auf *Berufsausbildungsbeihilfe* (BAB) nach dem SGB III voraus, dass die auszubildende Person hilfebedürftig ist, zum förderungsberechtigten Personenkreis gehört und dass die Ausbildung förderungsfähig ist (z.B. betriebliche Ausbildung, berufsvorbereitende Bildungsmaßnahme). Hilfebedürftigkeit liegt nach § 56 Abs. 1 Nr. 3 SGB III vor, wenn die erforderlichen Mittel zur Deckung des Bedarfs für den Lebensunterhalt, die Fahrkosten und die sonstigen Aufwendungen (Gesamtbedarf) nicht anderweitig zur Verfügung stehen. Näheres hierzu regeln die §§ 61–67 SGB III. Einzelheiten über die Förderungsfähigkeit von Ausbildungen finden sich in §§ 57 f. SGB III. Zum förderungsberechtigten Personenkreis gehören nach § 60 Abs. 1 SGB III Auszubildende, wenn sie außerhalb des elterlichen Haushaltes wohnen und wenn die Ausbildungsstätte von der elterlichen Wohnung aus nicht in angemessener Zeit erreicht werden kann. Die Entfernung von der elterlichen Wohnung ist unerheblich, wenn die auszubildende Person volljährig ist, verheiratet oder verpartnert ist, mit einem minderjährigen Kind zusammenlebt oder aus schwerwiegenden sozialen Gründen nicht auf die elterliche Wohnung verwiesen werden kann. § 59 SGB III, der u.a. für Ausländer*innen weitere Voraussetzungen vorsah, ist zum 1.8.2019 weggefallen. Für Ausländer*innen mit *Aufenthaltstitel nach § 25 Abs. 3 AufenthG* regelt § 60 Abs. 3 Satz 2 SGB III, dass sie sich für einen Anspruch auf Berufsausbildungsbeihilfe seit mindestens 15 Monaten ununterbrochen erlaubt, gestattet oder geduldet im Bundesgebiet aufhalten müssen.

6. Leistungen nach dem SGB III zur Teilhabe von Menschen mit Behinderungen am Arbeitsleben

Menschen mit Behinderungen können nach § 112 Abs. 1 SGB III Leistungen zur Förderung der Teilhabe am Arbeitsleben erhalten, um ihre Erwerbsfähigkeit zu erhalten, zu verbessern, herzustellen oder wiederherzustellen und ihre Teilhabe am Arbeitsleben zu sichern, soweit Art oder Schwere der Behinderung dies erfordern. Allgemeine Leistungen zur Förderung der Berufsvorbereitung und Berufs-

---

188 Vgl. zu letzterem BVerwG 28.4.1998 – 5 C 5/97.

ausbildung umfassen nach § 115 Nr. 2 SGB III die Leistungen zur Förderung der Berufsvorbereitung (§§ 51–55 SGB III) und Berufsausbildung (§§ 73–80 SGB III) einschließlich der Berufsausbildungsbeihilfe (§§ 56–72 SGB III) und der Assistierten Ausbildung (§§ 74 ff. SGB III).

Ausländer*innen mit Behinderungen, die über Aufenthaltserlaubnis nach § 25 Abs. 1 und 2 AufenthG verfügen, haben uneingeschränkten Zugang zu diesen Leistungen. Besonderheiten gelten für Ausländer*innen mit Behinderungen, die im Entscheidungszeitpunkt über einen *Aufenthaltstitel nach § 25 Abs. 3 AufenthG* verfügen. Sie erhalten Zugang

- zur Förderung der Berufsvorbereitung nach § 52 Abs. 2 Satz 4 f. SGB III, wenn ihre Abschiebung seit mindestens 9 Monaten (3 Monate bei Einreise vor dem 1.8.2019) ausgesetzt ist und wenn sie schulische Kenntnisse und Kenntnisse der deutschen Sprache besitzen, die einen erfolgreichen Übergang in eine Berufsausbildung erwarten lassen.
- zur Berufsausbildungsbeihilfe nach § 60 Abs. 3 Satz 2 SGB III, wenn sie sich seit mindestens 15 Monaten ununterbrochen erlaubt, gestattet oder geduldet im Bundesgebiet aufhalten.
- zu einer Unterstützung in der Vorphase der Assistierten Ausbildung nach § 75a Abs. 1 Satz 3 f. SGB III, wenn sie sich seit mindestens 15 Monaten (3 Monate bei Einreise vor dem 1.8.2019) erlaubt, gestattet oder geduldet im Bundesgebiet aufhalten und schulische Kenntnisse und Kenntnisse der deutschen Sprache besitzen, die einen erfolgreichen Übergang in eine Berufsausbildung erwarten lassen.

7. Wohngeld

Wohngeld dient der *wirtschaftlichen Sicherung angemessenen und familiengerechten Wohnens* (§ 1 Abs. 1 WoGG). Wohngeldberechtigt sind Personen vor allem, wenn sie Wohnraum gemietet haben und selbst nutzen bzw. wenn sie Eigentum an Wohnraum haben und dieses selbst nutzen (§ 3 Abs. 1 Satz 1 bzw. Abs. 2 Satz 2 WoGG). Ausländer*innen müssen nach § 3 Abs. 5 WoGG zusätzlich

- einen Aufenthaltstitel oder eine Duldung nach dem AufenthG haben (Nr. 2) oder
- ein Recht auf Aufenthalt nach einem völkerrechtlichen Abkommen haben (Nr. 3) oder
- eine Aufenthaltsgestattung nach dem Asylgesetz (Nr. 4).

haben. Auf Wohngeld besteht u.a. dann kein Anspruch, wenn Leistungen nach dem SGB II oder SGB XII bezogen werden. Haushaltsmitglieder können auf diese Leistungen *verzichten*, um stattdessen Wohngeld zu erhalten (§ 8 Abs. 2 WoGG). Hierfür sollte eine Proberechnung durchgeführt werden.

Wohngeld wird als *Mietzuschuss* (bei Miete oder mietähnlichen Nutzungsverhältnissen) und *Lastenzuschuss* (bei Wohneigentum) geleistet. Das Wohngeld ist ein Zuschuss, der sich nach der Anzahl der zu berücksichtigenden Haushaltsmitglieder, der zu berücksichtigenden Miete und nach dem Gesamteinkommen richtet (§ 4 WoGG). Eine vollständige Kostenübernahme bedeutet das Wohngeld daher nicht.

Wohngeld wird auf *Antrag* geleistet (§ 22 WoGG). Es wird vermutet, dass die antragstellende Person von den anderen Haushaltsmitgliedern als wohngeldberechtigte Person bestimmt ist und so den Antrag für alle stellt (§ 22 Abs. 2 WoGG). Der Antrag ist bei der nach Landesrecht bestimmten *Wohngeldstelle* zu stellen (§ 24 WoGG). Es wird grundsätzlich für zwölf Monate bewilligt (§ 25 WoGG).

8. Leistungen in besonderen Lebenslagen nach dem SGB XII

Ausländer*innen, die sich in Deutschland tatsächlich aufhalten, erhalten nach § 23 Abs. 1 SGB XII im Grunde nur eingeschränkt Leistungen der Sozialhilfe, nämlich Hilfe zum Lebensunterhalt, Hilfe bei Krankheit, Hilfe bei Schwangerschaft und Mutterschaft sowie Hilfe zur Pflege, ggf. noch Grundsicherung im Alter und bei Erwerbsminderung. Im Übrigen wird Sozialhilfe geleistet, wenn es im Einzelfall gerechtfertigt ist. Diese Einschränkungen gelten allerdings nach § 23 Abs. 1 Satz 4 SGB XII nicht für diejenigen, die über eine Niederlassungserlaubnis oder einen *befristeten Aufenthaltstitel* verfügen und sich voraussichtlich dauerhaft im Bundesgebiet aufhalten.

Damit erhalten Ausländer*innen, die eine Aufenthaltserlaubnis als Asylberechtigte, anerkannte Flüchtlinge, subsidiär Schutzberechtigte oder als Schutzberechtigte aus humanitären Gründen nach § 25 Abs. 3 AufenthG verfügen, bei Vorliegen der jeweiligen Voraussetzungen alle Leistungen nach dem SGB XII. Bei befristeten Aufenthaltstiteln ist allerdings die *Bleibeperspektive* mit zu berücksichtigen, anderenfalls entscheidet der Leistungsträger nach *pflichtgemäßem Ermessen*. Bei der Beurteilung, ab wann eine Dauerhaftigkeit des Aufenthalts i.S.d. § 23 Abs. 1 Satz 4 SGB XII angenommen werden kann, kann die Regelung des § 2 AsylbLG herangezogen werden: wenn bei Ausländer*innen ohne Aufenthaltstitel im Regelfall nach 36 Monaten ungekürzte Leistungen nach dem SGB XII gewährt werden, können im Rahmen des § 23 SGB XII keine strengeren Anforderungen gelten. Deshalb kann man nach 36 Monaten jedenfalls von einem dauerhaften Aufenthalt ausgehen, auch wenn es sich um einen „zukunftsoffenen" Aufenthalt handelt, d.h. die Ausreise nicht absehbar ist.[189]

Darüber hinaus besteht ein Anspruch auf Leistungen der Sozialhilfe, nach § 23 Abs. 1 Satz 5 SGB XII, wenn ein solcher sich aus *anderen Rechtsvorschriften* ergibt. Diese anderen Rechtsvorschriften können sich aus innerstaatlichem Recht, dem Völkerrecht oder aus europäischem Gemeinschaftsrecht ergeben. Im Zusammenhang mit anerkannten Asylberechtigten, Flüchtlingen oder subsidiär Schutzberechtigten ergibt sich ein Anspruch auch aus Art. 23 GFK Dieser fordert eine *Gleichbehandlung* mit deutschen Staatsangehörigen, so dass auch aus diesen Gründen Leistungen nach dem SGB XII erbracht werden müssen.

---

189 Vgl. Weiser, Sozialleistungen, S. 57f.

9. Leistungen bei (Schwer-)Behinderung

Ausländer*innen mit Behinderung und/oder Schwerbehinderung können Anspruch auf Leistungen nach dem SGB IX haben. Das SGB IX regelt in Teil 1 des SGB IX in Verbindung mit den anderen Leistungsgesetzen des SGB Leistungen der Rehabilitation und Teilhabe, in Teil 2 die Eingliederungshilfe und in Teil 3 die Vorschriften zur Teilhabe schwerbehinderter Menschen. Eine Behinderung erfordert nach § 2 Abs. 1 Satz 1 SGB IX eine körperliche, seelische, geistige oder Sinnesbeeinträchtigung, die in Wechselwirkung mit einstellungs- und umweltbedingten Barrieren an der gleichberechtigten Teilhabe an der Gesellschaft mit hoher Wahrscheinlichkeit länger als sechs Monate hindern kann. Für eine Schwerbehinderung müssen nach § 2 Abs. 2 SGB IX ein Grad der Behinderung von wenigstens 50 sowie ein Wohnsitz, gewöhnlicher Aufenthalt oder eine regelmäßige Beschäftigung im Bundesgebiet vorliegen.[190]

Die Leistungen der Eingliederungshilfe (Teil 2 des SGB IX) umfassen Leistungen zur medizinischen Rehabilitation, zur Teilhabe am Arbeitsleben, zur Teilhabe an Bildung und zur Sozialen Teilhabe. Sie sind allerdings nachrangig gegenüber den gleichen Leistungen anderer Sozialleistungsträger (z.B. der Rentenversicherung, Bundesagentur für Arbeit oder der Krankenversicherung). Voraussetzung für Eingliederungshilfe ist u.a. das Vorliegen einer wesentlichen Behinderung und der Aussicht, dass die Aufgabe der Eingliederungshilfe erfüllt werden kann. Ausländer*innen, die sich tatsächlich im Bundesgebiet aufhalten, erhalten Eingliederungshilfe nur als Ermessensleistung. Demgegenüber haben Ausländer*innen, die im Besitz einer Niederlassungserlaubnis oder eines befristeten Aufenthaltstitels sind und sich voraussichtlich dauerhaft im Bundesgebiet aufhalten, einen *Anspruch auf Eingliederungshilfe* (§ 100 Abs. 1 Satz 2 SGB IX). Andere Rechtsvorschriften, aus denen folgt, dass die Eingliederungshilfe als Anspruchsleistung zu erbringen ist (z.B. Art. 23 GFK), bleiben unberührt (zu diesem Punkt s.o. → 8. Leistungen in besonderen Lebenslagen nach dem SGB XII).

Für Ausländer*innen mit einer Schwerbehinderung, die eine Aufenthaltserlaubnis aufgrund Anerkennung als Asylberechtigte, Flüchtlinge, subsidiär Schutzberechtigte oder aus humanitären Gründen haben, gilt das Schwerbehindertenrecht (Teil 3 des SGB IX). Sie erhalten auf Antrag einen Schwerbehindertenausweis (§ 152 SGB IX), *Nachteilsausgleiche* und – falls besondere gesundheitliche Merkmale hinzukommen – auch entsprechende *Merkzeichen*.

---

190 Eine Schwerbehinderung und der Grad der Behinderung werden durch ärztliche und versorgungsmedizinische Gutachten festgestellt. Die Einzelheiten regeln §§ 151 ff. SGB IX sowie die Versorgungsmedizinverordnung mit dem entsprechenden Anhang.

> **Beispiele für Merkzeichen**
>
> Merkzeichen sind in § 229 SGB IX und in der Schwerbehindertenausweisverordnung geregelt. Mit den Merkzeichen sind i.d.R. bestimmte Nachteilsausgleiche verbunden. Mit dem Merkzeichen „G" (erhebliche Beeinträchtigung des Gehvermögens) und einem GdB von mindestens 80, mit dem Merkzeichen „H" (hilflos) oder „Gl" (gehörlos) erhalten schwerbehinderte Menschen eine kostenlose Beförderung im Personennahverkehr, wenn ihr Ausweis eine Wertmarke (80 EUR/Jahr) enthält (§ 228 SGB IX).
> Mit einem Merkzeichen aG (außergewöhnlich gehbehindert) können schwerbehinderte Menschen Behindertenparkplätze benutzen und in Fußgängerzonen parken.

Es gibt eine Reihe von *Nachteilsausgleichen*, die schwerbehinderten Menschen gewährt werden und die auch Ausländer*innen zustehen. Dazu gehören u.a. ein besonderer Schutz und die Sicherung der Teilhabe im Arbeitsleben (z.B. ein besonderer Kündigungsschutz nach den §§ 168 ff. SGB IX oder die Freistellung von Mehrarbeit nach § 207 SGB IX oder die Gewährung von Zusatzurlaub nach § 208 SGB IX). Darüber hinaus gibt es eine Vielzahl von Nachteilsausgleichen in vielen Bereichen des Lebens, z.B. im Einkommenssteuerrecht, bei der Berücksichtigung von Einkommen für den Bezug von Wohngeld usw.[191]

Ein Schwerbehindertenausweis muss *beantragt* werden. Zuständig sind i.d.R. die *Versorgungsämter* und Landesversorgungsämter.

10. Soziale Entschädigung

Soziale Entschädigungsleistungen nach dem SGB XIV unterstützen Menschen bei der Bewältigung der Folgen, die eine gesundheitliche Schädigung durch ein schädigendes Ereignis (z.B. Gewalttat, Kriegsauswirkungen der beiden Weltkriege, Impfschäden) erlitten haben, für das die staatliche Gemeinschaft eine besondere Verantwortung trägt. Das Soziale Entschädigungsrecht sieht hierzu ein Bündel von Leistungen vor, die in § 3 SGB XIV aufgelistet sind. Zu den Leistungsberechtigten nach dem SGB XIV gehören die geschädigte Person, ihre Ehegatten, Kinder und Eltern sowie Hinterbliebene, Geschwister und Partner*innen einer Lebensgemeinschaft. Ausländer*innen haben nach § 7 SGB XIV ungeachtet ihres Aufenthaltsstatus die gleichen Ansprüche auf Soziale Entschädigungsleistungen wie Deutsche (*Gleichbehandlungsgebot*). Vor diesem Hintergrund haben Ausländer*innen mit einem gewöhnlichen Aufenthalt von weniger als 5 Jahren in Deutschland (bei Leistungen in einer Traumaambulanz und psychotherapeutische Leistungen sind es 10 Jahre) nach § 12 SGB XIV Anspruch auf Übernahme der Kosten für eine Dolmetscher*in. Geschädigte Personen haben Anspruch auf Soziale Entschei-

---

191 Eine umfassende Übersicht über die Voraussetzungen einer Schwerbehinderung, das Antragsverfahren, die Merkzeichen sowie alle Nachteilsausgleiche findet sich in dem vom Berliner Landesamt für Gesundheit und Soziales herausgegebenen Ratgeber Inklusion für Menschen mit Behinderung, download unter https://www.berlin.de/lageso/behinderung/schwerbehinderung-versorgungsamt/ratgeber-inklusion/ (22.3.2024); zu den besonderen Nachteilsausgleichen im Bereich Beruf und Beschäftigung kann auf den Ratgeber der Bundesarbeitsgemeinschaft der Integrationsämter und Hauptfürsorgestellen (BIH) verwiesen werden, verfügbar unter https://www.berlin.de/lageso/_assets/behinderung/arbeit-und-behinderung-integrationsamt/publikationen/zb_ratgeber_nachteilsausgleiche_barrierefrei.pdf (22.3.2024).

dungsleistungen nach § 4 SGB XIV, wenn sie eine gesundheitliche Schädigung erlitten haben, die ursächlich auf ein schädigendes Ereignis zurückzuführen ist, und dadurch anerkanntermaßen gesundheitliche und wirtschaftliche Folgen zu tragen haben. Einzelheiten zu den Sozialen Entschädigungsleistungen bei Gewalttagen sind in §§ 13 ff. SGB XIV geregelt.

Zusammenfassung: Sozialleistungen mit einem Aufenthaltstitel als anerkannte Asylberechtigte, Flüchtlinge oder subsidiär Schutzberechtigte nach § 25 Abs. 1, 2 und 3 AufenthG

Sozialleistung	Rechtsgrundlage	Inhalt der Leistung	Zuständigkeit	Antrag	zu beachten!
Sicherung des Lebensunterhalts – Bürgergeld	§ 19 SGB II	Regelbedarfe, Mehrbedarfe, Kosten der Unterkunft und Heizung ggf. einmalige Bedarfe	Jobcenter, in deren Bezirk der gewöhnliche Aufenthalt ist; bei Wohnsitzverpflichtung nach § 12a AufenthG das am zugewiesenen Ort zuständige Jobcenter (§ 36 Abs. 2 SGB II)	ja	Bürgergeld für nicht erwerbsfähige Leistungsberechtigte verlangt eine Bedarfsgemeinschaft mit einer erwerbsfähigen Person, Grundsicherung im Alter und bei Erwerbsminderung ist vorrangig, Berücksichtigung von Einkommen und Vermögen Leistungsminderungen bei eingliederungs- und meldebedingten Pflichtverletzungen Besonderheiten bei Unterkunft in Gemeinschaftseinrichtung

3. Sozialleistungen für geflüchtete Menschen

Sozialleistung	Rechtsgrundlage	Inhalt der Leistung	Zuständigkeit	Antrag	zu beachten!
Sicherung des Lebensunterhalts – Hilfe zum Lebensunterhalt und Grundsicherung im Alter und bei Erwerbsminderung	§§ 27 ff. SGB XII §§ 41 ff. SGB XII	Regelbedarfe, Mehrbedarfe, Kosten der Unterkunft und Heizung, ggf. einmalige Bedarfe	Sozialhilfeträger	nein, bei Hilfe zum Lebensunterhalt ja, bei Grundsicherung im Alter und bei Erwerbsminderung	Berücksichtigung von Einkommen und Vermögen
Kranken- und Pflegeversicherung	Pflichtversicherung bei Bezug von Bürgergeld für erwerbsfähige Leistungsberechtigte (§ 5 Abs. 1 Nr. 2a SGB V), sonst Familienversicherung (§ 10 SGB V); sonst freiwillige Versicherung oder Auffangversicherung (§ 9 SGB V oder § 5 Abs. 1 Nr. 13 SGB V) Versicherungspflicht in der privaten Krankenversicherung nach § 193 VVG Hilfen zur Gesundheit §§ 48 ff. SGB XII	grundsätzlich alle Leistungen der Krankenversicherung; Leistungen der Pflegeversicherung nur nach Vorversicherungszeit	Gesetzliche Krankenkassen und Pflegekassen private Krankenversicherungs- oder Pflegepflichtversicherungsunternehmen	grundsätzlich ja	
Eingliederungsleistungen in Arbeit bei Erwerbsfähigkeit	§§ 16 ff. SGB II	Leistungen nach dem SGB III, nach dem SGB II und kommunale Eingliederungsleistungen	Jobcenter und kommunale Träger	ja	

Kindergeld	§ 62 Abs. 2 Nr. 3 oder 4 EStG, § 1 Abs. 3 Nr. 3 oder 4 BKKG	250 EUR pro Monat	Familienkassen der Bundesagentur für Arbeit	ja, schriftlich	bei Aufenthaltserlaubnis nach § 25 Abs. 3 AufenthG zusätzliche Voraussetzungen für Leistungsbezug
Kinderzuschlag	§ 6a BKKG	insgesamt 192 EUR pro Monat	Familienkassen der Bundesagentur für Arbeit	ja, schriftlich	bei Aufenthaltserlaubnis nach § 25 Abs. 3 AufenthG zusätzliche Voraussetzungen für Leistungsbezug
Elterngeld	§ 1 BEEG	67 % des letzten Einkommens, max. 1.800 EUR	Elterngeldstellen, die durch die Länder bestimmt sind	ja, schriftlich	bei Aufenthaltserlaubnis nach § 25 Abs. 3 AufenthG zusätzliche Voraussetzungen für Leistungsbezug (§ 1 Abs. 7 Nr. 2 Buchst. c) i.V.m. Nr. 3 BEEG)
Unterhaltsvorschuss	§ 1 UhVorschG	Unterhaltsleistung bei Ausfall eines Elternteils	Unterhaltsvorschusskassen i.d.R. Jugendämter	ja, schriftlich	bei Aufenthaltserlaubnis nach § 25 Abs. 3 AufenthG zusätzliche Voraussetzungen für Leistungsbezug (§ 1 Abs. 2a Nr. 2c und Nr. 3 UhVorschG)
Ausbildungsbeihilfen	§ 8 Abs. 1 Nr. 1 BAföG § 56 SGB III	einkommensabhängig	BAföG-Ämter des Studentenwerks Bundesagentur für Arbeit	ja, schriftlich bei BAföG	bei Aufenthaltserlaubnis nach § 25 Abs. 3 AufenthG zusätzliche Voraussetzungen für Leistungsbezug (§ 8 Abs. 2 Nr. 2 BAföG und § 59 Abs. 1 SGB III)

Teilhabe für Menschen mit Behinderungen am Arbeitsleben	§ 115 SGB III	allgemeine Leistungen zur Förderung der Berufsvorbereitung und Berufsausbildung	Bundesagentur für Arbeit	ja	bei Aufenthaltserlaubnis nach § 25 Abs. 3 AufenthG zusätzliche Voraussetzungen für Leistungsbezug
Wohngeld	§ 1 WoGG	Mietzuschuss, Lastenzuschuss	Wohngeldstellen	ja	
Hilfen in besonderen Lebenslagen	6. bis 9. Kapitel SGB XII	Hilfe zur Pflege, Hilfen zur Überwindung besonderer sozialer Schwierigkeiten, Hilfen in besonderen Lebenslagen	Sozialhilfeträger	nein	teilweise Ermessensleistungen, Berücksichtigung der Bleibeperspektive
Leistungen bei (Schwer-)Behinderung	§ 2 SGB IX i.V.m. Teil 2 SGB IX Teil 3 SGB IX	Eingliederungshilfe Nachteilsausgleiche, besonderer Kündigungsschutz u.a.	Bestimmung durch Bundesländer Versorgungsämter	ja	
Soziales Entschädigungsrecht	§ 7 SGB XIV	Leistungen nach § 3 SGB XIV	Bestimmung durch Bundesländer, § 112 SGB XIV	ja	Gleichbehandlungsgebot Anspruch auf Übernahme von Dolmetscherkosten

3.5.3 Aufenthaltserlaubnis nach §§ 23 Abs. 1, 24, 25 Abs. 4 Satz 1 oder Abs. 5 AufenthG

Schließt das Asylverfahren mit einer Aufenthaltserlaubnis nach den § 23 Abs. 1, § 25 Abs. 4 Satz 1 oder Abs. 5 AufenthG ab oder wird eine solche Aufenthaltserlaubnis auch ohne Asylverfahren erteilt, bleiben Ausländer*innen grundsätzlich im Leistungsbereich des AsylbLG (§ 1 Abs. 1 Nr. 3 AsylbLG, zu den Besonderheiten der Flüchtlinge aus der Ukraine → Kap. 4). Als Leistungsberechtigte nach dem AsylbLG sind sie überwiegend von den Leistungen der Sozialhilfe ausgeschlossen (§ 23 Abs. 2 SGB XII); zur Ausnahme bei § 25 Abs. 5 AufenthG → s.u. Buchst. c. Gleiches gilt für geflüchtete Menschen aus der Ukraine, denen zwischen dem 24.2. und dem 31.5.2022 entweder eine Aufenthaltserlaubnis nach § 24 Abs. 1 AufenthG erteilt oder zumindest eine entsprechende Fiktionsbescheinigung nach § 81 Abs. 5 AufenthG ausgestellt wurde (§ 1 Abs. 1 Nr. 8 AsylbLG). Zur Rechtslage nach dem 1.6.2022 für Geflüchtete aus der Ukraine → Kap. 4

Leistungsberechtigte nach dem AsylbLG haben *keinen Zugang* zu den Leistungen zur Sicherung des Lebensunterhalts sowie zur Eingliederung in Arbeit nach dem *SGB II* (Leistungsausschluss nach § 7 Abs. 1 Satz 2 Nr. 3 SGB II). Allerdings können sie von der Bundesagentur für Arbeit als Trägerin von Leistungen nach dem SGB III *Beratungs- und Vermittlungsleistungen* nach §§ 29 ff. bzw. §§ 35 ff. SGB III erhalten, wenn sie am Arbeitsleben teilnehmen oder teilnehmen wollen. Für junge Menschen kommt speziell eine Berufsberatung nach § 30 SGB III in Betracht. Darüber hinaus kommen folgende Leistungen in Betracht, deren Gewährung allerdings i.d.R. im Ermessen der Arbeitsagenturen liegen:

- Leistungen aus dem Vermittlungsbudget (§ 44 SGB III),
- Leistungen zur Aktivierung und beruflichen Eingliederung (§ 45 SGB III),
- berufsvorbereitende Bildungsmaßnahmen und Einstiegsqualifizierung (bei Vorliegen einer Erlaubnis(-möglichkeit) zur Erwerbstätigkeit, § 51, 52 Abs. 2 Satz 1, § 54a SGB III),
- Berufsausbildungsbeihilfe (§§ 56, 60 SGB III) unter den Voraussetzungen des § 60 Abs. 3 SGB III,
- Leistungen in der Vorphase einer Assistierten Ausbildung (bei Vorliegen einer Erlaubnis(-möglichkeit) zur Erwerbstätigkeit, § 75a Abs. 1 Satz 2 SGB III),
- Leistungen zur Förderung der Teilhabe am Arbeitsleben für Ausländer*innen mit einer Behinderung (§ 112 SGB III) oder
- Gewährung eines Eingliederungszuschusses an den Arbeitgeber (§ 88 SGB III).

Von der Förderung der außerbetrieblichen Berufsausbildung sind sie hingegen nach § 76 Abs. 6 Satz 1 Nr. 3 SGB III ausgeschlossen.

a) Aufenthaltserlaubnis nach § 23 Abs. 1 AufenthG

Eine Aufenthaltserlaubnis nach § 23 Abs. 1 AufenthG kann von der obersten Landesbehörde im Einvernehmen mit dem BMI aus *völkerrechtlichen oder humanitären Gründen oder zur Wahrung politischer Interessen der Bundesrepublik Deutschland* erteilt werden. Eine solche Aufenthaltserlaubnis erhalten vor allem bestimmte Flüchtlingsgruppen, die sich in einer akuten Kriegs- oder Krisensituation befinden. Sie reisen als Flüchtlinge legal und offiziell nach Deutschland ein, fliehen also nicht auf eigene Faust, sondern werden von der Bundesrepublik ausgeflogen.[192] Die Aufenthaltserlaubnis kann von der Abgabe einer *Verpflichtungserklärung* nach § 68 AufenthG (→ Kap. 3.4.1 Buchst. f) abhängig gemacht werden.

---

[192] Diese Aufenthaltserlaubnis gilt auch für langjährig Geduldete mit Altfall- oder Bleiberechtsregelung und für Angehörige jüdischer Flüchtlinge.

> **Beispiel:**
> Alle Bundesländer bis auf Bayern haben eine Aufnahmeanordnung nach § 23 Abs. 1 AufenthG für die Aufnahme syrischer Flüchtlinge erlassen. Die Anzahl der aufgenommenen Flüchtlinge differiert von Land zu Land und auch die Voraussetzungen der Aufnahme.[193]

Erhalten Ausländer*innen erstmalig diese Aufenthaltserlaubnis, können sie unter den Voraussetzungen des § 12a AufenthG verpflichtet werden, ihren *Wohnsitz* dort zu nehmen, wo sie im Rahmen ihres Aufnahmeverfahrens zugewiesen wurden (§ 12a Abs. 1 Satz 1 AufenthG).

Die Aufenthaltserlaubnis nach § 23 Abs. 1 AufenthG berechtigt nicht zur Aufnahme einer *Erwerbstätigkeit*, kann diese aber erlauben. Wenn eine Erwerbstätigkeit erlaubt wird, dann bedarf es keiner Zustimmung der Bundesagentur für Arbeit, § 31 BeschV. Die Aufenthaltserlaubnis muss durch einen entsprechenden Vermerk erkennen lassen, dass eine Erwerbstätigkeit erlaubt ist, § 4a Abs. 3 Satz 1 AufenthG.

Die Aufenthaltserlaubnis nach § 23 Abs. 1 AufenthG vermittelt einen Anspruch auf *Leistungen nach dem AsylbLG*. Die Leistungsberechtigung folgt aus § 1 Abs. 1 Nr. 3 Buchst. a AsylbLG. Damit besteht, falls die Berechtigten kein ausreichendes Einkommen und Vermögen haben, Anspruch auf Grundleistungen nach §§ 3, 3a AsylbLG (→ Kap. 3.3.2 Buchst. a), Leistungen bei Krankheit, Schwangerschaft und Geburt nach § 4 AsylbLG (→ Kap. 3.3.2 Buchst. b) sowie sonstige Leistungen nach § 6 AsylbLG (→ Kapr. 3.3.2 Buchst. c). Nach einem Aufenthalt von mehr als 36 Monaten erhalten sie Analogleistungen nach § 2 AsylbLG (→ Kap. 3.4.2). Die Leistungen können als Sachleistungen erbracht werden, wenn die Leistungsberechtigten in Gemeinschaftsunterkünften leben oder in Form einer Bezahlkarte erfolgen .

Es besteht darüber hinaus die Möglichkeit, Menschen mit einer Aufenthaltserlaubnis nach § 23 Abs. 1 AufenthG zu *Arbeitsgelegenheiten oder zu gemeinnützigen Tätigkeiten* nach § 5 AsylbLG heranzuziehen (→ Kap. 3.3.2 Buchst. f). Kommen sie diesen Tätigkeiten trotz Belehrung und ohne einen wichtigen Grund für die Ablehnung zu haben nicht nach, werden die Leistungen nach dem AsylbLG eingeschränkt (→ ebenda).

Nehmen Ausländer*innen mit einer Aufenthaltserlaubnis nach § 23 Abs. 1 AufenthG ein Studium oder eine entsprechende Ausbildung auf, kann ihnen *Ausbildungsförderung nach dem BaföG* geleistet werden, wenn sie ihren ständigen Wohnsitz im Inland haben (§ 8 Abs. 2 Nr. 1 BaföG). Gleiches gilt für die *Bundesausbildungsbeihilfe*, vgl. § 60 Abs. 3 SGB III (→ Kap. 3.5.2 Buchst. c).

---

193 Ein guter und aktualisierter Überblick zu den Aufnahmeprogrammen der Bundesländer für Geflüchtete aus Syrien findet sich unter https://www.proasyl.de/thema/aufnahmeprogramme/syrien-aufnahmeprogramme/ (22.3.2024).

Ausländer*innen mit einer Aufenthaltserlaubnis nach § 23 Abs. 1 AufenthG erhalten nur dann *Kindergeld*, (§ 62 Abs. 2 Nr. 3 oder 4 EStG, § 1 Abs. 3 Nr. 3 oder 4 BKKG)

- wenn sie im Bundesgebiet berechtigt erwerbstätig sind oder Elternzeit nach § 15 BEEG oder laufende Geldleistungen nach dem SGB III in Anspruch nehmen oder
- wenn ihnen die Erwerbstätigkeit erlaubt wurde oder erlaubt werden kann und sich seit mindestens 15 Monaten erlaubt, gestattet oder geduldet im Bundesgebiet aufhalten.

Zu den weiteren Einzelheiten vgl. → Kap. 3.5.2 Buchst. c.

Die gleichen Voraussetzungen bestehen bei Ausländer*innen mit einer Aufenthaltserlaubnis nach § 23 Abs. 1 AufenthG im Fall eines Anspruchs auf

- *Kinderzuschlag* nach § 6a BKKG, Einzelheiten → Kap. 3.5.2 Buchst. c ,
- *Elterngeld* nach § 1 Abs. 1 i.V.m. Abs. 7 Satz 1 Nr. 3 oder 4 BEEG, Einzelheiten → ebenda,
- *Unterhaltsvorschuss* nach § 1 Abs. 1 f. i.V.m. Abs. 2a Nr. 3 oder 4 UhVorschG, wobei die Anspruchsberechtigung bei minderjährigen nicht freizügigkeitsberechtigten Ausländer*innen im Fall des § 1 Abs. 2a Nr. 3 UhVorschG unabhängig von einer Erwerbstätigkeit besteht, Einzelheiten → ebenda

Wohngeld erhalten Ausländer*innen mit einer Aufenthaltserlaubnis nach § 23 Abs. 1 AufenthG nicht, weil sie als Berechtigte von Leistungen in besonderen Fällen nach § 2 AsylbLG sowie von Grundleistungen nach § 3 AsylbLG von Wohngeld ausgeschlossen sind (§ 7 Abs. 1 Nr. 8 WoGG. Dies gilt auch für die Haushaltsangehörigen, die keine Leistungen des AsylbLG erhalten, § 7 Abs. 2 Nr. 5 WoGG.

3. Sozialleistungen für geflüchtete Menschen

Zusammenfassung: Sozialleistungen bei Aufenthaltserlaubnis nach § 23 Abs. 1 AufenthG

Sozialleistung	Rechtsgrundlage	Inhalt der Leistung	Zuständigkeit	Antrag	zu beachten!
Sicherung des Lebensunterhalts	§§ 3, 3a AsylbLG	Grundleistungen	von den Bundesländern bestimmte Leistungsträger (§ 10 AsylbLG)	nein	nach Voraufenthalt von 36 Monaten ohne wesentliche Unterbrechung Analogleistungen nach § 2 AsylbLG
Medizinische Versorgung	§ 4 AsylbLG	Behandlung bei akuten Erkrankungen und Schmerzzuständen, Präventionsmaßnahmen, Leistungen für Schwangere und Wöchnerinnen entsprechend den GKV-Leistungen		nein	
Sonstige Leistungen	§ 6 AsylbLG	einzelfallbezogen, in atypischen Bedarfslagen		nein	
Ausbildungsförderung	§ 8 Abs. 2 Nr. 1 BAföG § 60 Abs. 3 SGB III	einkommensabhängige Unterstützung für Studium und Berufsausbildung	BAföG-Ämter des Studentenwerks Bundesagentur für Arbeit	ja	

147

Sozialleistung	Rechtsgrundlage	Inhalt der Leistung	Zuständigkeit	Antrag	zu beachten!
Kindergeld	§ 62 Abs. 2 Nr. 3 oder 4 EStG, § 1 Abs. 3 Nr. 3 oder 4 BKKG	250 EUR pro Monat	Familienkassen der Bundesagentur für Arbeit	ja	berechtigte Erwerbstätigkeit, Bezug von Elterngeld oder SGB-III-Leistungen oder erlaubter, gestatteter oder geduldeter Voraufenthalt von 15 Monaten
Kinderzuschlag	§ 6a BKKG	max. 292 EUR monatlich	Familienkassen der Bundesagentur für Arbeit	ja	
Elterngeld	§ 1 BEEG	67 % des letzten Einkommens, maximal 1.800 EUR	Elterngeld stellen	ja	
Unterhaltsvorschuss	§ 1 UhVorschG	Unterhaltsleistung für Kind bei Ausfall des anderen Elternteils, wenn ein Elternteil alleinerziehend	Unterhaltsvorschusskassen i.d.R. bei Jugendämtern	ja	
Wohngeld	kein Anspruch				
Soziales Entschädigungsrecht	§ 7 SGB XIV	Leistungen nach § 3 SGB XIV	Bestimmung durch Bundesländer, § 112 SGB XIV	ja	Gleichbehandlungsgebot Anspruch auf Übernahme von Dolmetscherkosten

b) Aufenthaltserlaubnis nach § 24 AufenthG

Die Aufenthaltserlaubnis nach § 24 AufenthG setzt die EU-Richtlinie (2001/55/EG)[194] in das deutsche Recht um. Sie soll bei großen Fluchtbewegungen die

---

[194] Richtlinie 2001/55/EG des Rates vom 20.7.2001 über Mindestnormen für die Gewährung vorübergehenden Schutzes im Falle eines Massenzustroms von Vertriebenen und Maßnahmen zur Förderung einer

Geflüchteten auf die Länder der EU gerecht verteilen, sofern der Rat der Europäischen Union dies beschließt. Es handelt sich hierbei um *vorübergehenden Schutz*. Die Aufenthaltserlaubnis berechtigt nicht zur *Ausübung einer Beschäftigung*, sie kann aber erlaubt werden. Die Ausübung einer selbständigen Tätigkeit darf hingegen nicht ausgeschlossen werden (§ 24 Abs. 6 AufenthG). Wenn die Beschäftigungserlaubnis erteilt wurde, bedarf es keiner Zustimmung der Bundesagentur für Arbeit (§ 31 BeschV). Eine *freie Wohnortwahl besteht nicht* (§ 24 Abs. 5 AufenthG). Zu Einzelheiten zu dieser Aufenthaltserlaubnis vgl. → Kap. 4.

Bisher wird diese Aufenthaltserlaubnis nur für einen Fall erteilt: Geflüchtete aus der Ukraine. Die berechtigte Personengruppe war nur nach dem AsylbLG leistungsberechtigt, wenn die Aufenthaltserlaubnis nach *§ 24 Abs. 1 AufenthG zwischen dem 24.2.2022 und dem 31.5.2022* (Beginn des Ukraine-Krieges bzw. EU-Sondergipfel zum Ukraine-Krieg) erteilt wurde oder in dieser Zeit eine entsprechende Fiktionsbescheinigung nach § 81 Abs. 5 AufenthG ausgestellt wurde. Weiterhin durfte bis dahin weder eine erkennungsdienstliche Behandlung noch eine Datenspeicherung nach dem Ausländerzentralregistergesetz stattgefunden haben (§ 1 Abs. 1 Nr. 8. Abs. 3a AsylblG). Lagen diese Voraussetzungen vor, erhielten die Personen Leistungen nach dem AsylbLG und waren damit zugleich von Leistungen des SGB II und der Sozialhilfe ausgeschlossen (§ 7 Abs. 1 Satz 2 Nr. 3 SGB II bzw. § 23 Abs. 2 SGB XII). Zum 1.6.2022 erfolgte allerdings für geflüchtete Menschen aus der Ukraine ein Rechtskreiswechsel, zum berechtigten Personenkreis → Kap. 4.1

Personen, die nicht zum berechtigten Personenkreis als Geflüchtete aus der Ukraine gehören und eine Aufenthaltserlaubnis nach § 24 Abs. 1 AufenthG haben, erhalten als Leistungen zur Sicherung des Lebensunterhalts *Grundleistungen nach §§ 3, 3a AsylbLG*, Leistungen bei Krankheit, Schwangerschaft und Geburt nach § 4 AsylbLG sowie Leistungen nach § 6 AsylbLG (→ Kap. 3.3.2 Buchst. a bis c). Die Leistungen können als Sachleistungen erbracht werden, wenn die Leistungsberechtigen in Gemeinschaftsunterkünften leben oder in Form einer Bezahlkarte, Wertgutscheinen oder anderen unbaren Abrechnungen . Haben Ausländer*innen mit einer Aufenthaltserlaubnis nach § 24 Abs. 1 AufenthG oder einer entsprechenden Fiktionsbescheinigung *besondere Bedürfnisse*, z.B. als unbegleitete Minderjährige oder als Personen, die Folter, Vergewaltigung oder sonstige schwerwiegende Formen psychischer, körperlicher oder sexueller Gewalt erlitten haben, wird ihnen nach § 6 Abs. 2 AsylbLG die erforderliche medizinische und sonstige Hilfe gewährt.[195] Die Aufzählung ist nicht abschließend; bei vergleichbaren und gleichwertigen Bedürfnissen kommen gleichfalls besondere Leistungen in Betracht. Die *privilegierte Versorgung* dieser Personengruppe umfasst auch die medizinische und psychologische Behandlung von Langzeitfolgen und beschränkt sich nicht allein auf die Akutbehandlung oder die Behandlung von Schmerzzuständen. Die Leistungen müssen nicht zur Sicherung der Gesundheit unerlässlich sein wie bei § 6 Abs. 1 Alt. 2 AsylbLG (→ Kap. 3.3.2 Buchst. c), sondern werden nach Bedarf

---

ausgewogenen Verteilung der Belastungen, die mit der Aufnahme dieser Personen und den Folgen dieser Aufnahme verbunden sind, auf die Mitgliedstaaten, ABl. L 212/12 vom 7.8.2001.
195 Die Vorschrift setzt Art. 13 Abs. 4 der Richtlinie 2001/55/EG um.

gewährt. Die medizinische Versorgung entspricht grundsätzlich dem sozialhilferechtlichen Niveau nach § 48 SGB XII und erfasst auch Hilfsmittel.[196]

> **Privilegierte Versorgung nach § 6 Abs. 2 AsylbLG**
>
> Die nach § 6 Abs. 2 AsylbLG zu erbringenden Leistungen liegen nicht im Ermessen der Behörde, sofern die Voraussetzungen hierfür vorliegen. Aus systematischen Gründen sind die Leistungen jedoch vorrangig – ebenso wie die Leistungen nach § 6 Abs. 1 AsylbLG – als Sachleistungen zu erbringen.

Es besteht darüber hinaus die Möglichkeit, die Leistungsberechtigten zu *Arbeitsgelegenheiten oder zu gemeinnützigen Tätigkeiten* nach § 5 AsylbLG heranzuziehen (→ Kap. 3.3.2 Buchst. f.). Kommen sie diesen Tätigkeiten trotz Belehrung und ohne einen wichtigen Grund für die Ablehnung zu haben nicht nach, werden die Leistungen nach dem AsylbLG eingeschränkt (→ ebenda). Ferner können sie schriftlich zur Teilnahme an einem *Integrationskurs* verpflichtet werden, wenn sie volljährig, arbeitsfähig, aber nicht erwerbstätig sind und nicht mehr der Vollzeitschulpflicht unterliegen (§ 5b AsylbLG).

Nach einem Aufenthalt von mehr als 36 Monaten erhalten die Leistungsberechtigten *Analogleistungen* nach § 2 AsylbLG (→ Kap. 3.4.2).

Kindergeld erhalten die Ausländer*innen nur dann, wenn ihre Aufenthaltserlaubnis nach § 24 Abs. 1 AufenthG zur Ausübung einer Erwerbstätigkeit für einen Zeitraum von mindestens sechs Monaten berechtigt, berechtigt hat oder diese erlaubt (§ 62 Abs. 2 Nr. 2 EStG, § 1 Abs. 3 Nr. 2 BKGG). Die gleichen Zugangsvoraussetzungen gelten für den Anspruch auf

- *Kinderzuschlag* nach § 6a BKGG, Einzelheiten → Kap. 3.5.2 Buchst. c
- *Elterngeld* nach § 1 Abs. 7 Nr. 2 BEEG, Einzelheiten → ebenda,
- *Unterhaltsvorschuss* nach § 1 Abs. 2a Satz 1 Nr. 2 UhVorschG, Einzelheiten → ebenda.

Leistungen der *Ausbildungsförderung* nach dem BAföG werden für Ausländer*innen mit einer Aufenthaltserlaubnis nach § 24 Abs. 1 AufenthG oder einer entsprechenden Fiktionsbescheinigung nicht erbracht. Dieser Aufenthaltstitel wird von § 8 Abs. 2 BAföG nicht erfasst. Ein Leistungsanspruch kann hier nur dann bestehen, wenn andere Aufenthaltstitel, Duldungen oder Aufenthaltsgestattungen vorausgegangen sind. Anders ist die Rechtslage bei der *Bundesausbildungsbeihilfe*, die für eine förderfähige Berufsausbildung unter den Voraussetzungen der §§ 56 ff. SGB III geleistet wird (→ Kap. 3.5.2 Buchst. c). Hier ist ein Ausschluss nur für gestattete und bestimmte geduldete Ausländer*innen vorgesehen (vgl. § 60 Abs. 3 SGB III).

Wohngeld erhalten Ausländer*innen mit Aufenthaltserlaubnis nach § 24 Abs. 1 AufenthG oder einer entsprechenden Fiktionsbescheinigung nicht, weil sie als Leistungsberechtigte nach dem AsylbLG vom Wohngeld ausgeschlossen sind (§ 7

---

[196] Frerichs in Schlegel/Voelzke, jurisPK-SGB XII, § 6 AsylbLG Rn. 109f.

Abs. 1 Nr. 8 WoGG). Dies gilt auch für ihre Haushaltsmitglieder (§ 7 Abs. 2 Nr. 5 WoGG).

Zusammenfassung: Sozialleistungen bei Aufenthaltserlaubnis nach § 24 AufenthG

Abgesehen vom Personen aus der Ukraine, die zum berechtigten Personenkreis nach → Kap. 4.1 gehören (für diese galten die Regelungen nur zwischen dem 24.2. und dem 31.5.2022), erhalten Ausländer*innen mit einer Aufenthaltserlaubnis nach § 24 Abs. 1 AufenthG oder einer entsprechenden Fiktionsbescheinigung die Sozialleistungen, die bei einer Aufenthaltserlaubnis nach § 23 Abs. 1 AufenthG (→ Kap. 3.5.3) gewährt werden. Es gibt drei Ausnahmen:

1. Der Zugang zu Kindergeld, Kinderzuschlag, Elterngeld und Unterhaltsvorschuss ist nur eröffnet, wenn die Aufenthaltserlaubnis zur Ausübung einer Erwerbstätigkeit für einen Zeitraum von mindestens sechs Monaten berechtigt, berechtigt hat oder diese erlaubt.
2. Ausbildungsförderung nach dem BAföG wird grundsätzlich nicht gewährt.
3. Für besonders schutzbedürftige Personen i.S.d. § 6 Abs. 2 AsylbLG werden die erforderlichen medizinischen und sonstigen Hilfen erbracht. Diese sind umfassender als die Leistungen der §§ 4, 6 Abs. 1 AsylbLG und entsprechen grundsätzlich dem sozialhilferechtlichen Niveau.

c) Aufenthaltserlaubnis nach § 25 Abs. 4 Satz 1 und Abs. 5 AufenthG

Eine Aufenthaltserlaubnis nach § 25 Abs. 4 Satz 1 AufenthG wird nicht vollziehbar ausreisepflichtigen Ausländer*innen aus dringenden *humanitären oder persönlichen Gründen* erteilt oder weil *erhebliche öffentliche Interessen* ihre vorübergehende weitere Anwesenheit im Bundesgebiet erfordern. Die Betroffenen wurden nicht als Geflüchtete anerkannt oder haben gar kein Asylverfahren durchlaufen; sie können dennoch eine Aufenthaltserlaubnis für längstens sechs Monate für einen vorübergehenden Aufenthalt erhalten.

> **Beispiele:**
>
> Eine Aufenthaltserlaubnis für einen vorübergehenden Aufenthalt nach § 25 Abs. 4 Satz 1 AufenthG benennt i.d.R. den Grund für ihre Erteilung. Möglich ist dies z.B. bis zum Ende eines Schuljahres, wenn schulpflichtige Kinder ausländischer Eltern die Schule besuchen, wenn in einem Strafprozess eine Zeugenaussage erforderlich ist, schwer kranke Angehörige gepflegt werden müssen, eine dringende Operation oder ärztliche Behandlung ansteht oder eine Berufsausbildung kurz vor dem angestrebten Abschluss steht.

Fällt der Grund für die Aufenthaltsgewährung weg, wird die Erlaubnis i.d.R. nicht mehr verlängert, es sei denn, es liegt eine „außergewöhnliche Härte" i.S.d. § 25 Abs. 4 Satz 2 AufenthG vor. In der Regel steht nach dem Wegfall des Grundes die Ausreise oder Abschiebung an. Die Aufenthaltserlaubnis nach § 25 Abs. 4 berechtigt nicht zur Ausübung einer Erwerbstätigkeit; sie kann nach § 4a Abs. 1 AufenthG erlaubt werden.

Eine Aufenthaltserlaubnis nach § 25 Abs. 5 AufenthG können *vollziehbar ausreisepflichtige Ausländer*innen* erhalten, deren Ausreise oder Abschiebung aus rechtlichen oder tatsächlichen Gründen unmöglich ist und bei denen mit Wegfall des Ausreisehindernisses in absehbarer Zeit nicht zu rechnen ist. Gründe können hierbei z.B. eine langfristige Reiseunfähigkeit sein, die Vermeidung der Trennung von engen Familienangehörigen, die auf eine wechselseitige Beistandspflicht angewiesen sind oder die Weigerung eines Herkunftsstaates, trotz aktiver Mitwirkung der*des Ausländerin*Ausländers Ausweispapiere auszustellen. Die zuständige Ausländerbehörde trifft eine Ermessensentscheidung, ob sie eine entsprechende Aufenthaltserlaubnis erteilt; das Ermessen ist beschränkt, wenn die Abschiebung bereits seit 18 Monaten ausgesetzt ist (§ 25 Abs. 5 Satz 2 AufenthG). Beschäftigung und Selbständigkeit sind bei einer Aufenthaltserlaubnis nach § 25 Abs. 5 AufenthG seit dem 1.3.2020 generell gestattet.[197]

Eine *Wohnsitzauflage* ist für Ausländer*innen mit einer Aufenthaltserlaubnis nach § 25 Abs. 4 Satz 1 oder Abs. 5 AufenthG nicht vorgesehen. Wollen sie eine *Beschäftigung* aufnehmen, benötigen sie im Fall der Aufenthaltserlaubnis nach § 25 Abs. 4 AufenthG eine Arbeitserlaubnis. Die Bundesagentur für Arbeit muss dieser allerdings nicht zustimmen (vgl. § 31 BeschV). Auf die Aufenthaltserlaubnis muss ein entsprechender Vermerk „Beschäftigung gestattet" eingetragen sein, die Aufnahme einer Erwerbstätigkeit oder einer Berufsausbildung ist dann möglich.

Leistungen zur Sicherung des Lebensunterhalts werden bei einer Aufenthaltserlaubnis nach § 25 Abs. 4 Satz 1 AufenthG nach dem AsylbLG gewährt, § 1 Abs. 1 Nr. 3 Buchstabe b) AsylbLG. Dies gilt im Falle einer Aufenthaltserlaubnis nach § 25 Abs. 5 AsylbLG nur, sofern die Entscheidung über die Aussetzung der Abschiebung *noch keine 18 Monate* zurückliegt (§ 1 Abs. 1 Nr. 3 Buchstabe c) AsylbLG). Die Berechtigten haben Anspruch auf Grundleistungen nach §§ 3, 3a AsylbLG (→ Kap. 3.4.1 Buchst. a), Leistungen bei Krankheit, Schwangerschaft und Geburt nach § 4 AsylbLG (→ Kap. 3.4.1 Buchst. b) sowie sonstige Leistungen nach § 6 Abs. 1 AsylbLG (→ Kap. 3.4.1 Buchst. c).

Nach einem Aufenthalt von mehr als 36 Monaten erhalten die Leistungsberechtigten *Analogleistungen* nach § 2 AsylbLG (→ Kap. 3.4.2), wenn sich die Leistungsberechtigten ohne wesentliche Unterbrechung im Bundesgebiet aufhalten und die Dauer des Aufenthalts nicht rechtsmissbräuchlich beeinflusst haben (§ 2 Abs. 1 AsylbLG). Anders als beim Leistungsbezug nach § 2 AsylbLG während des Asylverfahrens (→ Kap. 3.4.2) wird die *rechtsmissbräuchliche Beeinflussung des Aufenthalts* in Fällen der eigentlich bestehenden Ausreisepflicht und der tatsächlich oder rechtlich nicht vollziehbaren Ausreise (oder der Duldung → Kap. 3.5.4) als Tatbestandsvoraussetzung für die Gewährung von Analogleistungen nach dem AsylbLG geprüft. Das bedeutet, dass diese privilegierten Leistungen nur gewährt werden, wenn die Leistungsberechtigten die Dauer ihres Aufenthaltes nicht selbst rechtsmissbräuchlich beeinflusst haben. Nach der Rechtsprechung des Bundessozialgerichts beinhaltet der Begriff des Rechtsmissbrauchs als *vorwerfbares Fehlverhalten* den Missbrauchstatbestand als objektive Komponente und das

---

[197] Fränkel in: Hofmann, Ausländerrecht, § 25 AufenthG Rn. 92.

Verschulden als subjektive Komponente. In objektiver Hinsicht muss ein von der Rechtsordnung missbilligtes Verhalten der Leistungsberechtigten feststellbar sein, das geeignet ist, die Aufenthaltsdauer zu verlängern und in einer Weise so erheblich sozialwidrig sein, dass ein dauerhafter Ausschluss von den privilegierten Analogleistungen gerechtfertigt ist. Insofern muss das Verhalten persönlich vorwerfbar sein.[198] Wäre eine Ausreise oder Abschiebung ohnehin nicht möglich, hat das objektiv „rechtsmissbräuchliche" Handeln keine Auswirkungen, so dass in diesen Fällen Analogleistungen nicht verweigert werden können.

> **Beispiele für rechtsmissbräuchliches Verhalten:**
>
> Vernichtung des Passes oder Angabe einer falschen Identität – allerdings nur dann, wenn das Verhalten nicht seinerseits die Reaktion auf ein rechtsmissbräuchliches Verhalten des Staates ist (z.B. rechtswidrige Zurückweisung bei der Einreise oder rechtswidrige Verweigerung der Einreise).[199]

Kein rechtsmissbräuchliches Verhalten liegt bei nur *kurzfristigen Verstößen* (z.B. verspätete Abgabe von Passbildern) vor oder bei einmaligen Pflichtverletzungen bei später nachgeholter adäquater Mitwirkungshandlung[200] oder im Fall offenen Kirchenasyls vor, bei dem der Staat auf die Durchsetzung der Abschiebung verzichtet.[201] Zu berücksichtigen sind jedenfalls die Umstände des Einzelfalls, einschließlich länderbezogener Problematiken.[202] Zwischen dem Verhalten der*des Ausländerin*Ausländers und ihrem*seinem Aufenthalt muss ein Ursachenzusammenhang bestehen („selbst beeinflusst"). Hat die Ausländerbehörde aufenthaltsbeendende Maßnahmen trotz tatsächlich und rechtlich bestehender Möglichkeiten nicht ergriffen, dürfen die Analogleistungen nicht zulasten der Leistungsberechtigten versagt werden.[203] Ausgeschlossen ist ebenso eine Zurechnung des Verhaltens Dritter, insbesondere der Eltern als gesetzliche Vertreter ihrer Kinder, wenn letztere keinen eigenen Beitrag zum missbilligten Verhalten geleistet haben.[204]

Haben Ausländer*innen einen Anspruch auf Leistungen nach dem AsylbLG, besteht kein Anspruch auf Leistungen nach dem SGB II (§ 7 Abs. 1 Satz 2 Nr. 3 SGB II) oder auf Sozialhilfe direkt nach dem SGB XII (§ 23 Abs. 2 SGB XII).

Überschreitet der *Zeitraum*, in dem aus rechtlichen oder tatsächlichen Gründen nicht abgeschoben werden kann (§ 25 Abs. 5 AufenthG), die *18-Monatsgrenze*, d.h. ist die Abschiebung schon länger als 18 Monate ausgesetzt, erhalten leistungsberechtigte Ausländer*innen im Falle der Hilfebedürftigkeit (kein ausreichendes Einkommen und Vermögen):

- Leistungen nach dem SGB II (→ Kap. 3.5.2), wenn sie erwerbsfähige Leistungsberechtigte nach § 7 Abs. 1 Satz 1 SGB II sind oder als nichterwerbsfähige

---

198 Im Einzelnen BSG 17.6.2008 – B 8/9b AY 1/07 R; bestätigt durch BSG 24.6.2021 – B 7 AY 4/20 R.
199 BSG 17.6.2008 – B 8/9b AY 1/07 R, Rn. 34 (jL).
200 Vgl. BeckOK SozR/Korff AsylbLG § 2 Rn. 11.
201 BSG 24.6.2021 – B 7 AY 4/20 R.
202 Hierzu im Einzelnen jurisPK-SGB XII/Oppermann Rn. 70 ff.
203 Wahrendorf in Grube/Wahrendorf, § 2 AsylbLG, Rn. 19.
204 BSG 17.6.2008 – B 8/9b AY 1/07 R, Rn. 48.

Angehörige mit einem erwerbsfähigen Leistungsberechtigten in einer Bedarfsgemeinschaft leben, oder
- Grundsicherung im Alter und bei Erwerbsminderung nach §§ 41 ff. SGB XII(→ Kap. 3.4.2), wenn sie die Regelaltersgrenze erreicht haben oder, oder dauerhaft voll erwerbsgemindert sind, oder
- Leistungen der Hilfe zum Lebensunterhalt nach den §§ 27 ff. SGB XII (→ Kap. 3.4.2), wenn sie hilfebedürftig sind und weder Anspruch auf Leistungen nach dem SGB II noch auf Grundsicherung im Alter und bei Erwerbsminderung nach dem SGB XII haben.

Ablauf der 18-Monatsfrist[205]

Der Zeitraum von 18 Monaten seit der Entscheidung über die Aussetzung der Abschiebung beginnt mit der erstmalig erteilten Duldung; auf den Zeitpunkt der Erteilung der Aufenthaltserlaubnis nach § 25 Abs. 5 AufenthG und deren Gültigkeitsdauer kommt es nicht an. Verschiedene Zeiträume, in denen die Abschiebung ausgesetzt war, werden addiert. Wurde die Aufenthaltserlaubnis nach § 25 Abs. 5 AufenthG ohne vorangegangene Duldung erteilt, gilt für den Ablauf der 18 Monate die Erteilung dieser Aufenthaltserlaubnis.

Minderjährige Kinder mit einer Aufenthaltserlaubnis nach § 25 Abs. 5 AufenthG, die mit ihren Eltern in einer Haushaltsgemeinschaft leben, erhalten Leistungen nach dem SGB II bzw. SGB XII, wenn bei einem Elternteil, der ebenfalls eine Aufenthaltserlaubnis nach § 25 Abs. 5 AufenthG hat, die 18-Monats-Frist erfüllt ist (§ 1 Abs. 3 Satz 2 AsylbLG). Im Übrigen ist bei mehreren Personen mit einem Aufenthaltsrecht aus § 25 Abs. 5 AufenthG, die in einer Bedarfs- oder Haushaltsgemeinschaft leben, bei jedem Einzelnen gesondert zu prüfen, ob die 18-Monatsfrist verstrichen ist. Insofern können unterschiedliche Leistungen innerhalb dieser Gemeinschaft anfallen.

Besonderheit Zahnersatz als Leistung der Krankenversicherung

Sind Ausländer*innen mit einer Aufenthaltserlaubnis nach § 25 Abs. 4 und 5 AufenthG aufgrund einer sozialversicherungspflichtigen Beschäftigung oder – im Falle einer Aufenthaltserlaubnis nach § 25 Abs. 5 AufenthG – aufgrund des Bezugs einer Grundsicherung für Arbeitsuchende gesetzlich krankenversichert, haben sie erst Anspruch auf die Versorgung mit Zahnersatz, wenn sie mindestens ein Jahr lang Mitglied einer Krankenkasse oder familienversichert waren, es sei denn, die Behandlung ist aus medizinischen Gründen ausnahmsweise unaufschiebbar (§ 27 Abs. 2 SGB V)

Es besteht darüber hinaus die Möglichkeit, Menschen mit einer Aufenthaltserlaubnis nach § 25 Abs. 4 Satz 1 und § 25 Abs. 5 AufenthG zu *Arbeitsgelegenheiten oder zu gemeinnützigen Tätigkeiten* nach § 5 AsylbLG heranzuziehen (→ Kap. 3.3.2 Buchst. f). Kommen sie diesen Tätigkeiten trotz Belehrung und ohne einen wichtigen Grund für die Ablehnung nicht nach, werden die Leistungen nach dem AsylbLG eingeschränkt (→ ebenda). Ausländer*innen mit einer Aufenthaltserlaubnis nach § 25 Abs. 5 AufenthG können zudem schriftlich zur Teilnahme an

---

[205] Vgl. hierzu Fachliche Weisungen der BA zu § 7 SGB II Rn 7.57.

einem *Integrationskurs* verpflichtet werden, wenn sie volljährig, arbeitsfähig, aber nicht erwerbstätig sind und nicht mehr der Vollzeitschulpflicht unterliegen (§ 5b AsylbLG).

Nehmen Ausländer*innen mit einer Aufenthaltserlaubnis nach § 25 Abs. 5 AufenthG und mit ständigem Wohnsitz in Deutschland ein Studium oder eine entsprechende Ausbildung auf, müssen sie sich zunächst mindestens 15 Monate in Deutschland ununterbrochen rechtmäßig, gestattet oder geduldet aufgehalten haben, um *Leistungen nach dem BAföG* zu erhalten (§ 8 Abs. 2 Nr. 2 BAföG). Bei Ausländer*innen mit einer Aufenthaltserlaubnis nach § 25 Abs. 4 AufenthG tritt wegen des Verweises in § 8 Abs. 2 Nr. 2 BAföG auf Satz 2 des § 25 Abs. 4 AufenthG hinzu, dass es sich um eine verlängerte Aufenthaltserlaubnis handeln muss. Anders ist auch hier die Rechtslage bei der *Bundesausbildungsbeihilfe*, die für eine förderfähige Berufsausbildung unter den Voraussetzungen der §§ 56 ff. SGB III geleistet wird (→ Kap. 3.5.2 Buchst. c). Hier ist ein Ausschluss nur für gestattete und bestimmte geduldete Ausländer*innen vorgesehen (vgl. § 60 Abs. 3 SGB III).

Ausländer*innen mit einer Aufenthaltserlaubnis nach § 25 Abs. 4 Satz 1 oder Abs. 5 AufenthG erhalten nur dann *Kindergeld* (§ 62 Abs. 2 Nr. 3 oder 4 EStG, § 1 Abs. 3 Nr. 3 oder 4 BKKG),

- wenn sie im Bundesgebiet berechtigt erwerbstätig sind oder Elternzeit nach § 15 BEEG oder laufende Geldleistungen nach dem SGB III in Anspruch nehmen oder
- wenn ihnen die Erwerbstätigkeit erlaubt wurde oder erlaubt werden kann und sich seit mindestens 15 Monaten erlaubt, gestattet oder geduldet im Bundesgebiet aufhalten.

Zu den weiteren Einzelheiten vgl. → Kap. 3.5.2 Buchst. c.

Die gleichen Voraussetzungen bestehen im Fall eines Anspruchs auf

- *Kinderzuschlag* nach § 6a BKKG, Einzelheiten → ebenda,
- *Elterngeld* nach § 1 Abs. 1 i.V.m. Abs. 7 Satz 1 Nr. 3 oder 4 BEEG, Einzelheiten → ebenda,
- *Unterhaltsvorschuss* nach § 1 Abs. 1 f. i.V.m. Abs. 2a Nr. 3 oder 4 UhVorschG, wobei die Anspruchsberechtigung bei minderjährigen nicht freizügigkeitsberechtigten Ausländer*innen im Fall des § 1 Abs. 2a Nr. 3 UhVorschG unabhängig von einer Erwerbstätigkeit besteht, Einzelheiten → ebenda.

Wohngeld erhalten Ausländer*innen mit einer Aufenthaltserlaubnis nach § 25 Abs. 4 Satz 1 und Abs. 5 AufenthG nicht, weil sie als Leistungsberechtigte nach dem AsylbLG von dieser Leistung ausgeschlossen sind (§ 7 Abs. 1 Nr. 8 WoGG). Dies gilt auch für ihre Haushaltsmitglieder (§ 7 Abs. 2 Nr. 5 WoGG). Ist ihre Abschiebung länger als 18 Monate ausgesetzt und sind sie weiterhin auf Leistungen nach dem SGB II oder SGB XII angewiesen, erhalten sie ebenfalls kein Wohngeld, weil in diesen Leistungen die Kosten der Unterkunft und Heizung mit berücksichtig sind (§ 7 Abs. 1 S. 1 Nr. 1, 5 und Nr. 6 WoGG). Dies gilt ebenso für ihre Haushaltsmitglieder.

Zusammenfassung: Sozialleistungen bei Aufenthaltserlaubnis nach § 25 Abs. 5 AufenthG

Sozialleistung	Rechtsgrundlage	Inhalt der Leistung	Zuständigkeit	Antrag	zu beachten!
in den ersten 18 Monaten des Aufenthalts					
Leistungen zur Sicherung des Lebensunterhalts	§§ 3, 3a AsylbLG	Grundleistungen	von den Bundesländern bestimmte Leistungsträger (§ 10 AsylbLG)	nein	nach Voraufenthalt von 18 Monaten ohne wesentliche Unterbrechung Analogleistungen nach § 2 AsylbLG
Medizinische Versorgung	§ 4 AsylbLG	Behandlung bei akuten Erkrankungen und Schmerzzuständen, Präventionsmaßnahmen, Leistungen für Schwangere und Wöchnerinnen entsprechend den GKV-Leistungen		nein	
Sonstige Leistungen	§ 6 AsylbLG	einzelfallbezogen, in atypischen Bedarfslagen		nein	
wenn Abschiebung länger als 18 Monate ausgesetzt, ab dem 19. Monat des Aufenthalts					
Leistungen zur Sicherung des Lebensunterhalts	§ 19 SGB II, §§ 27 ff., 41 ff. SGB XII	Bürgergeld Hilfe zum Lebensunterhalt oder Grundsicherung im Alter und bei Erwerbsminderung	Jobcenter Sozialhilfeträger	ja, bei Leistungen nach dem SGB II und Grundsicherung im Alter und bei Erwerbsminderung nein, bei Hilfe zum Lebensunterhalt	
Weitere Sozialleistungen unabhängig von der Aufenthaltsdauer					

Sozialleistung	Rechtsgrundlage	Inhalt der Leistung	Zuständigkeit	Antrag	zu beachten!
Ausbildungsförderung	§ 8 Abs. 2 Nr. 2 BAföG § 60 Abs. 3 SGB III	einkommensabhängige Unterstützung für Studium und Berufsausbildung	BAföG-Ämter des Studentenwerks und Bundesagentur für Arbeit	ja	bei BAföG ist ein ununterbrochener, rechtmäßiger, gestatteter oder geduldeter Voraufenthalt von 15 Monaten in Deutschland notwendig
Kindergeld	§ 62 Abs. 2 Nr. 3 oder 4 EStG, § 1 Abs. 3 Nr. 3 oder 4 BKKG	250 EUR pro Monat	Familienkassen der Bundesagentur für Arbeit	ja	berechtigte Erwerbstätigkeit, Bezug von Elterngeld oder SGB-III-Leistungen oder erlaubter, gestatteter oder geduldeter Voraufenthalt von 15 Monaten
Kinderzuschlag	§ 6a BKKG	max. 192 EUR monatlich	Familienkassen der Bundesagentur für Arbeit	ja	
Elterngeld	§ 1 BEEG	67 % des letzten Einkommens, maximal 1.800 EUR	Elterngeldstellen	ja	
Unterhaltsvorschuss	§ 1 UhVorschG	Unterhalt für Kind bei Ausfall des anderen Elternteils, wenn ein Elternteil alleinerziehend	Unterhaltsvorschusskassen i.d.R. bei Jugendämtern	ja	
Wohngeld		kein Anspruch			
Soziales Entschädigungsrecht	§ 7 SGB XIV	Leistungen nach § 3 SGB XIV	Bestimmung durch Bundesländer, § 112 SGB XIV	ja	Gleichbehandlungsgebot Anspruch auf Übernahme von Dolmetscherkosten

3.5.4 Duldung nach § 60a AufenthG

Eine Duldung erhalten Ausländer*innen, die *eigentlich zur Ausreise verpflichtet* sind, aber aus bestimmten Gründen nicht abgeschoben werden können.

Ein Anspruch auf Duldung besteht zunächst, solange die Abschiebung aus *tatsächlichen oder rechtlichen Gründen unmöglich* ist und keine Aufenthaltserlaubnis erteilt wird (§ 60a Abs. 2 Satz 1 AufenthG). Eine Unmöglichkeit aus tatsächlichen Gründen kann z.B. vorliegen bei Reiseunfähigkeit (z.B. bei Schwangerschaft, bis zu sechs Monaten nach einer Entbindung, psychische Erkrankungen), Passlosigkeit, unterbrochene Verkehrswege, Verweigerung der Aufnahme durch den Herkunftsstaat. Eine Unmöglichkeit aus rechtlichen Gründen besteht z.b. im Falle eines Abschiebeverbotes nach § 60 AufenthG.

> **Abschiebeschutz und gesundheitliche Gründe**
>
> § 60a Abs. 2c AufenthG beinhaltet eine gesetzliche Vermutung, dass gesundheitliche Gründe einer Abschiebung nicht entgegenstehen. Wollen sich Ausländer*innen hierauf berufen, müssen sie ihre Erkrankung, die die Abschiebung beeinträchtigen kann, durch eine qualifizierte ärztliche Bescheinigung glaubhaft machen. Diese ärztliche Bescheinigung muss insbesondere die tatsächlichen Umstände, auf deren Grundlage eine fachliche Beurteilung erfolgt ist, die Methode der Tatsachenerhebung, die fachlich-medizinische Beurteilung des Krankheitsbildes (Diagnose), den Schweregrad der Erkrankung sowie die Folgen, die sich nach ärztlicher Beurteilung aus der krankheitsbedingten Situation voraussichtlich ergeben, enthalten.

Ein Anspruch auf Duldung besteht ferner, wenn die vorübergehende Anwesenheit der*des Ausländerin*Ausländers im Bundesgebiet für ein *Strafverfahren* wegen eines Verbrechens von der Staatsanwaltschaft oder einem Strafgericht für notwendig erachtet wird (§ 60a Abs. 2 Satz 2 AufenthG).

Eine Duldung steht im Ermessen der Behörde, wenn dringende *humanitäre oder persönliche Gründe* oder erhebliche öffentliche Interessen die Anwesenheit der*des Ausländerin*Ausländers im Bundesgebiet erfordern (§ 60a Abs. 2 Satz 3 AufenthG). Die Begriffe dringende humanitäre oder persönliche Gründe und erhebliche öffentliche Interessen sind unbestimmte Rechtsbegriffe und werden im AufenthG nicht definiert. Allerdings schreiben §§ 60c f. vor, dass in bestimmten Fällen einer Beschäftigung oder Ausbildung ein dingender persönlicher Grund vorliegen kann. Ein solcher Grund kann u. a. vorliegen im Fall der *Ausbildungsduldung nach § 60c AufenthG* , also wenn ein*e Ausländer*in z.B. nach der Ablehnung eines Asylantrages eine begonnene qualifizierte Ausbildung in einem staatlich anerkannten oder vergleichbar geregelten Ausbildungsberuf in Deutschland fortsetzen möchte.

Weitere dringende persönliche Gründe können ein bevorstehender Schulabschluss, eine vorübergehende Erkrankung, die noch nicht zur Reiseunfähigkeit führt oder eine vorübergehende Betreuung von schwer erkrankten Familienmitgliedern sein.[206] Im Gegensatz zu den Gründen nach § 60a Abs. 2 Satz 1 AufenthG müssen die humanitären und persönlichen Gründe im Sinne des § 60a Abs. 2 Satz 3 AufenthG dingend sein, dh. die Gründe müssen gegenüber dem öffentlichen Interesse an einer sofortigen Abschiebung überwiegen. Eine Ausbildungsduldung darf in bestimmten Fällen nicht erteilt werden, z.B. wenn eine Einreise nur zum Zweck

---

[206] BMI, Allgemeine Anwendungshinweise zur Duldungserteilung nach § 60a AufenthG, 30.5.2017, verfügbar unter https://www.bmi.bund.de/SharedDocs/downloads/DE/veroeffentlichungen/themen/migration/anwendungshinweise-duldungsregelung.pdf;jsessionid=8OC38DB8C17853E85F7DEC2563961EFE.live871?__blob=publicationFile&v=3 (23.3.2024), Seite 8.

der Inanspruchnahme von Asylbewerberleistungen erfolgte, wenn der fehlende Vollzug aufenthaltsbeendender Maßnahmen durch die Ausländerin oder den Ausländer zu vertreten ist, wenn Bezüge zu extremistischen oder terroristischen Organisationen bestehen oder wenn eine Verurteilung zu einer vorsätzlichen Straftat vorliegt, wobei Geldstrafen von insgesamt 50 Tagessätzen bis zu 90 Tagessätzen wegen Straftaten nach dem AufenthG oder AsylG grundsätzlich außer Betracht bleiben. Die Ausbildungsduldung erlischt, wenn die Ausbildung nicht betrieben oder abgebrochen wird.

> **Duldung für Personen mit ungeklärter Identität**
>
> Nach § 60b AufenthG kann vollziehbar ausreisepflichtigen Ausländer*innen eine „Duldung für Personen mit ungeklärter Identität" erteilt werden, wenn die Abschiebung aus von ihnen selbst zu vertretenden Gründen nicht vollzogen werden kann, weil sie das Abschiebungshindernis durch eigene Täuschung über ihre Identität oder Staatsangehörigkeit oder durch eigene falsche Angaben selbst herbeigeführt oder sie zumutbare Handlungen zur Erfüllung er besonderen Passbeschaffungspflicht nicht vornehmen. Die Duldung wird mit einem entsprechenden Zusatz versehen und damit der Grund für diese erkennbar. Es besteht für die geduldeten Personen eine besondere Rechtspflicht zur Passbeschaffung (§ 60b Abs. 2 AufenthG). Die Zeit dieser Duldungsform wird nicht als Zeiten des rechtmäßigen Aufenthalts angerechnet, was insbesondere für den Übergang zu Analogleistungen nach § 2 AsylbLG oder für eine Aufenthaltsgewährung bei nachhaltiger Integration (§§ 25a, 25b AufenthG, s.u.).[207]
> Darüber hinaus können diese Personen in Abschiebehaft wegen vermuteter Fluchtgefahr genommen werden (§ 62 Abs. 3b Nr. 5 AufenthG), wenn sie ihre Passbeschaffungspflicht nicht erfüllen oder ihre Mitwirkungspflicht zur Feststellung ihrer Identität verweigern. Eine Erwerbstätigkeit wird ihnen nicht erlaubt

Eine Duldung gilt i.d.R. *nur für kurze Zeit* – einen Monat, drei oder sechs Monate. Es besteht – abgesehen von der gruppenbezogenen Aussetzungsbefugnis nach § 60a Abs. 1 AufenthG („Abschiebestopp Erlass") – keine „Maximaldauer" für eine Duldung – sie kann beliebig oft verlängert werden, solange das Abschiebehindernis vorliegt. Ein Recht zum Aufenthalt besteht auch bei mehreren Jahren Duldung dem Grunde nach nicht.

> **Aufenthaltserlaubnis bei nachhaltiger Integration – § 25b AufenthG**
>
> Geduldete Ausländer*innen können eine Aufenthaltserlaubnis bei nachhaltiger Integration in die Lebensverhältnisse Deutschlands erhalten. Hierfür müssen sie sich regelmäßig seit mindestens sechs Jahren oder – falls sie zusammen mit einem minderjährigen ledigen Kind in häuslicher Gemeinschaft leben – seit mindestens vier Jahren ununterbrochen geduldet, gestattet oder mit Aufenthaltserlaubnis in Deutschland aufgehalten haben, sich zur freiheitlich demokratischen Grundordnung bekennen und Grundkenntnisse über die deutsche Rechts- und

---

[207] Zu den Einzelheiten s. BT-Drucks. 19/10047, S. 37ff.

Gesellschaftsordnung und die Lebensverhältnisse besitzen, ihren Lebensunterhalt überwiegend selbst sichern bzw. erwartbar selbst sichern können und über hinreichende Deutschkenntnisse verfügen (Niveau A2); Kinder im schulpflichtigen Alter müssen den tatsächlichen Schulbesuch nachweisen.

Geduldete Ausländer*innen haben einen Anspruch auf die Ausstellung einer *Duldungsbescheinigung* (§ 60a Abs. 4 AufenthG), die allerdings erlischt, wenn sie Deutschland verlassen (§ 60a Abs. 5 Satz 1 AufenthG). Zudem kann sie widerrufen werden, wenn die Gründe für die Aussetzung der Abschiebung entfallen sind.

Abbildung 20

Quelle: Opihuck (https://commons.wikimedia.org/wiki/File:Duldung-Traegervordruck.jpg), „Duldung-Traegervordruck", als gemeinfrei gekennzeichnet, Details auf Wikimedia Commons: https://commons.wikimedia.org/wiki/Template:PD-GermanGov

Besonderheiten gelten für die Abschiebung *geduldeter Ausländer*innen mit Kindern unter 12 Jahren*. Besteht die Duldung länger als ein Jahr, muss der Widerruf dieser Duldung nach § 60a Abs. 5 Satz 2 AufenthG mindestens einen Monat im Voraus angekündigt werden, es sei denn, die Gründe, die der Abschiebung entgegenstehen, wurden durch die betroffenen Personen durch vorsätzlich falsche Angaben oder durch Täuschung über die Identität oder Staatsangehörigkeit selbst herbeigeführt oder sie haben zumutbare Mitwirkungshandlungen nicht vorgenommen (§ 60a Abs. 5a AufenthG).

Der Aufenthalt geduldeter (vollziehbar ausreisepflichtiger) Ausländer*innen ist nach § 61 AufenthG räumlich – zunächst auf das Gebiet des jeweiligen Bundeslandes – beschränkt. Werden Leistungen nach dem AsylbLG bezogen, sind sie verpflichtet, an einem bestimmten Ort ihren gewöhnlichen Aufenthalt zu nehmen (*Wohnsitzauflage*). Solange die Ausländerbehörde nichts Anderes entschieden hat, ist das der Wohnort, an dem die*der Ausländer*in zum Zeitpunkt der Entscheidung über die vorübergehende Aussetzung der Abschiebung gewohnt hat (§ 61 Abs. 1d) AufenthG). Wird ein Antrag auf einen Wohnortwechsel gestellt, muss dieser mit einem Antrag auf Erteilung einer neuen Duldung bei der Ausländerbehörde des neuen Aufenthaltsortes gestellt werden; bis dahin sind die Ansprüche nach dem AsylbLG eingeschränkt.

> **Leistungseinschränkungen bei Verstoß gegen räumliche Beschränkung**
>
> Halten sich Leistungsberechtigte nach dem AsylbLG entgegen aufenthaltsrechtlich festgelegten räumlichen Beschränkungen woanders auf, erhalten sie von den für die Leistungen zuständigen Träger des tatsächlichen Aufenthaltsortes regelmäßig nur Reisebeihilfen zur Deckung des unabweisbaren Bedarfs für die Reise zu ihrem rechtmäßigen Aufenthaltsort (§ 11 Abs. 2 AsylbLG). Das sind i.d.R. Fahrkarten und Reiseproviant.

Ausländer*innen mit Duldung erhalten *Leistungen zur Sicherung des Lebensunterhalts* nach dem AsylbLG (§ 1 Abs. 1 Nr. 4 AsylbLG). Die Berechtigten haben Anspruch auf Grundleistungen nach §§ 3, 3a AsylbLG (→ Kap. 3.3.2 Buchst. a), Leistungen bei Krankheit, Schwangerschaft und Geburt nach § 4 AsylbLG (→ Kap. 3.3.2 Buchst. b) sowie sonstige Leistungen nach § 6 Abs. 1 AsylbLG (→ Kap. 3.3.2 Buchst. c). Nach einem Aufenthalt von mehr als 36 Monaten erhalten die Leistungsberechtigten *Analogleistungen* nach § 2 AsylbLG (→ Kap. 3.4.2), sofern sich die Leistungsberechtigten in diesem Zeitraum ohne wesentliche Unterbrechung im Bundesgebiet aufhalten und die Dauer des Aufenthalts nicht rechtsmissbräuchlich beeinflusst haben. Die Weigerung einer freiwilligen Ausreise von Inhaber*innen einer Duldung ist aber keine rechtsmissbräuchliche Beeinflussung der Aufenthaltsdauer.[208]

---

208 LSG Niedersachsen-Bremen 12.12.2016 – L 8 AY 51/16 B ER.

Chancen-Aufenthaltsrecht

Ausländer*innen, die am 31.10.2022 geduldet waren, können nach § 104c AufenthG ein Chancenaufenthaltsrecht bekommen. Der Aufenthaltstitel umfasst längstens 18 Monate. Dieser Titel führt zu einem Anspruch auf Bürgergeld nach dem SGB II. Ehegatt*innen, Lebenspartner*innen und minderjährige ledige Kinder dieser Personen können ebenfalls ein Chancen-Aufenthaltsrecht erhalten, auch ohne die Voraussetzung des fünfjährigen Aufenthalts erfüllt zu haben. Sie haben dann ebenfalls Anspruch auf Leistungen nach dem SGB II.

Leistungen nach dem AsylbLG können für geduldete Menschen und ihre Familienangehörigen nach § 1a Abs. 2, 3 und 6 AsylbLG *eingeschränkt* werden. Keine Relevanz für geduldete Ausländer*innen hat die Anspruchseinschränkung nach § 1a Abs. 1 Satz 1 AsylbLG (Einschränkung nach Ablauf des Ausreisetermins oder der Ausreisemöglichkeit). Denn diese Vorschrift erfasst nur vollziehbar Ausreisepflichtige nach § 1 Abs. 1 Nr. 5 AsylbLG[209] (→ Kap. 3.5.5).

Abbildung 21

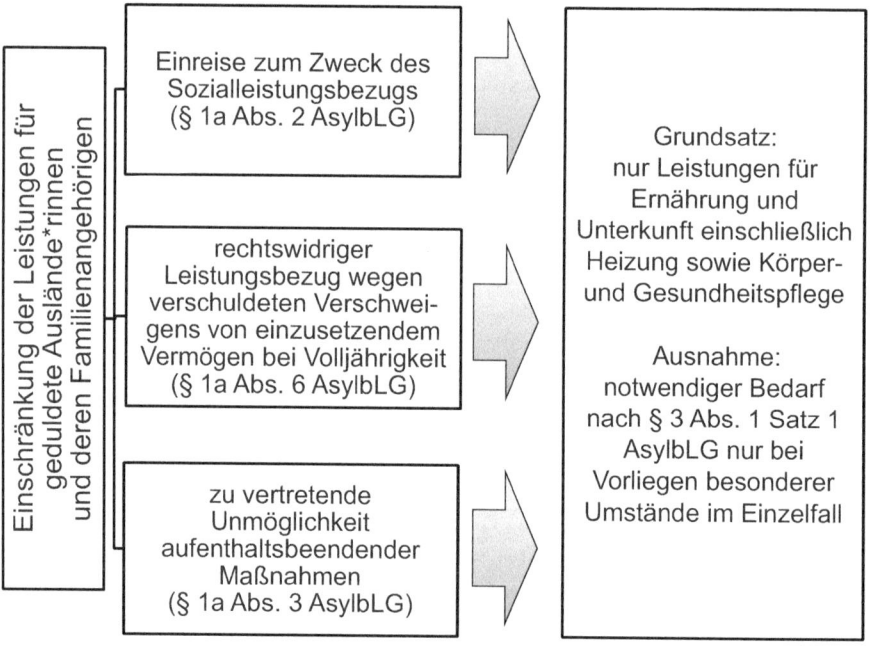

Die Voraussetzung der Anspruchseinschränkung nach § 1a Abs. 2 AsylbLG – *Einreise mit der Absicht des Sozialleistungsbezuges* – liegt nur dann vor, wenn der Leistungsbezug das prägende Motiv bei der Einreise der Leistungsberechtigten gewesen ist.[210] Eine Einreise aus einem sicheren Drittstaat lässt nicht zwingend die

---

209 LSG Niedersachsen-Bremen 12.12.2016 – L 8 AY 51/16 B ER.
210 Wahrendorf in Grube/Wahrendorf, § 1a AsylbLG Rn. 11.

Schlussfolgerung zu, dass diese nur erfolgte, um Leistungen nach dem AsylbLG zu beziehen.[211] Wird allerdings kein Antrag auf Asyl gestellt, verfügen die Ausländer*innen über keine Sprachkenntnisse, keine finanziellen Mittel und nur über eine geringe Schul- und Ausbildung, so dass ihnen von vornherein die Aussicht auf eine soziale und berufliche Integration verwehrt ist, so liegen hinreichende Indizien vor, die den Schluss auf eine rechtsmissbräuchliche Einreiseabsicht erlauben.[212] Denn in solchen Fällen sind die Ausländer*innen auf staatliche Hilfe zum Bestreiten des Lebensunterhaltes in der Bundesrepublik angewiesen. Haben Ausländer*innen vor Erteilung einer Duldung allerdings einen Asylantrag gestellt, ist eine Leistungseinschränkung i.d.R. nicht gerechtfertigt.

Eine Leistungseinschränkung ist nach § 1a Abs. 3 AsylbLG möglich, wenn *aufenthaltsbeendende Maßnahmen* für geduldete Ausländer*innen (z.B. Ausweisung nach § 53 AufenthG, Abschiebung nach § 58 AufenthG oder Zurückschiebung nach § 57 AufenthG) *nicht vollzogen* werden können und sie dies durch ihr Verhalten verursacht haben. Wenn die Ausländerbehörde indessen selbst keine aufenthaltsbeendenden Maßnahmen beabsichtigt, ist eine Einschränkung nicht zulässig.[213]

> **Beispiele für anspruchseinschränkendes Verhalten i.S.d. § 1a Abs. 3 AsylbLG:**
>
> Ausländer*innen wirken nicht bei der Pass- oder Dokumentenbeschaffung mit, vernichten Ausweispapiere, täuschen über ihre Identität oder Staatsangehörigkeit, verschleiern sie oder machen falsche Angaben hierzu, leisten Widerstand gegen die vollzugsbeendenden Maßnahmen; auch die Inanspruchnahme von Kirchenasyl wurde von der Rechtsprechung als zu vertreten müssende Handlung angesehen.[214]

Die Leistungseinschränkung nach § 1a Abs. 6 AsylbLG betrifft Fälle, in denen volljährige Leistungsberechtigte vorsätzlich oder grob fahrlässig *einzusetzendes Vermögen verschweigen,* d.h. entweder nicht angeben oder nicht unverzüglich mitteilen, und deshalb zu Unrecht Leistungen nach dem AsylbLG beziehen.

Alle drei zuvor genannten, relevanten Tatbestände zur Leistungseinschränkung verweisen für die *Rechtsfolge* auf § 1a Abs. 1 AsylbLG.[215] Nach Satz 1 dieser Vorschrift wird der Anspruch auf Leistungen nach §§ 2, 3 und 6 AsylbLG ausgeschlossen. Nach Satz 2 dieser Vorschrift stehen den Ausländer*innen nur noch Leistungen zur Deckung ihres Bedarfs an Ernährung und Unterkunft einschließlich Heizung sowie an Körper- und Gesundheitspflege zu. Nach Satz 3 dieser Vorschrift können sie bei Vorliegen besonderer Umstände des Einzelfalls weitere Leistungen zur Deckung des notwendigen Bedarfs im Sinne des § 3 Abs. 1 Satz 1 AsylbLG erhalten. Leistungen des persönlichen Bedarfs im Sinne des § 3 Abs. 1 Satz 2 AsylbLG bleiben ausgeschlossen.

---

211 OVG Berlin 4.2.1999 – 6 SN 230.98, 6 SN 11.99.
212 Vgl. jurisPK/Oppermann, § 1a Rn. 30, auch LSG Nordrhein-Westfalen 12.1.2001 – L 20 B 58/08 AY.
213 SG Oldenburg 21.1.2016 – S 26 AY 28/15 ER.
214 LSG Bayern 11.11.2016 – L 8 AY 28/16 B ER.
215 Für eine verfassungsrechtliche Bewertung dieser Regelung vgl. BeckOK AuslR/Spitzlei AsylbLG § 1a Rn. 7–11.

Geduldete Ausländer*innen können zu *Arbeitsgelegenheiten oder zu gemeinnützigen Tätigkeiten* nach § 5 AsylbLG herangezogen werden (→ Kap. 3.3.2 Buchst. f). Kommen sie diesen Tätigkeiten trotz Belehrung und ohne einen wichtigen Grund für die Ablehnung nicht nach, werden die Leistungen nach dem AsylbLG eingeschränkt (→ ebenda). Ausländer*innen mit einer Ermessensduldung aus dringenden humanitären oder persönlichen Gründen oder wegen eines erheblichen öffentlichen Interesses an der vorübergehenden weiteren Anwesenheit (§ 60a Abs. 2 Satz 3 AufenthG, s.o.) können schriftlich zur Teilnahme an einem *Integrationskurs* verpflichtet werden, wenn sie volljährig, arbeitsfähig, aber nicht erwerbstätig sind und nicht mehr der Vollzeitschulpflicht unterliegen (§ 5b AsylbLG).

> **Keine Erlaubnis für eine Erwerbstätigkeit (§ 60a Abs. 6 AufenthG)**
>
> Geduldete Ausländerinnen und Ausländer dürfen keine Erwerbstätigkeit ausüben, wenn
>
> - sie eingereist sind, um Leistungen nach dem AsylbLG zu erhalten,
> - die aufenthaltsbeendenden Maßnahmen aus Gründen nicht vollzogen werden können, die sie selbst zu vertreten haben (z.B. Täuschung über die Identität oder Staatsangehörigkeit oder falsche Angaben gemacht),
> - sie Staatsangehörige eines sicheren Herkunftsstaates nach § 29a AsylG sind und ihr nach dem 31.8.2015 gestellter Asylantrag abgelehnt wurde.
>
> Das Verbot für eine Erwerbstätigkeit gilt auch für die Aufnahme einer betrieblichen Ausbildung oder einer selbständigen Tätigkeit.

Liegt keiner dieser Fälle vor, kann geduldeten Ausländer*innen nach Maßgabe des § 60a Abs. 5b AufenthG die *Ausübung einer Erwerbstätigkeit* erlaubt werden, wenn die BA zugestimmt hat oder durch Rechtsverordnung bestimmt ist, dass die Ausübung der Beschäftigung ohne Zustimmung der BA zulässig ist. Eine *Ausnahme* besteht allerdings, wenn zum Zeitpunkt der Beantragung der Erlaubnis zur Ausübung einer Erwerbstätigkeit *konkrete Maßnahmen zur Aufenthaltsbeendigung* bevorstehen, die in einem hinreichenden sachlichen und zeitlichen Zusammenhang zur Aufenthaltsbeendigung stehen. Solche Maßnahmen sind nach § 60a Abs. 5b Satz 2 AufenthG z.B. die Veranlassung einer ärztlichen Untersuchung zur Reisefähigkeit, die Buchung von Transportmitteln für die Abschiebung oder konkrete Vorbereitungsmaßnahmen zur Abschiebung. Darüber hinaus kann nach § 4a Abs. 4 AufenthG eine *Erlaubnis zu einer kontingentierten kurzzeitigen Beschäftigung oder eine Saisonbeschäftigung* erteilt werden oder wenn Geduldete dies durch eine zwischenstaatliche Vereinbarung, ein Gesetz oder eine Rechtsverordnung oder durch eine Behörde erlaubt ist.

Nach § 4a Abs. 4 AufenthG i.V.m. § 32 Abs. 1 BeschV kann geduldeten Ausländer*innen zudem die Zustimmung zur *Ausübung einer Beschäftigung* erteilt werden, wenn sie sich seit drei Monaten erlaubt, geduldet oder mit Aufenthaltsgestattung im Bundesgebiet aufhalten. Nach § 32 Abs. 2 BeschV ist die Zustimmung nicht erforderlich, z.B. bei Pflichtpraktika, Berufsausbildungen in einem staatlich anerkannten Ausbildungsberuf, bestimmten Beschäftigungen (etwa Hochqualifizierte, Führungskräfte, Freiwilligendienste, Sportler, Künstler usw.), Beschäftigung im Betrieb des in häuslicher Gemeinschaft lebenden Ehegatten, Lebenspartners, Verwandten oder Verschwägerten im ersten Grad sowie bei jeder Beschäftigung nach ununterbrochenem vierjährigem erlaubtem, geduldetem oder gestattetem Aufenthalt.

Leistungen der *Berufsvorbereitung* (z.B. berufsvorbereitende Bildungsmaßnahme) können geduldete Ausländer*innen bei Einreise nach dem 31.7.2019 erhalten, wenn sie sich seit mindestens 9 Monaten erlaubt, gestattet oder geduldet im Bundesgebiet aufhalten und schulische Kenntnisse und Kenntnisse der deutschen Sprache besitzen, die einen erfolgreichen Übergang in eine Berufsausbildung erwarten lassen. Sind sie vor dem 1.8.2019 eingereist, ist anstelle des neunmonatigen Aufenthalts Voraussetzung, dass ihre Abschiebung seit mindestens drei Monaten ausgesetzt ist.

Geduldete Ausländer*innen, die eine berufsvorbereitende Bildungsmaßnahme oder eine förderungsfähige Berufsausbildung (z.B. in einem staatlich anerkannten Ausbildungsberuf) absolvieren und hilfebedürftig sind, haben Anspruch auf *Berufsausbildungsbeihilfe*, wenn sie sich seit mindestens 15 Monaten ununterbrochen erlaubt, gestattet oder geduldet im Bundesgebiet aufhalten (§ 60 Abs. 3 Satz 2 SGB III). Zudem müssen sie die Regelvoraussetzungen einer Förderberechtigung erfüllen, d.h. sie müssen außerhalb der elterlichen Wohnung wohnen, und die Ausbildungsstätte darf nicht von der elterlichen Wohnung aus in angemessener Zeit erreichbar sein. Auf die Erreichbarkeit von der elterlichen Wohnung aus kommt es nicht an, wenn sie volljährig, verheiratet bzw. verpartnert sind, mit einem Kind zusammenleben oder wenn der Verweis auf die elterliche Wohnung aus schwerwiegenden sozialen Gründen nicht möglich ist.

Geduldete Ausländer*innen und deren Ausbildungsbetriebe können bei Vorliegen der persönlichen Voraussetzungen einer Förderberechtigung (§ 74 Abs. 3 SGB III) – wie inländische junge Menschen – während einer betrieblichen Berufsausbildung oder Einstiegsqualifizierung durch Maßnahmen der *Assistierten Ausbildung* gefördert werden. Sie können bereits in der Vorphase, d.h. bei der Suche nach und Aufnahme einer betrieblichen Berufsausbildung, unterstützt werden, wenn sie die Vollzeitschulpflicht erfüllt haben und eine Erwerbstätigkeit ausüben dürfen (§ 75a Abs. 1 Satz 2 SGB III). Geduldete Ausländer*innen müssen darüber hinaus

- sich seit mindestens 15 Monaten (3 Monate bei vor dem 1.8.2019 eingereisten Ausländer*innen) erlaubt, gestattet oder geduldet im Bundesgebiet aufhalten und
- schulische Kenntnisse und Kenntnisse der deutschen Sprache besitzen, die einen erfolgreichen Übergang in eine Berufsausbildung erwarten lassen.

Bezüglich *weiterer Sozialleistungen* gilt für Ausländer*innen mit Duldung:

- Als geduldete Ausländer*innen erhalten sie i.d.R. kein *Kindergeld* (§ 62 Abs. 2 EStG, § 1 Abs. 3 BKGG), keinen *Kinderzuschlag* (§ 6a BKGG), kein *Elterngeld* (§ 1 Abs. 7 BEEG) und keinen *Unterhaltsvorschuss*. Eine Ausnahme bildet der Fall der Beschäftigungsduldung nach § 60d AufenthG, der für bis zum 31.12.2022 eingereiste, geduldete und nachhaltig beschäftigte Ausländer*innen eine befristete Duldung vorsieht, die anschließend in eine Aufenthaltserlaubnis nach § 25b Abs. 6 AufenthG überführt werden soll.

- Als Leistungsberechtigte nach dem AsylbLG sind sie von den Leistungen der *Grundsicherung für Arbeitsuchende nach dem SGB II* sowie der *Sozialhilfe nach dem SGB XII*, einschließlich der Leistungen in besonderen Lebenslagen, grundsätzlich ausgeschlossen (§ 7 Abs. 1 Satz 2 Nr. 3 SGB II bzw. § 23 Abs. 2 SGB XII). Möglich sind allerdings Leistungen analog dem SGB XII nach einem ununterbrochenen Aufenthalt von 36 Monaten (§ 2 AsylbLG).

- Geduldete Ausländer*innen haben Anspruch auf *Ausbildungsförderung* nach dem BAföG, wenn sie ihren ständigen Wohnsitz in Deutschland haben und sich seit mindestens 15 Monaten ununterbrochen rechtmäßig, gestattet oder geduldet im Bundesgebiet aufhalten (§ 8 Abs. 2a BAföG).

- *Wohngeld* erhalten geduldete Ausländer*innen nicht, weil sie als Leistungsberechtigte nach dem AsylbLG (Leistungen in besonderen Fällen § 2 AsylbLG und Grundleistungen §§ 3, 3a AsylbLG) von dieser Leistung ausgeschlossen sind (§ 7 Abs. 1 Satz 1 Nr. 8 WoGG). Dies gilt auch für ihre Familienangehörigen (§ 7 Abs. 2 Nr. 5 WoGG).

Zusammenfassung: Sozialleistungen bei Duldung nach § 60a AufenthG

Sozialleistung	Rechtsgrundlage	Inhalt der Leistung	Zuständigkeit	Antrag	zu beachten!
Leistungen zur Sicherung des Lebensunterhalts	§§ 3, 3a AsylbLG	Grundleistungen	von den Bundesländern bestimmte Leistungsträger (§ 10 AsylbLG)	nein	nach Voraufenthalt von 36 Monaten ohne wesentliche Unterbrechung Analogleistungen nach § 2 AsylbLG

Leistungseinschränkungen bei Verstoß gegen die Wohnsitzpflicht und nach § 1a Abs. 2, 3, 6 AsylbLG

Einschränkungen bei Duldung nach § 60d AufenthG |
Medizinische Versorgung	§ 4 AsylbLG	Behandlung bei akuten Erkrankungen und Schmerzzuständen, Präventionsmaßnahmen, Leistungen für Schwangere und Wöchnerinnen entsprechend den GKV-Leistungen		nein	
Sonstige Leistungen	§ 6 Abs. 1 AsylbLG	einzelfallbezogen, in atypischen Bedarfslagen		nein	
Leistungen in besonderen Lebenslagen	§ 2 AsylbLG i.V.m. Kapitel 5 bis 9 SGB XII analog sowie Teil 2 des SGB IX analog	Eingliederungshilfe, Hilfe zur Pflege, Hilfe zur Überwindung besonderer sozialer Schwierigkeiten, Hilfe in anderen Lebenslagen		nein	Voraufenthalt von 36 Monaten
Ausbildungsförderung	§ 8 Abs. 2a BAföG

§ 60 Abs. 3 Satz 2 SGB III | einkommensabhängige Unterstützung für Studium und Berufsausbildung

ausbildungsunterstützende Leistungen nach dem SGB III für Berufsausbildung | BAföG-Ämter des Studentenwerks

Bundesagentur für Arbeit | ja | Voraufenthalt von 15 Monaten notwendig

kein Ausschluss einer Erwerbstätigkeit nach § 60a Abs. 6 AufenthG |

Teil 1: Sozialleistungen für geflüchtete Menschen

Sozialleistung	Rechtsgrundlage	Inhalt der Leistung	Zuständigkeit	Antrag	zu beachten!
Kindergeld	grundsätzlich nicht				
Kinderzuschlag					
Elterngeld					
Unterhaltsvorschuss					
Wohngeld	kein Anspruch				
Soziales Entschädigungsrecht	§ 7 SGB XIV	Leistungen nach § 3 SGB XIV	Bestimmung durch Bundesländer, § 112 SGB XIV	ja	Gleichbehandlungsgebot Anspruch auf Übernahme von Dolmetscherkosten

3.5.5 Weitere Fallkonstellationen des AsylbLG

Nach § 1 Abs. 1 AsylbLG werden die existenzsichernden Leistungen des AsylbLG in einer Reihe von weiteren Fällen gewährt.

- Hierzu gehören zunächst die Ausländer*innen, die über einen Flughafen einreisen wollen und denen die Einreise nicht oder noch nicht gestattet ist (§ 1 Abs. 1 Nr. 2 AsylbLG). § 1 Abs. 1 Nr. 2 AsylbLG betrifft Asylsuchende, die unter das sog. *Flughafenverfahren* nach § 18a AsylG fallen. Es handelt sich hierbei um ein Schnellverfahren, das Ausländer*innen aus einem sicheren Herkunftsstaat betrifft oder für diejenigen, die ohne gültigen Pass oder Passersatz mit dem Flugzeug einreisen. Einrichtungen für ein solches Verfahren gibt es an den Flughäfen in Berlin-Brandenburg, Düsseldorf, Frankfurt am Main, Hamburg und München. Die Flüchtlinge verbleiben während des Verfahrens im Transitbereich des Flughafens. Sie äußern ihr Asylbegehren gegenüber den Grenzbehörden (Bundespolizei). Diese Personengruppe fällt nicht unter die Leistungsberechtigung nach § 1 Abs. 1 Nr. 1 AsylbLG, weil für dieses Verfahren keine Aufenthaltsgestattung erteilt wird.

- Leistungsberechtigt nach § 1 Abs. 1 Nr. 5 AsylbLG sind Ausländer*innen, die nach § 50 AufenthG *vollziehbar ausreisepflichtig* sind. Diese haben entweder keinen Asylantrag gestellt oder sind nicht im Besitz eines erforderlichen Aufenthaltstitels. Es handelt sich hierbei um einen Auffangtatbestand. Ausländer*innen, deren Asylantrag rechtskräftig abgelehnt wurde oder die ihren Asylantrag zurückgenommen haben, besitzen keine Aufenthaltsgestattung (§ 55 Abs. 1, § 67 Abs. 1 Nr. 3 AsylG) mehr. Verbleiben sie allerdings bis zur Ausreise oder Abschiebung im Bundesgebiet, erhalten sie weiterhin Leistungen nach dem AsylbLG.²¹⁶ Das betrifft auch Personen, die in Abschiebehaft sitzen.²¹⁷ Darüber hinaus erfasst die Vorschrift zudem diejenigen, die sich illegal, d.h. nicht registriert, in Deutschland aufhalten. Asylbewerberleistungen werden für diese Personengruppe allerdings unter bestimmten Voraussetzungen nur eingeschränkt erbracht.

Für Leistungsberechtigte nach § 1 Abs. 1 Nr. 5 AsylbLG sind *Anspruchseinschränkungen* nach § 1a AsylbLG zu beachten. Nach § 1a Abs. 1 Satz 1 AsylbLG haben sie ab dem auf den Ausreisetermin folgenden Tag keinen Anspruch mehr auf die Leistungen nach den §§ 2, 3 und 6 AsylbLG. Nach § 1a Abs. 1 Sätze 2 und 3 AsylbLG erhalten sie bis zur Ausreise bzw. Abschiebung nur noch Leistungen zur Deckung ihres Bedarfs an Ernährung und Unterkunft einschließlich Heizung sowie Körper- und Gesundheitspflege und bei besonderen Umständen des Einzelfalls Leistungen nach § 3 Abs. 1 Satz 1 AsylbLG. In der Regel sollen diese Leistungen als Sachleistungen gewährt werden. Diese Einschränkungen gelten nicht, wenn die Betroffenen das Scheitern der Ausreise nicht zu vertreten haben. Die gleiche Anspruchseinschränkung trifft diejenigen Leistungsberechtigten nach § 1 Abs. 1 Nr. 5 AsylbLG, die zum Zweck des Bezugs von Leistungen nach dem AsylbLG eingereist sind (§ 1a Abs. 2 AsylbLG), die die Nichtvollziehbarkeit von aufenthaltsbeendenden Maßnahmen zu vertreten haben (§ 1a Abs. 3 AsylbLG), für die ein anderer Staat zuständig ist (§ 1a Abs. 4 und Abs. 7 AsylbLG) oder die anrechenbares Vermögen verschwiegen haben (§ 1a Abs. 6 AsylbLG). Vgl. zu diesen Einschränkungen auch → Kap. 3.5.4

- Leistungsberechtigt nach § 1 Abs. 1 Nr. 7 AsylbLG sind Ausländer*innen, die einen Folgeantrag nach § 71 AsylG oder einen Zweitantrag nach § 71a AsylG stellen (§ 1 Abs. 1 Nr. 7 AsylbLG). *Folgeantragstellende* sind Ausländer*innen, die einen weiteren Asylantrag stellen, nachdem ihr vorangegangener Antrag bereits unanfechtbar abgelehnt wurde oder von ihnen selbst zurückgenommen wurde (§ 71 AsylG). *Zweitantragstellende* nach § 71a AsylG haben bereits in einem sicheren Drittstaat (§ 26a AsylG) erfolglos Asyl beantragt und stellen nun in Deutschland einen weiteren Asylantrag. Wurden der Asylfolge- oder -zweitantrag abgelehnt, endet die Leistungsberechtigung nach dieser Vorschrift; eine Einschränkung des Anspruchs ist nach § 1a Abs. 5 und Abs. 6 AsylbLG möglich.

- Bei Ausländer*innen, die ohne Visum einreisen durften und sich für eine gewisse Zeit rechtmäßig im Bundesgebiet aufhalten, doch nach Ablauf der Frist ihren erforderlichen Aufenthaltstitel verspätet beantragen, gilt deren Abschiebung nach § 81 Abs. 3 Satz 2 AufenthG bis zur Entscheidung über den verspäteten Antrag als ausgesetzt. Diese Personen gelten mithin als geduldet (*Duldungsfiktion*). Im Fall der Hilfebedürftigkeit sind sie ebenfalls nach dem AsylbLG leistungsberechtigt, allerdings nicht nach § 1 Abs. 1 Nr. 4 AsylbLG (hierfür fehlt

---

216 Das bedeutet nicht, dass der sich illegal in Deutschland aufhaltende Ausländer nur Anspruch auf eine Fahrkarte hat; die freiwillige Ausreise kann nicht über Leistungskürzungen nach dem AsylbLG durchgesetzt werden, vgl. OVG Hamburg 28.12.1993 – Bs IV 222/93.
217 Wahrendorf, AsylbLG § 1 Rn. 55.

die vom Wortlaut der Vorschrift geforderte Duldung nach § 60a AufenthG), sondern nach § 1 Abs. 1 Nr. 5 AsylbLG.[218]

Keine Leistungsberechtigung nach dem AsylbLG

Sind Ausländer*innen dem Grunde nach leistungsberechtigt nach dem AsylbLG erhalten sie gleichwohl keine Leistungen nach diesem Gesetz, wenn sie aus anderen als den in § 1 Abs. 1 Nr. 3 AsylbLG genannten Gründen eine Aufenthaltserlaubnis mit einer Gesamtgeltungsdauer von mehr als sechs Monaten besitzen (§ 1 Abs. 2 AsylbLG). Umgekehrt folgt hieraus für Ausländer*innen, die bereits leistungsberechtigt nach dem AsylbLG waren, dass sie nach Legalisierung ihres Aufenthalts für weitere sechs Monate die verminderten Leistungen nach dem AsylbLG beziehen, bis sich nach Ablauf dieses Zeitraums nach der Vorstellung des Gesetzgebers ihr Bleiberecht so verfestigt hat, dass es nicht mehr durch asylverfahrensrechtliche Gründe bestimmt wird.[219]

3.6 Exkurs: unbegleitete minderjährige Geflüchtete

Unbegleitete minderjährige Geflüchtete sind in Art. 2 Buchst. d und e der RL 2013/33/EU *zur Festlegung von Normen für die Aufnahme von Personen, die internationalen Schutz beantragen (Aufnahmerichtlinie)* definiert als Drittstaatsangehörige unter 18 Jahren, die ohne Begleitung eines für sie verantwortlichen Erwachsenen in das Hoheitsgebiet eines Mitgliedstaates einreisen, solange sie sich nicht tatsächlich in der Obhut dieses Erwachsenen befinden. Die Mindeststandards regelt die Richtlinie in Art. 24. Da für sie aufgrund ihrer *besonderen Schutzbedürftigkeit* besondere rechtliche Regelungen gelten, sollen diese hier kurz dargestellt werden. Unbegleitete minderjährige Geflüchtete dürfen bis zur Volljährigkeit i.d.R. nicht abgeschoben werden, sie können entscheiden, ob sie einen Antrag auf Asyl stellen oder zunächst nur mit einer Duldung in Deutschland leben wollen (zur Besonderheit der Asylantragstellung durch das Jugendamt → s.u.). Für die Aufnahme, Unterbringung und Versorgung von unbegleiteten minderjährigen Flüchtlingen sind die Jugendämter zuständig.

3.6.1 Ablauf des Verfahrens

Das **Verfahren** bei Einreise unbegleiteter minderjähriger Geflüchteter ist maßgeblich durch das SGB VIII geprägt. Nach Feststellung der unbegleiteten Einreise eines Kindes oder Jugendlichen läuft das Verfahren folgendermaßen ab:

---

218 BeckOK MigR/Decker AsylbLG § 1 Rn. 19; Grube/Wahrendorf/Flint/Leopold AsylbLG § 1 Rn. 54.
219 BeckOK SozR/Korff AsylbLG § 1 Rn. 21.

Abbildung 22

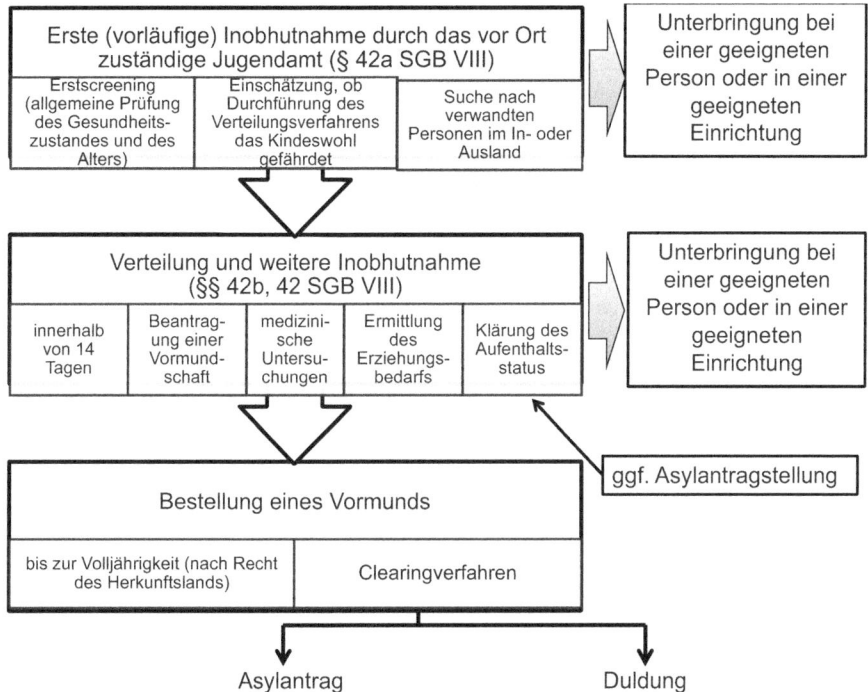

Zuständig für die vorläufige Inobhutnahme und Leistungen an unbegleitete minderjährige Geflüchtete ist nach § 88a Abs. 1 SGB VIII das *Jugendamt*, in dessen Bereich sich das Kind oder die*der Jugendliche vor Beginn der Inobhutnahme tatsächlich aufhält. Das sind bei Überschreitung der Landesgrenze vor allem die grenznahen Jugendämter, solange nicht das Landesrecht abweichende Zuständigkeitsregelungen trifft (§ 88 Abs. 1 SGB VIII a.E.). Das Jugendamt ist bei einer vorläufigen Inobhutnahme verpflichtet, den jungen Menschen über alle Schritte und Einschätzungen zu informieren und ihn hierbei zu beteiligen. Für die *Inobhutnahme* nach § 42 SGB VIII ist dann der örtliche Träger zuständig, der die*den Minderjährige*n durch die nach Landesrecht für die Verteilung von unbegleiteten ausländischen Kindern oder Jugendlichen zuständige Stelle zugewiesen bekommen hat (Umverteilung nach § 88a Abs. 2 SGB VIII). Die Minderjährigen werden allerdings nicht verteilt, wenn ein Grund nach § 42b Abs. 4 SGB VIII (u.a. Gefährdung des Kindeswohls) dagegenspricht.

So können bei der Prüfung, ob eine *Umverteilung* dem Kindeswohl entgegensteht, der physische und psychische Zustand eines Kindes, besondere Bindungen zu Personen bei längerem Aufenthalt, die räumliche Zusammenführung mit Verwandten, die gemeinsame Inobhutnahme mit Geschwistern oder ansteckende Krankheiten eine Rolle spielen.[220]

---

[220] Die Einzelheiten sind hierbei äußerst umstritten, vgl. Kepert, ZKJ 2016, 12 (14).

Werden unbegleitete Minderjährige aufgrund von Kindeswohlgesichtspunkten nicht verteilt, verbleibt die örtliche Zuständigkeit beim erstaufnehmenden Jugendamt; die vorläufige Inobhutnahme geht nahtlos in eine reguläre Inobhutnahme über.[221] Zu den Rechtshandlungen, die das Jugendamt während der Inobhutnahme von Amts wegen durchzuführen hat, gehört auch die Stellung eines Asylantrages für das Kind oder die*den Jugendliche*n in den Fällen, in denen Tatsachen die Annahme rechtfertigen, dass das Kind oder die*der Jugendliche internationalen Schutz im Sinne des § 1 Abs. 1 Nr. 2 des AsylG benötigt. Das Kind oder die*der Jugendliche ist daran zu beteiligen (§ 42 Abs. 2 Satz 5 SGB VIII). Darüber hinaus hat das Jugendamt dafür Sorge zu tragen, dass bei den Kindern und Jugendlichen unverzüglich *erkennungsdienstliche Maßnahmen* nach § 49 Abs. 8 und 9 AufenthG durchgeführt werden, wenn Zweifel über deren Identität besteht.

Nach der weiteren Inobhutnahme durch ein Jugendamt muss ein *Vormund* durch das Familiengericht bestellt werden. Im *Clearingverfahren* werden weitere Schritte im Bereich des Jugendhilferechts oder des Aufenthaltsrechts eingeleitet; insbesondere ist der Aufenthaltsstatus zu klären. Auf dessen Basis wird entschieden, ob ein Asylantrag gestellt wird, sofern dies nicht schon durch das Jugendamt während der Inobhutnahme gemacht wurde. Ist ein Asylverfahren nicht erfolgversprechend, kann die zuständige Ausländerbehörde auch eine Duldung ausstellen bzw. über andere aufenthaltsrechtliche Möglichkeiten beraten. Die Durchführung des Asylverfahrens erfolgt durch das BAMF.

Asylanträge unbegleiteter minderjähriger Geflüchteter

Bei Asylverfahren gilt, nach der Änderung des Art. 7 EGBGB[222] seit 1.1.2023 für den Eintritt in die volle Geschäftsfähigkeit deutsches Recht, d.h. Asylsuchende müssen und können mit Vollendung des 18. Lebensjahres ihren Asylantrag selbst stellen. Bis zu diesem Zeitpunkt richtete sich die Volljährigkeit und damit das Erreichen der vollen Geschäftsfähigkeit nach dem Recht des Herkunftsstaates, sodass teilweise ein Vormund über 18 Jahre hinaus bestellt werden musste.[223] Sind die Asylsuchenden unter 18 Jahre, können sie nicht allein einen Asylantrag stellen; dieser muss vom Jugendamt oder vom Vormund schriftlich direkt bei BAMF (nicht persönlich bei einer Außenstelle) gestellt werden. Stellt den Antrag der Vormund, muss seine Bestallungsurkunde vom Familiengericht beigefügt werden.

Art. 8 der *Dublin III-VO* enthält eine *Sonderregelung* für unbegleitete minderjährige Geflüchtete. Danach ist vorrangig der Aufenthalt von Familienangehörigen und sonstigen Verwandten in einem der Dublin-Staaten zu prüfen. Wenn es dem Kindeswohl nicht widerspricht und die Verwandten aufnahmebereit sind, soll eine Zusammenführung mit diesen erfolgen. Es ist nicht zulässig, unbegleitete Minderjährige wegen eines in einem anderen Mitgliedstaat des Dublin-Abkommens

---

221 Vgl. Katzenstein/Méndez de Vigo/Meysen, JAmt 2015, 530 (531).
222 Vgl. Art. 2 Nr. 1 Gesetz zur Reform des Vormundschafts- und Betreuungsrechts vom 4.5.2021, BGBl. I 2021, 882.
223 In den meisten Staaten tritt die Volljährigkeit mit 18 Jahren ein. In bestimmten Staaten erst mit 21 volljährig, in Algerien z.B. mit 19 Jahren; vgl. zu letztem auch OLG Karlsruhe, Beschluss vom 23.7.2015 – 5 WF 74/15.

gestellten Asylantrages zurück zu überstellen. Zuständig ist der Staat, in dem sich der minderjährige Flüchtling tatsächlich aufhält.

3.6.2 Unterbringung und Versorgung unbegleiteter minderjähriger Flüchtlinge

Nach dem Ende der Inobhutnahme und der Bestellung eines Vormunds bleiben minderjährige unbegleitete Flüchtlinge weiter im *Leistungsbezug nach dem SGB VIII*, es sei denn, die Vormundschaft wird von Verwandten übernommen. In diesen Fällen gelten sie nicht mehr als „unbegleitet", die Inobhutnahme endet (§ 42a Abs. 6 SGB VIII), und sie erhalten Leistungen nach dem AsylbLG.

Nach § 6 Abs. 2 SGB VIII haben auch ausländische Kinder und Jugendlichen einen Anspruch auf Leistungen nach dem SGB VIII, wenn sie rechtmäßig oder aufgrund einer ausländerrechtlichen Duldung ihren gewöhnlichen Aufenthalt in Deutschland haben. Rechtmäßig halten sich Kinder und Jugendliche mit einer Aufenthaltsgestattung zur Durchführung des Asylverfahrens oder einer Duldung auf.

Danach erhalten unbegleitete minderjährige Flüchtlinge nach Bestellung eines Vormunds:

- Leistungen nach § 34 SGB VIII, wenn sie in einer stationären Jugendhilfeeinrichtung untergebracht sind; der Lebensunterhalt wird nach den §§ 39, 40 SGB VIII sichergestellt.

> **Unterhaltsleistungen nach dem SGB VIII**
>
> Erhalten Kinder und Jugendliche Leistungen nach den §§ 32 bis 35 oder nach § 35a Abs. 2 Nr. 2 bis 4 SGB VIII ist auch der notwendige Unterhalt außerhalb des Elternhauses sicherzustellen (§ 39 SGB VIII). Er umfasst die Kosten für den Sachaufwand sowie für die Pflege und Erziehung des Kindes oder Jugendlichen durch i.d.R. laufende Leistungen. Darüber hinaus wird ein Barbetrag gewährt, dessen Höhe je nach Altersstufe durch Landesrecht bestimmt wird (Taschengeld).
> Die Jugendhilfeleistungen nach den §§ 33 bis 35 sowie nach § 35a Abs. 2 Nr. 3 oder 4 SGB VIII werden durch Leistungen der Krankenhilfe ergänzt. Der Umfang der Hilfe entspricht den Leistungen der Hilfen zur Gesundheit nach dem SGB XII (§ 40 SGB VIII).

- Leistungen nach § 33 SGB VIII, wenn sie in einer Pflegefamilie untergebracht sind – der Lebensunterhalt wird auch hier nach den §§ 39, 40 SGB VIII sichergestellt

3.6.3 Schulische und berufliche Ausbildung

Schulpflicht besteht für Kinder und Jugendliche im Asylverfahren und mit Duldung nach landesrechtlichen Vorgaben, die oben bereits dargestellt wurden (→ Kap. 3.4.2 Buchst. g).

Liegen Schulabschlüsse vor und gibt es hierfür Nachweise, können diese in Deutschland anerkannt werden, um den Einstieg in eine entsprechende Schulform zu erhalten.[224] Es besteht die Möglichkeit, Ausbildungsförderung und Berufsausbildungsbeihilfe zu erhalten; entscheidend ist der Aufenthaltsstatus.

3.7 Integrationskurse

Integrationskurse sollen Ausländer*innen ermöglichen, die Sprache, die Rechtsordnung, die Kultur und die Geschichte Deutschlands zu erlernen und sie dadurch in die Lage versetzen, alle Angelegenheiten des täglichen Lebens selbständig erledigen zu können. Die Regelungen hierzu finden sich in den §§ 43 bis 45a AufenthG. Dabei wird unterschieden zwischen Personen, die zu einem *Integrationskurs berechtigt* sind und einen Anspruch darauf haben und denen, die *verpflichtet* werden können, an einem Kurs teilzunehmen. Letztere Gruppe unterliegt – falls sie nicht an den angebotenen Integrationskursen teilnimmt ohne dafür einen wichtigen Grund zu haben – leistungsrechtlichen *Sanktionen*, die mit dem Integrationsgesetz noch einmal ausdrücklich in Bezug auf Asylbewerberleistungen aufgenommen wurden (§ 5b AsylbLG). Von der hier betroffenen Gruppe der Asylantragstellerinnen und -antragsteller bzw. der anerkannten Asylberechtigten, anerkannten Flüchtlinge und subsidiär Schutzberechtigten gilt folgendes:

Abbildung 23

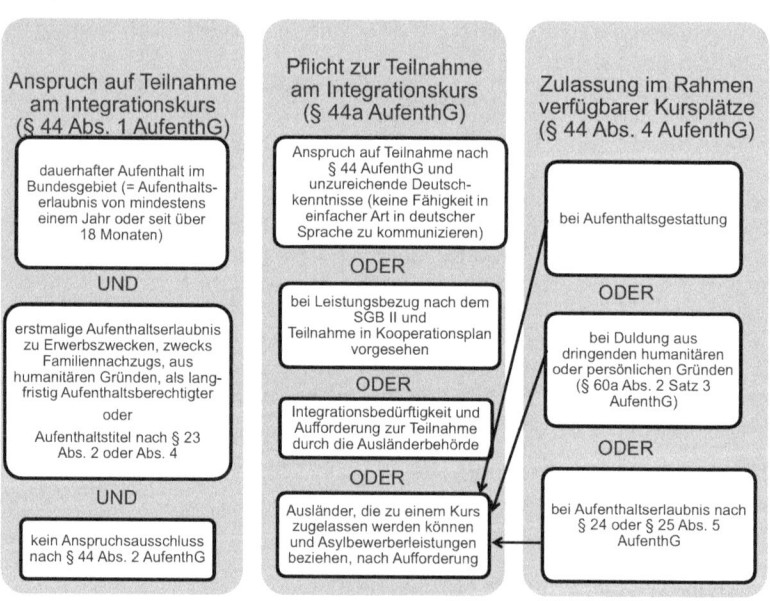

Das Recht und der Anspruch auf Teilnahme an einem Integrationskurs *erlischt ein Jahr* nach Erteilung des den Anspruch begründenden Aufenthaltstitels oder bei dessen Wegfall, es sei denn, die*der Ausländer*in hat die Nichtanmeldung zum Integrationskurs nicht zu vertreten (z.B. weil es keine ausreichende Anzahl an

---

224 Die zuständige Stelle für die Anerkennung von Schulabschlüssen findet sich unter www.anerkennung-in-deutschland.de (24.3.2024).

Plätzen gab). Der *Allgemeine Integrationskurs* besteht aus einem Sprachkurs mit dem Ziel des Erwerbs von Deutschkenntnissen auf dem Sprachniveau B 1 und einem Orientierungskurs mit dem Ziel der Vermittlung von Kenntnissen über Rechtsordnung, Kultur und Geschichte in Deutschland. Neben dem Allgemeinen Integrationskurs gibt es *spezielle Integrationskurse* für Ausländer*innen mit besonderen Bedürfnissen (z.B. Jugendintegrationskurs, Zweitschriftlernkurs, Eltern- und Frauenintegrationskurse, Alphabetisierungskurse). Zuständig für die Integrationskurse ist das BAMF, das öffentliche und private Träger mit Durchführung beauftragt.

Kinder, Jugendliche und junge Erwachsene, die eine schulische Ausbildung aufnehmen oder eine Schule in Deutschland besuchen oder Personen, Ausländer*innen mit *erkennbar geringem Integrationsbedarf* oder mit ausreichenden Kenntnissen der deutschen Sprache, haben nach § 44 Abs. 3 AufenthG *keinen Anspruch* auf einen Integrationskurs. Ausländer*innen mit ausreichenden Kenntnissen der deutschen Sprache können lediglich an einem Orientierungskurs teilnehmen.

Ob eine *Verpflichtung zur Teilnahme* an einem Integrationskurs besteht, entscheidet die jeweilig zuständige Behörde. Das sind:

1. in den Fällen, in denen Ausländer*innen einen Anspruch auf Teilnahme haben und unzureichende, nicht auch nur geringen Anforderungen genügende deutsche Sprachkenntnisse haben, die *Ausländerbehörde* bei Erteilung des Aufenthaltstitels,
2. in den Fällen, in denen Ausländer*innen Leistungen nach dem SGB II beziehen und die Teilnahme in den Kooperationsplan nach § 15 Abs. 2 SGB II aufgenommen wurde – der Träger der Grundsicherung für Arbeitsuchende (*Jobcenter*),
3. in den Fällen der besonderen Integrationsbedürftigkeit, die *Ausländerbehörde* und
4. in den Fallen, in denen die Möglichkeit zur Zulassung zu einem Integrationskurs besteht und in denen die Ausländerinnen und Ausländer Asylbewerberleistungen beziehen – die für die *Durchführung des AsylbLG zuständige Behörde*.

Die *Jobcenter* sollen im Regelfall Integrationskurse als Verpflichtung in den Kooperationsplan nach § 15 SGB II aufnehmen, wenn die Betroffenen nach dem SGB II leistungsberechtigt sind. Keine Verpflichtung besteht, wenn die*der Ausländer*in neben einer Erwerbstätigkeit auch an einem Teilzeitkurs nicht teilnehmen kann.

Darüber hinaus können die *Ausländerbehörden* bei Erteilung eines Aufenthaltstitels als anerkannte Asylberechtigte, anerkannte Geflüchtete im Sinne der GFK oder subsidiär Schutzberechtigte eine Verpflichtung zur Teilnahme an einem Integrationskurs aussprechen, wenn diese Menschen sich nur auf einfache Art in deutscher Sprache verständigen können (§ 44a Abs. 1 Satz 6 AufenthG).

> **Kosten der Integrationskurse**
>
> Für die Teilnahme am Integrationskurs haben Teilnahmeberechtigte einen Kostenbeitrag an das BAMF zu leisten, der 50 % des geltenden Kostenerstattungssatzes beträgt. Auf Antrag werden Teilnahmeberechtigte, die Leistungen nach dem SGB II, Hilfe zum Lebensunterhalt nach dem SGB XII oder Leistungen nach dem AsylbLG beziehen, gegen Vorlage eines entsprechenden Nachweises von der Kostenbeteiligung befreit. Das BAMF kann Teilnahmeberechtigte von der Kostenbeteiligung befreien, wenn es für diese unter Berücksichtigung ihrer persönlichen Umstände und wirtschaftlichen Situation eine unzumutbare Härte darstellen würde (§ 9 Abs. 2 IntV).
> Darüber hinaus können für diesen Personenkreis auch die Fahrtkosten auf Antrag bezuschusst werden (§ 4a Abs. 1 IntV).

Kommen Ausländer*innen ihrer Verpflichtung zur Teilnahme an einem Integrationskurs nicht nach, kann dies sowohl *aufenthaltsrechtliche Konsequenzen* haben (§ 44a Abs. 3 AufenthG) als auch – sofern es sich um Bezieher*innen von Asylbewerberleistungen handelt – *Kürzungen der Asylbewerberleistungen* nach sich ziehen (§ 5b Abs. 2 AsylbLG).

Aufenthaltsrechtliche Konsequenzen sind:

- keine Verlängerung der Aufenthaltserlaubnis (§ 8 Abs. 3 AufenthG),
- keine Erteilung einer Niederlassungserlaubnis (§ 9 Abs. 2 Satz 1 Nr. 7 und 8 AufenthG),
- keine Erlaubnis zum Daueraufenthalt – EU (§ 9a Abs. 2 Satz 1 Nr. 3 und 4 AufenthG) oder
- keine Verkürzung der Voraufenthaltsverpflichtung bei Einbürgerungsanträgen (§ 10 Abs. 3 StAG).

Beziehen die zum Integrationskurs verpflichteten Ausländer*innen *Asylbewerberleistungen*, verlieren diese bei Nichtteilnahme an einem solchen Kurs trotz schriftlicher Belehrung über die Rechtsfolgen ihre Leistungsansprüche nach den §§ 2, 3 und 6 AsylbLG und erhalten lediglich Leistungen nach § 1a Abs. 1 AsylbLG, d.h. Leistungen zur Deckung des Bedarfs an Ernährung und Unterkunft, einschließlich Heizung sowie Körper- und Gesundheitspflege, und bei Vorliegen besonderer Umstände im Einzelfall auch weitere Leistungen des notwendigen Bedarfs nach § 3 Abs. 1 Satz 1 AsylbLG. Diese Leistungen werden in der Regel als Sachleistungen gewährt. Diese Folgen treten nicht ein, wenn die Verpflichtung zur Teilnahme nicht zumutbar war; als wichtiger Grund gilt insbesondere eine Beschäftigung auf dem allgemeinen Arbeitsmarkt bzw. die Aufnahme einer Berufsausbildung oder eines Studiums.

Neben den allgemeinen Integrationskursen gibt es auch die *berufsbezogene Deutschförderung* nach § 45a AufenthG, die an einen Integrationskurs anschließt und auf bestimmte Berufsbereiche ausgerichtet ist. Diese Förderung muss vor allem von Ausländer*innen wahrgenommen werden, die Leistungen nach dem SGB II beziehen und eine entsprechende Teilnahme im Kooperationsplan vorgesehen ist (§ 45a Abs. 2 Satz 1 AufenthG).

3.8 Asylsuchende aus sicheren Herkunftsstaaten

Asylsuchende aus den sog. sicheren Herkunftsstaaten unterliegen *zahlreichen Einschränkungen*, die im Folgenden zusammengefasst werden. Sichere Herkunftsstaaten sind (§ 29a Abs. 2 AsylG i.V.m. Anlage II zum AsylG):

- Mitgliedstaaten der Europäischen Union
- Albanien
- Bosnien und Herzegowina
- Georgien
- Ghana
- Kosovo
- Moldau, Republik
- Montenegro
- Nordmazedonien
- Senegal
- Serbien

Bei Menschen aus diesen Staaten wird vermutet, dass ihr Asylantrag als offensichtlich unbegründet abgelehnt und ihr Aufenthalt deshalb nicht dauerhaft sein wird. Sie unterliegen folgenden Besonderheiten:

Abbildung 24

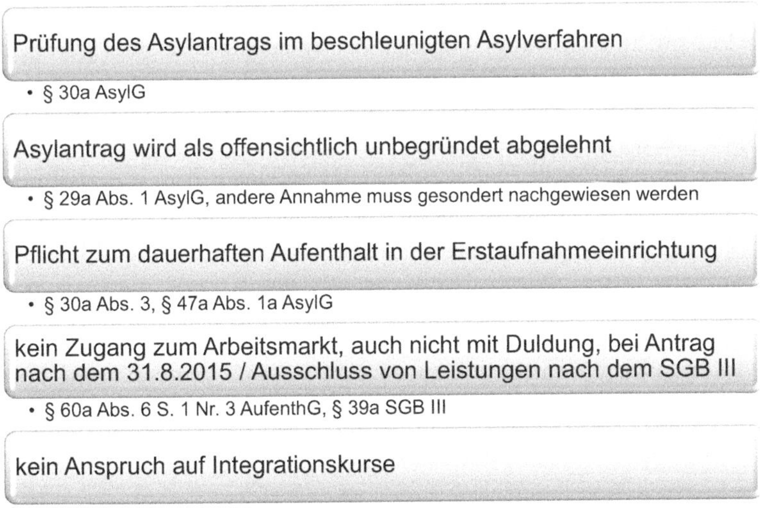

> **Prüfung des Asylantrags im beschleunigten Asylverfahren**
> - § 30a AsylG
>
> **Asylantrag wird als offensichtlich unbegründet abgelehnt**
> - § 29a Abs. 1 AsylG, andere Annahme muss gesondert nachgewiesen werden
>
> **Pflicht zum dauerhaften Aufenthalt in der Erstaufnahmeeinrichtung**
> - § 30a Abs. 3, § 47a Abs. 1a AsylG
>
> **kein Zugang zum Arbeitsmarkt, auch nicht mit Duldung, bei Antrag nach dem 31.8.2015 / Ausschluss von Leistungen nach dem SGB III**
> - § 60a Abs. 6 S. 1 Nr. 3 AufenthG, § 39a SGB III
>
> **kein Anspruch auf Integrationskurse**

4. Geflüchtete aus der Ukraine

Nach Beginn des russischen Angriffskriegs auf die Ukraine im Februar 2022 sind Hunderttausende Zivilist*innen nach Westen geflohen. Sie sind zwar insofern auch Kriegsflüchtlinge wie jene aus Syrien, allerdings gelten für sie aufgrund besonderer europarechtlicher Regelungen andere Vorschriften bezüglich des Aufenthalts und der Sozialleistungen. Deshalb wird diese Personengruppe gesondert behandelt.

4.1 Aufenthalt[225]

Um den vor dem Angriffskrieg geflüchteten Menschen unbürokratisch und schnell zu helfen, ist erstmalig in der Geschichte der Europäischen Union die bereits 2001 verabschiedete und für einen *Massenzustrom* Vertriebener geschaffene *Richtlinie 2001/55/EG*[226] in Kraft getreten . Sie bildet ein spezielles Instrument, um einen Zustrom einer großen Zahl vertriebener Personen aufzufangen, die aus einem bestimmten Land oder einem bestimmten Gebiet kommen, unabhängig davon, ob der Zustrom in die Mitgliedstaaten der EU spontan erfolgte oder durch ein Evakuierungsprogramm unterstützt wurde (Art. 2 Buchst. d) RL 2001/55/EG). Das Bestehen eines Massenzustroms wird nach Art. 5 Abs. 1 RL 2001/55/EG durch *Beschluss des Rates* mit qualifizierter Mehrheit auf Vorschlag der Kommission festgestellt. Diesen Beschluss hat der Rat der Europäischen Union am 4.3.2022 gefasst und damit die Anwendung der Massenzustromrichtlinie für *Vertriebene aus der Ukraine* erklärt.[227] Vertriebene sind nach Art. 2 Buchst. c nur Staatsangehörige von Drittstaaten oder Staatenlose, d.h. Unionsbürger*innen sowie deutsche Staatsangehörige fallen nicht in den Anwendungsbereich der Richtlinie. Der Beschluss des Rates gilt dementsprechend unmittelbar für (Art. 2 Abs. 1)

- ukrainische Staatsangehörige, die vor dem 24.2.2022 ihren Aufenthalt in der Ukraine hatten,
- Staatenlose und Staatsangehörige anderer Drittländer als der Ukraine, die vor dem 24.2.2022 in der Ukraine internationalen Schutz oder gleichwertigen nationalen Schutz genossen haben, und
- Familienangehörige beider Gruppen (Ehepartner*innen, in eheähnlicher Lebensgemeinschaft zusammenlebende Partner*innen, minderjährige ledige Kinder, enge Verwandte, die mit den Personen in einem Familienverband lebten und von ihnen abhängig waren).

Ebenso können die Mitgliedstaaten den vorübergehenden Schutz für Staatenlose oder Staatsangehörige anderer Drittländer als der Ukraine, die sich vor dem 24.2.2022 *rechtmäßig mit einem unbefristeten Aufenthaltstitel* in der Ukraine aufhielten und nicht sicher und dauerhaft in ihr Herkunftsland oder ihre Herkunftsregion zurückkehren können, ausdehnen (Art. 2 Abs. 2 Durchführungsbeschluss (EU) 2022/382). Eine dritte Gruppe betrifft Staatenlose und Staatsangehörige anderer Drittländer als der Ukraine, die sich zum Zeitpunkt des Beschlusses

---

[225] Ausführlich zu den aufenthaltsrechtlichen Bestimmungen, Dietz, NVWZ 2022, 505 ff.
[226] Richtlinie 2001/55/EG des Rates vom 20.7.2001 über Mindestnormen für die Gewährung vorübergehenden Schutzes im Falle eines Massenzustroms von Vertriebenen und Maßnahmen zur Förderung einer ausgewogenen Verteilung der Belastungen, die mit der Aufnahme dieser Personen und den Folgen dieser aufnahme verbunden sind, auf die Mitgliedstaaten (Massenzustromrichtlinie), ABl. Nr. L 212 vom 7.8.2001, S. 12-23.
[227] Durchführungsbeschluss (EU) 2022/382 des Rates vom 4.3.2022 zur Feststellung des Bestehens eines Massenzustroms von Vertriebenen aus der Ukraine im Sinne des Art. 6 der Richtlinie 2001/55/EG und zur Einführung eines vorübergehenden Schutzes, ABl. EU L 71/1.

rechtmäßig in der Ukraine aufhielten (aber keine unbefristete Aufenthaltserlaubnis haben bzw. hatten) und die nicht sicher und dauerhaft in ihr Herkunftsland oder ihre Herkunftsregion zurückkehren können (Art. 2 Abs. 3 Durchführungsbeschluss (EU) 2022/382 i.V.m. Art. 7 RL 2001/55/EG). Dabei handelt es sich i.d.R. um Studierende oder Erwerbsmigrant*innen.

Im deutschen Recht wird die RL 2001/55/EG mit § 24 *AufenthG* umgesetzt; ergänzend gilt weiterhin das Unionsrecht. Zur Umsetzung des Durchführungsbeschlusses des Rates und damit zur Anwendung des § 24 AufenthG hat das Bundesministerium des Innern und für Heimat am 14.4.2022 mit *Rundschreiben* an die zuständigen Ministerien und Senatsverwaltungen der Länder Hinweise gegeben. In diesem Rundschreiben wird der anspruchsberechtigte Personenkreis genau definiert.[228] Nach den unmittelbar vom Beschluss des Rates erfassten Personen sind – entsprechend Art. 2 Abs. 2 des Durchführungsbeschlusses - auch nicht-ukrainische Staatsangehörige eines Drittstaates oder Staatenlose berechtigt, die vor dem 24.2.2022 auf der Grundlage eines nach ukrainischen Recht erteilten unbefristeten Aufenthaltstitels sich rechtmäßig in der Ukraine aufgehalten haben; bei ihnen wird von einer maßgeblichen Verbindung zur Ukraine ausgegangen und damit nicht verlangt, dass sie sicher und dauerhaft in ihr Herkunftsland zurückkehren. Gehören Personen zum unmittelbar vom Beschluss und der Umsetzung des Beschlusses erfassten abstrakt begünstigten Personenkreis, wird ihnen in einem einstufigen Aufnahmeverfahren direkt eine Aufenthaltserlaubnis erteilt. Zuständig hierfür sind die Ausländerbehörden, die die Voraussetzungen der durch den Beschluss des Rates vorgegebenen Kriterien prüfen.

Nicht-ukrainische Staatsangehörige und Staatenlose ohne unbefristeten Aufenthaltstitel, die nicht unter die unmittelbar betroffenen Personengruppen fallen (z.B. als Familienmitglieder oder als Flüchtlinge anerkannte Personen) werden vorrangig befragt, ob sie in ihr Herkunftsland oder ihre Herkunftsregion zurückkehren möchten. Ihnen stehen entsprechende Rückkehr- und Reintegrationsprogramme zur Verfügung. Können sie nicht sicher und dauerhaft in ihre Herkunftsländer oder -regionen zurückkehren, können sie gleichwohl Schutz erhalten. Der vorübergehende Schutz nach § 24 AufenthG setzt voraus, dass sich diese Personen am 24.2.2022 nachweislich rechtmäßig (befristeter Aufenthaltstitel) und nicht nur zu einem vorübergehenden Kurzaufenthalt (maximal 90 Tage) in der Ukraine aufgehalten haben und dass sie nicht sicher und dauerhaft zurückkehren können.

Keinen Schutz nach § 24 AufenthG erhalten Personen (, die

- keinen Nachweis erbringen können, dass sie sich am 24.2.2022 rechtmäßig in der Ukraine aufgehalten haben,
- sich lediglich zu einem Kurzaufenthalt in der Ukraine aufgehalten haben (Touristen, Geschäftsreisende, Besucher u.ä.),
- sicher und dauerhaft in ihre Herkunftsländer oder ihre Herkunftsregionen zurückkehren können (hier werden als Maßstab § 60 Abs. 5 und 7 AufenthG

---

[228] https://www.germany4ukraine.de/resource/blob/2012724/2041628/a0219d9df2cf334b641b968fc534f816/zweites-laenderschreiben-data.pdf?download=1 (12.1.2024). Im Einzelnen auch Dietz, NVWZ 2022, 505 (507 ff.).

herangezogen; das Rundschreiben geht davon aus, dass eine Rückkehr nach Eritrea, Syrien oder Afghanistan grundsätzlich nicht sicher ist) oder
- staatenlos sind.

Die betroffenen Personen können – unabhängig von ihrem Schutzstatus – auch einen *Asylantrag* als Flüchtlinge stellen; dies ist nach den Erwägungsgründen Nr. 10 und Nr. 18 sowie Art. 3 Abs. 1 und Art. 17 Abs. 1 RL 2001/55/EG auch für die eigentlich unter § 24 AufenthG fallenden Personen möglich, allerdings ruht dieses Verfahren während sie den vorübergehenden Schutz nach der Massenzustromrichtlinie haben (§ 32a Abs. 1 AsylG). Auch andere Aufenthaltstitel, z.B. zum Zweck der Ausbildung, eines Studiums, der Erwerbstätigkeit oder zum Familiennachzug, sind nicht ausgeschlossen.[229]

§ 24 AufenthG legt in Abs. 1 fest, dass Ausländer*innen, die zum spezifischen Personenkreis nach dem Beschluss des Rates gehören, für die nach Art. 4 und 6 der RL 2001/55/EG bemessene *Dauer des vorübergehenden Schutzes eine Aufenthaltserlaubnis* erhalten, sofern sie ihre Bereitschaft erklären, im Bundesgebiet aufgenommen zu werden .

Antragstellung

Personen, die den Schutz nach § 24 AufenthG in Anspruch nehmen wollen und länger als 90 Tage in Deutschland bleiben möchten, müssen eine Aufenthaltserlaubnis bei der Ausländerbehörde beantragen und ihre Bereitschaft erklären, im Bundesgebiet aufgenommen zu werden. Unter der Seite https://www.germany4ukraine.de/hilfeportal-de/online-services/aufenthaltserlaubnis#/ (15.1.2024) kann die Aufenthaltserlaubnis online beantragt werden. Auf dieser Seite stehen auch die notwendigen Unterlagen, die beigefügt werden müssen.
Personen, die nicht unmittelbar unter den Beschluss des Rates fallen, aber nach Art. 7 RL 2001/55/EG i.V.m. den deutschen Umsetzungsbeschluss schutzberechtigt sind, müssen einen Antrag auf Aufnahme beim BAMF auf Erteilung einer Aufnahmezusage stellen; danach kann eine Aufenthaltserlaubnis beantragt werden.

Die *Dauer* des vorübergehenden Schutzes beträgt i.d.R. ein Jahr; sofern er nicht beendet wird, verlängert er sich automatisch jeweils um sechs Monate höchstens jedoch um ein Jahr. Die Bundesregierung hat zuletzt mit der *Ukraine-Aufenthaltserlaubnis-Fortgeltungsverordnung* die Frist für den vorübergehenden Schutz bis 4.3.2025 verlängert.[230] Damit wurden die erteilten Aufenthaltserlaubnisse für geflüchtete Menschen aus der Ukraine automatisch bis zum Ende dieser Frist verlängert; die Ausländerbehörde muss diesbezüglich nicht aufgesucht werden.[231]

---

229 Vgl. Janda, ZAR 2023, 11.
230 Verordnung zur Regelung der Fortgeltung der gemäß § 24 Abs. 1 Aufenthaltsgesetz erteilten Aufenthaltserlaubnisse für vorübergehend Schutzberechtigte aus der Ukraine vom 28.11.2023, BGBl. I vom 4.12.2023 Nr. 334.
231 Nach dem Ausländerzentralregister hielten sich zum 31.12.2023 1.133.620 Kriegsflüchtlinge aus der Ukraine in Deutschland auf, knapp 97% davon haben die ukrainische Staatsbürgerschaft; im Einzelnen s. https://mediendienst-integration.de/migration/flucht-asyl/ukrainische-fluechtlinge.html (15.1.2024).

Das Bundesamt für Migration und Flüchtlinge hat in einer einfachen Grafik die Hilfe für Geflüchtete aus der Ukraine zusammengestellt:[232]

Abbildung 25

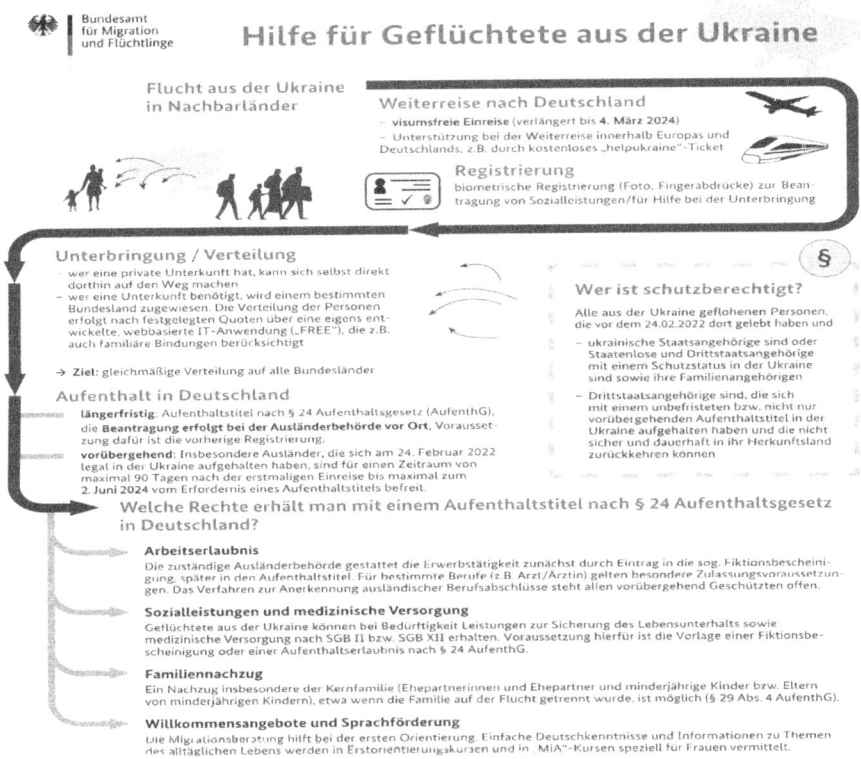

Geflüchtete aus der Ukraine können zur Steuerung des Zuzugs in den einzelnen Bundesländern Wohnsitzauflagen erhalten (§ 12a AufenthG).[233]

4.2 Sozialleistungen[234]

Nach Art. 13 RL 2001/55/EG müssen die Mitgliedstaaten dafür Sorge tragen, dass die Personen, die vorübergehenden Schutz genießen, angemessen untergebracht werden oder ggf. Mittel für eine Unterkunft erhalten, notwendige Hilfe in Form von Sozialleistungen und Leistungen zur Sicherung des Lebensunterhalts sowie im Hinblick auf die medizinische Versorgung erhalten, sofern sie nicht über aus-

---

232 https://www.germany4ukraine.de/resource/blob/2012724/2170554/305c6c16241ac4623c3aca259d24cbfb/download-information-zur-ankunft-de-neu-data.pdf?download=1 (15.1.2024).
233 Ausführlich Seidl, info also 2023, 110 ff.
234 S. hierzu auch das Gutachten der Wissenschaftlichen Dienste des Deutschen Bundestags: „Sozialleistungen an Schutzberechtigte nach der Massenzustrom-Richtline vom 10.5.2024, WD 6 – 3000 – 097/23; https://www.bundestag.de/resource/blob/1003842/d436e39c19c5f279774ee9b8630c62d7/WD-6-097-23-pdf.pdf (22.5.2024).

reichende Mittel verfügen. Die medizinische Versorgung umfasst mindestens die Notversorgung und die unbedingt erforderliche Behandlung von Krankheiten. Besondere Bedürfnisse von z.B. unbegleiteten Minderjährigen oder Personen, die Opfer von Folter, Vergewaltigung oder sonstigen schwerwiegenden Formen psychischer, körperlicher oder sexueller Gewalt geworden sind, müssen berücksichtigt werden.

Die Bundesrepublik ist dieser Verpflichtung „überobligatorisch"[235] nachgekommen, indem sie Geflüchtete aus der Ukraine, für die die Massenzustromrichtlinie und der Beschluss des Rates gilt, sozialrechtlich im Wesentlichen deutschen Staatsangehörigen oder Personen mit dauerhaftem Aufenthaltsrecht gleichgestellt hat. Allerdings müssen sie sich für den Bezug von Sozialleistungen bei einer Erstaufnahmeeinrichtung oder bei einer Ausländerbehörde registrieren und erkennungsdienstlich (§ 49 Abs. 4a AufenthG) behandeln lassen. Diese *erkennungsdienstliche Behandlung* ist – neben einem (Antrag auf einen) Aufenthaltstitel zum vorübergehenden Schutz bzw. einer entsprechenden *Fiktionsbescheinigung*[236] - für den Anspruch auf Sozialleistungen zwingend erforderlich. Zur Gewährleistung und Erleichterung der Integration haben Geflüchtete aus der Ukraine mit diesem Aufenthaltstitel bzw. dieser Bescheinigung sofortigen Zugang zum Arbeitsmarkt, Wohnsitzauflagen werden bei Aufnahme einer Beschäftigung erleichtert und der Besuch von Integrationsmaßnahmen und Weiterbildung zügig ermöglicht.

4.2.1 Existenzsichernde Leistungen

Bis Mai 2022 waren Personen mit einem Aufenthaltstitel nach § 24 AufenthG in den Anwendungsbereich des § 1 Abs. 1 Nr. 3a AsylbLG einbezogen. Mit dem Einmalzahlungsgesetz[237] wurden sie aus § 1 AsylbLG herausgenommen. Konsequenz dessen war der Zugang zu den Leistungen nach dem SGB II und dem SGB XII; damit sollten vor allem die Krankenversicherung verbessert und die schnelle Integration in den deutschen Arbeitsmarkt erleichtert werden.[238]

Seit 1.6.2022 erhalten danach Menschen mit einer Aufenthaltserlaubnis nach § 24 AufenthG Leistungen nach dem SGB II und dem SGB XII; für Personen mit einer Fiktionsbescheinigung gilt dies nach § 74 SGB II. Die Leistungsberechtigung nach dem SGB XII ergibt sich für beide Personengruppen aus § 146 SGB II. Ob sie *Leistungen nach dem SGB II oder dem SGB XII* erhalten, bestimmt sich danach, ob sie erwerbsfähig sind und/oder ob sie mit einer erwerbsfähigen leistungsberechtigen Person in einer Bedarfsgemeinschaft leben; in diesem Fall erhalten sie Leistungen nach dem SGB II vom Jobcenter (Bürgergeld und Eingliederungsmaßnahmen). Bei fehlender dauerhafter Erwerbsfähigkeit, bei Bezug von Altersrenten oder bei fehlender Erwerbsfähigkeit außerhalb einer Bedarfsgemeinschaft nach

---

235 So Janda, ZAR 2023, 13.
236 Diese wird ausgestellt, wenn eine Person einen Aufenthaltstitel beantragt hat, sich rechtmäßig im Bundesgebiet aufhält und bereits registriert wurde.
237 Gesetz zur Regelung eines Sofortzuschlages und einer Einmalzahlung in den sozialen Mindestsicherungssystemen sowie zur Änderung des Finanzausgleichsgesetzes und weiterer Gesetze vom 23.5.2022, BGBl. I S. 760.
238 Vgl. Janda, ZAR 2023, 12.

dem SGB II gibt es Leistungen der Sozialhilfe (Hilfe zum Lebensunterhalt oder Grundsicherung im Alter und bei Erwerbsminderung) nach dem SGB XII.

Die Leistungen werden vom ersten Tag an gewährt, es gibt weder eine dreimonatige Wartefrist (§ 7 Abs. 1 Satz 2 Nr. 1 SGB II, § 23 Abs. 3 Satz 1 Nr. 1 SGB XII), noch wird der *gewöhnliche Aufenthalt* in der Bundesrepublik Deutschland geprüft (§ 7 Abs. 1 Satz 1 Nr. 4 i.V.m. § 74 Abs. 1 Satz 2 SGB II) . Letzterer wird ab Antragstellung fingiert. Die übrigen gesetzlichen Voraussetzungen, insbesondere das Vorliegen der Hilfebedürftigkeit, müssen nachgewiesen werden. Dabei kann Vermögen, das sich in der Ukraine befindet (z.B. Immobilienvermögen), als nicht verfügbar gelten, wenn der Zugang hierzu nicht besteht. Eine weitere Besonderheit besteht darin, dass die Leistungen nach § 74 Abs. 1 Satz 3 SGB II für maximal sechs Monate bewilligt werden.

Verfügen die betroffenen Personen weder über eine Aufenthaltserlaubnis noch über eine Fiktionsbescheinigung, können sie Leistungen nach dem AsylbLG beantragen.

4.2.2 Weitere Sozialleistungen

Inhaber*innen eines Aufenthaltstitels nach § 24 AufenthG sind auch in Bezug auf *andere Sozialleistungen* wie Kindergeld, Unterhaltsvorschuss und BAföG deutschen Staatsangehörigen und sonstigen Personen mit dauerhaften Aufenthaltsrecht gleichgestellt.[239] Bürgergeldbezieher*innen sind in der gesetzlichen Krankenversicherung pflichtversichert.

Geflüchtete Menschen mit Behinderungen haben nach einem Informationsschreiben des BMAS vom 29.4.2022[240] zudem Anspruch auf Leistungen der *Eingliederungshilfe* nach § 100 Abs. 1 SGB IX, sofern sie eine Aufenthaltserlaubnis nach § 24 AufenthG haben; für alle anderen (Fiktionsbescheinigung) kommen diese Leistungen als Ermessensleistung in Betracht . Ein dauerhafter Aufenthalt wird insofern auch bei einer befristeten Aufenthaltserlaubnis angenommen, wenn sich die Befristung – wie hier – zwingend aus europarechtlichen und aufenthaltsrechtlichen Vorgaben ergibt und eine Verlängerungsmöglichkeit besteht.[241]

Ab dem Zeitpunkt der Aufnahme einer Beschäftigung unterliegen Geflüchtete aus der Ukraine der Versicherungspflicht in allen Bereichen der Sozialversicherung entsprechend den Vorgaben des § 3 Nr. 1 SGB IV i.V.m. den jeweiligen Sozialgesetzbüchern.

---

239 Mit der damit verbundenen Besserstellung ukrainischer Geflüchteter im Vergleich zu Geflüchteten aus anderen Ländern setzt sich Janda, ZAR 2023, 13 ff. auseinander.
240 https://paritaet-bw.de/system/files/abschnittdokumente/bmas-ukraine-220429.pdf (15.1.2024).
241 SG Nürnberg 9.3.2023 – S 5 SO 25/23 ER zum Anspruch auf den Besuch einer heilpädagogischen Tagesstätte.

Teil 2: Sozialleistungen für Unionsbürger*innen

1. Einführung

Mit dem Vertrag von Maastricht 1992 und der damit geschaffenen engeren Verbindung der Mitgliedstaaten in einer politischen Union gewann die Freizügigkeit der Unionsbürger*innen innerhalb der Staaten der Europäischen Union noch einmal neues Gewicht. Auch wenn die Freizügigkeit der Arbeitnehmer*innen schon vorher als Grundfreiheit der Europäischen Gemeinschaft verankert war, wurde mit dem Vertrag das Bestreben der EU verstärkt, die Flexibilität der Unionsbürger*innen weiter zu fördern, Diskriminierungen zwischen ihnen abzubauen und durch die Koordinierung der Rechte, vor allem auch im Bereich der sozialen Sicherheit, zu unterstützen. Diese – von der EU gewollte, unterstützte und geförderte – Freiheit führt insbesondere durch verschiedene Finanz- und Wirtschaftskrisen in vielen – vor allem süd- und südosteuropäischen – Ländern zu einer verstärkten Zuwanderung von Menschen in wirtschaftlich starke Staaten der Gemeinschaft. Deutschland ist hier nach wie vor aufgrund seiner besonderen wirtschaftlichen Kraft und seines gut ausgebauten Sozialleistungssystems ein herausragendes Ziel der Migrationsbewegung. Das führte dazu, dass sich dieses Sozialleistungssystem zunehmend in einem Spannungsverhältnis zwischen den begrenzten zur Verfügung stehenden finanziellen Mitteln für Leistungen staatlicher Fürsorge auf der einen und dem europäischen Gemeinschaftsrecht auf der anderen Seite wiederfindet, das die Freizügigkeit der Staatsangehörigen anderer EU-Mitgliedstaaten und ihre Gleichbehandlung mit deutschen Staatsangehörigen einfordert. Dieses Spannungsverhältnis führte zu einer fast unüberschaubaren Rechtsprechung, in der es überwiegend um den Zugang zu Leistungen nach dem SGB II für Unionsbürger*innen geht. Nach einer Entscheidung des BSG vom Dezember 2015 hat der Gesetzgeber u.a. die im SGB II und im SGB XII bereits bestehenden Leistungsausschlüsse für Ausländer*innen noch einmal erweitert und damit gezielt auch Unionsbürger*innen den Zugang zu diesen Leistungen erschwert. Anders als Angehörige von Nicht-EU-Staaten unterliegen Unionsbürger*innen besonderen, gemeinschaftsrechtlich geprägten Aufenthaltsregelungen und besonderen Vorschriften bezüglich des Zugangs zu den Sozialleistungen. Es ist deshalb erforderlich, diese Gruppe gesondert zu betrachten.

2. Rechtsgrundlagen

Die Europäische Union besteht derzeit aus *27 Mitgliedstaaten*. Das Vereinigte Königreich von Großbritannien und Nordirland hat im März 2019 aufgrund eines Referendums die Gemeinschaft verlassen. Folgende Staaten gehören zur EU:[242]

---

242 https://www.europakarte.org/europakarte-eu/ (22.5.2024).

Abbildung 26

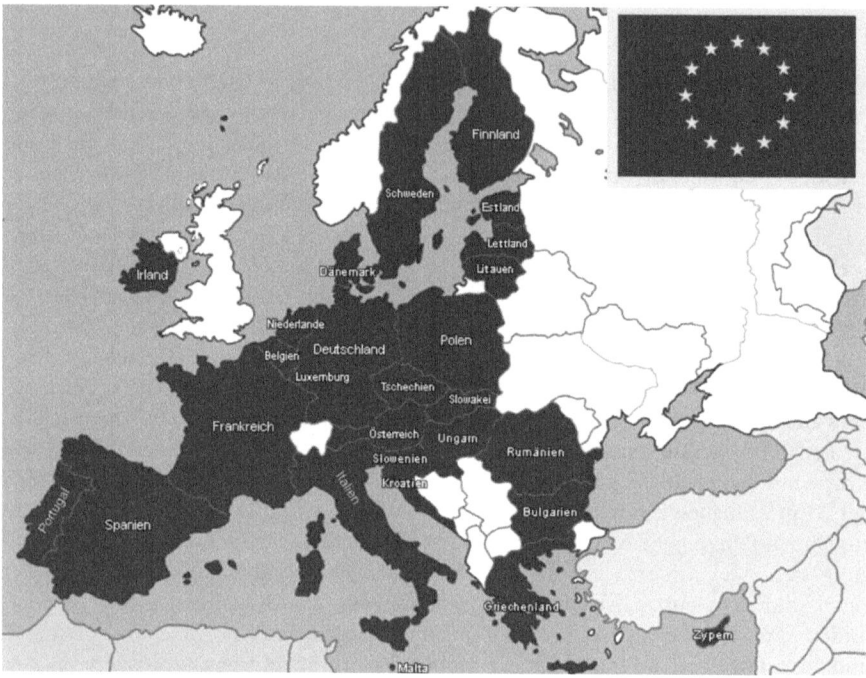

In die aufenthalts- und sozialrechtlichen Vorschriften der EU sind die Staaten des Europäischen Wirtschaftsraums (EWR – Island, Liechtenstein und Norwegen) und die Schweiz einbezogen. Bürger*innen aus diesen Staaten sind so den Unionsbürger*innen weitgehend *gleichgestellt*.

Innerhalb der Mitgliedstaaten der EU gilt ein umfangreiches *eigenes (sog. supranationales) Rechtssystem*, bezeichnet als das Recht der Europäischen Union, (europäisches) Gemeinschaftsrecht oder einfach *Europarecht*. Dieses hat auf die jeweiligen nationalen Rechtsvorschriften erheblichen Einfluss und verdrängt diese teilweise. Staatsangehörige aller Mitgliedstaaten sind Unionsbürger*innen; die Unionsbürgerschaft tritt zu der nationalen Staatsbürgerschaft hinzu und verleiht auf europäischer Ebene besondere Rechte und Pflichten (Art. 20 AEUV). Die Unionsbürgerschaft umfasst insbesondere das Recht – vorbehaltlich ergänzender Regelungen –, sich in allen Mitgliedstaaten *frei zu bewegen und aufzuhalten* (Art. 21 AEUV). Darüber hinaus ist jede Diskriminierung aufgrund der Staatsangehörigkeit verboten (Art. 18 AEUV) – dieses *Nichtdiskriminierungsgebot* ist ein grundlegendes Prinzip des Europarechts und Basis für eine gemeinsame EU. Das Diskriminierungsverbot spielt auch bei den *Grundfreiheiten* des gemeinsamen europäischen Marktes eine große Rolle. Diese Grundfreiheiten, zu denen die Freizügigkeit der Arbeitnehmer*innen (Art. 45 AEUV), das Recht und die Freiheit, sich in einem anderen Mitgliedstaat niederzulassen (Niederlassungsfreiheit, Art. 49 AEUV) und das Recht, Dienstleistungen zu erbringen oder entgegenzunehmen (Dienstleistungsfreiheit, Art. 56 AEUV), gehören, tragen dem wirtschaftlichen Austausch innerhalb des gemeinsamen Marktes in besonderer Weise Rechnung.

Das Recht der Europäischen Union wird wie folgt eingeteilt:

- Primärrecht
  Dazu gehören der Vertrag über die Arbeitsweise der Europäischen Union (AEUV) sowie der Vertrag über die Europäische Union (EUV)
- Sekundärrecht (Art. 288 AEUV)

Das sekundäre Gemeinschaftsrecht beruht auf dem *Primärrecht*; es wird von den *Organen der EU* (Ministerrat und Europäisches Parlament unter Mitwirkung der Europäischen Kommission) erlassen. *Verordnungen* gelten dabei unmittelbar in jedem Mitgliedstaat und müssen nicht extra in nationales Recht umgesetzt werden. Von besonderer sozialrechtlicher Bedeutung ist die Verordnung (EG) Nr. 883/2004 des Europäischen Parlaments und des Rates vom 29.4.2004 zur Koordinierung der Systeme der sozialen Sicherheit[243] (*VO 883/2004*), die auf der Grundlage des Art. 48 AEUV erlassen wurde. Die Organisation der Sozialsysteme, die Fragen nach Art und Voraussetzungen von Sozialleistungen sind zwar grundsätzlich Sache der Mitgliedstaaten. Die Verordnung dient indessen dem Ziel, die unterschiedlichen sozialen Sicherungssysteme der Mitgliedstaaten untereinander zu koordinieren, und stellt damit u.a. sicher, dass Bürger*innen bei einem Wechsel von einem Mitgliedstaat in einen anderen ihre (erworbenen) Sozialleistungsansprüche nicht verlieren. Sie legt fest, dass Unionsbürger*innen mit Blick auf die Systeme der sozialen Sicherheit die gleichen Rechte und Pflichten haben wie Einheimische (Art. 4 VO 883/2004), sofern sie in den sachlichen Anwendungsbereich der VO fallen (Art. 3 Abs. 1 VO 883/2004) und verbietet damit faktisch die Diskriminierung von Unionsbürger*innen aufgrund der Staatsangehörigkeit. Der *sachliche Anwendungsbereich* erfasst alle Zweige der *sozialen Sicherheit*, wobei es nicht darauf ankommt, ob die Leistungen auf eigenen Beitragszahlungen beruhen (z.B. Renten, Krankenversicherung[244]) oder beitragsunabhängig sind.

Beitragsunabhängige Sozialleistungen sind u.a. solche, die dazu bestimmt sind (Art. 70 Abs. 2 VO 883/2004):

- einen zusätzlichen, ersatzweisen oder ergänzenden Schutz gegen die Risiken zu gewähren, die von den in Art. 3 Abs. 1 VO 883/2004 genannten Zweigen der sozialen Sicherheit gedeckt sind,

---

[243] ABl. L 166 vom 30.4.2004, S. 1 ff.
[244] Die VO 883/2004 ermöglicht v.a. auch die Exportierbarkeit von Geldleistungen wie zB Renten oder Pflegegeld in einen anderen EU-Mitgliedstaat. Der EuGH beschreibt eine solche Leistung als exportierfähig, wenn es sich um eine Leistung der sozialen Sicherheit handelt, die nicht aufgrund einer Ermessensentscheidung gewährt und bei der nicht auf die persönliche Bedürftigkeit abgestellt wird, sondern die Leistung auf einen gesetzlichen Tatbestand zurückgeht und ausdrücklich im Hinblick auf ein in Art. 4 Abs. 1 VO 883/2004 aufgezähltes Risiko zurückgeht, vgl. Kuhn-Zuber in SWK Behindertenrecht, Stichwort Ausland Rn. 3.

- betreffenden Personen ein Mindesteinkommen zur Bestreitung des Lebensunterhalts zu garantieren, das in Beziehung zu dem wirtschaftlichen und sozialen Umfeld in dem betreffenden Mitgliedstaat steht und
- deren Finanzierung ausschließlich durch obligatorische Steuern zur Deckung der allgemeinen öffentlichen Ausgaben erfolgt und deren Gewährung und Berechnung nicht von Beiträgen hinsichtlich der Leistungsempfänger abhängen.

Diese beitragsunabhängigen Leistungen werden nach Art. 70 VO 883/2004 im Anhang X der Verordnung aufgeführt. In Deutschland zählen ausweislich dieses Anhangs die Leistungen der *Grundsicherung im Alter und bei Erwerbsminderung* nach dem SGB XII und die Leistungen zur Sicherung des Lebensunterhalts der *Grundsicherung für Arbeitssuchende* nach dem SGB II zu diesen beitragsunabhängigen Geldleistungen.

Seit 13.12.2016 liegt ein Vorschlag der EU-Kommission vor, mit dem – unter anderem – die VO 883/2004 überarbeitet werden soll.[245] Die beabsichtigte *Reform* soll klarstellen, dass die VO 883/2004 vor allem die Freizügigkeit für erwerbstätige Unionsbürger*innen sicherstellen soll. Nichterwerbstätige Menschen unterliegen dann unter Umständen nicht mehr dem Gleichheitsgebot, d.h. die Mitgliedstaaten dürften dann bei der Gewährung von Sozialleistungen zwischen erwerbstätigen und nichterwerbstätigen Menschen unterscheiden. Darüber hinaus sollen Regelungen zur Pflegebedürftigkeit, Arbeitslosigkeit und zum Kindergeld neu aufgenommen bzw. geändert und harmonisiert werden.[246] Soweit ersichtlich hat sich hierfür allerdings bisher keine Mehrheit gefunden.

Zur Konkretisierung der Freizügigkeit der Arbeitnehmer*innen wurde zudem die Verordnung (EU) Nr. 492/2011 des Europäischen Parlaments und des Rates vom 5.4.2011 über die Freizügigkeit der Arbeitnehmer innerhalb der Union (VO 492/2011)[247] erlassen.

Im Gegensatz zu den unmittelbar im nationalen Recht anwendbaren Verordnungen geben *Richtlinien* zunächst nur einen gesetzlichen Rahmen vor und verpflichten im Übrigen die nationalen Gesetzgeber, diesen Rahmen innerhalb einer gewissen Frist in innerstaatliches Recht umzusetzen. In Bezug auf Sozialleistungsansprüche – insbesondere in Bezug auf existenzsichernde Leistungen – ist die *Richtlinie 2004/38/EG (Freizügigkeitsrichtlinie)* von erheblicher Bedeutung. Sie wurde mit dem FreizügG/EU in deutsches Recht umgesetzt, welches wiederum Grundlage für das Aufenthaltsrecht von Unionsbürger*innen aus anderen Mitgliedstaaten ist. Diese Richtlinie enthält in Art. 24 Abs. 1 ein Diskriminierungsverbot; dieses gilt indessen nur vorbehaltlich spezifischer und ausdrücklich im Vertrag und dem abgeleiteten Recht vorgesehener Bestimmungen. Danach hat jede*r Unionsbürger*in, die*der sich aufgrund der Richtlinie im Hoheitsgebiet

---

245 Vorschlag für eine Verordnung des Europäischen Parlaments und des Rates zur Änderung der Verordnung (EG) Nr. 883/2004 zur Koordinierung der Systeme der sozialen Sicherheit und der Verordnung (EG) Nr. 987/2009 zur Festlegung der Modalitäten für die Durchführung der Verordnung (EG) Nr. 883/2004, COM (2016) 815 final vom 13.12.2016.
246 Umfassend zum Diskussionsstand Eichenhofer, SRa 2022, 202 ff.
247 ABl. L 141 vom 27.5.2011, S. 1ff./17

eines Mitgliedstaates aufhält, im Anwendungsbereich des Vertrages ein Recht auf gleiche Behandlung wie die Staatsangehörigen dieses Mitgliedstaates. Das *Recht auf Gleichbehandlung* erstreckt sich auch auf Familienangehörige, auch wenn diese nicht die Staatsangehörigkeit eines EU-Mitgliedstaates besitzen und das Recht auf Aufenthalt oder das Recht auf Daueraufenthalt genießen.

Allerdings erlaubt Art. 24 Abs. 2 RL 2004/38 eine Ausnahme vom Gleichbehandlungsgebot im Hinblick auf Leistungen der Sozialhilfe. Den Aufnahmemitgliedstaaten soll es überlassen bleiben zu bestimmen, ob sie Personen, die nicht erwerbstätig sind, Sozialhilfe gewähren; auch um die Mitgliedstaaten und ihre Fürsorgesysteme nicht finanziell zu überfordern. Diese Ausnahme hat der deutsche Gesetzgeber sowohl im SGB II als auch im SGB XII genutzt (→ Kap. 4.1.3 und 4.2.2).

> **Geltung der Regelungen der RL 2004/38**
>
> Die Vorschriften der RL 2004/38 und damit die des FreizügG/EU gelten auch für Angehörige der Staaten des EWR (§ 12 FreizügG/EU). Schweizer Staatsangehörige haben aufgrund des Abkommens zwischen der Europäischen Gemeinschaft und ihren Mitgliedstaaten einerseits und der Schweizer Eidgenossenschaft andererseits über die Freizügigkeit vom 21.6.1999 weitgehend die gleichen Rechte wie Unionsbürger*innen. Nach § 28 AufenthV benötigen Schweizer Staatsangehörige keinen Aufenthaltstitel, es sei denn, das Abkommen sieht eine Bescheinigung des Aufenthaltsrechts durch eine Aufenthaltserlaubnis vor.

Bei der Prüfung von Sozialleistungsansprüchen für Unionsbürger*innen sind damit folgende *Vorschriften des Europarechts* von besonderer Relevanz:

Aus dem Primärrecht:
- Art. 18 AEUV – Verbot der Diskriminierung aufgrund der Staatsangehörigkeit
- Art. 20 AEUV – Unionsbürgerschaft
- Art. 45 AEUV – Arbeitnehmerfreizügigkeit

Aus dem Sekundärrecht:
- die VO 883/2004 über die Koordinierung der Systeme der sozialen Sicherheit
- die VO 492/2011 über die Freizügigkeit der Arbeitnehmer innerhalb der Union
- die RL 2004/38 über die Freizügigkeit der Unionsbürgerinnen und -bürger (Freizügigkeits- oder Unionsbürgerrichtlinie) – diese wurde mit dem FreizügG/EU umgesetzt

Neben dem europäischen Gemeinschaftsrecht gibt auf europäischer Ebene noch Recht, das durch den *Europarat* verabschiedet wurde. Der Europarat hat derzeit 46 Mitglieder (Russland wurde am 16.3.2022 die Mitgliedschaft entzogen); er fördert – ohne eine mit der EU vergleichbare Gemeinschaft zu bilden – den wirtschaftlichen und sozialen Fortschritt sowie europäische Grundwerte in seinen Mitgliedstaaten. Der Europarat mit Sitz in Straßburg hat die *Europäische Konvention zum Schutz der Menschenrechte und Grundfreiheiten* (EMRK) erlassen; im sozialen Bereich spielt insbesondere das *Europäische Fürsorgeabkommen* (EFA)[248] eine Rolle. Es handelt sich hierbei um einen völkerrechtlichen Vertrag, der 1953 von einigen Vertragsstaaten des Europarates geschlossen wurde. Die Mitglieder des EFA überschneiden sich nur teilweise mit den Mitgliedstaaten der EU; neben Deutschland gehören Estland, Frankreich, Belgien, Dänemark, Griechenland, Irland, Island, Italien, Luxemburg, Malta, die Niederlande, Norwegen, Portugal, Schweden, Spanien, die Türkei und Großbritannien dazu. Für Angehörige dieser Vertragsstaaten gelten besondere Regelungen im Sozialleistungsbereich (→ Kap. 4.2.4)

3. Aufenthaltsrecht von Unionsbürger*innen

Unionsbürger*innen können ihr Aufenthaltsrecht auf zwei Hauptgründe stützen: zum einen als „Begleitrecht" einer personenbezogenen, im Primärrecht der EU verankerten **Grundfreiheit** (Arbeitnehmerfreizügigkeit, Niederlassungs- und Dienstleistungsfreiheit) und zum anderen als *eigenständiges*, nicht die Verfolgung wirtschaftlicher Zwecke voraussetzendes *Aufenthaltsrecht* aus Art. 21 Abs. 1 AEUV. Diese zwei Kategorien, von denen das „wirtschaftliche" Aufenthaltsrecht dem allgemeinen vorgeht, sind von Bedeutung für die Entstehung und den Verlust des Aufenthaltsrechts – handelt es sich um ein Begleitrecht zur Ausübung einer wirtschaftlichen Tätigkeit, ist es an das Vorliegen der sachlichen Anwendungsvoraussetzungen der jeweiligen Grundfreiheit und damit an die Ausübung einer wirtschaftlichen Betätigung geknüpft. Das Aufenthaltsrecht wirtschaftlich nicht aktiver Unionsbürger*innen unterliegt eigenen, weitgehend sekundärrechtlich ausgestalteten Voraussetzungen.[249] Dementsprechend differenziert ist auch der *Zugang zu Sozialleistungen*. Das Freizügigkeits- und Aufenthaltsrecht selbst sagt noch nichts darüber aus, ob Unionsbürger*innen auch Zugang zu sozialen Leistungen haben; erst wenn dieses materiell geklärt ist, kann in einem zweiten Schritt der Zugang zu den jeweiligen Sozialleistungen geprüft werden.

Vom Freizügigkeitsrecht der Unionsbürger*innen werden auch *Familienangehörige* und *nahestehende Personen* erfasst (vgl. 3.1.5).

3.1 Aufenthaltsberechtigung nach der Richtlinie 2004/38 i.V.m. FreizügG/EU

Die vor dem Hintergrund der Grundfreiheiten der EU und den damit verfolgten wirtschaftlichen Zielen bestehenden *Aufenthaltsrechte* nach der RL 2004/38 stehen v.a. im Zusammenhang mit der *Erwerbstätigkeit* der Unionsbürger*innen. Die Umsetzung erfolgte mit dem FreizügG/EU; sie lässt sich im Wesentlichen wie folgt darstellen:

---

248 BGBl. II 1956, S. 563.
249 Zu allem Derksen, Infobrief: Das Aufenthaltsrecht, S. 8.

Abbildung 27

Einreise nach Deutschland für freizügigkeitsberechtigte Unionsbürger und ihre Familienangehörigen (§ 2a FreizügG/EU)

kein Visum und kein Aufenthaltstitel notwendig (§ 2a Abs. 1 Satz 1 FreizügG/EU)	Familienangehörige und nahestehende Personen aus Drittstaaten benötigen ein Visum nach dem AufenthG (§ 2a Abs. 2 Satz 1 FreizügG/EU)

Aufenthaltsrecht bis zu drei Monaten nach Einreise (§ 2a Abs. 1 Satz 2 und 3 FreizügG/EU)

Besitz eines gültigen Personalausweises oder Reisepasses, sonst keine Voraussetzungen (§ 2a Abs. 1 Satz 1 FreizügG/EU)	begleitende Familienangehörige aus Drittstaaten benötigen auch nur Pass oder Passersatz (§ 2a Abs. 1 Satz 2 FreizügG/EU)

Aufenthaltsrecht nach drei Monaten

Erwerbstätigkeit (§ 2 Abs. 2 Nr. 1 und 2 FreizügG/EU) oder nachgehender Erwerbstätigenschutz (§ 2 Abs. 3 FreizügG/EU)	zur Arbeitssuche bis zu sechs Monaten, ggf. darüber hinaus (§ 2 Abs. 2 Nr. 1a FreizügG/EU)	bei Nichterwerbstätigkeit: Nachweis ausreichender Existenzmittel und ausreichende Krankenversicherung (§ 4 FreizügG/EU)

Daueraufenthaltsrecht (§ 4a FreizügG/EU)

nach fünf Jahren rechtmäßigem Aufenthalt	ggf. schon nach drei Jahren (§ 4a Abs. 2 FreizügG/EU)

Freizügigkeitsrecht für Staatsangehörige des Vereinigten Königreichs Großbritannien und Nordirland

Das Freizügigkeitsgesetz/EU gilt für Staatsangehörige aus dem Vereinigten Königreich, wenn sie am 31.12.2020 im Bundesgebiet im Sinne des Austrittsabkommens gewohnt oder ihr Aufenthaltsrecht bis dahin rechtmäßig begründet und so von ihrem Freizügigkeitsrecht Gebrauch gemacht haben sowie für ihre Familienangehörigen und nahestehenden Personen.[250] Ab 1.1.2021 eingereiste Staatsangehörige des VK werden wie Drittstaatsangehörige behandelt.

3.1.1 Aufenthaltsrecht in den ersten drei Monaten nach Einreise

Unionsbürger*innen können sich nach § 2a Abs. 1 Satz 1 und 2 FreizügG/EU bis zu drei Monaten in einem Mitgliedstaat der EU aufhalten. Dieses Aufenthaltsrecht ist an keine Voraussetzungen und *keinen Aufenthaltszweck* gebunden; erforderlich ist lediglich der Besitz eines *gültigen Personalausweises* oder eines Reisepasses. Das gleiche Recht haben ihre Familienangehörigen, auch wenn sie nicht Unionsbürger*innen (sog. *Drittstaatsangehörige*) sind; sie benötigen ebenfalls einen an-

---

[250] Hierzu im Einzelnen die Anwendungshinweise zur Umsetzung des Austrittsabkommens Vereinigtes Königreich – Europäische Union: https://www.bmi.bund.de/SharedDocs/downloads/DE/veroeffentlichungen/themen/verfassung/anwendungshinweise-brexit.pdf;jsessionid=8A7F2A607A5F6DE10BB376BB67426247.1_cid350?__blob=publicationFile&v=10 (16.8.2023).

erkannten oder sonst zugelassenen Pass oder Passersatz und müssen die*den Unionsbürger*in begleiten oder ihr*ihm nachziehen (§ 2a Abs. 1 Satz 3 FreizügG/EU). Drittstaatsangehörige Familienangehörige oder nahestehende Personen benötigen für die Einreise grundsätzlich ein Visum, dieses wird allerdings gebührenfrei ausgestellt. Bestimmte Drittstaatsangehörige benötigen analog zum Aufenthaltsgesetz auch kein Visum, dazu gehören z.B. Personen mit australischer, bosnischer, brasilianischer, israelischer oder japanischer Staatsangehörigkeit (§ 2a Abs. 2 Satz 3 FreizügG/EU).[251] Sind Familienangehörige oder nahestehende Personen selbst Unionsbürger*innen, benötigen sie nur einen Pass oder Passersatz; ein Visum ist nicht erforderlich. Das gilt im Übrigen für alle Personen, die bereits im Besitz einer gültigen Aufenthaltskarte sind, auch wenn diese in einem anderen Mitgliedstaat der EU ausgestellt wurde. Das FreizügG/EU sieht inzwischen die Möglichkeit in § 2a Abs. 4 vor, dass ein Visum auch vor Einreise annulliert werden kann, so z.B. wenn feststeht, dass jemand ein gefälschtes Dokument verwendet oder über die Tatsache des Nachzugs täuscht oder wenn von der Person eine Gefahr der öffentlichen Ordnung, Sicherheit oder Gesundheit ausgeht. Die §§ 2 und 2a FreizügG/EU setzen Art. 6 der RL 2004/38 um; die Zeit der ersten drei Monate kann auch genutzt werden, um z.B. einen längeren Aufenthalt vorzubereiten. Das bedingungslose (dreimonatige) Aufenthaltsrecht lebt nach Ausreise in einen anderen Mitgliedstaat und Wiedereinreise neu auf.

3.1.2 Aufenthaltsrecht über drei Monate als Erwerbstätige

Nach den ersten drei Monaten des bedingungslosen Aufenthalts knüpft das Aufenthaltsrecht nach der RL 2004/38 vor allem an eine *Verbindung mit dem Arbeitsmarkt* des jeweiligen Mitgliedstaates an. So sind Unionsbürger*innen freizügigkeits- und damit rechtmäßig aufenthaltsberechtigt, wenn sie erwerbstätig sind. Die Eigenschaft als Erwerbstätige ist auch für die Gewährung von Sozialleistungen von herausragender Bedeutung. Nach § 2 Abs. 2 FreizügG/EU sind zunächst

- Unionsbürger*innen, die sich als *Arbeitnehmer*in* oder zur *Berufsausbildung* aufhalten wollen (Nr. 1) und
- Unionsbürger*innen, wenn sie zur Ausübung einer *selbständigen Erwerbstätigkeit* berechtigt sind (Nr. 2)

als *Erwerbstätige* freizügigkeitsberechtigt.

a) Beschäftigung als Arbeitnehmer*in oder selbständig Erwerbstätige*r

Der Begriff des *Arbeitnehmers* i.S.d. FreizügG/EU bestimmt sich nach europäischem Recht und ist im Licht des unionsrechtlichen Freizügigkeitsrechts auszulegen.[252]. Arbeitnehmer*innen sind danach Personen, die eine nicht nur völlig untergeordnete oder nebensächliche Erwerbstätigkeit und eine tatsächliche, ech-

---

[251] Auf der Seite des Auswärtigen Amtes finden sich eine Staatenliste, die über die Visumspflicht oder -freiheit Auskunft gibt: https://www.auswaertiges-amt.de/de/service/visa-und-aufenthalt/staatenliste-zur-visumpflicht/207820 (14.8.2023).
[252] LSG Nordrhein-Westfalen 22.6.2016 – L 19 AS 721/16 B ER, L 19 AS 782/16 B; ausführlich auch BSG 27.1.2021 – B 14 AS 25/20 R.

te und weisungsgebundene Tätigkeit ausüben.²⁵³ Arbeitnehmer*in kann auch die*derjenige sein, die*der nur einen geringen (nicht existenzsichernden) Lohn oder nur eine geringe wöchentliche Arbeitszeit hat. Daraus allein lässt sich nicht ableiten, dass es sich um eine untergeordnete oder unwesentliche Tätigkeit handelt.²⁵⁴ Auch die Ausübung eines sog. Minijobs genügt, um als Arbeitnehmer*in im europarechtlichen Sinn zu gelten; die Tätigkeit muss nicht sozialversicherungspflichtig sein. Ebenfalls keine Rolle spielen die Motive, die zum Abschluss eines Arbeitsvertrages geführt haben. Selbst wenn dieser nur geschlossen wurde, um Unionsbürger*innen die Arbeitnehmereigenschaft missbräuchlich erlangen wollen, um letztlich sozialleistungsberechtigt zu sein, ändert dies nichts an der Arbeitnehmereigenschaft.²⁵⁵ Diese beurteilt sich allein nach objektiven Kriterien, die ein Arbeitsverhältnis im Hinblick auf Rechte und Pflichten kennzeichnen. Aus diesen Gründen muss eine „Gesamtschau" unter Bewertung aller vorliegenden Indizien vorgenommen werden.

Indizien für ein „echtes" Arbeitsverhältnis sind z.B.²⁵⁶:

- die Meldung der geringfügigen Beschäftigung bei der Minijobzentrale durch den Arbeitgeber,
- die Zahlung eines tariflichen Arbeitsentgelts,
- die Vereinbarung eines Urlaubsanspruchs,
- der Anspruch auf Lohnfortzahlung im Krankheitsfall,
- die Zusammenarbeit und/oder Arbeitsteilung mit anderen Arbeitnehmer*innen im Betriebsablauf,
- der langjährige Bestand eines Arbeitsverhältnisses²⁵⁷,
- wenn der Arbeitgeber einen wirtschaftlichen Wert aus der Arbeitsleistung zieht oder
- er die Arbeitsmittel stellt.

Als Arbeitnehmer*innen gelten auch diejenigen, die in einem *Ausbildungsverhältnis* stehen oder ein *vergütetes Praktikum* absolvieren.

Nach den Fachlichen Weisungen der BA zu § 7 SGB II können folgende Indizien gegen eine Arbeitnehmereigenschaft sprechen:

---

253 Vgl. EuGH vom 2.6.2009 – verb. Rs. C-22/08 und C-23/08 (*Vatsouras und Koupantantze*).
254 EuGH vom 4.2.2010 – Rs. 14/09 (*Genc*): hier ein Monatsverdienst von 175 EUR bei einer Wochenarbeitszeit von 5,5 Stunden. Vgl. auch für eine Arbeitnehmereigenschaft: LSG Nordrhein-Westfalen vom 7.11.2007 –L 20 B 184/07 ER; LSG Berlin-Brandenburg vom 14.11.2006 –L 14 B 963/06 AS ER bei einer Wochenarbeitszeit von sechs bis acht Stunden und einem monatlichen Verdienst von 150 bis 300 EUR. In der Entscheidung des BSG vom 27.1.2021 – B 14 AS 25/20 R genügte ein Tätigkeit mit acht Stunden in der Woche und 250 EUR Monatsverdienst.
255 Vgl. EuGH vom 6.11.2003 – C-413/01 (*Ninni-Orasche*)
256 Vgl. DV in NDV 2016, 102.
257 EuGH 4.2.2010 – C-14/09 (*Genc*).

- Tätigkeit wird nur sporadisch ausgeübt (reine Gelegenheits- oder Gefälligkeitsarbeiten)
- eine sehr geringe Arbeitszeit – weniger als fünfeinhalb Stunden pro Woche[258] oder
- die fehlende Abführung von Steuern und Sozialabgaben.

> **Grenzgänger*innen**
>
> Dabei handelt es sich um Arbeitnehmer*innen, die in einem Staat wohnen und einem anderen arbeiten und täglich oder wöchentlich die Grenze überschreiten. Haben Unionsbürger*innen einen Wohnsitz in Deutschland und gehen weiterhin ihrer Erwerbstätigkeit oder ihrer Ausbildung im Ausland nach, haben sie kein Beschäftigungs- oder Ausbildungsverhältnis in Deutschland und damit auch keinen Arbeitnehmerstatus. Im Sinne des Freizügigkeitsrechts sind diese Personen Nichterwerbstätige; ihr Aufenthaltsrecht besteht unter den Voraussetzungen des § 4 FreizügG/EU (→ Kap. 3.1.4).
> Wohnt hingegen eine Person im Ausland und kommt nur zum Arbeiten nach Deutschland, hat sie hier keinen gewöhnlichen Aufenthalt und ist auch nicht nach dem SGB II leistungsberechtigt (→ Kap. 4.1.1).

Eine *selbständige Erwerbstätigkeit* liegt dann vor, wenn die*der Erwerbstätige eine Tätigkeit tatsächlich und weisungsunabhängig mit Gewinnerzielungsabsicht ausübt. Es genügt nicht allein die Anmeldung eines Gewerbes[259] oder ein Gewerbeschein, vielmehr ist die tatsächliche, stabile und kontinuierliche Teilnahme am Wirtschaftsleben erforderlich.[260] Eine selbständige Tätigkeit liegt nicht vor, wenn sie *keinen ökonomischen Wert* hat, weil sie z.B. in einem zu geringen Umfang ausgeübt wird oder keine nennenswerten Einkünfte erzielt werden[261] oder keine Nachfrage im wirtschaftlichen Sinn deckt (z.B. bei einem Verkauf von Obdachlosenzeitungen). Allerdings muss kein wirtschaftlich den Bedarf deckendes Einkommen erzielt werden; hier kann der gleiche Maßstab wie bei Arbeitnehmer*innen angelegt werden.[262]

Indizien für eine „echte" selbständige Tätigkeit sind danach z.B.:[263]

- ein planvoller Aufbau oder eine planvolle Ausübung der Tätigkeit, so dass eine dauerhafte Teilnahme am Wirtschaftsleben möglich ist,[264]
- der Nachweis von Betriebseinnahmen und -ausgaben,
- Werbung und Auftragsakquise,

---

258 Fachliche Hinweise der BA § 7 Rn. 7.11. Der EuGH hat allerdings schon eine Arbeitszeit von 5,5 Stunden wöchentlich für die Arbeitnehmereigenschaft ausreichen lassen; Sozialversicherungspflicht ist nicht notwendig; EuGH vom 4.2.2010 – Rs. 14/09 (*Genc*).
259 BSG 19.10.2010 – B 14 AS 23/10; 12.5.2021 – B 4 AS 34/20 R.
260 LSG Niedersachsen-Bremen 3.8.2012 – L 11 AS 39/132 B ER.
261 LSG Berlin-Brandenburg 29.1.2015 – L 29 AS 3339/14 – hier Einkünfte von 20 bis 50 EUR.
262 LSG Sachsen-Anhalt 5.4.2016 – L 2 AS 102/16 B ER hat monatliche Einnahmen aus einem selbständigen Schrotthandel i.H.v. 188 EUR als ausreichend erachtet; LSG Berlin-Brandenburg 20.12.2016 – L 25 AS 2611/16 B ER 520 EUR für zwei Monate bei einer selbständigen Tätigkeit in der Sperrmüllentsorgung.
263 DV NDV 2016, 102.
264 LSG Hessen 27.11.2013 – L 6 AS 378/12 – die Akquise eines Auftraggebers aus dem Bekanntenkreis genügt nicht dieser Anforderung.

- Beteiligung an Gewinn und Verlust,
- die freie Bestimmung der Arbeitszeit und die Weisungsfreiheit,
- Beschäftigung von Mitarbeiter*innen,
- die Darlegung einer (zumindest perspektivischen) Gewinnerzielungsabsicht oder
- eine gewerbliche Niederlassung i.S.d. § 4 Abs. 3 GewO; die feste Einrichtung erfordert allerdings nicht das Vorhandenseins eines Raumes oder einer Betriebsstätte,[265] allerdings sollte eine geschäftsspezifische Infrastruktur vorhanden sein, die einen dauerhaften und regelmäßigen Geschäftsbetrieb ermöglicht.

Selbständig tätig sind auch Freiberufler*innen (z.B. Dolmetscher*innen und Übersetzer*innen). Ist jemand *scheinselbständig* tätig, ist die Person Arbeitnehmer*in.

Nach den Fachlichen Weisungen der BA kann dann, wenn eine selbständige Tätigkeit nur zum Zweck des ergänzenden Sozialleistungsbezugs aufgenommen wird, geprüft werden, ob das Berufen auf die sich daraus ergebende unionsrechtliche Rechtsstellung rechtsmissbräuchlich ist. Ein erhebliches Indiz hierfür sei, wenn Dritte die Beantragung von Sozialleistungen durch auffällig viele Personen innerhalb kürzerer Zeit organisieren.[266]

Befinden sich Unionsbürger*innen in einer *betrieblichen Ausbildung*, sind sie wie Arbeitnehmer*innen oder selbständig Erwerbstätige freizügigkeitsberechtigt (§ 2 Abs. 2 Nr. 1 2. Alt FreizügG/EU). Einer betrieblichen Berufsausbildung stellt eine Form der „Beschäftigung" dar und begründet somit einen „Arbeitnehmerstatus".

b) Beibehaltung des Erwerbstätigenstatus

§ 2 Abs. 3 FreizügG/EU *erweitert* den *Erwerbstätigenstatus* für Unionsbürger*innen. Freizügigkeitsberechtigt als Erwerbstätige sind danach auch (ehemalige) Arbeitnehmer*innen und (ehemalige) selbständig Erwerbstätige, wenn sie

- vorübergehend infolge von Krankheit oder Unfall erwerbsgemindert sind,
- unfreiwillig arbeitslos geworden sind oder ihre selbständige Erwerbstätigkeit infolge von Umständen einstellen mussten, auf die sie keinen Einfluss hatten – in diesem Fall müssen sie sich bei der Arbeitsagentur oder beim Jobcenter arbeitslos gemeldet haben – oder
- eine Berufsausbildung aufgenommen haben; die Ausbildung und die frühere Erwerbstätigkeit muss in einem Zusammenhang stehen, es sei denn, die Betroffenen sind unfreiwillig arbeitslos geworden.

Besonderheiten ergeben sich darüber hinaus für Zeiten des Mutterschutzes und der Elternzeit.

---

265 So das LSG Berlin-Brandenburg 28.1.2013 – L 14 AS 3133/12 B ER bezüglich der selbständigen Tätigkeit als Prostituierte; dies kann eine selbständige Tätigkeit i.S.d. Freizügkeitsrechts sein.
266 Fachliche Weisungen zu § 7 Rn. 7.12.

(1) vorübergehende Erwerbsminderung

Bei einer *vorübergehenden Erwerbsminderung* wegen Krankheit oder Unfall bleibt die Eigenschaft als Arbeitnehmer*in oder als selbständig Erwerbstätige*r unbefristet bestehen. Das gilt auch für Frauen, die wegen der Belastungen im Spätstadium ihrer Schwangerschaft und nach der Geburt ihre Erwerbstätigkeit beenden, dann aber innerhalb eines angemessenen Zeitraums nach der Geburt des Kindes die gleiche oder eine andere Beschäftigung wiederaufnehmen.[267] Vorübergehend ist eine Erwerbsminderung, wenn aufgrund einer ärztlichen Prognose mit der Wiederherstellung der Erwerbsfähigkeit, ggf. auch eingeschränkt, gerechnet werden kann. Zweifel an der Wiederherstellung führen nicht zum Wegfall des Freizügigkeitsrechts; steht allerdings fest, dass die Erwerbsminderung nicht mehr beseitigt werden wird, entfällt das Freizügigkeitsrecht als Erwerbstätige*r.

(2) unfreiwilliger Verlust der Arbeit / unfreiwillige Aufgabe der Selbständigkeit

Unfreiwillig ist der Verlust einer Arbeit, wenn die Gründe, die zur Beendigung des Arbeitsverhältnisses geführt haben (z.B. Kündigung oder Aufhebungsvertrag), von der*dem Arbeitnehmer*in nicht zu vertreten waren. Unfreiwillig ist sie nicht, wenn die Arbeitszeit einvernehmlich so verringert wurde, dass kein Freizügigkeitsrecht mehr vorliegt. Neben der Arbeitslosmeldung bei der Arbeitsagentur müssen die Betroffenen den Vermittlungsbemühungen der zuständigen Arbeitsagentur zur Verfügung stehen und sich auch selbst bemühen, die Arbeitslosigkeit zu beenden.

Waren Unionsbürger*innen *genau*[268] oder *länger als ein Jahr* als Arbeitnehmer*in oder Selbständige*r erwerbstätig, verlieren sie ihr Freizügigkeitsrecht nicht und behalten ihr Aufenthaltsrecht zur Arbeitsuche im Status als Erwerbstätige*r unbefristet weiter. Die ausgeübte Tätigkeit muss nicht ununterbrochen ein Jahr stattgefunden haben. Die Beschäftigungszeit kann z.B. auch durch unfreiwillige Arbeitslosigkeit für kürzere Zeit oder durch den Wechsel zu einem anderen Arbeitgeber unterbrochen werden.[269] Die Fachlichen Hinweise der BA wurden – nachdem sie ursprünglich eine durchgängige Erwerbstätigkeit von mindestens zwölf Monaten für den unbefristeten Erhalt der Arbeitnehmer- oder Selbständigeneigenschaft gefordert haben – an die Rechtsprechung des BSG angepasst. Sie gehen inzwischen davon aus, dass der Zeitraum von zwölf Monaten durch mehrere Beschäftigungen und auch in Kombination von unselbständiger und selbständiger Beschäftigung erreicht werden kann. Der Zeitraum der zwölf Monate beginnt bei einem Wechsel der Tätigkeiten nicht neu zu zählen, wenn die Unterbrechung der Beschäftigung nur von kurzer Dauer ist. Das bedeutet, dass sie im Verhältnis zur Dauer der Beschäftigung nicht mehr als 5% beträgt.[270] Auch die betriebsbedingte und nur vorübergehende Verringerung der wöchentlichen Arbeitszeit bis auf Null (z.B.

---

267 EuGH 19.6.2014 – C-507/12 (*Saint Prix*).
268 BSG 9.3.2022 – B 7/14 AS 79/20 R.
269 Vgl. BSG 13.7.2017 – B 4 AS 17/16 R mit ausführlicher Begründung ab Rn. 22 ff. (jL).
270 Fachliche Hinweise der BA zu § 7 SGB II, Rn. 7.17. Die Möglichkeit der Zusammenrechnung von Tätigkeitszeiträumen hat bereits das LSG NRW LSG NRW 23.12.2015 – L 12 AS 2000/15 B ER, Rn. 9 (j.L.) angenommen.

durch temporär angeordnete Kurzarbeit während der Pandemie) führt nicht zum Verlust des Arbeitnehmerstatus'.²⁷¹

Dauerte die Erwerbstätigkeit *weniger als ein Jahr*, wirkt die Eigenschaft als Erwerbstätige noch sechs Monate fort (§ 2 Abs. 3 Satz 2 FreizügG/EU). Eine Besonderheit gilt allerdings für die Fälle, in denen ein*e Unionsbürger*in Anspruch auf Arbeitslosengeld nach dem SGB III hat und dieser Anspruch über die Dauer der Nachwirkung der Erwerbstätigeneigenschaft von sechs Monaten geht. Danach muss § 2 Abs. 3 Satz 2 FreizügG/EU europarechtskonform so ausgelegt werden, dass zumindest während des Bezugs des Arbeitslosengeldes das Aufenthaltsrecht als Arbeitnehmer*in weiter besteht. Bestünde dieses Aufenthaltsrecht nicht mehr, liefe die betroffene Person Gefahr, dass die Ausländerbehörde den Verlust der Freizügigkeitsberechtigung nach § 5 Abs. 4 FreizügG/EU und damit die Ausreisepflicht feststellt. Wenn dem so ist, würden auch versicherungsrechtlich erworbenen Ansprüche auf Arbeitslosengeld verloren gehen, weil eine Verfügbarkeit für den deutschen Arbeitsmarkt nicht mehr bestünde (§ 137 Abs. 1 Nr. 1 i.V.m. § 138 Abs. 1 Nr. 3 SGB III).²⁷²

Die Arbeitnehmereigenschaft wirkt allerdings nicht fort, wenn Unionsbürger*innen in Haft gesessen haben, auch wenn sie während der Haftzeit gearbeitet haben. Gefangene verrichten ihre Tätigkeit im Rahmen eines öffentlich-rechtlich ausgestalteten Verhältnisses und sind daher keine Arbeitnehmer*innen.

Die Fortwirkung des Arbeitnehmerstatus' endet, wenn die Dauer der Arbeitslosigkeit nicht mehr unfreiwillig ist, wenn z.B. ein Arbeitsangebot abgelehnt wird oder wenn der deutsche Arbeitsmarkt dauerhaft verlassen wird.

> **Arbeitssuchende nach unfreiwilliger Aufgabe ihrer Erwerbstätigkeit als Arbeitnehmer*innen oder Selbständige**
>
> Sind Unionsbürger*innen auf Arbeitssuche, **nachdem** sie in Deutschland als Arbeitnehmer*innen oder selbständig erwerbstätig waren, leiten sie ihr Aufenthaltsrecht nicht aus dem Aufenthaltsrecht als Arbeitsuchende ab, sondern werden wie Arbeitnehmer*innen behandelt. Die Dauer dieses Aufenthaltsstatus' hängt von der Dauer der vorherigen Beschäftigung ab. Die Arbeitsagentur erteilt eine Bestätigung über den unfreiwilligen Arbeitsplatzverlust. Bis zu dieser Bestätigung gilt das Freizügigkeitsrecht als Arbeitnehmer*in weiter („Unfreiwilligkeitsfiktion"). Eine Meldung bei der BA oder beim Jobcenter als arbeitsuchend ist erforderlich.

(3) Aufnahme einer Berufsausbildung

Der Arbeitnehmerstatus bleibt auch bei Aufnahme einer *Berufsausbildung* erhalten, wenn ein Zusammenhang zwischen der vorherigen Erwerbstätigkeit und der Ausbildung besteht, es sei denn, die Unionsbürger*innen haben ihre Arbeit unfreiwillig verloren oder die Ausbildung wird im dualen System absolviert. In letzterem

---

271 Fachliche Hinweise der BA zu § 7 SGB II, Rn. 7.17a.
272 Ausführliche Begründung in LSG Hessen 26.4.2023 – L 6 AS 600/20, Rn. 53 (jL), ebenso v. 1.10.2021 – L 6 AS 403/21 B ER;

Fall folgt die Freizügigkeitsberechtigung aus § 2 Abs. 2 Nr. 1 FreizügG/EU (§ 2 Abs. 3 Nr. 3 FreizügG/EU). Die Fachlichen Hinweise der BA verlangen darüber hinaus, dass es sich um eine mindestens zweijährige abschlussorientierte Ausbildung handelt (§ 7 Rn. 7.20).

(4) Mutterschutz und Elternzeit

Der Arbeitnehmerstatus geht nicht verloren, wenn das Arbeitsverhältnis nur aufgrund von Mutterschutz und Elternzeit ruht und tatsächlich keine Tätigkeit ausgeübt wird.[273] Das Gleiche gilt, wenn eine Frau ihre Erwerbstätigkeit oder die Arbeitssuche wegen körperlicher Belastungen im Spätstadium ihrer Schwangerschaft und nach der Geburt des Kindes aufgeben musste. Die Arbeitnehmereigenschaft bleibt zumindest dann erhalten, wenn sie innerhalb eines angemessenen Zeitraums nach der Geburt des Kindes ihre Beschäftigung wieder aufnimmt oder eine andere Stelle findet.[274] Der angemessene Zeitraum ist nicht definiert; hier muss eine Einzelfallentscheidung getroffen werden.

3.1.3 Aufenthaltsrecht über drei Monate zur Arbeitssuche

Unionsbürger*innen haben das *Recht*, sich in jedem Mitgliedstaat aufzuhalten und nach *Arbeit zu suchen*. Die Aufenthaltsberechtigung zur Arbeitssuche geht auf Art. 14 Abs. 4 Buchst. b) RL 2004/38 zurück und umfasst nach dem FreizügG/EU grundsätzlich bis zu sechs Monate. Darüber hinaus besteht sie nach § 2 Abs. 2 Nr. 1a FreizügG/EU noch länger, wenn die Arbeitsuchenden nachweisen können,

- dass sie weiterhin Arbeit suchen und
- begründete Aussicht haben, eingestellt zu werden.

Hierfür müssen sie tatsächliche Bewerbungsbemühungen und darüber hinaus die Erfolgsaussichten ihrer Arbeitssuche nachweisen. *Indizien* für eine *erfolgreiche Arbeitssuche* sind z.B.

- ausreichende Deutschkenntnisse,
- vorhandene Qualifikationen (z.B. abgeschlossene Berufsausbildung),
- Anerkennung der Qualifikationen durch deutsche Behörden, sofern notwendig,
- die Situation auf dem örtlichen Arbeitsmarkt und die Nachfrage nach den Qualifikationen, die die Arbeitsuchenden mitbringen,
- nachgewiesene Einladungen zu Vorstellungsgesprächen oder
- eine der Arbeitsuche vorangegangene Berufstätigkeit.

---

273 So das SG Itzehoe 7.2.2020 – S 46 AS 147/19 ER unter Bezugnahme auf den Erwägungsgrund 39 der Richtlinie (EU) 2019/1158 des Europäischen Parlaments und des Rates vom 20. Juni 2019 zur Vereinbarkeit von Beruf und Privatleben für Eltern und pflegende Angehörige und zur Aufhebung der Richtlinie 2010/18/EU des Rates (ABl. L 188 vom 12.7.2019, 79-93). Das LSG Rheinland-Pfalz stellte sich dieser Rechtsprechung ausdrücklich entgegen 22.9.2020 – L 3 AS108/20. Allerdings folgen die Fachlichen Hinweise der BA dem Urteil des Sozialgerichts und gehen auch während des Mutterschutzes und der Elternzeit vom Fortwirken des Arbeitnehmerstatus aus, § 7 Rn. 7.20.

274 Vgl. LSG Berlin-Brandenburg 30.1.2017 – L 20 AS 2483/16 B ER unter Berufung auf EuGH 19.6.2014 – Rs. C-507/12 (*Saint-Prix*).

> **Freizügigkeit und Bezug von Sozialleistungen**
>
> Unionsbürger*innen genießen auch bei Bezug von Sozialleistungen Freizügigkeit, solange der Bezug dieser Leistungen nicht unangemessen ist (Art. 14 Abs. 1 RL 2004/38).

Sind Unionsbürger*innen arbeitsuchend nach diesen Vorgaben, dürfen sie nicht ausgewiesen werden.

3.1.4 Aufenthaltsrecht als Nicht-Erwerbstätige

Nicht erwerbstätige Unionsbürger*innen und ihre Familienangehörigen, die sie begleiten oder ihnen nachziehen, haben nach § 4 FreizügG/EU ein Freizügigkeits- und Aufenthaltsrecht, wenn sie über einen *ausreichenden Krankenversicherungsschutz und ausreichende Existenzmittel* verfügen. Nicht erwerbstätig bedeutet, dass die Menschen weder als Arbeitnehmer*innen noch selbständig erwerbstätig sind, noch Arbeit suchen, noch aus anderen Gründen – außer dem der Freizügigkeit – ein Aufenthaltsrecht haben. Hierbei handelt es sich praktisch i.d.R. um Rentner*innen, Studierende (ohne Nebenbeschäftigung) sowie dauerhaft erwerbsunfähige Personen; diese Personen haben in keiner Weise eine Verbindung zum Arbeitsmarkt.

Ein *ausreichender Krankenversicherungsschutz* liegt dann vor, wenn der Umfang der gesetzlichen Krankenversicherung

- ärztliche und zahnärztliche Behandlungen,
- die Versorgung mit Arznei-, Verbands-, Heil- und Hilfsmitteln,
- die Krankenhausbehandlung,
- medizinische Leistungen zur Rehabilitation und
- Leistungen bei Schwangerschaft und Geburt

umfasst.[275]

Ausreichende Existenzmittel umfassen alle gesetzlich zulässigen Einkommen und Vermögen in Geld oder Geldeswert oder sonstige eigene Mittel, insbesondere Unterhaltsleistungen von Familienangehörigen oder Dritten, Stipendien, Ausbildungs- oder Umschulungsbeihilfen, Arbeitslosengeld, Renten u.Ä. Leistungen nach dem SGB II gehören nicht dazu. Das Gesetz sagt nicht, in welcher Höhe Existenzmittel ausreichend sind; die Verwaltungsvorschrift zum FreizügG/EU geht jedenfalls davon aus, dass eine Vergleichsberechnung unter Einbeziehung der regionalen, sozialhilferechtlichen Bedarfssätze erforderlich ist. Dabei müssen die persönlichen Umstände im Einzelfall berücksichtigt werden. Ausreichende Existenzmittel liegen daher grundsätzlich dann vor, wenn während des Aufenthalts keine Leistungen nach dem SGB II oder dem SGB XII in Anspruch genommen werden.[276]

---

[275] Verwaltungsvorschrift zum FreizügG/EU Ziff. 4.1.1.
[276] Vgl. Verwaltungsvorschrift zum FreizügG/EU Ziff. 4.1.2.

Handelt es sich bei den nicht erwerbstätigen Freizügigkeitsberechtigten um *Studierende*, d.h. um Personen, die eine Zulassung zu einer staatlichen oder nach Landesrecht staatlich anerkannten Universität, pädagogischen Hochschule, Kunsthochschule, Fachhochschule oder sonstigen Lehranstalt, die eine über die Allgemeinbildung hinausgehende berufliche Qualifikation vermittelt, besitzen oder an einer solchen immatrikuliert sind, ist der Familiennachzug – im Gegensatz zu anderen Freizügigkeitsberechtigten – begrenzt. In diesem Fall dürfen nur Angehörige der Kernfamilie, d.h. Ehegatt*innen, Lebenspartner*innen und unterhaltsberechtigte Kinder nachziehen. Deren Lebensunterhalt muss ohne Inanspruchnahme öffentlicher Mittel gesichert sein.

Verfügen nicht erwerbstätige Freizügigkeitsberechtigte und ihre Familienangehörigen nicht über ausreichenden Krankenversicherungsschutz und ausreichende Existenzmittel, endet ihr Aufenthaltsrecht allerdings nicht automatisch. In diesem Fall muss die Ausländerbehörde den *Verlust der Freizügigkeit feststellen*; sie hat dabei gleichwohl alle Gesichtspunkte zu berücksichtigen, die für einen Verbleib in Deutschland sprechen.

> **Verlust des Aufenthaltsrechts wegen Sozialhilfebezug**
>
> Nach Art. 14 Abs. 1 RL 2004/38 besteht das Aufenthaltsrecht nur, solange freizügigkeitsberechtigte Unionsbürger*innen Sozialhilfeleistungen des Aufnahmemitgliedstaates nicht **unangemessen** in Anspruch nehmen. Beantragen nicht erwerbstätige Unionsbürger*innen Leistungen – i.d.R. nach dem SGB XII – droht u.U. der Verlust des Freizügigkeitsrechts. Über den Verlust entscheidet aber nicht das Sozialamt, sondern die Ausländerbehörde.[277]

Unangemessen wird Sozialhilfe dann in Anspruch genommen, wenn die Gewährung einer Sozialleistung zu einer Belastung für das gesamte Sozialhilfesystem des betreffenden Mitgliedstaates führt.[278] Dabei ist die individuelle Situation der Betroffenen zu berücksichtigen; es kommt u.a. auf die Höhe und die Regelmäßigkeit der sonstigen verfügbaren Einkünfte, die Dauer des Aufenthalts, die persönlichen Umstände und auf den Zeitraum an, für den die Leistungen ggf. übergangsweise in Anspruch genommen werden müssen.[279] Eine *angemessene Inanspruchnahme* von Sozialleistungen führt somit nicht zum Verlust des Aufenthaltsrechts nicht aktiver Unionsbürger*innen; eine unangemessene Inanspruchnahme muss im Einzelfall geprüft werden. Sie führt nicht automatisch zum Verlust des Aufenthaltsrechts.

3.1.5 Aufenthaltsrecht von Familienangehörigen und nahestehenden Personen

Familienangehörige von (materiell) freizügigkeitsberechtigten Unionsbürger*innen sind ebenfalls freizügigkeitsberechtigt, auch wenn sie nicht erwerbstätig oder arbeitsuchend sind und unabhängig von der eigenen Staatsangehörigkeit. Familienangehörige sind nach § 1 Abs. 2 Nr. 3 FreizügG/EU

---

[277] Vgl. hierzu BSG 19.10.2010 – B 14 AS 23/10 R.
[278] EuGH 19.9.2013 – Rs. C-140/12 (*Brey*).
[279] Vgl. auch den 16. Erwägungsgrund zur RL 2004/38.

- Ehegatt*innen sowie Lebenspartner*innen[280],
- Verwandte in gerader Linie absteigend (z.B. Kinder und Enkel), auch der Ehegatt*innen oder Lebenspartner*innen (Stiefkinder, Stiefenkel), sofern sie noch nicht 21 Jahre alt sind, oder
- Verwandte in gerader absteigender (z.B. Kinder oder Stiefkinder über 21) oder aufsteigender Linie (z.B. Eltern, Großeltern) der freizügigkeitsberechtigten Unionsbürger*innen oder ihrer Ehegatt*innen bzw. Lebenspartner*innen, wenn ihnen Unterhalt gewährt wird.

Anders als im Aufenthaltsgesetz ergibt sich ein Aufenthaltsrecht für Familienangehörige auch dann, wenn deren *Lebensunterhalt nicht gesichert* ist und sie eine*n Unionsbürger*in begleiten oder ihr*ihm nachziehen. Eine *Ausnahme* gilt für Familienangehörige nicht erwerbstätiger Unionsbürger*innen. Ihr Aufenthaltsrecht bestimmt sich nach § 4 FreizügG/EU, d.h. sie müssen über einen ausreichenden Krankenversicherungsschutz und ausreichende Existenzmittel verfügen.

Dieses Aufenthaltsrecht für Familienangehörige aus Drittstaaten besteht auch dann weiter, wenn die*der Unionsbürger*in, die*der nach § 2 Abs. 2 Nr. 1 bis 3 FreizügG/EU (Aufenthaltsrecht aufgrund von Erwerbstätigkeit oder zur Arbeitssuche) und § 2 Abs. 2 Nr. 5 FreizügG/EU (Aufenthaltsrecht für nicht erwerbstätige Unionsbürger*innen nach § 4 FreizügG/EU) aufenthaltsberechtigt war, selbst *gestorben* ist und die Familienangehörigen wenigstens ein Jahr gemeinsam mit diesem im Bundesgebiet gewohnt haben, wenn sie selbst eine der Freizügigkeitsvoraussetzungen aus § 2 Abs. 2 Nr. 1 bis 3 oder Nr. 5 FreizügG/EU erfüllen (z.B. selbst Arbeitnehmer*in oder selbständig erwerbstätig sind oder der Krankenversicherungsschutz und das Einkommen gewährleistet sind).

Ebenso bleiben nach einer *Scheidung oder Aufhebung* einer Lebenspartnerschaft die Ehegatt*innen und Lebenspartner*innen, die nicht selbst Unionsbürger*innen sind, aufenthaltsberechtigt, wenn sie erwerbstätig bzw. arbeitsuchend sind oder die Voraussetzungen für nicht erwerbstätige Freizügigkeitsberechtigte nach § 4 FreizügG/EU erfüllen (ausreichender Krankenversicherungsschutz und ausreichende Existenzmittel) und nach § 3 Abs. 4 FreizügG/EU:

- die Ehe oder Lebenspartnerschaft mindestens drei Jahre und davon ein Jahr im Bundesgebiet bestanden hat; entscheidend ist der Zeitpunkt der Einleitung des Scheidungsverfahrens oder
- sie die elterliche Sorge für die Kinder der*des Unionsbürgerin*Unionsbürgers übertragen bekommen haben oder
- es zur Vermeidung einer besonderen Härte erforderlich ist (z.B. wegen Gewalt, körperlichen oder psychischen Missbrauchs oder aus anderen Gründen, auf-

---

[280] Lebenspartner*in meint eine Lebenspartnerschaft im Sinne des Lebenspartnerschaftsgesetzes oder eine eingetragene Partnerschaft, die es in einigen EU- oder den EWR-Mitgliedstaaten gibt (§ 1 Abs. 2 Nr. 2 FreizügG/EU). In Deutschland kann seit dem 1.10.2017 keine Lebenspartnerschaft zwischen Personen gleichen Geschlechts begründet werden. Eingetragene Lebenspartnerschaften gibt es aber in vielen Mitgliedstaaten der EU, z.B. in Frankreich der Pacte civil de solidarité (PACS) – ein Vertrag zwischen zwei Personen unterschiedlichen oder gleichen Geschlechts.

grund derer ein Festhalten an der Ehe oder Lebenspartnerschaft nicht zumutbar ist) oder
- sie ein Umgangsrecht mit dem minderjährigen Kind haben, das nur im Bundesgebiet ausgeübt werden kann.

Minderjährige Kinder in Schul- und Berufsausbildung und ihr Elternteil haben ein Aufenthaltsrecht, wenn der EU-angehörige Elternteil verstirbt oder wegzieht. Dieses besteht bis zum Abschluss ihrer Ausbildung (§ 3 Abs. 3 FreizügG/EU).[281] Darüber hinaus kann sich ein weiterer Aufenthaltszweck aus familiären Gründen ergeben, z.B. aus dem Zusammenleben der Partner*innen mit einem gemeinsamen Kind oder dem Kind der*des Partnerin*Partners. Das gilt auch für unverheiratete Paare; das Aufenthaltsrecht folgt dann (fiktiv) aus dem AufenthG (→ Kap. 3.3).

Außer Familienangehörigen haben seit der Änderung des Freizügigkeitsgesetzes im Jahr 2020[282] auch *nahe stehende Personen*, die nicht selbst EU-Staatsangehörige sind und kein Freizügigkeitsrecht nach den §§ 3 oder 4 FreizügG/EU haben, ein Aufenthalts- und Einreiserecht, das ihnen auf Antrag gewährt werden kann (§ 3a Abs. 1 FreizügG/EU). Nach § 1 Abs. 2 Nr. 4 FreizügG/EU handelt es sich dabei um:

- Verwandte im Sinne des § 1589 BGB und Verwandte der*des Ehegattin*Ehegatten oder Lebenspartnerin*Lebenspartners, die nicht Familienangehörige sind (z.B. Geschwister, Schwäger, Onkel, Tanten).

Diese haben nach § 3a Abs. 1 Nr. 1 FreizügG/EU ein Aufenthaltsrecht, wenn sie nachhaltig (i.d.R. mindestens zwei Jahre) unterhaltsberechtigt sind oder sie mindestens zwei Jahre vor Verlegung des Wohnsitzes in die Bundesrepublik mit der*dem Unionsbürger*in in häuslicher Gemeinschaft gelebt haben oder sie pflegebedürftig sind und die Pflege zwingend persönlich durch die*den Unionsbürger*in ausgeübt werden muss.

- ledige Kinder, die das 18. Lebensjahr noch nicht vollendet haben und unter Vormundschaft oder in einem Pflegekindverhältnis zur*zum Unionsbürger*in stehen und keine Familienangehörige sind

Hier muss feststehen, dass die*der Unionsbürger*in mit der Person im Bundesgebiet für längere Zeit in familiärer Gemeinschaft zusammenleben wird und sie von ihr*ihm abhängig ist (§ 3a Abs. 1 Nr. 2 FreizügG/EU).

- Eine*n Lebensgefährtin*Lebensgefährten, mit der*dem eine Person eine glaubhaft dargelegte und auf Dauer angelegte Gemeinschaft eingegangen ist, die keine weitere Lebensgemeinschaft gleicher Art zulässt (eheähnliche oder lebenspartnerschaftsähnliche Lebensgemeinschaften).

Voraussetzung für das Einreise- und Aufenthaltsrecht ist in diesen Fällen das gemeinsame Zusammenleben im Bundesgebiet und dies nicht nur vorübergehend (§ 3a Abs. 1 Nr. 3 FreizügG/EU).

---

281 Vgl. hierzu LSG NRW 27.12.2016 – L 7 AS 2148/16 B ER.
282 Gesetz zur aktuellen Anpassung des Freizügigkeitsgesetzes/EU und weiterer Vorschriften an das Unionsrecht vom 12.11.2020, BGBl. I S. 2416.

Die nahestehenden Personen haben auch nach dem Tod der*des Unionsbürger*in ein Aufenthaltsrecht, wenn sie selbst erwerbstätig sind oder – wenn sie nicht erwerbstätig sind – ihr Krankenversicherungsschutz und ihre Existenz ausreichend gesichert sind und sie vor dem Tod mindestens ein Jahr als nahestehende Person einer*eines Unionsbürgerin*Unionsbürgers im Bundesgebiet gelebt haben (§ 3a Abs. 3 i.V.m. § 3 Abs. 2 FreizügG/EU).

Aufenthaltsrecht von Familienangehörigen und nahestehenden Personen
Familienangehörige von Unionsbürger*innen haben – sofern sie die Unionsbürger*innen begleiten oder ihnen nachziehen – kraft Gesetzes ein Aufenthaltsrecht nach § 3 FreizügG/EU. Nahestehende Personen aus Drittstaaten, die nicht selbst nach den §§ 3 oder 4 FreizügG/EU freizügigkeitsberechtigt sind, müssen einen Antrag auf Einreise und Aufenthalt stellen. Die Bewilligung dieses Antrags liegt im Ermessen der zuständigen Behörde. Diese prüft insbesondere das Abhängigkeitsverhältnis finanzieller oder physischer Art; eine eingehende Untersuchung persönlicher Umstände geht damit einher (vgl. § 3a Abs. 2 FreizügG/EU).

3.1.6 Verlustfeststellung

Nach § 7 FreizügG/EU stellt die Ausländerbehörde fest, dass ein *Recht auf Einreise und Aufenthalt nicht besteht*. In dem entsprechenden Bescheid wird die Abschiebung angedroht und eine Ausreisefrist – i.d.R. ein Monat – gesetzt. Die Ausländerbehörde kann

- eine Verlustfeststellung des Freizügigkeitsrechts nach § 5 Abs. 4 FreizügG/EU treffen, wenn innerhalb von fünf Jahren nach Begründung des Aufenthalts in Deutschland die *Voraussetzungen für ein Freizügigkeitsrecht entfallen* sind,
- eine Verlustfeststellung des Freizügigkeitsrechts nach § 6 FreizügG/EU aus *Gründen der öffentlichen Ordnung, Sicherheit oder Gesundheit* treffen. Gründe der öffentlichen Gesundheit sind Krankheiten mit epidemischen Potenzial i.S.d. WHO und sonstige übertragbare, durch Infektionserreger oder Parasiten verursachte Krankheiten. Für die Gefährdung der öffentlichen Sicherung und Ordnung genügt eine strafrechtliche Verurteilung allein nicht; es muss sich aus den zugrundeliegenden Umständen ein persönliches Verhalten erkennen lassen, das eine gegenwärtige Gefährdung der öffentlichen Ordnung darstellt und die Gefährdung muss tatsächlich und so hinreichend sein, dass ein Grundinteresse der Gesellschaft berührt ist. Dabei sind die Dauer des Aufenthalts des Betroffenen in Deutschland, sein Alter, sein Gesundheitszustand, seine familiäre und wirtschaftliche Lage, seine soziale und kulturelle Integration und das Ausmaß seiner Bindungen zum Herkunftsstaat zu berücksichtigen.
- das *Nichtbestehen des Freizügigkeitsrechts* feststellen, wenn feststeht, dass die Person gefälschte oder verfälschte Dokumente vorgelegt oder falsche Tatsachen vorgetäuscht hat, um das Freizügigkeitsrecht zu begründen (§ 2 Abs. 7 FreizügG/EU).

> **Verlust des Freizügigkeitsrechts**
>
> Für Unionsbürger*innen gilt eine Freizügigkeitsvermutung, d.h. solange die Ausländerbehörden nicht durch Bescheid festgestellt haben, dass kein Aufenthaltsrecht besteht oder das Freizügigkeitsrecht verloren gegangen ist, solange besteht – zumindest formell – ein legales Aufenthaltsrecht.[283]

Stellt die Ausländerbehörde den *Verlust des materiellen Aufenthaltsrechts förmlich* fest und müssen Unionsbürger*innen ausreisen oder werden sie abgeschoben, besteht grundsätzlich kein Verbot einer Wiedereinreise. Diese kann nach § 7 Abs. 2 Satz 1 FreizügG/EU nur aus Gründen der öffentlichen Sicherheit und Ordnung oder der Gesundheit oder dann verboten werden, wenn eine strafrechtliche Verurteilung wegen einer Tat vorliegt, die eine tatsächliche und hinreichend schwere Gefährdung darstellt, die ein Grundinteresse der Gesellschaft berührt (vgl. im Einzelnen § 6 Abs. 1 FreizügG/EU). Hat die betreffende Person das Einreise- und Aufenthaltsrecht durch die Verwendung gefälschter oder verfälschter Dokumente oder durch die Vorspiegelung falscher Tatsachen erhalten und erfolgte die Verlustfeststellung nach § 2 Abs. 7 FreizügG/EU, kann die Ausländerbehörde nach § 7 Abs. 2 Satz 2 FreizügG/EU die Einreise untersagen. Dies liegt allerdings in ihrem Ermessen, das sich danach richtet wie schwer die Täuschung war.

> **Ausweisung und Inanspruchnahme von Sozialleistungen**
>
> Die Inanspruchnahme von Sozialleistungen im Aufnahmemitgliedstaat darf für Unionsbürger*innen und ihre Familienangehörigen nicht automatisch zu einer Verlustfeststellung des Aufenthaltsrechts führen.

Gegen die förmliche Feststellung der Ausländerbehörde, dass kein Recht zum Aufenthalt besteht, sind *Widerspruch und anschließend Anfechtungsklage* vor dem Verwaltungsgericht zulässig. Hat die Behörde die sofortige Vollziehbarkeit des Bescheids festgestellt und legen die betroffenen Personen einen Antrag auf aufschiebende Wirkung nach § 80 Abs. 5 VwGO im Rahmen des einstweiligen Rechtsschutzes ein, darf keine Abschiebung erfolgen, bevor nicht über den Antrag entschieden wurde (§ 7 Abs. 1 Satz 4 FreizügG/EU). Eine Ausreisepflicht besteht erst, wenn die Ausländerbehörde unanfechtbar festgestellt hat, dass ein Recht auf Einreise und Aufenthalt nicht (mehr) besteht. Reisen Unionsbürger*innen aus und dann wieder ein (sofern die Behörde nicht auch noch ein Einreiseverbot ausgesprochen hat), leben die Rechte aus dem Europarecht wieder auf.

3.2 Aufenthaltsberechtigung aus der VO 492/2011

Nach Art. 10 der VO 492/2011 haben *Kinder von Unionsbürger*innen*, die selbst als Arbeitnehmer*innen freizügigkeitsberechtigt waren oder sind, das Recht, am allgemeinen Schulunterricht teilzunehmen oder eine Berufsausbildung

---

[283] Vgl. dazu auch BSG 20.1.2016 – B 14 AS 35/15 R; LSG Berlin-Brandenburg 17.3.2022 – L 18 AS 232/22 B ER, Rn. 18 f. (jL); LSG Hessen 29.7.2021 – L 6 AS 209/21 B ER. Ähnlich auch BSG 12.5.2021 – B 4 AS 34/20 R, das bei einer faktischen Duldung der Ausländerbehörde über sechs Monate hinaus trotz Kenntnis der fehlenden Freizügigkeitsberechtigung eine Verfestigung des Aufenthaltsrechts annimmt, Rn 34 (jL).

aufzunehmen bzw. ein Hochschulstudium[284] zu beginnen. Aus diesem Recht folgt für die Kinder ein eigenes Aufenthaltsrecht bis zum Abschluss des jeweiligen Ausbildungsgangs.[285] Aus diesem eigenen Aufenthaltsrecht des Kindes folgt wiederum – sofern die Eltern kein eigenes Aufenthaltsrecht (mehr) haben, weil sie z.B. arbeitslos sind und der nachgehende Schutz nicht (mehr) besteht – ein (abgeleitetes oder akzessorisches) Aufenthaltsrecht der Eltern, und zwar zur *Ausübung des Sorgerechts* für ein minderjähriges Kind.[286] Wären nämlich die Eltern zur Ausreise verpflichtet, könnte das minderjährige Kind Schule und Berufsausbildung mangels der Anwesenheit und Fürsorge seiner sorgeberechtigten Eltern bzw. seines sorgeberechtigten Elternteils möglicherweise nicht erfolgreich abschließen.[287] Dies gilt dann, wenn

- das Kind bereits seinen gewöhnlichen Aufenthalt in Deutschland hatte, als mindestens ein Elternteil, der Unionsbürger*in ist, in Deutschland als Arbeitnehmer*in abhängig beschäftigt war[288]; sie*er muss es aktuell nicht mehr sein, auch nicht bei Wohnsitznahme in Deutschland, und muss es auch nicht zu Beginn der Ausbildung gewesen sein, wichtig ist nur, dass die Arbeitnehmereigenschaft bestanden hat[289],
- das Kind sich aktuell in einer Berufsausbildung befindet oder zur Schule geht und
- der Elternteil, um dessen Aufenthaltsrecht es geht, die elterliche Sorge tatsächlich ausübt.

Dieses Aufenthaltsrecht knüpft historisch an die Arbeitnehmerfreizügigkeit und die Schaffung bestmöglicher Bedingungen für die Integration der Arbeitnehmer*innen an, die von ihrer Freizügigkeit Gebrauch machen und durch die auch dem Kind ein Ausbildungsrecht vermittelt wird.[290] Der Erwerb des Ausbildungsrechts ist an den Status als Kind einer*eines Arbeitnehmerin*Arbeitnehmers gebunden. Für das Kind ist es insofern ebenfalls ein abgeleitetes Aufenthaltsrecht als Familienangehöriger.[291]

Art. 10 VO 492/2011 und selbständig tätige Unionsbürger*innen

Das Aufenthaltsrecht aus Art. 10 VO 492/2011 besteht nicht für Unionsbürger*innen, die selbständig erwerbstätig sind (Personen, die von der Niederlassungsfreiheit Gebrauch machen oder Dienstleistungen erbringen). Erfasst werden nur Kinder (ehemaliger) Arbeitnehmer*innen.

Das *Ausbildungs- und Aufenthaltsrecht* der Kinder bzw. ihrer sorgeberechtigten Eltern/Elternteile bestehen *unabhängig von den in der RL 2004/38* (Freizügig-

---

284 Vgl. hierzu EuGH 13.3.1989 – C-389/87 und 390/87 (*Echternach*).
285 Vgl. EuGH vom 15.3.1989 – C-389/87 (*Echternach und Moritz*); vgl. auch BSG 3.12.2015 – B 4 AS 43/15 R.
286 EuGH vom 6.10.2020 – C 181/19, Rn. 35.
287 Vgl. EuGH vom 17.9.2002 – C-413/99 (*Baumbast*.); vgl. BSG 9.3.2022 – B 7/14 AS 30/21 R, Rn 22 (jL).
288 Vgl. EuGH vom 23.2.2010 – C-480/08 (*Teixeira*.).
289 So unter Berufung auf die Rechtsprechung des EuGH LSG Schleswig-Holstein 17.2.2017 – L 6 AS 11/17 B ER; ebenso BSG 9.3.2022 – B 7/14 AS 30/21 R, Rn 22 (jL).
290 Vgl. EuGH vom 17.9.2002 – C-413/99 (*Baumbast*.); EuGH vom 6.10.2020 – C 181/19, Rn. 36.
291 Vgl. LSG Rheinland-Pfalz 11.8.2016 – L 3 AS 376/16 B ER.

keitsrichtlinie) geregelten Freizügigkeitsrechte und unabhängig von dem Vorhandensein ausreichender Existenzmittel sowie eines umfassenden Krankenversicherungsschutzes. Sie bilden ein autonomes Aufenthaltsrecht.[292] Weder der Wegzug der*des Unionsbürgerin*Unionsbürgers aus dem Aufnahmemitgliedstaat oder ihr*sein Tod führen für ihre*seine Kinder und den sorgeberechtigten Elternteil bis zum Abschluss der Ausbildung zu einem Verlust des Aufenthaltsrechts und das ungeachtet der eigenen Staatsangehörigkeit.[293] Allerdings endet das abgeleitete Aufenthaltsrecht der Personensorgeberechtigten dann, wenn das Kind der Fürsorge des Elternteils nicht mehr bedarf, i.d.R. mit der Volljährigkeit des Kindes, oder wenn dieses Schule, Berufsausbildung oder Studium abbricht..

3.3 Aufenthaltsberechtigung aus anderen Gründen – insbesondere Aufenthaltsgesetz

Unionsbürger*innen können neben dem Recht auf Aufenthalt zur Arbeitsuche auch aus anderen Gründen aufenthaltsberechtigt sein. In diesen Fällen besteht das Aufenthaltsrecht „fiktiv"; es richtet sich i.d.R. nach den *Vorschriften des AufenthG*. Sind Unionsbürger*innen Ehegatt*innen oder Lebenspartner*innen von deutschen Staatsangehörigen oder von nach dem Aufenthaltsgesetz berechtigten Drittstaatsangehörigen oder Elternteil eines deutschen Kindes gelten nach der *Meistbegünstigungsklausel* des § 11 FreizügG/EU die Regelungen des Aufenthaltsgesetzes. In diesen Fällen folgt das Aufenthaltsrecht nicht (allein) aus dem FreizügG/EU, so dass ein materielles Aufenthaltsrecht auch bei Erwerbslosigkeit besteht.

Darüber hinaus entsteht ein anderes Aufenthaltsrecht auch dann, wenn Familienangehörige von nach § 2 FreizügG/EU freizügigkeitsberechtigten Unionsbürger*innen oder als Angehörige einer*eines Unionsbürgerin*Unionsbürgers, die über ein Daueraufenthaltsrecht (§ 4a FreizügG/EU) verfügten, einreisen; auch in diesem Fall sind sie – selbst wenn sie arbeitsuchend sind – nicht allein aufgrund der Arbeitsuche eingereist.

Ein Aufenthaltsrecht kann sich zudem aus anderen Vorschriften des AufenthaltG ergeben. So besteht die Möglichkeit eines Aufenthaltsrechts nach

- § 22 AufenthG – Aufnahme aus dem Ausland aus völkerrechtlichen oder dringenden humanitären Gründen; Aufenthaltserlaubnis wird erteilt, wenn das Bundesministerium des Innern und für Heimat oder die von ihm bestimmte Stelle die Aufnahme erklärt hat,
- § 23 AufenthG – Aufenthaltsgewährung durch oberste Landesbehörden aus völkerrechtlichen oder humanitären Gründen oder zur Wahrung politischer Interessen der Bundesrepublik Deutschland,
- § 23a AufenthG – Aufenthaltsgewährung in Härtefällen bei vollziehbarer Ausreisepflicht (muss durch Härtefallkommission vorgeschlagen werden),

---

292 Vgl. EuGH 23.2.2010 – C-310/08 (*Ibrahim.*); EuGH vom 6.10.2020 – C 181/19, Rn. 64ff.
293 Ausführlich zu diesem Aufenthaltsrecht BSG 3.12.2015 ff B 4 AS 43/15 R, Rn. 29 ff. (j.L.).

- § 24 AufenthG – Aufenthaltsgewährung zum vorübergehenden Schutz (aufgrund eines Beschlusses des Rates der Europäischen Union gem. der RL 2001/55/EG),
- § 25 Abs. 4a AufenthG für Opfer von Straftaten wie Menschenhandel oder Zwangsprostitution,
- nach § 25 Abs. 4b AufenthG für Opfer einer Straftat nach § 10 Abs. 1 oder § 11 Abs. 1 Nr. 3 Schwarzarbeitbekämpfungsgesetz oder nach § 15a Arbeitnehmerüberlassungsgesetz,
- § 25a AufenthG – Aufenthaltsgewährung bei gut integrierten Jugendlichen und Heranwachsenden,
- § 25b AufenthG – Aufenthaltsgewährung bei nachhaltiger Integration oder
- aus familiären oder humanitären Gründen wie z.B. § 7 Abs. 1 Satz 3 AufenthG i.V.m. Art. 6 GG für Schwangere vor der Geburt des Kindes[294] oder bei unverheirateten Eltern, die gemeinsam Sorge für das Kind tragen – diese Personengruppen bilden eine Familie i.S.d. Art. 6 GG i.V.m. § 27 Abs. 1, § 28 Abs. 1, §§ 29 und 32 AufenthG – oder eine schwere Erkrankung.

Für Angehörige der *Kernfamilie* (Eltern, minderjährige Kinder, Ehegatt*innen und Lebenspartner*innen) ist § 28 AufenthG (Familiennachzug zu Deutschen) anwendbar. Damit hat auch der Elternteil eines minderjährigen Kindes mit EU-Staatsangehörigkeit ein familiäres Freizügigkeitsrecht und das unabhängig von einer eigenen Lebensunterhaltssicherung.[295]

3.4 Daueraufenthaltsrecht

Halten sich Unionsbürger*innen fünf Jahre ständig in Deutschland auf, erhalten sie nach § 4a FreizügG/EU ein Daueraufenthaltsrecht. Zu den *fünf Jahren* zählen alle Zeiten legalen Aufenthalts (auch Zeiten des Studiums). Ein legaler Aufenthalt besteht bei Unionsbürger*innen so lange, bis die Ausländerbehörde einen Verlust des Aufenthaltsrechts förmlich feststellt. Das Daueraufenthaltsrecht ist nicht an bestimmte Voraussetzungen gebunden; es bedarf weder der Ausübung einer Erwerbstätigkeit noch müssen ausreichende Existenzmittel oder ein ausreichender Krankenversicherungsschutz vorhanden sein.

> **Unterbrechungen des Aufenthalts**
>
> Vorübergehende Unterbrechungen des Aufenthalts haben auf den Status der Unionsbürger*innen keine Auswirkungen. Vorübergehend sind dabei Unterbrechungen (§ 4a Abs. 6 FreizügG/EU) von insgesamt sechs Monaten im Jahr oder Abwesenheit zur Ableistung eines Wehrdienstes oder Ersatzdienstes oder eine einmalige Abwesenheit bis zu einem Jahr aus wichtigem Grund (z.B. Schwangerschaft und Entbindung, schwere Krankheit, Studium, Berufsausbildung oder berufliche Entsendung.

---

294 BSG 30.1.2013 – B 4 AS 54/12 R, Rn. 34f. (j.L.).
295 Allgemeine Verwaltungsvorschrift zum FreizügG Rn. 3.2.2.2 und 4a.0.2.

Handelt es sich um *Rentner*innen*, die sich vor ihrem Ausscheiden aus dem Erwerbsleben (Erreichen der Regelaltersgrenze oder des Vorruhestands) mindestens drei Jahre ständig im Bundesgebiet aufgehalten und mindestens während der letzten zwölf Monate hier eine Erwerbstätigkeit ausgeübt haben, erhalten sie auch vor Ablauf von fünf Jahren ein Daueraufenthaltsrecht. Das Gleiche gilt, wenn sie ihre Erwerbstätigkeit infolge einer vollen Erwerbsminderung aufgeben, die durch einen Arbeitsunfall oder eine Berufskrankheit eingetreten ist und sie für den Bezug einer Rente gegenüber einem Leistungsträger im Bundesgebiet berechtigt sind. Eine Erwerbstätigkeit in einem anderen Mitgliedstaat der EU steht dabei der Erwerbstätigkeit im Bundesgebiet gleich.

Vor Ablauf von fünf Jahren erwerben darüber hinaus Unionsbürger*innen ein Daueraufenthaltsrecht, die *drei Jahre ständig im Bundesgebiet erwerbstätig* waren und anschließend in einem anderen Mitgliedstaat der EU tätig sind, ihren Wohnsitz aber im Bundesgebiet behalten und mindestens einmal in der Woche zurückkehren.

Das Daueraufenthaltsrecht besteht nicht mehr, wenn Unionsbürger*innen mehr als zwei Jahre aus Deutschland *ausgereist* sind; eine kurzzeitige Ausreise bis zu sechs, ggf. bis zu zwölf Monaten ist unschädlich (vgl. § 4a Abs. 7 FreizügG/EU).

Nachweis des fünfjährigen rechtmäßigen Aufenthalts

Um das Daueraufenthaltsrecht zu erhalten, müssen – abgesehen von og. Ausnahmen – fünf Jahre rechtmäßiger Aufenthalt nachgewiesen werden. Dies kann anhand von Meldebescheinigungen, Lohnnachweisen, Nachweisen über Schulbesuch, Studienaufenthalt u.a. erfolgen. Eine Meldung bei einer inländischen Meldebehörde ist jedenfalls nicht zwingende Voraussetzung.[296]

Werden Unionsbürger*innen mit Daueraufenthalt sozialhilfebedürftig und müssen Sozialleistungen beziehen, führt dies nicht zu einer automatischen Ausweisung (§ 14 Abs. 3 RL 2004/38; → Kap. 3.1.6).

Daueraufenthaltsrecht und Ausweisung

Haben Unionsbürger*innen ein Daueraufenthaltsrecht, ist eine Ausweisung nur noch aus Gründen der öffentlichen Sicherheit und Ordnung möglich. Dabei muss es sich um schwerwiegende Gründe handeln.

3.5 Aufenthaltsrecht von Staatsangehörigen des Vereinigten Königreichs

Zum 1.2.2020 ist das Vereinigte Königreich von Großbritannien und Nordirland aus der EU ausgetreten. Die Rechtsbeziehungen zwischen beiden regelt ein Austrittsabkommen, das in der gesamten EU gilt. Hinsichtlich des Aufenthaltsrechts für britische Staatsangehörige gilt folgendes:

- bis zum 31.12.2020, dem Ende des Übergangszeitraums, bestanden die Aufenthaltsrechte wie bei Unionsbürger*innen und ihren Familienangehörigen,

---

[296] Vgl. hierzu LSG Berlin-Brandenburg 6.6.2017 – L 15 SO 112/17 B ER; ebenso 1.12.2022 – L 19 AS 929/22 B ER; LSG NRW 5.5.2021 – L 9 SO 56/21 B ER.

3. Aufenthaltsrecht von Unionsbürger*innen

- seit dem 1.1.2021 haben Personen, die bis dahin zum Aufenthalt oder zum Arbeiten in Deutschland berechtigt waren und von diesem Recht Gebrauch gemacht haben, im Wesentlichen die gleichen Rechte wie vor dem Austritt,
- bis zum 30.6.2021 mussten britische Staatsangehörige die am 31.12.2020 in Deutschland gewohnt haben und weiterhin wohnen bleiben wollten, ihren Aufenthalt bei der für ihren Wohnort zuständigen Ausländerbehörde anzeigen, um ein neues Aufenthaltsdokument zu erhalten.

Britische Staatsangehörige erhalten ein Daueraufenthaltsrecht nicht mehr nach dem Freizügigkeitsrecht, sondern nach den Regelungen des Austrittsabkommens.[297]

Zusammenfassung Aufenthaltsrecht von Unionsbürger*innen

Unionsbürger*innen haben ein Recht auf Aufenthalt aus verschiedenen Gründen. Da der jeweilige Status entscheidend für den Bezug existenzsichernder Leistungen nach dem SGB II (oder dem SGB XII) ist, muss dieser sorgfältig geprüft werden. Von diesen Aufenthaltsrechten werden auch Staatsangehörige des EWR (Norwegen, Liechtenstein, Island) sowie der Schweiz erfasst. Ein *Aufenthaltsrecht* kann sich danach zusammengefasst aus folgenden Gründen ergeben:

Abbildung 28

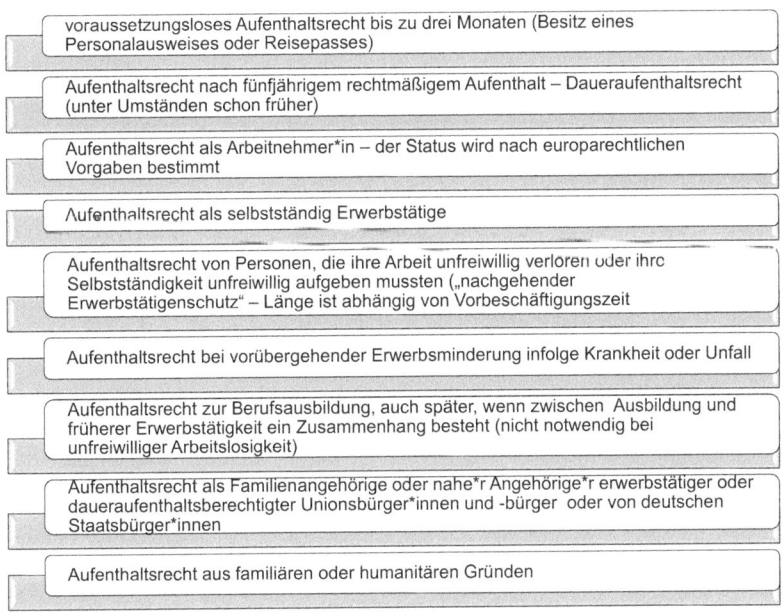

[297] Umfassende Informationen mit Beispielen finden sich in einer Broschüre des Bundesministeriums des Innern, für Bau und Heimat: https://www.bmi.bund.de/SharedDocs/downloads/DE/veroeffentlichungen/themen/verfassung/brexit-informationen-aufenthaltsrecht.pdf?__blob=publicationFile&v=10 (2.2.2024).

Darüber hinaus kann ein Aufenthaltsrecht auch als Empfänger*in oder Erbringer*in von *Dienstleistungen* (Art. 56 AEUV) bestehen (§ 2 Abs. 2 Nr. 3 und 4 FreizügG/EU). Dienstleistungserbringer aus einem anderen Mitgliedstaat behalten grundsätzlich ihren Sitz im Herkunftsstaat, auch wenn eine bestimmte Infrastruktur (z.B. Büro, Wohnung) in Deutschland besteht, die zur Erbringung der Dienstleistung notwendig ist. Wird die Dienstleistung nicht nur vorübergehend erbracht, kann sich der Status in einen niedergelassenen Selbständigen ändern.

Das Aufenthaltsrecht von Unionsbürger*innen kann i.d.R. nur aus Gründen der öffentlichen Ordnung, Sicherheit oder Gesundheit verloren gehen. Nach Erwerb des Daueraufenthaltsrechts geht das Aufenthaltsrecht nur aus schwerwiegenden Gründen verloren.

4. Existenzsichernde Leistungen zur Sicherung des Lebensunterhalts

4.1 Grundsicherung für Arbeitssuchende – Leistungen nach dem SGB II

4.1.1 Leistungsberechtigung

Anspruch auf Leistungen der Grundsicherung für Arbeitssuchende nach dem SGB II (Bürgergeld) haben nach § 19 Abs. 1 Satz 1 SGB II *erwerbsfähige Leistungsberechtigte*. Das sind nach § 7 Abs. 1 Satz 1 SGB II Personen, die

- das 15. Lebensjahr vollendet und die Altersgrenze nach § 7a noch nicht erreicht haben,
- erwerbsfähig sind, d.h. mindestens drei Stunden täglich auf dem allgemeinen Arbeitsmarkt arbeiten können (§ 8 SGB II),
- hilfebedürftig sind, d.h. deren Einkommen und Vermögen nicht ausreicht, um ihren eigenen Bedarf und den der Mitglieder ihrer Bedarfsgemeinschaft zu decken (§ 9 SGB II) und
- ihren gewöhnlichen Aufenthalt in der Bundesrepublik Deutschland haben (§ 30 Abs. 3 Satz 2 SGB I).

Unionsbürger*innen genießen Arbeitnehmerfreizügigkeit (Art. 45 AEUV) und können deshalb als Ausländer*innen grundsätzlich erwerbstätig sein, § 8 Abs. 2 SGB II (dies betrifft gleichfalls Staatsangehörige des EWR und der Schweiz); sie benötigen keine Arbeitserlaubnis. Aus diesen Gründen ist für sie – vorausgesetzt sie unterfallen auch dem og. Alterskorridor und sind hilfebedürftig – i.d.R. lediglich die letzte Voraussetzung, der gewöhnliche Aufenthalt in Deutschland, problematisch.

Nach § 30 Abs. 3 Satz 2 SGB I hat jemand seinen *gewöhnlichen Aufenthalt* dort, wo er sich unter Umständen aufhält, die erkennen lassen, dass er an diesem Ort oder in diesem Gebiet nicht nur vorübergehend verweilt. Es geht um den Schwerpunkt der persönlichen Lebensverhältnisse, auch wenn diese für eine bestimmte Zeit – i.d.R. bis zu sechs Monaten oder bei einer einmaligen Abwesenheit von bis zu zwölf Monaten aus wichtigem Grund – für das Fortbestehen des gewöhnlichen Aufenthalts unproblematisch ist (vgl. § 4a Abs. 6 Nr. 1 und 3 FreizügG/EU). Da Unionsbürger*innen ein grundsätzliches Aufenthaltsrecht in allen Mitgliedstaaten aus Art. 21 AEUV haben, genügt es für den gewöhnlichen Aufenthalt i.S.d. § 7 Abs. 1 Satz 1 Nr. 4 SGB II, wenn die tatsächlichen Verhältnisse für einen verfestigten, zukunftsoffenen Aufenthalt sprechen.

Aus diesen Gründen haben allerdings z.B.

- Saisonarbeitskräfte,
- Au-pairs,
- entsendete Arbeitskräfte oder
- Personen, die lediglich zeitlich begrenzte Dienstleistungen in Deutschland erbringen,

keinen gewöhnlichen Aufenthalt in Deutschland, weil absehbar ist, dass sie sich nur *zeitlich begrenzt* hier aufhalten. Ausländer*innen, die zur Ausreise verpflichtet sind und deren Abschiebung keine rechtlichen oder tatsächlichen Hindernisse entgegenstehen, haben ebenfalls keinen gewöhnlichen – auf Dauer ausgerichteten – Aufenthalt. Diese Personengruppen sind keine „erwerbsfähigen Leistungsberechtigten" i.S.d. § 7 Abs. 1 Satz 1 SGB II; sie erhalten deshalb kein Bürgergeld.

Aufenthalt als Arbeitnehmer*in

Halten sich Unionsbürger*innen als Arbeitnehmer*innen oder als selbständig Erwerbstätige in Deutschland auf, haben sie und ihre Familienangehörigen vom ersten Tag ihres Aufenthaltes an einen Anspruch auf die auch deutschen Staatsangehörigen zustehenden Sozialleistungen. Dies ergibt sich aus Art. 24 Abs. 2 RL 2004/38, die einen Ausschluss nur für Nicht-Erwerbstätige vorsieht und zudem aus dem Gleichbehandlungsgrundsatz des Art. 4 VO 883/2004. Diese Unionsbürger*innen haben deshalb von Beginn ihres Aufenthalts an Anspruch auf (aufstockende) Leistungen nach dem SGB II.

Zu den Leistungen nach dem SGB II → Teil 1 Kap. 3.5.2

4.1.2 Leistungsausschlüsse für Unionsbürger*innen

Um zu vermeiden, dass freizügigkeitsberechtigte Unionsbürger*innen Sozialleistungen in übermäßigem Maße in Anspruch nehmen, hat der Gesetzgeber sie im Rahmen gemeinschaftsrechtlicher Möglichkeiten von Leistungen nach dem SGB II ausgeschlossen. Die wesentlichen Ausschlüsse für Unionsbürger*innen finden sich im SGB II in § 7 Abs. 1 Satz 2 SGB II. Sie wurden zunächst mit dem „*Gesetz zur Regelung von Ansprüchen ausländischer Personen in der Grundsicherung für Arbeitsuchende nach dem Zweiten Sozialgesetzbuch und in der Sozialhilfe nach dem Zwölftem Sozialgesetzbuch*"[298] zum 29.12.2016 erweitert und neu gefasst. Dieses Gesetz erging unmittelbar in Reaktion auf ein Urteil des BSG, das hilfesuchenden Unionsbürger*innen zwar keine Leistungen nach dem SGB II, allerdings nach dem SGB XII zugesprochen hatte.[299] Aufgrund eines EuGH-Urteils, das einen bis

---

[298] Vom 22.12.2016, BGBl. I S. 3155.
[299] BSG Urteil vom 3.12.2015 – B 4 AS 44/15 R. Viele Sozialgerichte sind dem BSG nicht gefolgt und haben Unionsbürger*innen, deren Aufenthaltsrecht sich nur aus der Arbeitssuche ergab und die deswegen von Leistungen nach § 7 Abs. 1 S. 2 Nr. 2 SGB II a.F. ausgeschlossen waren, keine Leistungen zugesprochen, auch nicht nach dem SGB XII, vgl. nur LSG Rheinland-Pfalz 11.2.2016 – L 3 AS 668/15 B ER; LSG Nieder-

dahin bestehenden Leistungsausschluss für Unionsbürger*innen festlegte, die ihr Aufenthaltsrecht aus Art. 10 der VO 492/2011 (→ Kap. 3.2) herleiteten und mit dem dieser Leistungsausschluss als europarechtswidrig beurteilt wurde,[300] wurde § 7 Abs. 1 Satz 2 Nr. 2 neu gefasst.[301] Nach § 7 Abs. 1 Satz 2 Nr. 1 und 2 SGB II sind nunmehr Ausländer*innen und ihre Familienangehörigen *von den Leistungen des SGB II ausgeschlossen*,

- in den ersten drei Monaten ihres Aufenthalts, wenn sie nicht erwerbstätig oder Erwerbstätigen nach § 2 Abs. 3 FreizügG/EU gleichgestellt sind,
- wenn sie kein Aufenthaltsrecht haben oder
- wenn ihr Aufenthaltsrecht sich allein aus dem Zweck der Arbeitsuche ergibt oder

Auch wenn die Leistungsausschlüsse sich nicht explizit auf Unionsbürger*innen beziehen, sondern allgemein Ausländer*innen benennen, sind faktisch überwiegend Unionsbürger*innen betroffen, weil diese die entsprechenden Aufenthaltsrechte aus dem Freizügigkeitsrecht (RL 2004/38 und FreizügG/EU) ableiten.[302]

Leistungsausschluss von Unionsbürger*innen und Auswirkung auf ihre Familienangehörigen

Sind Unionsbürger*innen von den Leistungen nach dem SGB II ausgeschlossen, sind es auch ihre Familienangehörigen. Diese leiten ihr Aufenthaltsrecht und damit ihren Leistungsanspruch vom jeweils Freizügigkeitsberechtigten lediglich ab.[303]

Von den *Leistungsausschlüssen ausgenommen* sind Unionsbürger*innen,

- die sich seit mindestens fünf Jahren ständig rechtmäßig in der Bundesrepublik aufgehalten haben (§ 4a FreizügG/EU); in diesem Fall begründet sich das Aufenthaltsrecht aus dem FreizügG/EU und nicht aus der (nachwirkenden) Erwerbstätigeneigenschaft oder der Arbeitsuche sowie
- die seit mindestens fünf Jahren ihren gewöhnlichen (hier nicht zwingend rechtmäßigen) Aufenthalt im Bundesgebiet haben, sofern die Ausländerbehörde nicht den Verlust des Freizügigkeitsrechts festgestellt hat (§ 7 Abs. 1 Satz 4 SGB II).

Bestand zuvor ein Ausschluss nach § 7 Abs. 1 Satz 2 Nr. 2 SGB II, endet dieser mit Ablauf des fünfjährigen rechtmäßigen Aufenthalts. In diesem Fall geht der Gesetzgeber von *einem verfestigten Aufenthalt* aus; ein Ausschluss greift nicht

---

sachsen-Bremen 22.2.2016 – L 9 AS 1335/15 B ER und 7.3.2016 – L 15 AS 185/15 B ER; SG Berlin 11.12.2015 – S 149 AS719/13. Auf diesen Hintergrund verweist auch die Gesetzesbegründung BT-Drucks. 18/10211, S. 9.

300 EuGH vom 6.10.2020 – C-181/19. Der Leistungsausschluss durfte ab diesem Zeitpunkt nicht mehr angewendet werden.
301 Art. 4 Nr. 2 Gesetz zur Ermittlung der Regelbedarfe und zur Änderung des Zwölften Sozialgesetzbuch sowie weiterer Gesetze vom 9.12.2020, BGBl. I S. 2855.
302 Personen, die ein Aufenthaltsrecht aus humanitären Gründen haben (Kapitel 2 Abschnitt 5 AufenthG) erhalten auch in den ersten drei Monaten ihres Aufenthalts Leistungen, wenn sie die sonstigen Voraussetzungen für das Bürgergeld erfüllen (§ 7 Abs. 1 Satz 3 SGB II).
303 Vgl. hierzu auch LSG Rheinland-Pfalz 8.8.2016 – L 3 AS 376/16 B ER.

mehr. Zeiten des nicht rechtmäßigen Aufenthalts werden dabei nicht berücksichtigt. Nicht rechtmäßig hält sich jemand auf, der eigentlich ausreisepflichtig ist und keinen Aufenthaltstitel hat. Die Fünf-Jahres-Frist beginnt mit der *Anmeldung bei der zuständigen Meldebehörde*[304]; diese kann als geeigneter Beleg für den rechtmäßigen Aufenthalt herangezogen werden. Darüber hinaus können auch Mietverträge, Kontoauszüge u.Ä. als Nachweis herangezogen werden; eine ununterbrochene Meldung bei einer Behörde ist nicht erforderlich.[305] Zeiten des nicht rechtmäßigen Aufenthalts, in denen eine Ausreisepflicht besteht, der die*der Betroffene aber nicht nachgekommen ist, werden auf die Zeiten des gewöhnlichen Aufenthalts nicht angerechnet (§ 7 Abs. 1 Satz 6 SGB II). Allerdings wird bei Unionsbürger*innen das Freizügigkeitsrecht und damit ein rechtmäßiger Aufenthalt vermutet, solange die Ausländerbehörde keine anderweitige Entscheidung trifft. Nicht anrechnungsfähig sind Zeiten, die in Haft verbracht werden.

> **Meldung bei der Ausländerbehörde**
>
> Jobcenter, Sozialämter und andere Behörden (außer Schulen) sind verpflichtet, bei einem Leistungsantrag von Unionsbürger*innen eine Meldung an die Ausländerbehörde vorzunehmen, wenn sie Kenntnis von Leistungsanträgen nach dem SGB II oder dem SGB XII haben und feststellen, dass kein Aufenthaltsrecht oder nur ein Aufenthaltsrecht zur Arbeitsuche besteht oder kein fünfjähriger gewöhnlicher Aufenthalt nachgewiesen wird (vgl. § 87 Abs. 2 Satz 1 Nr. 2a AufenthG). Diese kann dann – falls die Voraussetzungen vorliegen und kein materielles Aufenthaltsrecht besteht – eine formale Verlustfeststellung des Freizügigkeitsrechts treffen. Während der Geltung der Verlustfeststellung ist der Aufenthalt nicht rechtmäßig. Allerdings sind die Aufenthaltsrechte nicht an das Vorhandensein ausreichender Existenzmittel geknüpft, so dass die Meldung eher folgenlos bleibt.

a) In den ersten drei Monaten des Aufenthalts – § 7 Abs. 1 Satz 2 Nr. 1 SGB II

Der erste für Unionsbürger*innen relevante Leistungsausschluss findet sich in § 7 Abs. 1 Satz 2 Nr. 1 SGB II. Danach sind Ausländer*innen von den Leistungen ausgeschlossen, sofern sie nicht als Arbeitnehmer*innen oder Selbständige erwerbstätig sind oder vom „nachgehenden" Erwerbstätigenschutz (§ 2 Abs. 3 FreizügG/EU; → Kap. 3.1.2) erfasst werden, und ihre Familienangehörigen in den *ersten drei Monaten ihres Aufenthalts*. Der Ausschlussgrund hat seine unionsrechtliche Grundlage in Art. 24 Abs. 2 RL 2004/38.

Die Frist beginnt mit dem Tag der tatsächlichen Einreise und läuft kalendermäßig ab. Unterbrechen die Betroffenen ihren Aufenthalt mehr als unwesentlich (§ 4a Abs. 6 FreizügG/EU), beginnt die Frist von vorn zu laufen.

---

304 Sie kann aber auch auf andere Weise glaubhaft gemacht werden, vgl. zur Parallelvorschrift des § 23 Abs. 3 S. 7 SGB XII LSG Berlin-Brandenburg 6.6.2017 – L 15 SO 112/17 B ER.
305 Vgl. LSG Berlin-Brandenburg 1.12.2022 - L 19 AS 929/22 B ER, Rn. 28 (jL)

Nicht ausgeschlossen sind:

- erwerbstätige Unionsbürger*innen oder diejenigen, die dem fortwirkenden Erwerbstätigenschutz nach § 2 Abs. 3 FreizügG/EU unterfallen; die Erwerbstätigeneigenschaft bestimmt sich nach europäischem Recht (→ Kap. 3.1.2) sowie
- Ausländer*innen mit humanitärem Aufenthaltsrecht (→ Kap. 3.3); bei einem Aufenthaltsrecht nach § 23 Abs. 1 AufentG kann ggf. ein Ausschluss wegen Anspruch auf Leistungen nach dem AsylbLG vorliegen).

Ausländer*innen als Familienangehörige

Ausländische Familienangehörige sind in den ersten drei Monaten ihres Aufenthalts **nicht** ausgeschlossen,

- als Angehörige von Unionsbürger*innen, die erwerbstätig sind oder die dem nachgehenden Erwerbstätigenschutz unterfallen oder
- als Angehörige von Personen mit einem Aufenthaltstitel aus humanitären Gründen (§§ 22-26 AufenthG) oder
- mit einen eigenen Aufenthaltstitel aus humanitären Gründen (§ 7 Abs. 1 Satz 3 SGB II),
- wenn für sie eine Verpflichtungserklärung abgegeben wurde, da diese lediglich zu einem Erstattungsanspruch des Leistungsträgers gegen den Verpflichteten führt oder
- als Angehörige von deutschen Staatsbürger*innen, d.h. Ehegatt*innen, Lebenspartner*innen, Verwandte in gerader absteigender Linie, die das 21. Lebensjahr noch nicht vollendet werden und die unterhaltsberechtigt sind sowie Verwandte in gerader aufsteigender Linie, denen Unterhalt gewährt wird.[306] Erfolgt die Einreise zum Zwecke der Eheschließung besteht allerdings ein Leistungsausschluss in den ersten drei Monaten, auch wenn die geplante Eheschließung innerhalb dieser drei Monate stattfinden soll. Der Leistungsausschluss endet dann mit Eheschließung, längstens nach Ablauf der drei Monate.

Der EuGH hat den Ausschluss nach § 7 Abs. 1 Satz 2 Nr. 1 SGB II für Unionsbürger*innen in den ersten drei Monaten des Aufenthalts als vereinbar mit der RL 2004/38 erachtet.[307]

b) Ausländer*innen ohne materielles Aufenthaltsrecht– § 7 Abs. 1 Satz 2 Nr. 2 Buchst. a) SGB II

Sind Unionsbürger*innen nicht (mehr) freizügigkeitsberechtigt nach dem FreizügG/EU oder nicht (mehr) aufenthaltsberechtigt nach dem AufenthG, sind sie und ihre Familienangehörigen nach § 7 Abs. 1 Satz 2 Nr. 2 Buchst. a) SGB II von den Leistungen nach dem SGB II ausgeschlossen. Diese Form des Leistungsausschlusses gibt es seit dem 29.12.2016. Er geht auf ein Urteil des BSG im Dezember 2015 zurück. Dieses hatte festgestellt, dass eine Person, die kaum eine Schulbildung, keine Berufsausbildung, keine Sprachkenntnisse und nach langer Zeit der

---

306 So BSG Urteil vom 30.1.2013 – B 4 AS 37/12 R.
307 EuGH 25.2.2016 – Rs. C-299/14 (*Garcia-Nieto*).

Erwerbslosigkeit keine realistische Chance auf eine Erwerbstätigkeit habe, nicht „Arbeit suchend" sein könne. Der Aufenthalt zur Arbeitssuche begründet für Unionsbürger*innen nach § 2 Abs. 2 Nr. 1a FreizügG/EU ein Aufenthaltsrecht, schließt aber Leistungen nach dem SGB II nach § 7 Abs. 1 Satz 2 Nr. 2 Buchst. b) SGB II ebenfalls aus. Wenn aber schon Personen mit materiellem Aufenthaltsrecht – nämlich zur Arbeitsuche – von den Leistungen nach dem SGB II wirksam ausgeschlossen sind, dann „erst recht" diejenigen, die *kein materielles Aufenthaltsrecht haben*.[308]

Halten sich Unionsbürger*innen ohne materielles Aufenthaltsrecht in Deutschland auf, d.h. sind sie weder nach dem Freizügigkeitsrecht (§§ 2 bis 4a FreizügG/EU) noch nach anderen Aufenthaltsvorschriften (z.B. aus humanitären Gründen → Kap. 3.3) zum Aufenthalt in Deutschland berechtigt, sind sie von den Leistungen nach dem SGB II grundsätzlich ausgeschlossen. Das trifft v.a. auf Personen zu, die sich in Deutschland aufhalten, nicht erwerbstätig und auch nicht auf Arbeitsuche sind und deren Aufenthalt sich vorrangig auf die Beantragung von Grundsicherungsleistungen beschränkt.[309] Es kommt für den Leistungsausschluss nicht darauf an, ob die Ausländerbehörde eine förmliche Verlustfeststellung getroffen hat oder nicht. Dennoch empfehlen die Fachlichen Weisungen den Jobcentern vor Ablehnung eines Leistungsanspruchs bei Zweifeln über das Bestehen oder Nicht-Bestehen des Freizügigkeitsrechts die Ausländerbehörden mit einzuschalten.[310]

> **Meldung des Jobcenters an die Ausländerbehörde**
>
> Nach § 87 Abs. 2 Satz 1 Nr. 2a AufenthG haben öffentliche Stellen, zu denen auch die Jobcenter gehören, unverzüglich die Ausländerbehörde zu unterrichten, wenn sie im Zusammenhang mit der Erfüllung ihrer Aufgaben von der Inanspruchnahme oder Beantragung von Sozialleistungen durch eine*n Ausländer*in, der für sich selbst, seine*ihre Familienangehörigen oder für sonstige Haushaltsangehörige in den Fällen des § 7 Abs. 1 Satz 2 Nr. 2 oder Satz 4 SGB II Kenntnis erlangen.

Der EuGH hat den Leistungsausschluss dem Grunde nach – auch wenn die Regelung zum Zeitpunkt des Urteils noch nicht in dieser Form bestand – für europarechtskonform erklärt. Leistungen der Grundsicherung für Arbeitssuchende seien besondere beitragsunabhängige Geldleistungen i.S.d. Art. 70 VO 883/2004, auf die der Gleichbehandlungsgrundsatz des Art. 4 VO 883/2004 anwendbar ist, und gleichzeitig Sozialhilfeleistungen nach Art. 24 Abs 2 RL 2004/38. Diese Leistungen könnten nach der entsprechenden Regelung der RL 2004/38 im Falle eines fehlenden Aufenthaltsrechts durch die Mitgliedstaaten versagt werden, v.a. wenn die die Leistungen der Grundsicherung beanspruchenden Unionsbürger*innen wirtschaftlich nicht aktiv sind und deshalb kein Aufenthaltsrecht haben.[311]

---

308 BSG 3.12.2015 – B 4 AS 44/15 R.
309 Der EuGH sieht dies auch nicht als Verstoß gegen EU-Recht an, vgl. EuGH 11.11.2014 – Rs. C 333/13 (*Dano*).
310 Fachliche Hinweise, § 7 Rn. 7.8.
311 EuGH 11.11.2014 – Rs. C-333/13 (*Dano*).

Unionsbürger*innen, die im deutschen Grenzgebiet wohnen und ihrer *Erwerbstätigkeit* bzw. ihrer Ausbildung *im Ausland* nachgehen, haben in Deutschland keinen Arbeitnehmerstatus und sind insofern im Sinne des Freizügigkeitsrechts als Nichterwerbstätige anzusehen. Ihr Aufenthaltsrecht richtet sich dann nach § 4 FreizügG/EU, d.h. sie müssen ausreichende Existenzmittel und einen Krankenversicherungsschutz nachweisen. Ein Anspruch auf Leistungen nach dem SGB II besteht nicht; in diesem Fall fehlt es ebenfalls an einem materiellen Aufenthaltsrecht.

c) Aufenthalt allein zum Zweck der Arbeitssuche – § 7 Abs. 1 Satz 2 Nr. 2 Buchst. b) SGB II

Der Leistungsausschluss bei einem Aufenthaltsrecht ausschließlich zum Zweck der Arbeitsuche trifft vorrangig Unionsbürger*innen und deren Familienangehörigen,[312] da diese nach § 2 Abs. 2 Nr. 1a FreizügG/EU ein „niedrigschwelliges" *Aufenthaltsrecht zur Arbeitsuche* haben. Dieses gilt bis sechs Monate ohne Einschränkungen, darüber hinaus nur, wenn begründete Aussicht besteht, eine Erwerbstätigkeit zu finden (→ Kap. 3.1.3). Der EuGH hat den Leistungsausschluss bei einem Aufenthaltsrecht allein zur Arbeitssuche für *europarechtskonform* angesehen. Er verstößt weder gegen Art. 24 Abs. 1 RL 2004/38 noch gegen das Gleichbehandlungsgebot des Art. 4 i.V.m. Art. 70 VO 883/2004. Das Freizügigkeitsrecht aus Art. 21 AEUV stehe unter dem Vorbehalt seiner Konkretisierung durch das Sekundärrecht; Beschränkungen und Bedingungen können von berechtigten Interessen der Mitgliedstaaten abhängig gemacht werden, zu denen auch die Ausgestaltung der Systeme der sozialen Sicherheit gehörten.[313]

Die Leistungsträger sind gleichwohl *verpflichtet zu prüfen*, ob ein Aufenthaltsrecht nur aus Gründen der Arbeitssuche oder ob darüber hinaus (fiktiv) ein Aufenthaltsrecht aus anderen Gründen besteht.[314]

Nicht ausgeschlossen sind nach dieser Vorschrift:

- erwerbstätige Unionsbürger*innen oder diejenigen, die den nachgehenden Freizügigkeitsschutz nach § 2 Abs. 3 FreizügG/EU haben,
- Familienangehörige erwerbstätiger Unionsbürger*innen bzw. Familienangehörige derjenigen, die den nachgehenden Freizügigkeitsschutz haben,
- Familienangehörige deutscher Staatsangehöriger oder
- Unionsbürger*innen mit einem Aufenthaltsrecht aus anderen Gründen als dem der Arbeitssuche, z.B. humanitäres Aufenthaltsrecht nach § 25 Abs. 4a oder § 25 Abs. 4b AufenthG

---

312 Für Angehörige von Drittstaaten gibt es ein solches Aufenthaltsrecht z.B in folgenden Fällen: für neu eingereiste Fachkräfte mit Berufsausbildung oder mit akademischer Ausbildung, wenn für die angestrebte Tätigkeit ausreichende Deutschkenntnisse vorliegen, für bis zu sechs Monaten; nach einem Aufenthalt zum Studium nach § 16b oder § 16c AufenthG und erfolgreichem Abschluss des Studiums in Deutschland bis zu 18 Monaten; nach Abschluss einer Forschungstätigkeit mit einer Aufenthaltserlaubnis nach den § 18d oder § 18f AufenthG bis zu neun Monaten oder nach erfolgreichem Abschluss einer qualifizierten Berufsausbildung im Bundesgebiet mit einem Aufenthaltstitel nach § 16a AufenthG.
313 EuGH 15.9.2015 – Rs. C-67/14 (*Alimanovic*).
314 BSG 30.1.2013 – B 4 AS 54/12 R, Rn. 24 (j.L.); LSG Sachsen-Anhalt 23.5.2018 – L 4 AS 913/17 B ER, Rn. 38 (jL).

Sind die *sechs Monate* zur Arbeitsuche abgelaufen und kann ein begründeter Nachweis auf Einstellung nicht erbracht werden, und ist kein anderes Aufenthaltsrecht hinzugekommen, besteht der Ausschluss nach § 7 Abs. 1 Satz 2 Nr. 2 Buchst. a) SGB II, weil die Unionsbürger*innen dann kein materielles Aufenthaltsrecht mehr haben. Eine Ausnahme bestünde nur, wenn sie über ausreichende Existenzmittel und einen Krankenversicherungsschutz i.S.d. § 4 FreizügG/EU verfügten; allerdings wären sie in diesem Fall nicht auf Leistungen nach dem SGB II angewiesen.

Verfassungsmäßigkeit des Ausschlusses

Am Ausschluss von Ausländer*innen von Leistungen nach dem SGB II – hier speziell für den Ausschluss von Unionsbürger*innen, deren Aufenthaltsrecht sich allein aus der Arbeitsuche ergibt – hatte das SG Mainz verfassungsrechtliche Bedenken, da auf diese Weise das Recht auf Existenzminimum aus Art. 1 i.V.m. Art. 20 GG verletzt werde. Es hatte diese Frage dem BVerfG vorgelegt.[315] Das BVerfG hat die Vorlage allerdings zurückgewiesen und keine Verfassungswidrigkeit festgestellt.[316]

4.1.3 Leistungsausschluss für Staatsangehörige von Mitgliedstaaten des Europäischen Fürsorgeabkommens (EFA)

Nach dem Europäischen Fürsorgeabkommen (EFA) verpflichten sich die Vertragsparteien dazu, den Staatsangehörigen anderer Vertragsstaaten (Belgien, Dänemark, Estland, Frankreich, Griechenland, Irland, Island, Italien, Luxemburg, Malta, Niederlande, Norwegen, Portugal, Schweden Spanien, Türkei, Vereinigtes Königreich), die sich erlaubt auf ihrem Hoheitsgebiet aufhalten und nicht über ausreichende Mittel verfügen, in gleicher Weise wie ihren eigenen Staatsangehörigen Leistungen der Sozial- und Gesundheitsfürsorge zukommen zu lassen (Art. 1 EFA). Nach einem Urteil des BSG aus dem Jahr 2010, in dem der Leistungsausschluss für Staatsangehörige dieser Staaten für rechtswidrig erklärt wurde[317], hat die Bundesregierung mit Wirkung zum 19.12.2011 einen *Vorbehalt* bezüglich der Leistungen nach dem SGB II eingelegt. Nach diesem Vorbehalt werden Leistungen nach dem SGB II vom Gleichbehandlungsgebot nach Art. 1 EFA ausgenommen.[318] Dieser Vorbehalt ist wirksam und führt dazu, dass diese Personengruppe ebenfalls vom Leistungsausschluss des § 7 Abs. 2 Satz 2 SGB II erfasst wird.[319] Deshalb erhalten auch Angehörige der Mitgliedstaaten des EFA keine Leistungen nach dem SGB II (anders dagegen nach dem SGB XII, →Kap. 4.2.4).

---

315 SG Mainz 18.4.2016 – S 3 AS 149/16.
316 BVerfG 4.12.2019 – 1 BvL 4/16.
317 BSG 19.10.2010 – B 14 AS 23/10 R.
318 Die Wirksamkeit des Vorbehalts war stark umstritten, vgl. z.B. LSG Berlin-Brandenburg 27.3.2013 – L 5 AS 273/13 B ER Rn. 11 (j.L.); LSG Hamburg 14.1.2013 – L 4 AS 332/12 B ER Rn. 5 (j.L.) für die Wirksamkeit. Dagegen LSG Berlin-Brandenburg 28.9.2012 – L 20 AS 2047/12 B ER Rn. 35 (j.L.) oder LSG NRW 29.6.2012 – L 19 AS 973/12 B ER Rn. 25 (j.L.). Das BSG hat mit Urteil vom 3.12.2015 – B 4 AS 43/15 R den Vorbehalt für rechtmäßig erklärt.
319 BSG 3.12.2015 – B 4 AS 43/15 R.

4.1.4 Rechtliche Bewertung der Leistungsausschlüsse

Durch die im SGB II festgelegten Ausschlüsse stehen Unionsbürger*innen ohne Erwerbstätigkeit faktisch *mittellos* dar, zumal das SGB XII diese Ausschlüsse entsprechend regelt (→ Kap. 4.2.2). Damit wird in ihr –verfassungsrechtlich geschütztes – Grundrecht auf Gewährleistung eines menschenwürdigen Existenzminimums eingegriffen. Problematisch ist insoweit vor allem, dass ihre finanzielle Lage schlechter ist als die von ausreisepflichtigen Drittstaatsangehörigen. Diese Personengruppe erhält zumindest Leistungen für unabweisbare Bedarfe durch das AsylbLG; dies ist für Unionsbürger*innen nicht möglich. Daher ist der Ausschluss dieser Personengruppe von den Leistungen zur Sicherung des Lebensunterhalts sehr umstritten; unter Berufung auf die Rechtsprechung des BVerfG sprechen daher einige SG wenigstens diese unabweisbaren Leistungen nach dem SGB II oder dem SGB XII zu.

Grundlage dessen ist die Entscheidung des BVerfG zum Asylbewerberleistungsgesetz[320], in dem es aus Art. 1 Abs. 1 i.V.m. Art. 20 Abs. 1 GG die Sicherstellung des Existenzminimums in jedem Fall und zu jeder Zeit gefordert hat. Das Gericht hat entschieden, dass das Grundrecht jedem deutschen und jedem ausländischen Staatsangehörigen, der sich in der Bundesrepublik Deutschland aufhalte, gleichermaßen zustehe. Die grundgesetzlich garantierte Menschenwürde sei *migrationspolitisch nicht zu verhandelbar*. Auch eine kurze Aufenthaltsdauer oder -perspektive in Deutschland rechtfertige es nicht, den Anspruch auf Gewährleistung eines menschenwürdigen Existenzminimums auf die Sicherung der physischen Existenz zu begrenzen. Da die von den Leistungsausschlüssen betroffenen Unionsbürger*innen Anspruch auf weniger (bis keine) Leistungen haben als die Personen, die nur zur Erlangung von Sozialleistungen nach dem AsylbLG und damit ggf. mit vergleichbarer Motivation eingereist sind, bestehe im Hinblick auf den Gleichbehandlungsgrundsatz des Art. 3 Abs. 1 GG ein Problem.[321]

Der EuGH hat den *Ausschluss* von Leistungen für Unionsbürger*innen für *europarechtlich zulässig* erklärt. Das betrifft zunächst den Ausschluss nach § 7 Abs. 1 Satz 2 Nr. 1 SGB II (in den ersten drei Monaten des Aufenthalts); dieser Ausschluss ist bereits durch Art. 24 Abs. der RL 2004/38 gerechtfertigt.[322] Es handelt sich bei den Leistungen der Grundsicherung für Arbeitsuchende nicht um finanzielle Leistungen, die den Zugang zum Arbeitsmarkt eines Mitgliedstaates erleichtern sollen, sondern um *Sozialhilfeleistungen*.[323]

Auch der Ausschluss nach § 7 Abs. 1 Satz 2 Nr. 2 Buchst. a) SGB II (kein materielles Aufenthaltsrecht) verstößt nicht gegen Europarecht. Das gilt vor allem dann, wenn es sich um *nicht erwerbstätige Unionsbürger*innen* und ihre Familienangehörigen handelt, denen kein Aufenthaltsrecht nach der RL 2004/38 zusteht; diese Gruppe wäre nur dann aufenthaltsberechtigt, wenn sie über ausreichende

---

320 BVerfG 18.7.2012 – 1 BvL 10/10 und 2/11.
321 Vgl. Groth in BeckOK § 23 SGB XII Rn. 16b, allerdings unter Hinweis auf die – eigentlich unproblematische – Rückkehroption für Unionsbürger*innen.
322 EuGH 11.11.2014 – C-333/13 (*Dano*), Rn. 64f.
323 EuGH 15.9.2015 – C-67/14 (*Alimanovic*), Rn. 44ff. Das Unionsrecht spricht in Art. 70 VO 883/2004 auch von „besonderen beitragsunabhängigen Geldleistungen".

Existenzmittel verfüge. Die Regelung soll verhindern, dass das System der sozialen Sicherheit des Aufnahmemitgliedstaats zur Bestreitung des Lebensunterhalts in Anspruch genommen wird.[324] Auch das BSG sieht den Leistungsausschluss von Ausländer*innen, die über kein Aufenthaltsrecht verfügen oder nur ein Aufenthaltsrecht zum Zweck der Arbeitssuche haben als vereinbar mit dem Grundgesetz an, sofern eine Ausreise aus der Bundesrepublik möglich und zumutbar ist.[325] Dies gilt für Unionsbürger*innen in jedem Fall.

Ebenso dürfen Mitgliedstaaten Unionsbürger*innen, die sich nur zum Zwecke der Arbeitssuche in Deutschland aufhalten nach § 7 Abs. 1 Satz 2 Nr. 2 Buchst. b) SGB II von den Leistungen ausschließen. Da es sich um Sozialhilfeleistungen handelt, bestehe ebenfalls über Art. 24 Abs. 2 RL 2004/38 eine Rechtfertigung.[326]

Eindeutig war auch die Entscheidung des EuGH,[327] der einen weiteren – bis zur Änderung der Vorschrift zum 1.1.2021 geltenden – Leistungsausschluss für Unionsbürger*innen als *europarechtswidrig* ansah und über ehemalige Arbeitnehmer*innen, die ihr Aufenthaltsrecht aus dem ihrer schulpflichtigen Kinder nach Art. 10 VO 492/2011 herleiteten, zu befinden hatte. Der Gesetzgeber hat entsprechend diesen Leistungsausschluss gestrichen.[328]

Zusammenfassung Leistungen nach dem SGB II für Unionsbürgerinnen und -bürger

Unionsbürge*rinnen erhalten Leistungen nach dem SGB II wie folgt:

In den ersten drei Monaten nach Einreise	
Anspruch auf Leistungen nach dem SGB II	kein Anspruch auf Leistungen nach dem SGB II
Arbeitnehmer*innen (unionsrechtlicher Begriff)	erstmalig eingereiste, nicht erwerbstätige Unionsbürger*innen und ihre Familienangehörigen
selbständig Erwerbstätige (unionsrechtlicher Begriff)	
Auszubildende in betrieblicher oder dualer Ausbildung	
Arbeitnehmer*innen, die in den ersten drei Monaten unfreiwillig ihre Arbeit verloren haben	
selbständig Erwerbstätige, die in den ersten drei Monaten ihre Selbständigkeit unfreiwillig aufgeben mussten	

---

324 EuGH 11.11.2014 – C-333/13 (*Dano*), Rn. 70ff. Vgl. auch EuGH 25.2.2016 – C-299/14 (*García-Nieto*).
325 BSG 29.3.2022 – B 4 AS 2/21 R und 18.5.2022 – B 7/14 27/21 R, Rn. 14 (jL).
326 EuGH 15.9.2015 – C-67/14 (*Alimanovic*).
327 EuGH 6.10.2020 – C-181/19.
328 Geändert durch Art. 4 Nr. 2 Gesetz zur Ermittlung der Regelbedarfe und zur Änderung des Zwölften Buches Sozialgesetzbuch vom 9.12.2020, BGBl. I S. 2855.

Teil 2: Sozialleistungen für Unionsbürger*innen

In den ersten drei Monaten nach Einreise	
vorübergehend Erwerbsgeminderte aufgrund einer Krankheit oder eines (Arbeits)Unfalls	
Personen, die eine Berufsausbildung aufnehmen, die in einem Zusammenhang zur früheren Tätigkeit steht (bei unfreiwilliger Arbeitslosigkeit muss kein Zusammenhang bestehen)	
Familienangehörige dieser zuvor genannten Personengruppen	
nach erneuter Einreise (Ausschluss gilt nur bei erstmaliger Einreise)	
Familienangehörige von deutschen Staatsangehörigen	
Aufenthaltsrecht aus humanitären oder anderen Gründen nach dem AufenthG	
bei einem Aufenthalt von mehr als drei Monaten	
Anspruch auf Leistungen nach dem SGB II	**kein Anspruch auf Leistungen nach dem SGB II**
Arbeitnehmer*innen (unionsrechtlicher Begriff), einschließlich Grenzgänger*innen mit ständigem Wohnsitz in Deutschland	Unionsbürger*innen ohne materielles Aufenthaltsrecht (Aufenthaltsrecht kann sich aus linker Spalte ergeben)
selbständig Erwerbstätige (unionsrechtlicher Begriff)	Unionsbürger*innen, deren Aufenthaltsrecht sich allein aus dem Zweck der Arbeitssuche ergibt (anderweitiger Aufenthaltsgrund ist vorrangig zu prüfen)
Personen, die unfreiwillig arbeitslos geworden sind oder die ihre Selbständigkeit unfreiwillig aufgegeben haben (Bescheinigung der Arbeitsagentur) und die mehr als ein Jahr oder genau ein Jahr zuvor erwerbstätig waren – unbegrenzt	Grenzgänger*innen mit Wohnsitz im Ausland (kein gewöhnlicher Aufenthalt)
Personen, die unfreiwillig arbeitslos geworden sind oder die ihre Selbständigkeit unfreiwillig aufgegeben haben (Bescheinigung der Arbeitsagentur) und die weniger als ein Jahr zuvor erwerbstätig waren – für sechs Monate	Familienangehörige der zuvor genannten Personengruppen
Personen mit vorübergehender Erwerbsminderung wegen Krankheit oder (Arbeits)Unfall nach vorangegangener Erwerbstätigkeit	
bei Aufnahme einer Berufsausbildung, wenn zwischen der Ausbildung und der früheren Erwerbstätigkeit ein Zusammenhang besteht; Zusammenhang muss bei unfreiwilliger Arbeitslosigkeit nicht bestehen	

4. Existenzsichernde Leistungen zur Sicherung des Lebensunterhalts

In den ersten drei Monaten nach Einreise	
Personen nach fünfjährigem gewöhnlichem Aufenthalt in Deutschland ([erstmalige] Meldung bei der Meldebehörde als Nachweis oder auf andere Weise); der Aufenthalt muss nicht zwingend rechtmäßig sein, es sei denn, die Ausländerbehörde hat eine Verlustfeststellung getroffen und die Person war dem Grunde nach ausreisepflichtig	
Personen mit Daueraufenthaltsrecht	
Familienangehörige dieser Gruppen	
Kinder (ehemaliger) Arbeitnehmer*innen, die sich in Schul-, Hochschul- oder Berufsausbildung befinden und deren personensorgeberechtigten Elternteile	
Aufenthaltsrecht aus dem Aufenthaltsgesetz bzw. aus humanitären Gründen, auch als Angehörige von Deutschen	

Staatsangehörige von Mitgliedstaaten des EWR und der Schweiz

Staatsangehörige der EWR-Staaten Norwegen, Liechtenstein und Island sowie der Schweiz sind Unionsbürger*innen gleichgestellt. Für sie gelten die gleichen Regelungen.

Zusammengefasst besteht ein Anspruch auf Leistungen nach dem SGB II:

Abbildung 29

4.2 Leistungen der Hilfe zum Lebensunterhalt und der Grundsicherung im Alter und bei Erwerbsminderung nach dem SGB XII

Existenzsichernde Leistungen zur Sicherung des Lebensunterhalts finden sich neben dem SGB II auch im SGB XII, dem *Sozialhilferecht*. Dem Grunde nach werden Leistungen nach dem SGB XII in erster Linie für Menschen erbracht, die nicht erwerbsfähig sind und die auch nicht mit einem erwerbsfähigen Leistungsberechtigten nach dem SGB II in einer Bedarfsgemeinschaft leben. Nach § 8 SGB XII sind existenzsichernde Leistungen der Sozialhilfe:

- Hilfe zum Lebensunterhalt und
- Grundsicherung im Alter und bei Erwerbsminderung.

Gegenüber der Hilfe zum Lebensunterhalt (§ 19 Abs. 1, §§ 27 ff SGB XII) sind nicht nur die Leistungen nach dem SGB II vorrangig, sondern auch die der Grundsicherung im Alter und bei Erwerbsminderung (§ 19 Abs. 2, §§ 41 ff. SGB XII).

4.2.1 Leistungsberechtigung

Leistungen der *Grundsicherung im Alter und bei Erwerbsminderung* setzen voraus, dass Leistungsberechtigte:

- entweder die Altersgrenze (§ 41 Abs. 2 SGB XII) erreicht haben oder als Volljährige dauerhaft voll erwerbsgemindert (§ 41 Abs. 3 SGB XII i.V.m. § 43 Abs. 2 SGB VI) sind oder sich als Volljährige im Eingangs- und Berufsbildungsverfahren einer Werkstatt für Menschen mit Behinderungen (WfbM) bzw. eines anderen Leistungsanbieters (§ 60 SGB IX) befinden oder eine Ausbildung mit dem Budget für Ausbildung nach § 61a SGB IX absolvieren,
- hilfebedürftig sind,
- ihren gewöhnlichen Aufenthalt in Deutschland haben und
- einen Antrag (§ 44 SGB XII) gestellt haben.

Hilfe zum Lebensunterhalt nach § 27 SGB XII erhalten nur diejenigen, die trotz Hilfebedürftigkeit weder Anspruch auf Bürgergeld noch auf Grundsicherung im Alter und bei Erwerbsminderung haben. Es ist ein Auffangtatbestand für

- Personen, die zwar voll erwerbsgemindert sind, deren Erwerbsminderung aber nicht dauerhaft festgestellt wurde und die nicht mit einem erwerbsfähigen Leistungsberechtigten in einer Bedarfsgemeinschaft wohnen,
- Personen in stationären Einrichtungen, die nach § 7 Abs. 4 Satz 1 SGB II von den Leistungen des SGB II ausgeschlossen sind und die weder voll erwerbsgemindert noch die Altersgrenze nach § 7a SGB II erreicht haben,
- Personen in stationären Pflegeeinrichtungen, die keinen Anspruch auf Leistungen der Grundsicherung im Alter und bei Erwerbsminderung haben,
- Personen, die vor Erreichen der Altersgrenze eine Altersrente beziehen oder
- Kinder und Jugendliche unter 15 Jahren, die nicht mit erwerbsfähigen Leistungsberechtigten in einer Bedarfsgemeinschaft leben.

Nach der Entscheidung des BSG vom 3.12.2015,[329] die mehrmals bestätigt wurde,[330] erhielten auch Unionsbürger*innen Hilfe zum Lebensunterhalt nach § 23 Abs. 1 Satz 3 SGB XII, wenn sie einen verfestigten Aufenthalt in Deutschland (i.d.R. nach sechs Monaten) nachweisen konnten. Mit dem „*Gesetz zur Regelung von Ansprüchen ausländischer Personen in der Grundsicherung für Arbeitssuchende und in der Sozialhilfe*" wurde diese Entscheidung allerdings von Seiten des Gesetzgebers korrigiert (→Kap. 4.1.3). Die Änderungen des Gesetzes gelten für Bedarfslagen ab dem 23.12.2016.[331]

Inwiefern *Ausländer*innen* Leistungen der Sozialhilfe – hier insbesondere auch existenzsichernde Leistungen zur Sicherung des Lebensunterhalts – erhalten, bestimmt grundsätzlich § 23 SGB XII. Die Vorschrift knüpft in Abs. 1 an den tatsächlichen Aufenthalt im Inland an; liegt dieser vor, erhalten Ausländer*innen dem Grunde nach Hilfe zum Lebensunterhalt, Hilfe bei Krankheit, Hilfe bei Schwangerschaft und Mutterschaft sowie Hilfe zur Pflege, u.U. auch weitere Leistungen nach Ermessen des Sozialhilfeträgers.

Für *Unionsbürger*innen* (und diesen gleichgestellten Staatsangehörigen des EWR und der Schweiz) gelten die besonderen Regelungen des europäischen Gemeinschaftsrechts. Danach sind

- Leistungen der Grundsicherung im Alter und bei Erwerbsminderung (wie auch das Bürgergeld nach dem SGB II) besondere beitragsunabhängige Geldleistungen nach Art. 70 VO 883/2004 i.V.m. Anhang X (zu den besonderen beitragsunabhängigen Geldleistungen → Kap. 2) und Sozialhilfeleistungen i.S.d. Art. 24 Abs. 2 RL 2004/38 und
- Leistungen zur Sicherung des Lebensunterhalts (und alle anderen Leistungen des SGB XII) „nur" Leistungen der Sozialhilfe i.S.d. Art. 3 Abs. 5a VO 883/2004 und des Art. 24 Abs. 2 RL 2004/38.

Unionsbürger*innen mit einem *Daueraufenthaltsrecht* (i.d.R. nach fünf Jahren rechtmäßigen Aufenthalts, → Kap. 3.4) haben einen *Anspruch auf Gleichbehandlung* im SGB II und im SGB XII; in diesem Fall kommt es nicht mehr darauf an, ob sie erwerbstätig sind oder nicht oder ob sie – als nicht erwerbstätige Freizügigkeitsberechtigte – ausreichende Existenzmittel und einen ausreichenden Krankenversicherungsschutz nachweisen (Art. 16 Abs. 1 RL 2004/38).

Liegt *kein Daueraufenthaltsrecht* vor, besteht bezüglich der reinen Sozialhilfeleistungen auch keine Verpflichtung zur Gleichbehandlung nach Art. 4 VO 883/2004, da diese Leistungen nicht von der VO erfasst werden. Besondere beitragsunabhängige Geldleistungen wie die Grundsicherung im Alter und bei Erwerbsminderung unterfallen zwar dem Grunde nach dem Gleichbehandlungsgebot der VO 883/2004; hier können indessen durch Art. 24 Abs. 2 RL 2004/38 Einschränkun-

---

329 BSG 3.12.2015 – B 4 AS 44/15 R.
330 BSG 12.5.2021 – B 4 AS 34/20 R; 21.3.2019 – B 14 AS 31/18 R oder 9.8.2018 – B 14 AS 32/17 R.
331 Die Entscheidungen des BSG, die hier einen Ermessensspielraum annahmen und den Sozialhilfeträger zur Gewährung von Leistungen verpflichteten, betreffen alles Sachverhalte vor diesem Zeitpunkt.

gen gerechtfertigt werden.[332] Entscheidend ist also auch in den Fällen der Leistungen nach dem SGB XII das Aufenthaltsrecht der Unionsbürger*innen.

4.2.2 Leistungsausschlüsse nach dem SGB XII

Ähnlich wie im SGB II hat der Gesetzgeber mit dem *Gesetz zur Regelung von Ansprüchen ausländischer Personen in der Grundsicherung für Arbeitsuchende nach dem SGB II und in der Sozialhilfe nach dem SGB XII*[333] Leistungsausschlüsse nach dem SGB XII erweitert. Damit sollte verhindert werden, dass ein Leistungsausschluss nach dem SGB II einen Anspruch auf Leistungen des SGB XII nach sich zieht. Die *Leistungsausschlüsse* zwischen dem SGB II und dem SGB XII wurden weitgehend harmonisiert. Ausgeschlossen von den Leistungen der Sozialhilfe, einschließlich der Grundsicherung im Alter und bei Erwerbsminderung, sind danach ebenfalls (§ 23 Abs. 3 Satz 1 SGB XII):

- nicht erwerbstätige Ausländer*innen, die auch keine Freizügigkeitsberechtigung nach § 2 Abs. 3 FreizügG/EU (→ Kap. 3.1.2 Buchst. b) haben, in den ersten drei Monaten ihres Aufenthalts und ihre Familienangehörigen,
- Ausländer*innen ohne materielles Aufenthaltsrecht und ihre Familienangehörigen,
- Ausländer*innen, deren Aufenthaltsrecht sich allein aus dem Zweck der Arbeitssuche ergibt, und ihre Familienangehörigen sowie
- Ausländer*innen und ihre Familienangehörigen, die nur eingereist sind, um Sozialhilfe zu erlangen.

Der *Ausschlussgrund* – Einreise, um Sozialhilfe zu erlangen – bestand schon vor der Gesetzesänderung zum 29.12.2016. Er setzt einen *finalen Zusammenhang* zwischen Einreiseentschluss und Inanspruchnahme von Sozialhilfe voraus; diese muss – falls es mehrere Gründe gab – „prägendes Motiv" der Einreise gewesen sein.[334] Die Beweislast hierfür hat der Träger der Sozialhilfe.[335] Der Sozialhilfebezug als prägender Einreisegrund kann z.B. dann angenommen werden, wenn die Antragstellung innerhalb von fünf Arbeitstagen nach der Einreise erfolgt, bei einer vorherigen Einreise bereits am Tag danach Sozialhilfe beantragt wurde und die Familienangehörigen, zu denen der Zuzug erfolgt, bereits Leistungen nach dem SGB II erhalten.[336]

Reisen Unionsbürger*innen erst im *Rentenalter* ein, ergibt sich ihr Aufenthaltsrecht nach § 4 FreizügG/EU nur, wenn sie über ausreichende Existenzmittel und einen ausreichenden Krankenversicherungsschutz verfügen. Sie haben in diesen Fällen keinen Anspruch auf Leistungen der Grundsicherung im Alter und bei Erwerbsminderung nach §§ 41 ff. SGB XII; ein Gleichbehandlungsgebot gilt nicht,

---

332 Vgl. EuGH 15.9.2015 – Rs. C-67/14 (*Alimanovic*).
333 Vom 2.12.2016, BGBl. I, 3155.
334 So schon BVerwG 4.6.1992 – 5 C 22/87. Ebenso BSG 18.11.2014 – B 8 SO 9/13 R; LSG NRW 22.4.2015 – L 9 SO 496/14 B.
335 LSG Berlin-Brandenburg 10.9.2009 – L 23 SO 117/06; LSG Hessen 19.1.2022 – L 4 SO 92/19, Rn. 19 (jL).
336 LSG Baden-Württemberg 22.6.2016 – L 2 SO 2095/16 ER-B.

weil der Bezug zum Arbeitsmarkt fehlt.[337] Allerdings kann ein solcher dann gegeben sein, wenn eine Rente aus der deutschen Rentenversicherung bezogen wird, die wiederum auf Zeiten der Erwerbstätigkeit in Deutschland zurückgeht.[338]

Liegt ein *Leistungsausschluss* nach § 23 Abs. 3 SGB XII vor, ist ein Rückgriff auf die Leistungen nach § 23 Abs. 1 SGB XII, auf Grundsicherung im Alter und bei Erwerbsminderung nach dem Vierten Kapitel des SGB XII und Sozialhilfeleistungen nach Ermessen nicht möglich.

Von den *Leistungsausschlüssen nicht erfasst* sind:

- erwerbstätige Unionsbürger*innen und ihre Familienangehörigen, sofern sie Leistungen nach dem SGB XII beziehen können,
- Unionsbürger*innen, deren Aufenthaltsrecht sich aus dem Erhalt des Erwerbstätigenstatus' ergibt (§ 2 Abs. 3 FreizügG/EU, → Kap. 3.1.2 Buchst. b) und ihre Familienangehörigen,
- Unionsbürger*innen mit einem Daueraufenthaltsrecht nach § 4a FreizügG/EU und ihre Familienangehörigen,
- Familienangehörige von deutschen Staatsangehörigen oder
- Unionsbürger*innen mit einem völkerrechtlichen, humanitären oder politischen Aufenthaltsrecht (§ 23 Abs. 3 Satz 2 SGB XII), wenn dieses keinen Anspruch nach dem AsylbLG vermittelt,
- Kinder, deren Aufenthaltsrecht sich auf Art. 10 VO 492/2011 gründet und ihre personensorgeberechtigten Elternteile (→ Kap. 3.2) sowie
- Staatsangehörige von Mitgliedstaaten des EFA (hierzu → Kap. 4.2.4).

4.2.3 Überbrückungsleistungen

Die von den regulären Leistungen zur Sicherung des Lebensunterhalts nach dem SGB II und dem SGB XII ausgeschlossenen Unionsbürger*innen (§ 7 Abs. 1 Satz 2 SGB II, § 23 Abs. 3 Satz 1 SGB XII) erhalten seit 29.12.2016 sog. „*Überbrückungsleistungen*". Es handelt sich dabei um einen gesonderten Leistungsanspruch, der weder der Hilfe zum Lebensunterhalt noch der Grundsicherung im Alter und bei Erwerbsminderung zugeordnet werden kann. Leistungsberechtigt sind sowohl erwerbsunfähige als auch erwerbsfähige Ausländer*innen und ihre Familienangehörigen, sofern sie hilfebedürftig sind. Die Hilfebedürftigkeit bestimmt sich nach dem SGB XII, auch wenn es sich um erwerbsfähige Leistungsberechtigte handelt.

---

337 Vgl. EuGH 19.9.2013 – C-140/12 (*Brey*).
338 Vgl. hierzu LSG Baden-Württemberg 31.7.2017 – L 7 SO 2557/17 ER-B.

> **Kein Antrag auf Überbrückungsleistungen**
>
> Da § 23 Abs. 3 Satz 3 SGB XII kein Antragserfordernis vorsieht, werden die Überbrückungsleistungen auch ohne Antrag erbracht. Notwendig ist allerdings die Kenntnis des*der Sozialhilfeträgers*in von der Notlage (§ 18 SGB XII).[339] Wird ein Antrag beim Jobcenter auf Leistungen nach dem SGB II gestellt, wird die Kenntnis des Jobcenters dem Sozialhilfeträger zugerechnet.[340]

Anspruch auf diese Leistungen haben v.a.:

- Personen mit fehlendem Freizügigkeitsrecht, weil die sie keine Arbeit suchen oder seit mehr als sechs Monaten Arbeit suchen, allerdings wenig Chancen haben, eingestellt zu werden oder
- Personen, die zum Zwecke der Arbeitssuche in Deutschland und nicht Staatsangehörige eines EFA-Mitgliedstaates sind.

Auf einen Ausreisewillen kommt es ebenso wenig an wie auf die Möglichkeit einer Heimkehr in das Herkunftsland. Die Sozialleistungsbehörden können also die Leistungen nicht verweigern weil die betroffenen Personen gar nicht ausreisen wollen und dies auch deutlich machen.[341]

Überbrückungsleistungen werden *bis zur Ausreise* erbracht, sind allerdings längstens *auf einen Monat beschränkt*. Der Gesetzgeber geht davon aus, dass innerhalb eines Monats ausreichend Zeit ist, um die Rückreise innerhalb der EU zu organisieren. Der Leistungsträger kann auch für einen kürzeren Zeitraum die Leistungen bewilligen, falls die Ausreise früher erfolgt. Sie umfassen nach § 23 Abs. 3 Satz 5 SGB XII:

- Leistungen zur Deckung der Bedarfe für Ernährung (Abt. 1 und 2 der EVS, bei Regelbedarfsstufe 1 ca. 174 EUR) sowie Körper- und Gesundheitspflege (Abt. 12 und 6 EVS ca. 43 EUR) – die Leistungen entsprechen damit weniger als die Hälfte der Regelbedarfsstufe 1 (2024: 563 EUR); die Leistungen sind nach Regelbedarfsstufen gestaffelt.
- Leistungen zur Deckung der Bedarfe für Unterkunft und Heizung in angemessener Höhe, einschließlich der Bedarfe für zentrale Warmwasserversorgung und des Mehrbedarfs für dezentrale Warmwassererzeugung; i.d.R. werden die Kosten, die bis dahin von den Leistungsträgern übernommen wurden, bis zur Ausreise weiter gewährt,
- Krankenversorgung bei akuter oder chronischer Erkrankung und Schmerzzuständen (ärztliche und zahnärztliche Behandlung, einschließlich Versorgung mit Arznei- und Verbandmitteln sowie sonstiger zur Genesung, zur Besserung oder zur Linderung von Krankheiten oder Krankheitsfolgen erforderlichen Leistungen) sowie
- Hilfe bei Schwangerschaft und Mutterschaft.

---

339 LSG Hessen 1.7.2020 – L 4 SO 120/18.
340 BSG 9.8.2018 – B 14 AS 32/17 R, Rn. 40 (jL).
341 Vgl. BSG 13.7.2023 – B 8 SO 11/22 R.

Ausgeschlossen sind damit u.a. Leistungen für Kleidung, Hausrat, Strom, Bildung, Behandlung bei chronischen Erkrankungen, soziale Teilhabe und sonstige Leistungen des SGB XII (Eingliederungshilfe, Hilfe zur Pflege u.a.). Überbrückungsleistungen sind gekürzte „normale" Leistungen, die keinen gesonderten Antrag erfordern. Das bedeutet, dass sie automatisch auch dann geprüft werden müssen, wenn ein Antrag auf Bürgergeld nach dem SGB II gestellt wurde und das Jobcenter diesen aufgrund des ausländerrechtlichen Leistungsausschlusses ablehnt. Der Antrag muss dann von Amts wegen an das Sozialamt weitergeleitet werden.[342]

Der Höhe nach entsprechen die Leistungen weitgehend denjenigen, die bei festgestellter Ausreisepflicht und Ausreisemöglichkeit nach § 1a Abs. 2 Satz 2 AsylbLG (→ Teil 1 Kap. 3.5.5) für vollziehbar ausreisepflichtige Ausländerinnen und Ausländer bis zur Ausreise gewährt werden – allerdings beschränkt das AsylbLG die Leistungen nicht auf einen Monat. Der Gesetzgeber geht davon aus, dass Unionsbürger*innen eine *Rückreise* in ihr jeweiliges Heimatland *gefahrlos möglich und zumutbar* ist; die Leistungen sollen den Lebensunterhalt bis zur Ausreise sichern. Die Betroffenen können – anders als z.B. Asylbewerber*innen – ohne Gefahr für Leib und Leben im Heimatland wohnen und dort existenzsichernde Leistungen erhalten.

§ 23 Abs. 3 Satz 6 SGB XII benennt *zwei Ausnahmefälle*, die im Einzelfall weitere Leistungen rechtfertigen können. Die Regelung gilt auch für Leistungsberechtigte nach § 23 Abs. 3 Satz 7 SGB XII (Aufenthalt von mindestens fünf Jahren im Bundesgebiet).[343] Zum einen können

- zur Überwindung einer besonderen Härte auch *andere Leistungen* im Sinne von § 23 Abs. 1 SGB XII gewährt werden (Erweiterung des Umfangs und der Qualität der Leistungen); die Gesetzesbegründung benennt als Beispiel Leistungen für Kleidung; allerdings können auch medizinische oder Pflegeleistungen gemeint sein;[344] auch Leistungen der Eingliederungshilfe können in Betracht kommen[345]

Zum anderen besteht die Möglichkeit

- Leistungen *über den Zeitraum von einem Monat hinaus* zu erbringen (Streckung des Leistungszeitraums), soweit dies aufgrund besonderer Umstände zur Überwindung einer besonderen Härte und zur Deckung einer zeitlich befristeten Bedarfslage geboten ist.

---

342 BSG 13.7.2023 – B 8 SO 11/22 R.
343 LSG Niedersachsen-Bremen 29.11.2018 – L 8 SO 134/19 B ER.
344 So Groth in BeckOK § 23 SGB XII Rn. 18a.
345 LSG Niedersachsen-Bremen 29.11.2018 – L 8 SO 134/19 B ER – hier Kostenübernahme für die stationäre Betreuung im Wohnheim für Menschen mit seelischen Behinderungen.

> **Beispiele:**
> Zeitweise Unmöglichkeit der Ausreise wegen amtsärztlich attestierter Reiseunfähigkeit,[346] Schüler*innen, die sich in einem laufenden Schuljahr befinden und bei denen ein unterjähriger Wechsel zurück in das Herkunftsland die Gefahr birgt, dass das Schuljahr wiederholt werden muss und dann ggf. sorgeberechtigte Elternteile und Geschwister;[347] kein Härtefall wird durch die allgemeine soziale Situation im Herkunftsland begründet[348]

Beide Regelungen können *kumulativ* vorkommen.[349]

Der Gesetzgeber hat durch die restriktive Formulierung deutlich gemacht, dass die Härtefallregelungen nur im *absoluten*, durch besondere Umstände bedingten *Ausnahmefall* anzuwenden sind. Die besondere Bedarfslage selbst darf nur zeitlich befristet sein; ein dauerhafter Leistungsbezug soll auf jeden Fall vermieden werden.[350]

Überbrückungsleistungen werden *innerhalb von zwei Jahren nur einmalig* erbracht; das gilt auch, wenn der Anspruch auf die Leistungen noch nicht bei vorangegangenen Mal voll ausgeschöpft wurde. Auf diese Weise sollen Fehlanreize verhindert werden, die bei einer kurzzeitigen Aus- und Wiedereinreise jedes Mal einen erneuten Leistungsanspruch auslösen würden. Allerdings müssen im Fall einer akuten Behandlungsbedürftigkeit, d.h. eine medizinische Notfallversorgung, Überbrückungsleistungen auch dann erbracht werden, wenn die betreffende Person in den vergangenen zwei Jahren bereits Überbrückungsleistungen bezogen hat. Das BSG sieht in einem solchen Fall auch einen Härtefall vor, der die zweijährige Sperre und die Beschränkung der Leistungen auf einen Monat aufhebt.[351]

Im Übrigen können nach § 23 Abs. 3a SGB XII auf Antrag auch die *angemessenen Kosten der Rückreise als Darlehen* übernommen werden und zwar auch dann, wenn die Betroffenen ihren Lebensunterhalt inklusive der Unterkunftskosten nur wegen der Rückreisekosten nicht decken können.

> **Überbrückungsleistungen und Angehörige der Mitgliedstaaten des EFA**
> Bei Angehörigen von Mitgliedstaaten des EFA können die Überbrückungsleistungen nicht beschränkt werden. Vielmehr stehen diesen die Leistungen nach § 23 Abs. 1 SGB XII zu (→ Kap. 4.2.4).

An der Rechtmäßigkeit der Höhe der Überbrückungsleistungen und der zeitlichen Beschränkung bestehen angesichts der Rechtsprechung des BVerfG *erhebliche Bedenken*. Danach haben alle, sich in Deutschland aufhaltenden deutschen und ausländischen Staatsangehörigen ein (Grund-)Recht auf Gewährleistung des Exis-

---

346 BT-Drucks. 18/10211, S. 14. LSG Schleswig-Holstein 4.5.2018 – L 6 AS 59/18 B ER, Rn. 32 (jL) – hier allerdings abgelehnt.
347 So als Möglichkeit, wenn auch nicht entschieden, LSG Berlin-Brandenburg 20.6.2017 – L 15 SO 104/17 B ER, Rn. 31 (jL).
348 LSG Hessen 20.6.2017 – L 4 SO 70/17 B ER.
349 LSG Niedersachsen-Bremen 29.11.2018 – L 8 SO 134/18 B ER, Rn. 26 (jL).
350 BT-Drucks 18/10211, S. 14.
351 BSG 13.7.2023 – B 8 SO 11/22 R.

tenzminimums aus Art. 1 i.V.m. Art. 20 GG, das in jedem Fall und zu jeder Zeit sichergestellt sein müsse. Migrationspolitische Erwägungen rechtfertigen das Absenken des Leistungsstandards unter das physische oder soziokulturelle Existenzminimum für sich genommen nicht.

Die hier zitierte Entscheidung des BVerfG bezog sich allerdings auf das AsylbLG und betraf Personen, die nur eingeschränkte Rückkehroptionen in ihre Herkunftsländer haben. Diese Einschränkungen bestehen innerhalb der EU nicht, weil alle EU-Mitgliedstaaten über Mindeststandards der sozialen Sicherung verfügen;[352] die Sicherstellung einer ausreichenden Unterstützung für hilfebedürftige Menschen regelt Art. 13 der Europäischen Sozialcharta.[353] Zudem ist spätestens seit dem Sanktionsurteil[354] anerkannt, dass das Grundrecht auf Gewährleistung eines menschenwürdigen Existenzminimums nicht bedingungslos gewährt wird, sondern verhältnismäßige Mitwirkungspflichten und deren Durchsetzung geregelt werden dürfen. Gleichwohl bestehen Zweifel an der Rechtmäßigkeit der Überbrückungsleistungen, insbesondere im Hinblick auf die sehr kurze Dauer der Leistungserbringung. Überdies werden auch hier – eigentlich freizügigkeits- und aufenthaltsberechtigte – Unionsbürger*innen schlechter gestellt als – auch ausreisepflichtige – Drittstaatsangehörige, die trotz Ausreisepflicht (zeitlich unbegrenzt) Leistungen nach dem AsylbLG erhalten, auch wenn diese nur in beschränktem Umfang gewährt werden.[355] Aus diesen Gründen müssen der Ausschluss von Leistungen nach dem 3. Kapitel SGB II und die Beschränkung auf die Überbrückungsleistungen über die Härtefallregelung (§ 23 Abs. 3 Sätze 5 und 6 SGB XII) und die Rechtsfolge hinsichtlich der Leistungsdauer und Leistungshöhe ggf. verfassungskonform ausgelegt werden.[356] Dazu gehört auch, dass die Härtefallregelung jeden während des tatsächlichen Aufenthalts bestehenden Bedarfsfall der Leistungen nach dem 3. und 5. Kapitel SGB XII erfassen muss. Auch bei nicht befristeten besonderen Bedarfslagen und damit für die tatsächliche Dauer des Aufenthalts im Bundesgebiet sollen – nach Ansicht des LSG Baden-Württemberg – existenzsichernde Sozialleistungen gewährt werden und darüber hinaus weitere Leistungen, die nach § 23 Abs. 3 Satz 5 SGB XII typisierend vorgesehen werden; dazu gehören auch Leistungen nach dem 8. Kapitel (Hilfen zur Überwindung besonderer sozialer Schwierigkeiten).[357]

---

352 In einem Beschluss von 4.10.2016 deutet das BVerfG an, dass auch eine Bedarfsdeckung im Ausland möglich sein könnte, 1 BvR 2778/13, Rn. 8 (j.L). Keine Zweifel an der Rechtmäßigkeit der Regelungen haben das LSG Hessen 6.7.2017 – L 4 SO 70/17 B ER; LSG Bayern 24.4.2017 – L 8 SO 77/17 B ER; LSG Berlin-Brandenburg 13.2.2017 – L 23 SO 30/17 B ER.
353 BT-Drucks. 18/10211, S. 12.
354 BVerfG 5.11.2019 – 1 BvL 6/16.
355 Vgl. hierzu Geiger in LPK-SGB II § 7 Rn. 45.
356 Vgl. LSG Hessen 31.10.2022 – L 4 SO 133/22 B ER, Rn. 15ff. (jL); LSG NRW 1.2.2023 – L 9 SO 338/22 B ER, Rn. 20 (jL), ebenso 8.11.2022 – L 9 SF 274/22 ER, Rn. 7 (jL).
357 LSG Baden-Württemberg v. 14.6.2023 – L 2 SO 1789/22, Rn. 26f. (jL). Hier wurden die Leistungen auch über einen Monat hinaus zugesprochen, weil im vorliegenden Einzelfall besondere Umstände für eine Härte sprachen – der Kläger war alkoholabhängig und an Demenz erkrankt.

4.2.4 Leistungen für Staatsangehörige der Mitgliedstaaten des EFA

Nach Art. 1 des EFA sind Staatsangehörige der jeweiligen Vertragsstaaten (→ Kap. 4.1.3), wenn sie sich in Deutschland *erlaubt aufhalten* und nicht über ausreichende Mittel verfügen, in gleicher Weise wie den eigenen Staatsangehörigen und unter den gleichen Bedingungen die Leistungen der sozialen und Gesundheitsfürsorge zu gewähren, die in der in diesem Teil seines Gebietes geltenden Gesetzgebung vorgesehen sind.

> **Erlaubter Aufenthalt nach dem EFA**
>
> Nach Art 11 Abs. a Satz 1 EFA gilt der Aufenthalt von Ausländer*innen auf dem Gebiet eines Mitgliedstaates solange als erlaubt, als er im Besitz einer gültigen Aufenthaltserlaubnis oder einer anderen in den Rechtsvorschriften des betreffenden Staates vorgesehenen Erlaubnis ist, aufgrund welcher ihm der Aufenthalt in diesem Gebiet gestattet ist (materielle Aufenthaltsberechtigung).[358] Erlaubt ist der Aufenthalt für Unionsbürger*innen unter anderem aufgrund des FreizügG/EU, insbesondere auch zur Arbeitssuche, oder aufgrund anderer Rechtsvorschriften (z.B. Art. 10 VO 492/2011), Aufenthaltsgesetz u.Ä.[359] Die generelle Freizügigkeitsvermutung für Unionsbürger*innen, die dazu führt, dass der tatsächliche Aufenthalt faktisch geduldet und damit rechtmäßig ist, bedeutet allerdings keine „Erlaubnis" des Aufenthalts i.S.d. EFA; die dort geforderte Inländergleichbehandlung benötigt ein materielles Aufenthaltsrecht.[360]
> Hat die Ausländerbehörde den Verlust des Aufenthaltsrechts formal festgestellt, ist der Aufenthalt in jedem Fall nicht (mehr) erlaubt.[361]

Der Vorbehalt der Bundesrepublik Deutschland gegen das Gleichbehandlungsgebot des Art. 1 EFA betrifft nur SGB II-Leistungen, nicht dagegen Leistungen nach dem Dritten Kapitel des SGB XII;[362] auch Grundsicherung im Alter und bei Erwerbsminderung nach dem Vierten Kapitel muss bei Vorliegen eines erlaubten Aufenthalts gewährt werden.[363] Damit haben Staatsangehörige, für die das EFA gilt und deren Aufenthalt erlaubt ist, die aber aufgrund der Art ihrer Freizügigkeitsberechtigung (z.B. zur Arbeitssuche) von den Leistungen nach dem SGB II ausgeschlossen sind, u.U. *Anspruch auf Leistungen der Fürsorge* (soziale und Gesundheitsfürsorge) nach dem SGB XII, auch wenn sie eigentlich erwerbsfähig sind; die Leistungsausschlüsse des § 23 Abs. 3 Satz 1 SGB XII gelten für sie nicht.[364]

Gleichwohl dient das EFA nicht dazu, dass hilfebedürftige Staatsangehörige der Vertragsstaaten sich einen Mitgliedstaat aussuchen, in denen sie öffentliche Hilfen

---

358 Vgl. BSG 9.8.2018 – B 14 AS 32/17 R.
359 Ausführlich zum „erlaubten Aufenthalt" BSG 3.12.2015 – B 4 AS 59/13 R; vgl. auch LSG Berlin-Brandenburg 2.8.2017 – L 5 AS 1357/17 B ER, Rn. 112 (jL).
360 BSG 9.8.2018 - B 14 AS 32/17 R, Rn. 35 (jL).
361 Vgl. hierzu BSG 19.10.2010 – B 14 AS 23/10 R. Das LSG NRW 31.8.2017 – L 20 SO 319/17 B ER, L 20 SO 320/17 B geht allerdings davon aus, dass ein erlaubter Aufenthalt nach dem EFA nur bei einem bestehenden materiellen Freizügigkeitsrecht gegeben ist, Rn. 43 (j.L.)
362 Vgl. LSG Hessen 24.2.2023 – L 9 AS 572/19, Rn. 67 (jL); BSG 9.8.2018 - B 14 AS 32/17 R, Rn. 34 (jL).
363 So ausführlich unter Herleitung des erlaubten Aufenthalts aus dem Aufenthaltsgesetz für einen niederländischen Bezieher einer deutschen Altersrente und einer deutschen Hinterbliebenenrente LSG Baden-Württemberg 31.7.2017 – L 7 SO 2557/17 ER-B.
364 Vgl. LSG Berlin-Brandenburg 31.3.2017 – L 15 SO 104/17 B ER und 14.3.2019 – L 15 SO 15/19 B ER; LSG Sachsen 29.4.2020 – L 7 AS 76/20 B ER..

in Anspruch nehmen möchten; ein Leistungsausschluss nach § 23 Abs. 3 Satz 1 Nr. 1 und 3 SGB XII (keine Erwerbstätigkeit, in den ersten drei Monaten nach Einreise und Einreise zum Bezug von Sozialhilfeleistungen) ist deshalb auch für diese Personengruppe zulässig.[365] Der Ausschluss von Leistungen aufgrund des fehlenden (materiellen) Aufenthaltsrechts oder des Aufenthaltsrechts allein zur Arbeitssuche nach § 23 Abs. 3 Satz 1 Nr. 2 SGB XII gilt allerdings bei erlaubtem Aufenthalt nicht.

> **Administrative Ausweisung nach dem EFA**
>
> Art. 7 EFA schränkt die Möglichkeit zur administrativen Ausweisung (z.B. allein aus Gründen der Sozialhilfebedürftigkeit) ein; er setzt voraus, dass die betreffende Person keine engen Bindungen in dem Land des gewöhnlichen Aufenthalts hat. Darüber hinaus sollen die Mitgliedstaaten des EFA nur mit großer Zurückhaltung Menschen ausweisen und nur dann, wenn Gründe der Menschlichkeit dem nicht entgegenstehen.

Der Anspruch nach dem SGB XII bezieht sich nicht allein auf existenzsichernde Leistungen, sondern auch auf andere Leistungen wie z.B. Eingliederungshilfe und Krankenhilfe, die der „Gesundheitsfürsorge" i.S.d. Art. 1 EFA zugeordnet werden können.

Ausgenommen sind allerdings Leistungen bei besonderen sozialen Schwierigkeiten (§§ 67 ff. SGB XII); diese Leistungen schließt auch das EFA aus.

> **Staatsangehörige Österreichs und der Schweiz**
>
> Österreich und die Schweiz sind nicht Vertragsstaaten des EFA. Allerdings bestehen zwischen diesen Staaten und Deutschland eigene Fürsorgeabkommen, in denen eine Gleichbehandlung von Staatsangehörigen dieser Staaten mit deutschen Staatsangehörigen im Bereich der Fürsorgeleistungen festgelegt ist (vgl. Art. 2 Abs. 1 des Fürsorgeabkommens zwischen Österreich und Deutschland vom 17.1.1969 [BGBl II 1969, S. 1] und Art. 1 Abs. 1 der Vereinbarung zwischen Deutschland und der Schweizerischen Eidgenossenschaft über die Fürsorge für Hilfsbedürftige vom 14.7.1952 [BGBl. II 1953, S. 31]).

4.3 Leistungen nach dem AsylbLG?

Wird der *Verlust der Freizügigkeit* von Unionsbürger*innen *formell festgestellt*, haben sie formal kein Aufenthaltsrecht mehr in Deutschland. Aus diesen Gründen wird diskutiert, ob die Betroffenen dann Leistungen nach dem AsylbLG erhalten müssten – bei einer Duldung aufgrund von § 1 Abs. 1 Nr. 4 AsylbLG oder bei fehlender Duldung (vollziehbare Ausreisepflicht) aufgrund von § 1 Abs. 1 Nr. 5 AsylbLG.[366] Diese Leistungen wären dann – im Vergleich zu anderen Leistungen der Existenzsicherung – zwar deutlich abgesenkt, würden allerdings nicht auf einen Monat begrenzt. Unionsbürger*innen hätten so einen durchsetzbaren

---

365 Groth in BeckOK § 23 SGB XII Rn. 16d.
366 So LSG Hessen 7.4.2015 – L 6 AS 62/15 B ER, Rn. 52 (j.L) – dies erfordert aber auch einen ausländerbehördlichen Verwaltungsakt, in dem die Ausreisepflicht festgestellt wird; LSG NRW 1.6.2015 – L 19 AS 1923/14, Rn. 36 (j.L).

Anspruch auf eine ausländerbehördliche Feststellung des Fortbestehens oder des Wegfalls der unionsrechtlichen Freizügigkeitsberechtigung nach § 7 Abs. 1 S. 2 FreizügG/EU.[367]

Dagegen wird vorgebracht, dass Unionsbürger*innen – anders als häufig Personen, deren Asylbegehren nicht stattgegeben wurde – ohne Weiteres in ihr Heimatland zurückkehren und dort die entsprechenden Leistungen in Anspruch nehmen können.[368] Der Migrationsentschluss von Unionsbürger*innen beruhe nicht auf Verfolgung oder einer vergleichbaren Notlage.[369] Die Verfassungsmäßigkeit der Leistungsausschlüsse nach dem SGB II und dem SGB XII könne überdies nicht davon abhängig gemacht werden, ob eine Verwaltungsbehörde (hier die Ausländerbehörde) ein Verwaltungsverfahren eingeleitet habe oder nicht und dann, wenn der Verlust der Freizügigkeit festgestellt worden wäre, der Aufenthalt dennoch mit den Leistungen nach dem AsylbLG alimentiert werden würde.[370] Dies konterkariere faktisch die Absicht des Gesetzgebers.

Zusammenfassung zu den existenzsichernden Leistungen insgesamt

Unionsbürger*innen, Staatsangehörige der EWR-Staaten und der Schweiz haben Anspruch auf existenzsichernde Leistungen abhängig von ihrem Aufenthaltsstatus wie folgt:

Abbildung 30

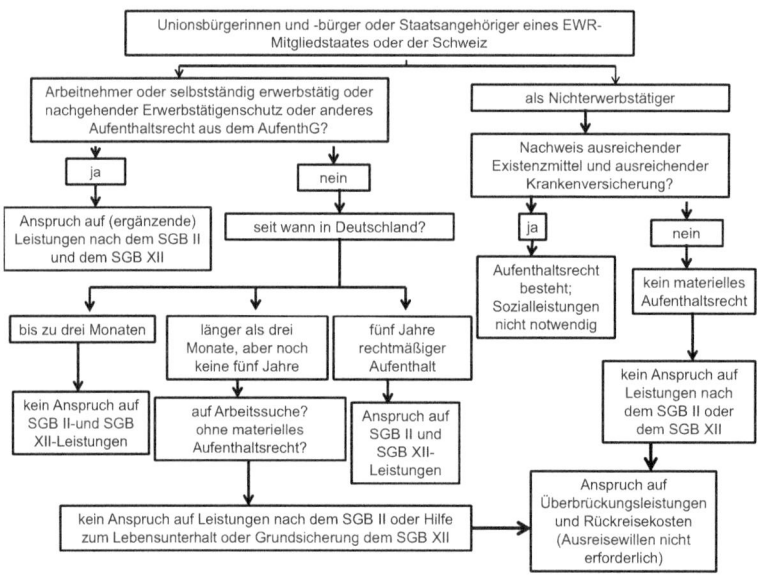

---

367 So Berlit, NDV 2017, 71.
368 So LSG Baden-Württemberg 29.6.2015 – L 1 AS 2338/15 ER-B und L 1 AS 2358/15 B, Rn. 34 (j.L.); SG Berlin 18.1.2017 – S 205 AS 1240/16, Rn. 80 (j.L.) mwN.
369 Greiner/Kock, NZS 2017, 207.
370 LSG Niedersachsen-Bremen 22.6.2016 – L 9 AS 1335/15 B ER, Rn. 86 (j.L.).

Eine Besonderheit gilt für Staatsangehörige der *Vertragsstaaten des EFA* – sie haben bei einem erlaubten Aufenthalt Anspruch auf Leistungen nach dem SGB XII.

Hat die Ausländerbehörde den Verlust des Freizügigkeitsrechts förmlich festgestellt, kommen ggf. Leistungen nach dem AsylbLG in Betracht.

5. Andere Sozialleistungen
5.1 Kranken- und Pflegeversicherung

Grundsätzlich gilt seit der Gesundheitsreform 2007 eine *Krankenversicherungspflicht* für alle Menschen, die in Deutschland ihren gewöhnlichen Aufenthalt haben. In der Regel folgt eine Krankenversicherungspflicht aus einer Beschäftigung als Arbeitnehmer*in; Personen, die Arbeitslosengeld, Krankengeld, Renten oder Bürgergeld beziehen oder als Studierende an einer Hochschule eingeschrieben sind, sind gleichfalls versicherungspflichtig (vgl. § 5 SGB V). Ist jemand nicht aus diesen Gründen versicherungspflichtig, tritt die Auffangkrankenversicherung nach § 5 Abs. 1 Nr. 13 SGB V ein. Danach ist versichert, wer keine anderweitige Absicherung im Krankheitsfall hat und zuletzt entweder gesetzlich krankenversichert (hierzu gehören auch Versicherungen im EU-Ausland im Rahmen einer gesetzlichen Krankenversicherung oder einem staatlichen Gesundheitsfonds) war oder bisher nicht gesetzlich oder privat krankenversichert war und auch nicht beruflich als Selbständige*r erwerbstätig ist. Allerdings sind Unionsbürger*innen, die als nicht Erwerbstätige i.S.d. § 4 FreizügG/EU freizügigkeitsberechtigt sind, nicht berechtigt, dieser *Auffangkrankenversicherung* beizutreten, weil Voraussetzung für ihr Aufenthaltsrecht ein ausreichender Krankenversicherungsschutz ist (vgl. § 5 Abs. 11 Satz 2 SGB V). Wird jemand nicht der gesetzlichen Krankenversicherung zugeordnet (z.B. selbständig Erwerbstätige), besteht eine Krankenversicherungspflicht in der privaten Krankenversicherung nach § 193 VVG; hier ist allerdings ein gesonderter Vertragsschluss notwendig. Eine Ausnahme gilt nur für diejenigen, die unmittelbar vor ihrer Arbeitslosigkeit bzw. vor dem Bezug von Bürgergeld privat oder gar nicht krankenversichert waren (§ 5 Abs. 5a SGB V); sie müssen sich von vornherein in einer privaten Krankenkasse krankenversichern.

> **Private Krankenversicherung im Basistarif**
>
> Seit 2007 sind die privaten Krankenversicherungsunternehmen verpflichtet, einen Versicherungsvertrag für Menschen anzubieten, die versicherungspflichtig i.S.d. § 193 VVG sind und zwar ohne gesonderte Risikoprüfung. Die Versicherung erfolgt dann im sog. Basistarif und umfasst das Leistungsspektrum der gesetzlichen Krankenversicherung. Der Beitrag ist hoch – im Jahr 2024 beträgt er 843,52 EUR monatlich; hinzu kommen die damit verbundenen Pflegeversicherungsbeiträge i.H.v. 175,96 EUR. Ist jemand hilfebedürftig i.S.d. SGB II oder des SGB XII (wird vom Jobcenter oder Sozialamt bescheinigt) wird der Beitrag jeweils halbiert; u.U. wird er vom jeweiligen Leistungsträger (Jobcenter oder Sozialamt) im Rahmen des § 26 SGB II bzw. § 32 SGB XII übernommen.

Für Unionsbürger*innen,[371] die ihren gewöhnlichen Aufenthalt in Deutschland haben, gibt es verschiedene Möglichkeiten der Krankenversicherung. Abhängig ist dies i.d.R. vom Aufenthaltsrecht.

- Unionsbürger*innen, die als Arbeitnehmer*innen in Deutschland sozialversicherungspflichtig beschäftigt sind:
  - Pflichtversicherung in der GKV oder (bei Überschreiten der Jahresarbeitsentgeltgrenze),
  - freiwillige Versicherung in der GKV oder
  - private Krankenversicherung
- Unionsbürger*innen, die in Deutschland selbständig erwerbstätig sind:
  - freiwillige Versicherung in der GKV,
  - private Krankenversicherung oder
  - Krankenversicherung im Herkunftsstaat
- Unionsbürger*innen, die als nicht Erwerbstätige freizügigkeitsberechtigt sind:
  - Krankenversicherung im Herkunftsstaat,
  - freiwillige Versicherung in der GKV oder
  - private Krankenversicherung
- Unionsbürger*innen, deren Recht als Erwerbstätige i.S.d. § 2 Abs. 3 FreizügG/EU erhalten bleibt:
  - Krankenversicherung wie als Arbeitnehmerin oder Arbeitnehmer oder Selbständige,
  - gesetzliche Krankenversicherung bei Bezug von Alg I, Krankengeld, Elterngeld oder
  - gesetzliche Krankenversicherung bei Bezug von Bürgergeld
- Unionsbürger*innen, die auf Arbeitssuche sind:
  - Krankenversicherung im Herkunftsstaat,
  - freiwillige Krankenversicherung in der GKV oder
  - private Krankenversicherung
- Unionsbürger*innen ohne materielles Aufenthaltsrecht oder in den ersten drei Monaten ihres Aufenthalts:
  - Krankenversicherung im Herkunftsstaat,
  - freiwillige Krankenversicherung in der GKV oder
  - private Krankenversicherung

Die beiden zuletzt genannten Personengruppen sind – sofern keine Krankenversicherung bis dahin besteht – nicht versicherungspflichtig. Sie erhalten auch keine Krankenhilfe nach dem SGB XII, da diese Leistungen nach § 23 Abs. 3 SGB XII ausgeschlossen sind. Zu den ihnen zustehenden Überbrückungsleistungen, die grundsätzlich maximal für einen Monat gewährt werden, gehören auch die erforderliche ärztliche und zahnärztliche Behandlung, die zur *Behandlung akuter*

---

[371] Damit werde auch Personen aus dem EWR oder der Schweiz erfasst.

Erkrankungen und Schmerzzustände notwendig ist, einschließlich der Versorgung mit Arznei- und Verbandmitteln sowie sonstiger zur Genesung, zur Besserung oder zur Linderung von Krankheiten oder Krankheitsfolgen erforderlichen Leistungen. Hat die Ausländerbehörde den Verlust des Freizügigkeitsrechts förmlich festgestellt und sind die betroffenen Personen aufgrund dessen ausreisepflichtig, können auch Leistungen nach dem AsylbLG (§ 4 AsylbLG) beantragt werden. Die Leistungsberechtigung nach dem AsylbLG ergibt sich dann aus § 1 Abs. 1 Nr. 4 oder 5 AsylbLG.

Der Nachweis der Krankenversicherung im Herkunftsstaat wird i.d.R. durch die Vorlage einer *Europäischen Krankenversicherungskarte* (EHIC) geführt bzw. – falls diese (noch) nicht ausgestellt wurde – durch Vorlage einer „Provisorischen Ersatzbescheinigung" (PEB), die vom zuständigen Träger des Herkunftslandes ausgestellt wird. Sind Unionsbürger*innen im Herkunftsstaat versichert, werden die notwendigen Krankenversicherungsleistungen im Rahmen der Sachleistungsaushilfe (Art. 19 VO 883/2004) durch die deutsche Krankenkasse erbracht. Diese erhält die Kosten für die Behandlung durch den zuständigen Träger im Herkunftsland erstattet.

> **Sachleistungen i.S.d. Art. 19 VO 883/2004**
>
> Die Frage, welche Sachleistungen erbracht werden und erstattungsfähig sind, regelt Art. 25 Abs. 3 der Durchführungsverordnung zur VO 883/2004. Sachleistungen sind danach solche, die im Aufnahmemitgliedstaat nach dessen Rechtsvorschriften erbracht werden und sich als medizinisch notwendig erweisen, damit Versicherte nicht vorzeitig in den zuständigen Mitgliedstaat zurückkehren müssen, um die erforderlichen medizinischen Leistungen zu erhalten. Es ist damit nicht nur eine Notfallversorgung gemeint, sondern eine umfassende Absicherung, falls die Behandlung innerhalb des beabsichtigten Aufenthaltszeitraums erforderlich ist. Eine Ausnahme gilt nur für den Fall, dass die Einreise nach Deutschland ausschließlich zum Zwecke der Behandlung erfolgt – in diesem Fall muss die Behandlung ggf. vom zuständigen Träger des Herkunftsstaates genehmigt werden.

Menschen, die *freiwillig in der GKV oder privat krankenversichert* sind, müssen ihre Krankenversicherungsbeiträge selbst zahlen, sind sie Beschäftigte, zahlt der Arbeitgeber i.d.R. einen Anteil dazu. Hat jemand seine Beiträge nicht bezahlt, ruht der Anspruch auf Leistungen der GKV. Allerdings bleiben Versicherte auch in diesem Fall weiter Mitglieder der Krankenkasse. Trotz Ruhen der Leistungen im Falle von *Beitragsschulden* werden erbracht:

- Leistungen zur Behandlung akuter Erkrankungen und Schmerzzustände,
- Vorsorgeuntersuchungen, auch für Kinder (sog. U-Untersuchungen) sowie
- Leistungen bei Schwangerschaft und Mutterschaft.

Der Umfang der Krankenversorgung ist mit dem aus § 4 AsylbLG vergleichbar. Beitragsrückstände in der *privaten Krankenversicherung* führen ebenfalls zum Ruhen der Mitgliedschaft und eine Überführung des Vertrags in einen „*Notlagentarif*". Dieser sieht ebenfalls nur Leistungen, die zur Behandlung von akuten

Erkrankungen und Schmerzzuständen sowie die bei Schwangerschaft und Mutterschaft erforderlich sind, vor. Versicherte Kinder und Jugendliche erhalten die Aufwendungen für empfohlene oder vorgesehene Vorsorgeuntersuchungen und für Impfungen. Der Notlagentarif tritt nicht ein, wenn Versicherte hilfebedürftig i.S.d. SGB II oder des SGB XII werden (Bescheinigung durch Jobcenter oder Sozialamt). In diesem Fall erbringen die jeweiligen Träger – sofern eine Leistungsberechtigung insgesamt besteht – Leistungen zur Krankenversicherung.

Wer in Deutschland gesetzlich oder privat krankenversichert ist, ist auch in der *Pflegeversicherung* pflichtversichert. Die Pflegeversicherung folgt der Krankenversicherung – ist jemand gesetzlich krankenversichert, ist er in der Regel auch in der sozialen Pflegeversicherung versichert, bei einer privaten Krankenversicherung besteht eine private Pflegepflichtversicherung.[372]

5.2 Leistungen der Sozialhilfe

Erwerbstätige Unionsbürger*innen , solche mit materiellem Aufenthaltsrecht nach dem FreizügG/EU oder solche mit Daueraufenthaltsrecht haben – neben den existenzsichernden Leistungen – Anspruch auf alle anderen *Leistungen des SGB XII*. Hierzu gehören die Hilfen zur Gesundheit, Hilfen zur Pflege, Hilfen zur Überwindung besonderer sozialer Schwierigkeiten und die Hilfen in anderen Lebenslagen. Die Inanspruchnahme hat keine Auswirkungen auf den Aufenthaltsstatus, solange die Leistungen nicht unangemessen in Anspruch genommen werden. Dazu gehören insbesondere Leistungen der Hilfe zur Pflege und die Hilfen nach §§ 67 ff. SGB XII.

Von den Leistungen der Sozialhilfe sind nach § 23 Abs. 3 SGB XII Ausländer*innen *ausgeschlossen*, wenn sie

- nicht erwerbstätig sind und auch nicht nach § 2 Abs. 3 FreizügG/EU dem nachgehenden Erwerbstätigenschutz unterfallen,
- kein Aufenthaltsrecht haben oder sich ihr Aufenthaltsrecht allein aus dem Zweck der Arbeitssuche ergibt oder
- eingereist sind, um Sozialhilfe zu erhalten.

Damit sind sie nicht nur von den existenzsichernden Leistungen ausgeschlossen, sondern auch von anderen Leistungen, die Ausländer*innen, die sich im Inland tatsächlich aufhalten, nach § 23 Abs. 1 SGB XII gewährt werden (Hilfe zum Lebensunterhalt, Hilfe bei Krankheit, Hilfe bei Schwangerschaft und Mutterschaft sowie Hilfe zur Pflege sowie andere Leistungen nach Ermessen).

5.3 Eingliederungshilfe

Unionsbürger*innen mit Behinderungen können – wie alle Ausländer*innen – Leistungen der Eingliederungshilfe nach § 100 SGB IX erhalten, wenn sie sich *tatsächlich im Inland aufhalten* und dies im *Einzelfall gerechtfertigt* ist (§ 100 Abs. 1 Satz 1 SGB IX). Es handelt sich damit grundsätzlich um Ermessensleistungen; es

---

372 Im Einzelnen hierzu Kuhn-Zuber in GK SRB §§ 20-26a SGB XI Rn. 4.

besteht lediglich ein Anspruch auf fehlerfreie Ermessensausübung. Im Einzelfall gerechtfertigt sind die Leistungen z.B. bei drohenden Grundrechtsverletzungen, drohenden irreversiblen Schäden oder wenn ein höherer Leistungsaufwand später droht, weil die notwendigen Leistungen unterblieben sind.[373] Die Einschränkung auf Ermessensleistungen greift nicht, wenn Ausländer*innen eine Niederlassungserlaubnis oder einen befristeten Aufenthaltstitel besitzen und sich voraussichtlich dauerhaft im Bundesgebiet aufhalten sowie dann, wenn es andere Rechtsvorschriften gibt, nach denen Leistungen der Eingliederungshilfe zu erbringen sind (§ 100 Abs. 1 Sätze 2 und 3 SGB IX). Zu diesen anderen Rechtsvorschriften gehören vor allem solche des über- oder zwischenstaatlichen Rechts. Sind deshalb Unionsbürger*innen im Rahmen des Freizügigkeitsrechts den deutschen Staatsangehörigen gleichgestellt (→ Kap. 3) und verfügen über ein materielles Aufenthaltsrecht, gilt für sie ebenfalls keine Begrenzung auf Ermessensleistungen für Leistungen der Eingliederungshilfe.

5.4 BAföG und BAB

Unionsbürger*innen , einschließlich Staatsangehörige des EWR und der Schweiz, die eine i.S.d. § 2 BAföG förderfähige Ausbildung aufnehmen, erhalten **Leistungen nach dem BAföG**, wenn sie (§ 8 Abs. 1 BAföG):

- ein Recht auf Daueraufenthalt nach § 4a FreizügG/EU (nach fünfjährigem rechtmäßigem Aufenthalt) haben oder
- nach § 2 Abs. 2 des FreizügG/EU als Arbeitnehmer*innen oder Selbständige unionsrechtlich freizügigkeitsberechtigt sind, sowie deren Ehegatt*in oder Lebenspartner*in und deren Kinder, wenn sie die*den freizügigkeitsberechtigte*n Unionsbürger*in begleiten oder ihr*ihm nachziehen. Kinder einer*eines freizügigkeitsberechtigten Unionsbürgerin*Unionsbürgers und deren*dessen sorgeberechtigter Elternteil sind auch nach dem Tod oder dem Wegzug der*des Unionsbürgerin*Unionsbürgers bis zum Abschluss der Ausbildung leistungsberechtigt, wenn sie sich im Bundesgebiet aufhalten und eine Ausbildungseinrichtung besuchen. Erfasst werden zudem Kinder, denen diese Rechte nur deshalb nicht zustehen, weil sie über 21 Jahre alt sind und keinen Unterhalt von den Unionsbürger*innen erhalten oder
- vor Beginn der Ausbildung ein Beschäftigungsverhältnis im Inland bestand, dessen Gegenstand mit dem der Ausbildung in inhaltlichem Zusammenhang steht – die Dauer des Beschäftigungsverhältnisses darf dabei nicht ganz kurz sein, i.d.R. sollte es mindestens sechs Monate bestanden haben.

> **Zuständigkeit BAföG**
>
> BAföG wird auf schriftlichen Antrag erbracht. Zuständig sind die Ämter für Ausbildungsförderung.

Auszubildende erhalten *Berufsausbildungsbeihilfe* nach § 56 SGB III. Gefördert werden nach § 60 SGB III junge Menschen, die berufsvorbereitende Bildungsmaß-

---

[373] Wendtland in GK SRB, § 100 SGB IX, Rn. 5.

nahmen in Anspruch nehmen, unabhängig von Staatsangehörigkeit, Aufenthaltsstatus und Voraufenthaltszeit. Voraussetzung ist lediglich, dass die*der Ausländer*in einen Zugang zum allgemeinen Arbeitsmarkt haben; es darf z.B. kein Beschäftigungsverbot vorliegen.[374] Damit sind Unionsbürgerinnen und -bürger i.d.R. bezugsberechtigt.[375]

Zuständigkeit Berufsausbildungsbeihilfe
Berufsausbildungsbeihilfe wird nur auf Antrag erbracht. Zuständig sind die Agenturen für Arbeit.

5.4 Familienleistungen

Freizügigkeitsberechtigte Unionsbürger*innen haben grundsätzlich Anspruch auf alle Familienleistungen. Dazu gehören v.a. Kindergeld, Elterngeld und Unterhaltsvorschuss.

5.4.1 Kindergeld

Kindergeld wird i.d.R. als Steuervergütung nach den Vorschriften des X. Abschnitts des EStG erbracht.

Für Unionsbürger*innen gilt, dass der **Anspruch auf Kindergeld** grundsätzlich in dem Land besteht, in dem die Beschäftigung oder die selbständige Tätigkeit ausgeübt wird (Beschäftigungslandprinzip).[376] Die Voraussetzungen für das steuerrechtliche Kindergeld regelt § 62 EStG. Berechtigt sind

- in Deutschland unbeschränkt einkommensteuerpflichtige Personen (Wohnsitz oder gewöhnlicher Aufenthalt in Deutschland; diese werden hier nach den Vorschriften der §§ 8, 9 AO bestimmt; auch im Ausland ansässige Personen können u.U. im Inland unbeschränkt steuerpflichtig sein), die
- Deutsche oder freizügigkeitsberechtigte Ausländer*innen sind (zu nicht freizügigkeitsberechtigten Ausländer*innen, s.u.); freizügigkeitsberechtigt sind Unionsbürger*innen sowie Staatsangehörige der EWR-Staaten und der Schweiz und ihre Familienangehörigen, und die
- kindergeldrechtlich zu berücksichtigende Kinder haben. Kinder sind dabei Kinder i.S.d. § 32 Abs. 1 EStG (eigene bzw. adoptierte Kinder und Pflegekinder), Kinder der*des Ehegattin*Ehegatten oder Lebenspartnerin*Lebenspartners, die in den Haushalt aufgenommen wurden sowie Enkelkinder. Die Kinder müssen eine Steuer-ID haben; leben sie im Ausland, sind andere geeignete Nachweise zu erbringen.

Mit dem Gesetz gegen illegale Beschäftigung und Sozialleistungsmissbrauch vom 11.7.2019[377] wurde der Anspruch freizügigkeitsberechtigter Unionsbürger*innen weiter eingeschränkt. So ordnet § 62 Abs. 1a EStG **befristete Einschränkungen** für den Kindergeldanspruch für Staatsangehörige anderer Mitgliedstaaten der EU

---

[374] Vgl. BT-Drucks. 177/99, 18.
[375] Im Einzelnen zur BAB Rieke in GK SRB § 56 SGB III Rn. 15 ff.
[376] Gerlach in GK SRB § 62 EStG Rn. 5.
[377] BGBl. I S. 1066.

oder des EWR an, indem der Anspruch für die ersten drei Monate ab Begründung des Wohnsitzes oder des gewöhnlichen Aufenthalts im Inland ausschließt und nur unter bestimmten Bedingungen (insbesondere bei Erwerbstätigkeit)[378] auflebt. Auf diese Weise wollte der Gesetzgeber den Kindergeldanspruch mit dem Freizügigkeitsrecht enger verknüpfen; die Familienkassen bekamen eine eigene Prüfungskompetenz. Der EuGH hat diese Vorschrift allerdings für **europarechtswidrig** angesehen. Anders als der deutsche Gesetzgeber, der das Kindergeld als Sozialhilfeleistung angesehen und die Rechtfertigung des Ausschlusses auf Art. 24 Abs. 2 Freizügigkeits-RL gestützt hat, widerspricht der EuGH dieser Auffassung. Das Kindergeld werde unabhängig von der persönlichen Bedürftigkeit der Empfänger*innen gewährt und diene nicht der Sicherstellung des Lebensunterhalts. Damit sei es keine Sozialhilfeleistung i.S.d. Art. 24 Abs. 2 FreizügigkeitsRL. Der Grundsatz der Gleichbehandlung (Art. 4 VO 883/2004) gelte für alle Unionsbürger*innen, die sich rechtmäßig im Hoheitsgebiet eines Aufnahmemitgliedstaates aufhalten; abgesehen von Sozialhilfeleistungen gelte der Grundsatz der Gleichbehandlung – hier insbesondere auch für Familienleistungen i.S.d. Art. 3 Abs. 1 Buchst. j i.V.m. Art. 1 Buchst. z der VO 883/2004. Aus diesem Grunde verstoße § 62 Abs. 1a EStG gegen europäisches Gemeinschaftsrecht; der Anspruch auf Kindergeld besteht damit auch innerhalb der ersten drei Monate des Aufenthalts von Unionsbürgerinnen und -bürgern in Deutschland.[379]

> **Im Ausland lebende Kinder**
>
> Auch wenn die Kinder nicht im Inland wohnen bzw. ihren gewöhnlichen Aufenthalt hier haben, besteht ein Kindergeldanspruch, sofern das Kind in einem Mitgliedstaat der EU oder des EWR seinen Wohnsitz oder gewöhnlichen Aufenthalt hat. Da Kindergeld als Familienleistung nach Art. 3 Abs. 1 Buchst. j VO 883/2004 in den sachlichen Anwendungsbereich der Verordnung fällt, gilt hierfür das uneingeschränkte Gleichbehandlungsgebot des Art. 4 der VO 883/2004. Nach Art. 67 der VO haben Unionsbürger*innen, die in einem Mitgliedstaat wohnen, auch für Familienangehörige, die in einem anderen Mitgliedstaat wohnen, Anspruch auf Familienleistungen nach den Rechtsvorschriften des zuständigen Mitgliedstaats, als ob die Familienangehörigen in diesem Mitgliedstaat wohnen würden.

Der *Kindergeldanspruch* ist grundsätzlich vom Alter des Kindes abhängig. Minderjährige Kinder werden ohne Weiteres berücksichtigt (§ 63 Abs. 1 Satz 2 i.V.m. § 32 Abs. 3 EStG); bei volljährigen Kindern kommt es auf weitere Voraussetzungen an (§ 63 Abs. 1 Satz 2 i.V.m. § 32 Abs. 4 und 5 EStG).[380] Danach sind Kinder über 18 berücksichtigungsfähig, wenn sie

---

378 Hierzu im Einzelnen und zum Hintergrund Gerlach in GK SRB § 62 EStG Rn. 18.
379 EuGH vom 1.8.2022 – C-411/20 (*Familienkasse Niedersachsen-Bremen*).
380 Ausführlich Gerlach in GK SRB § 62 EStG Rn. 40 ff.

- keinen Arbeitsplatz haben, noch nicht 21 Jahre alt und arbeitsuchend gemeldet sind,
- sich in einer Berufsausbildung (dazu gehören auch der Besuch von Allgemeinwissen vermittelnde Schulen, Fachschulen und Hochschulen oder ein berufsbezogenes Ausbildungsverhältnis) befinden und noch nicht 25 Jahre alt sind,
- sich in einer Übergangszeit zwischen zwei Ausbildungsabschnitten von höchstens vier Monaten befinden und noch nicht 25 Jahre alt sind,
- trotz ernsthafter Bemühungen keinen Ausbildungsplatz haben oder ihre Ausbildung nicht beginnen oder fortsetzen können und noch nicht 25 Jahre alt sind,
- einen Freiwilligendienst (z.B. FSJ, FÖJ, Freiwilligendienst des Europäischen Solidaritätskorps, einen Freiwilligendienst nach dem Bundesfreiwilligendienstgesetz oder einen entwicklungspolitischen Freiwilligendienst) absolvieren und noch nicht 25 Jahre alt sind oder
- eine Behinderung haben und sich aufgrund dieser nicht selbst unterhalten können. Ist die Behinderung vor Vollendung des 25. Lebensjahres eingetreten, gibt es keine altersmäßige Begrenzung des Kindergelds, solange die Unfähigkeit, sich selbst zu unterhalten, weiter besteht.

Anspruch auf das Kindergeld haben diejenigen, die das Kind in ihrem Haushalt aufgenommen haben. Lebt das Kind außerhalb des Haushalts der*des Kindergeldberechtigten, erhält es die*derjenige, die*der dem Kind den Barunterhalt leistet.

Besteht keine unbeschränkte Steuerpflicht im Inland, können Eltern oder u.U. auch Kinder das in § 1 BKGG geregelte *sozialrechtliche Kindergeld* erhalten. Dieses erhalten Eltern unter den Voraussetzungen des § 1 Abs. 1 Nr. 1 bis 4 BKGG oder Kinder unter den Voraussetzungen des § 1 Abs. 2 BKGG. Freizügigkeitsberechtigte Unionsbürger*innen werden wie deutsche Staatsangehörige behandelt.

Kindergeld und Verlust der Freizügigkeit

Nach § 18f Ausländerzentralregister-Gesetz besteht die Möglichkeit, dass Ausländerbehörden, die den Verlust der Freizügigkeit festgestellt haben, dies an die zuständige Familienkasse melden. Diese wiederum ist dann gehalten, die Anspruchsvoraussetzungen für das Kindergeld zu überprüfen, von denen eine das Bestehen der Freizügigkeitsberechtigung ist; besteht keine Freizügigkeitsberechtigung, müssen weitere Voraussetzungen vorliegen (§ 62 Abs. 2 EStG und § 1 Abs. 3 BKGG). Die Familienkasse ist dann berechtigt, das Kindergeld zu versagen. Solange der Verlust des Freizügigkeitsrechts allerdings nicht förmlich festgestellt wurde, bleibt der Anspruch erhalten; die alleinige fehlende materielle Freizügigkeitsberechtigung genügt nicht für die Aberkennung des Anspruchs.[381]

Unter den Voraussetzungen, unter denen Kindergeld gewährt wird, erhalten Unionsbürger*innen auch den *Kinderzuschlag nach § 6a BKGG* (zu diesem im Einzelnen → Teil 1 Kap. 3.5.2 – Weitere Sozialleistungen).

---

381 Vgl. BFH 27.4.2015 – III B 127/14 und 15.3.2017 – III R 32/15; FG Rheinland-Pfalz 3.1.2023 – 2 K 2118/17.

> **Zuständigkeit Kindergeld**
>
> Das Kindergeld (und der Kinderzuschlag nach § 6a BKGG) wird auf schriftlichen Antrag erbracht. Zuständig sind die Familienkassen, die bei der Bundesagentur für Arbeit angesiedelt sind.

5.4.2 Elterngeld

Ebenso wie das Kindergeld handelt es sich bei dem Elterngeld um eine Familienleistung i.S.d. VO 883/2004; freizügigkeitsberechtigte Unionsbürger*innen und Staatsangehörige der EWR-Mitgliedstaaten und der Schweiz müssen bei Bezug dieser Leistung gleichbehandelt werden. Deshalb haben sie unter den gleichen Voraussetzungen wie deutsche Staatsangehörige *Anspruch auf Elterngeld*. Dies ergibt sich aus § 1 Abs. 7 BEEG, der für „nicht freizügigkeitsberechtigte Ausländerinnen und Ausländer" weitere Voraussetzungen für den Bezug von Elterngeld aufstellt.[382]

Nach § 1 Abs. 1 BEEG hat Anspruch auf Elterngeld,

- wer seinen Wohnsitz oder seinen gewöhnlichen Aufenthalt in Deutschland hat,
- mit seinem Kind in einem Haushalt lebt,
- dieses Kind selbst betreut und erzieht und
- keine oder keine volle Erwerbstätigkeit ausübt.

Insofern gilt wie beim Kindergeld: solange die Ausländerbehörde den Verlust des Freizügigkeitsrechts nicht feststellt, wird das *Freizügigkeitsrecht vermutet*. Das gilt auch für nicht erwerbstätige Unionsbürger*innen. Eine Ausschlussvorschrift wie im SGB II oder im SGB XII besteht im BEEG nicht.[383]

> **Zuständigkeit Elterngeld**
>
> Elterngeld wird auf schriftlichen Antrag erbracht. Zuständig sind die Landesregierungen oder die von ihnen für die Ausführung des Gesetzes beauftragten Stellen. Diese finden sich unter https://www.elterngeld.net/elterngeldstellen.html (2.2.2024).

5.4.3 Unterhaltsvorschuss

Der Unterhaltsvorschuss bzw. die *Unterhaltsausfallleistung* ist ebenfalls eine Familienleistung nach Art. 3 Abs. 1 Buchst. j der VO 883/2004, für die das Gleichbehandlungsgebot gilt. Anspruch auf diese Unterhaltsleistung haben danach – ebenso wie deutsche Staatsangehörige freizügigkeitsberechtigte Unionsbürger*innen sowie Staatsangehörige der EWR-Mitgliedstaaten sowie der Schweiz. Anspruch auf Unterhaltsleistung nach § 1 Abs. 1 UhVorschG hat, wer

---

[382] Vgl. BSG 10.7.2014 – B 10 EG 5/14 R für nicht freizügigkeitsberechtigte Ausländerinnen und Ausländer. Ebenso LSG Hessen 24.8.2018 – L 5 EG 15/15.
[383] Vgl. LSG Baden-Württemberg 19.4.2016 – L 11 EG 4629/14.

- das zwölfte Lebensjahr noch nicht vollendet hat und
- mit einem Elternteil im Inland lebt, der mit dem anderen Elternteil (oder einem anderen Ehegatten) auf Dauer nicht zusammenlebt und von dem anderen Elternteil nicht oder nicht regelmäßig Unterhalt oder, wenn dieser oder ein Stiefelternteil gestorben ist, keine Waisenbezüge in Höhe des zustehenden Regelbetrages erhält.

Darüber hinaus erhält noch Unterhaltsleistungen über das 12. Lebensjahr hinaus, wenn das Kind

- keine Leistungen nach dem SGB II erhält bzw. mit der Unterhaltsleistung seine Hilfebedürftigkeit vermieden werden kann oder
- der Elternteil, mit dem das Kind zusammenlebt, außer dem Kindergeld ein Einkommen von mindestens 600 EUR hat.

Die Unterhaltsleistungen werden maximal bis zur Volljährigkeit des Kindes erbracht. Für nicht freizügigkeitsberechtigte Ausländer*innen stellt § 1 Abs. 2a UhVorschG besondere Voraussetzungen auf. Solange indessen die Ausländerbehörde formal nicht festgestellt hat, dass das Freizügigkeitsrecht nicht besteht, wird die Freizügigkeitsberechtigung bei Unionsbürgerinnen und -bürgern, Staatsangehörigen der Mitgliedstaaten des EWR und der Schweiz vermutet.

Zuständigkeit Unterhaltsvorschuss
Unterhaltsvorschuss wird auf schriftlichen Antrag erbracht. Zuständig sind die Unterhaltsvorschuss-Stellen, die in der Regel beim Jugendamt angesiedelt sind. Örtlich ist die Stelle zuständig, in deren Bereich das Kind seinen Wohnsitz hat.

Zusammenfassung   andere Sozialleistungen für Unionsbürgerinnen und -bürger

Im Überblick lassen sich die Sozialleistungen für Unionsbürger*innen wie folgt darstellen. Erfasst werden i.d.R. auch Staatsangehörige der Mitgliedstaaten des EWR, deren Anspruch sich auch in den jeweiligen Leistungsgesetzen wiederfindet. Staatsangehörige der Schweiz partizipieren am Gleichbehandlungsgrundsatz durch eine entsprechende Vereinbarung.

5. Andere Sozialleistungen

Abbildung 31

Unionsbürger*innen mit Daueraufenthaltsrecht nach § 4 FreizügG/EU und ihre Familienangehörigen
- Krankenversicherung nach Status – gesetzlich, freiwillig in der gesetzlichen Krankenversicherung oder privat krankenversichert
- Anspruch auf alle Leistungen der Sozialhilfe, auch denen in besonderen Lebenslagen
- Anspruch auf BAföG und Berufsausbildungsbeihilfe
- Anspruch auf alle Familienleistungen (Kindergeld, Elterngeld, Unterhaltsvorschuss)

Unionsbürger*innen, die als Erwerbstätige freizügigkeitsberechtigt sind bzw. nachgehenden Erwerbstätigenschutz unterfallen (§ 2 Abs. 2 Nr.1, 2, 3 oder 7 FreizügG/EU) und ihre Familienangehörigen
- Krankenversicherung nach Status – gesetzlich, freiwillig in der gesetzlichen Krankenversicherung oder privat krankenversichert
- Anspruch auf alle Leistungen der Sozialhilfe, auch denen in besonderen Lebenslagen
- Anspruch auf BAföG und Berufsausbildungsbeihilfe
- Anspruch auf alle Familienleistungen (Kindergeld, Elterngeld, Unterhaltsvorschuss)

nicht erwerbstätige Unionsbürger*innen nach § 4 FreizügG/EU und ihre Familienangehörige
- Nachweis ausreichender Krankenversicherung muss bestehen
- Leistungen der Sozialhilfe in besonderen Lebenslagen sind möglich, sofern sie nicht übermäßig in Anspruch genommen werden
- Anspruch auf BAföG und Berufsausbildungsbeihilfe
- Anspruch auf alle Familienleistungen (Kindergeld, Elterngeld, Unterhaltsvorschuss)

Unionsbürger*innen auf Arbeitssuche und ihre Familienangehörigen
- Krankenversicherung freiwillig in der gesetzlichen Krankenversicherung, private Krankenversicherung oder Versicherung im Herkunftsstaat
- keine Leistungen der Sozialhilfe
- Anspruch auf BAföG und Berufsausbildungsbeihilfe bis zur förmlichen Verlustfeststellung des Freizügigkeitsrechts
- Anspruch auf alle Familienleistungen (Kindergeld, Elterngeld, Unterhaltsvorschuss) bis zur förmlichen Verlustfeststellung des Freizügigkeitsrechts

Unionsbürger*innen ohne materielles Aufenthaltsrecht und ihre Familienangehörigen
- Kein Anspruch auf Sozialleistungen

Teil 3: Verwaltungsverfahren und Rechtschutz

1. Verwaltungsverfahren

Sozialleistungen und Leistungen nach dem AsylbLG werden nach Ablauf eines Verwaltungsverfahrens erbracht. Dieses Verfahren wird durch die zuständigen Behörden durchgeführt und endet i.d.R. mit einem Bescheid (*Verwaltungsakt*). Die Regelungen zum Verwaltungsverfahren finden sich für Sozialleistungen (z.B. Grundsicherung für Arbeitsuchende, Sozialhilfe, Krankenversicherung, Kinder- und Jugendhilfe) im SGB I und im SGB X; da das AsylbLG formell nicht zum Sozialgesetzbuch gehört, richtet sich dessen Verfahren nach dem Verwaltungsverfahrensgesetz (VwVfG) des Bundes und der Länder. Die Vorschriften zum Verwaltungsverfahren sind in beiden Gesetzen jedoch ähnlich gefasst.

Das *Verwaltungsverfahren* lässt sich im Überblick wie folgt darstellen:

Abbildung 32

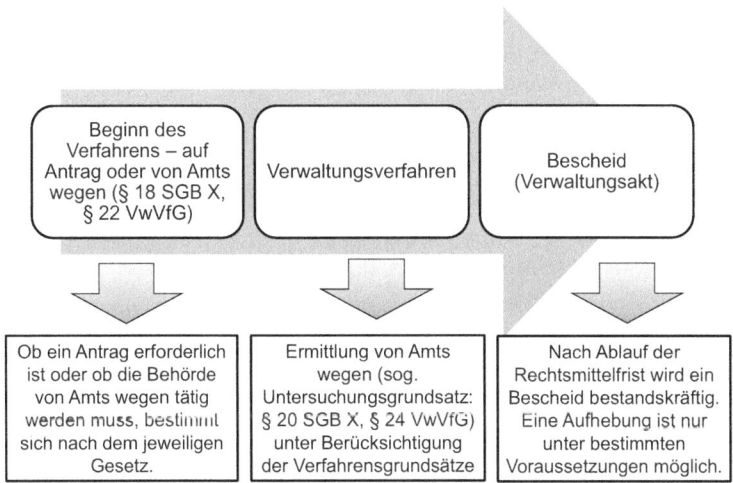

1.1 Leistungen nach dem Asylbewerberleistungsgesetz

1.1.1 Antrag und Verwaltungsverfahren

Leistungen nach dem Asylbewerberleistungsgesetz setzen i.d.R. *keinen Antrag* voraus. Nach § 6b AsylbLG ist § 18 SGB XII für Leistungen nach den §§ 3, 4 und 6 AsylbLG (Grundleistungen, Leistungen bei Schwangerschaft und Geburt und sonstige Leistungen, → Teil 1 Kap. 3.3.2) entsprechend anwendbar. Dieser wiederum sieht vor, dass die Leistungen einsetzen, sobald der zuständigen Behörde (§§ 10, 10a AsylbLG) bekannt wird, dass die Voraussetzungen der Leistung vorliegen. Wird einer unzuständigen Behörde oder einer unzuständigen Gemeinde der Leistungsfall bekannt, muss dieses der zuständigen Behörde unverzüglich mitgeteilt und die vorhandenen Unterlagen müssen übersandt werden (§ 18 Abs. 2

SGB XII entsprechend). Dieses „Bekanntwerden" der Leistungsberechtigung kann allerdings auch über einen Antrag erfolgen.

Sobald der zuständige Leistungsträger Kenntnis von einer Leistungsberechtigung erlangt, beginnt das Verwaltungsverfahren *von Amts wegen*. An diesem Verfahren sind u.a. beteiligt (§ 13 VwVfG) und können Verfahrenshandlungen vornehmen (§ 14 VwVfG):

- antragstellende Ausländer*innen sowie
- Behörden; dabei handelt es sich um die Leistungsträger, die durch ihre Leitungen oder Mitarbeiterinnen und Mitarbeiter vertreten werden.

Nach § 14 VwVfG können sich die Beteiligten – und hier insbesondere auch die Antragsteller*innen – durch eine*n *Bevollmächtigte*n* vertreten lassen. Hierzu muss eine Vollmacht erteilt worden sein, die dazu ermächtigt, alle das Verwaltungsverfahren betreffenden Verfahrenshandlungen vornehmen zu können. Die Vollmacht muss auf Verlangen schriftlich nachgewiesen werden und gilt so lange, bis sie widerrufen und dieser Widerruf der Behörde bekannt wird. Wurden Bevollmächtigte bestellt, so soll sich die Behörde grundsätzlich an diese wenden, es sei denn, Beteiligte sollen ihren Mitwirkungspflichten nachkommen. Dann kann die Behörde diese direkt ansprechen, soll aber die Bevollmächtigten darüber in Kenntnis setzen. Zu Verhandlungen und Besprechungen können Antragsteller*innen darüber hinaus einen Beistand mitnehmen; dieser darf auch selbst vortragen.

> **Zurückweisung von Bevollmächtigten oder Beiständen**
>
> Bevollmächtigte und Beistände müssen keine Jurist*innen (insbesondere keine Rechtsanwält*innen) sein. Sie können allerdings zurückgewiesen werden, wenn sie hierzu ungeeignet sind; vom mündlichen Vortrag können sie nur zurückgewiesen werden, wenn sie zum sachgemäßen Vortrag nicht fähig sind. Handelt es sich um Bevollmächtigte und Beistände, die nach § 67 Abs. 2 Satz 1 und Satz 2 Nr. 3 bis 7 VwGO im verwaltungsgerichtlichen Verfahren vertreten können, dürfen diese im Verwaltungsverfahren nicht zurückgewiesen werden.

Das Verwaltungsverfahren muss unter Berücksichtigung *verfahrensrechtlicher Grundsätze*, die sich auch aus dem Grundgesetz (Art. 1 Abs. 3, Art. 20 Abs. 3 GG – Verfassungsbindung der Verwaltung) ergeben. Dazu gehören:

- Das Verfahren ist nicht förmlich – es sei denn, das Gesetz sieht eine bestimmte Form vor -; es ist einfach, zweckmäßig und zügig durchzuführen (§ 10 VwVfG),
- Die Behörde oder der Leistungsträger muss den Sachverhalt von Amts wegen ermitteln und ist für dessen Aufklärung verantwortlich (sog. Amtsermittlungs- oder Untersuchungsgrundsatz, § 24 VwVfG); dabei darf er die seiner Ansicht nach notwendigen Beweismittel nach pflichtgemäßem Ermessen heranziehen (§ 26 VwVfG),
- Die Amtssprache ist grundsätzlich deutsch (§ 23 VwVfG); Anträge in fremder Sprache sind zu übersetzen; Urkunden übersetzt vorzulegen. Menschen mit Hörbehinderungen und Menschen mit Sprachbehinderungen haben das Recht,

1. Verwaltungsverfahren

Gebärdensprache zu verwenden, mit lautsprachbegleitenden Gebärden oder über andere geeignete Kommunikationshilfen zu kommunizieren (§ 6 BGG);

- Antragsteller*innen haben das Recht angehört zu werden, wenn ein Verwaltungsakt erlassen werden soll, der in die Rechte der*des Betroffenen eingreift (§ 28 VwVfG, Ausnahmen § 28 Abs. 2 VwVfG) oder
- Beteiligte haben das Recht auf Akteneinsicht, sofern deren Kenntnis zur Geltendmachung oder Verteidigung der rechtlichen Interessen erforderlich ist (§ 29 VwVfG).

> **Anspruch auf Erlass eines Bescheids**
>
> Leistungsträger sind verpflichtet, einen schriftlichen Bescheid zu erteilen, auch wenn sie bereits bei Antragstellung der Meinung sind, dieser Antrag sei nicht zulässig oder unbegründet. Ohne schriftlichen Bescheid besteht keine Möglichkeit, Rechtsmittel gegen eine ggf. rechtswidrige Entscheidung einzulegen.

Leistungen nach dem AsylbLG werden nicht für die Zeit vor Antragstellung erbracht; entscheidend ist der Zeitpunkt, ab dem die Behörde Kenntnis von der Notlage und der möglichen Leistungsberechtigung hatte.

Nach § 9 Abs. 3 AsylbLG sind die Vorschriften des SGB I über die *allgemeinen Mitwirkungspflichten* der Antragsteller*innen bzw. der Leistungsbeziehenden anwendbar. Diese Mitwirkungspflichten unterstützen Behörden und Leistungsträger bei ihrer Untersuchungs- und Amtsermittlungspflicht, damit die für die Aufklärung des Sachverhalts notwendigen Informationen eingeholt werden können. So sind alle, die Leistungen nach dem AsylbLG beantragen oder erhalten möchten, verpflichtet,

- alle für die Leistung erheblichen Tatsachen anzugeben,
- einer Auskunftserteilung durch Dritte zuzustimmen (z.B. Arbeitgeber, Ärzte, Krankenhäuser, Sozialarbeiter*innen),
- alle Änderungen in den Verhältnissen, die für die Leistung erheblich sind, unaufgefordert und unverzüglich mitzuteilen,
- vorhandene Beweismittel zu benennen,
- auf Verlangen des Leistungsträgers zur mündlichen Erörterung des Antrags oder zur Vornahme anderer für die Entscheidung über die Leistung notwendigen Maßnahmen persönlich zu erscheinen,
- sich aller notwendigen ärztlichen und psychologischen Untersuchungen zu unterziehen, soweit sie verhältnismäßig und zumutbar sind,
- Heilbehandlungen, einschließlich Operationen in einem bestimmten Umfang zu dulden, wenn diese der Besserung des Gesundheitszustandes dienen oder eine Verschlechterung verhindern und
- sich an berufsfördernden Maßnahmen zu beteiligen.

Die Mitwirkungspflichten bestehen nicht uneingeschränkt; ihre Grenzen regelt § 65 SGB I (z.B. bei Unverhältnismäßigkeit oder Unzumutbarkeit der Mitwirkung).

Handelt sich bei den Antragsteller*innen um Leistungsberechtigte nach § 1 Abs. 1 Nr. 1 (Aufenthaltsgestattung nach dem Asylgesetz), Nr. 2 (über Flughäfen Einreisende, denen die Einreise [noch] nicht gestattet ist), Nr. 4 (Duldung nach § 60a AufenthG), Nr. 5 (vollziehbar Ausreisepflichtige) oder Nr. 7 (Folge- oder Zweitantragsteller*innen) können die Behörden zusätzlich zu den im SGB I geregelten Mitwirkungspflichten die Fingerabdrücke abnehmen (, wenn dies zur Prüfung der Identität erforderlich ist. Die Personen müssen die *Abnahme der Fingerabdrücke* dulden (§ 9 Abs. 3 Satz 2 AsylbLG).

Wer seiner Mitwirkungspflicht nicht nachkommt, obwohl er Leistungen beantragt oder beansprucht oder erhält, und kann der Sachverhalt deshalb nicht ausreichend aufgeklärt werden, können die *Leistungen ganz oder teilweise versagt* oder entzogen werden (§ 66 SGB I). Allerdings muss der Leistungsträger die Leistungsberechtigten zuvor auf die Folgen der fehlenden Mitwirkung *schriftlich hingewiesen* und eine für die Mitwirkung *angemessene Frist* gesetzt haben (§ 66 Abs. 3 SGB I).

Diese allgemeinen Mitwirkungspflichten ergänzen die durch das AsylbLG selbst vorgesehenen Mitwirkungspflichten (u.a. § 1a Abs. 5, § 5 Abs. 4, § 5b Abs. 2, §§ 8a, 11 Abs. 2a Satz 4 AsylbLG).

1.1.2 Besonderheiten bei der Aufhebung von Bescheiden im Asylbewerberleistungsrecht

Die Aufhebung von Bescheiden (Verwaltungsakten) im Asylbewerberleistungsgesetz richtet sich nicht nach dem VwVfG, sondern nach den §§ 44 bis 50 SGB X (§ 9 Abs. 4 AsylbLG). Eine Besonderheit gilt dabei für § 44 SGB X, der die *Rücknahme eines rechtswidrigen nicht begünstigenden Verwaltungsaktes* regelt und der dem Grunde nach dazu dient, eine rechtswidrige Verwaltungsentscheidung, die aufgrund einer unrichtigen Rechtsanwendung oder eines unrichtigen Sachverhalts getroffen wurde, wieder aufzuheben, auch nachdem sie bestandskräftig geworden ist. Diese Vorschrift erfährt durch § 9 Abs. 4 Satz 2 AsylbLG folgende Abwandlung:

- ein rechtswidriger, nicht begünstigender Verwaltungsakt (z.B. Versagung einer Leistung) wird nicht später als vier Jahre nach Ablauf der Bekanntgabe des Verwaltungsaktes zurückgenommen; es reicht, wenn der Antrag auf Rücknahme innerhalb dieses Zeitraums liegt

> **Beispiel:**
> A beantragte im Jahr 2020 Leistungen nach dem AsylbLG. Der Leistungsträger gewährt ihm aufgrund fehlender Mitwirkungspflichten nur eingeschränkt Leistungen, der Bescheid ist im Oktober 2020 bekannt gegeben worden. Es stellt sich heraus, dass A seine Mitwirkungspflichten nicht verletzt hat. A kann jetzt die Aufhebung des rechtswidrigen Bescheides vom Oktober 2020 beantragen, allerdings muss dies bis Ende 2024 geschehen.

- die Leistungen werden – anders als in § 44 Abs. 4 Satz 1 SGB X vorgesehen – längstens für ein Jahr rückwirkend erbracht.

> **Beispiel:**
> Beantragt A im Jahr 2023 die Rücknahme des rechtswidrigen Bescheides vom Oktober 2020, erhält er rückwirkend die versagten Leistungen für höchstens ein Jahr.

1.2 Leistungen der Grundsicherung für Arbeitssuchende nach dem SGB II

1.2.1 Antrag und Verwaltungsverfahren

Leistungen nach dem SGB II werden nach § 37 Abs. 1 Satz 1 SGB II *nur auf Antrag* erbracht. Ein *gesonderter Antrag* ist zusätzlich erforderlich für:

- Leistungen für einmalige unabweisbare Bedarfe nach § 24 Abs. 1 SGB II,
- Leistungen für nicht vom Regelbedarf umfasste Einmalbedarfe nach § 24 Abs. 3 SGB II (Erstausstattungen für Wohnung und Haushaltsgeräte, für Bekleidung, bei Schwangerschaft und Geburt, zur Anschaffung und Reparatur von therapeutischen Geräten und Ausrüstungen) sowie
- schulische Angebote ergänzende Lernförderung aus dem Bildungs- und Teilhabepaket nach § 28 Abs. 5 SGB II.

Wird ein Antrag im Laufe eines Monats gestellt, wirkt er auf den Ersten des Monats zurück (§ 37 Abs. 2 Satz 2 SGB II).

Da Leistungen der Grundsicherung für Arbeitssuchende nach dem SGB II Teil des Sozialgesetzbuches sind, gelten hierfür die *Regelungen des SGB I und des SGB X* uneingeschränkt. Dabei gibt es zunächst folgendes zu beachten:

- Anträge sollen nach § 16 Abs. 1 SGB I beim *zuständigen Leistungsträger* gestellt werden. Sie werden aber auch von allen Leistungsträgern und den Kommunen (bzw. im Ausland von den Vertretungen der Bundesrepublik) entgegengenommen und dann unverzüglich an den zuständigen Leistungsträger weitergeleitet (§ 16 Abs. 2 Satz 1 SGB I). Ist die Leistung von einem Antrag abhängig, gilt als Antragseingang auch der Tag, an dem der Antrag beim unzuständigen Leistungsträger oder bei einer unzuständigen Gemeinde abgegeben wurde.
- Anträge können i.d.R. *formlos* eingereicht werden, es sei denn, das Gesetz schreibt etwas anderes vor (§ 9 SGB X).
- *Sozialrechtliche Handlungsfähigkeit* besteht bereits mit vollendetem 15. Lebensjahr (§ 36 SGB I). Das bedeutet, dass bereits 15-Jährige einen Antrag auf Leistungen nach dem Sozialgesetzbuch stellen können.

Für *Unionsbürger*innen* und ihnen gleichgestellte Staatsangehörige der EWR-Mitgliedstaaten und der Schweiz gelten einige Besonderheiten. Da es sich bei den Leistungen der Grundsicherung für Arbeitsuchende nach dem SGB II um besondere beitragsunabhängige Geldleistungen i.S.d. Art. 70 i.V.m. Anhang X VO 883/2004 handelt (→ Teil 2 Kap. 2), unterfallen sie – zumindest dann, wenn die Unionsbürger*innen nicht von den Leistungen ausgeschlossen sind – dem *Diskriminierungsverbot* des Art. 4 VO 883/2004. Die BA bzw. die jeweiligen Jobcenter dürfen deshalb Kund*innen aus Mitgliedstaaten der EU nicht benachteiligen. Wenn diese Personen einen Antrag auf Leistungen in einer der EU-Sprachen stellen, müssen diese entgegengenommen und bearbeitet werden. Wenn erforderlich, sollen Dolmetscherdienste in Anspruch genommen werden.[384], Dies kann durch

- Mitarbeiter*innen mit entsprechenden Sprachkenntnissen erfolgen, die diese Personen betreuen, oder wenn dies nicht möglich ist,
- soziale Verbände bzw. ehrenamtliche Einrichtungen übernommen werden, soweit Übersetzungs- und Dolmetscherdienste zu deren Aufgaben gehören, oder, wenn auch dies nicht möglich ist,
- haben die Leistungsträger selbst die Pflicht, Übersetzungen vorzunehmen und Dolmetscherdienste anzubieten.

Bei Erstkontakten sind *notwendige Übersetzungen und Dolmetscherdienste* in jedem Fall von der BA bzw. dem jeweiligen Jobcenter zu veranlassen bzw. zu erstatten. Handelt es sich um

- Staatsangehörige aus Mitgliedstaaten der EU sowie Staatenlose und geflüchtete Menschen, die in einem EU-Mitgliedstaat wohnen, ihre Familienangehörigen und Hinterbliebenen oder
- Staatsangehörige aus Drittstaaten, die ihren rechtmäßigen Wohnsitz in der EU haben und sich in einer grenzüberschreitenden Situation befinden[385] oder
- Staatsangehörige aus Staaten des Europäischen Wirtschaftsraums (EWR) oder
- Staatsangehörige aus Staaten, mit denen zwischenstaatliche Vereinbarungen bestehen[386]

werden die Kosten für Dolmetscherdienste in allen Fällen, d.h. auch bei weiteren Kontakten von Amts wegen übernommen.

Die *Kosten für Übersetzung* von Zeugnissen und sonstigen Unterlagen können für Arbeitslose und von Arbeitslosigkeit bedrohte Arbeitnehmer*innen oder selbständig Erwerbstätige sowie für Ausbildungsuchende nach § 45 SGB III (ggf. i.V.m. § 16 SGB II) übernommen werden, wenn es für die Anbahnung oder Aufnahme einer versicherungspflichtigen Beschäftigung notwendig ist. Es handelt sich hierbei um Bewerbungskosten.[387]

Der Ablauf und die Grundsätze des Verwaltungsverfahrens sind im SGB X mit denen des VwVfG vergleichbar; es kommen lediglich andere Vorschriften zur Anwendung.

---

384 Vgl. Fachliche Weisungen der BA § 7, Rn. 7.4 i.V.m. Handbuch Interner Dienstbetrieb, 14. Übersetzungsdienste und Kommunikationshilfen, Ziff. 1.3.2 (https://harald-thome.de/files/pdf/redakteur/BA_FH/14.%20%C3%9Cbersetzungsdienste%20und%20Kommunika1-2023.pdf, 2.2.2024).
385 Nach VO (EU) 1231/2010 zur Ausdehnung der VO 883/2004 und der VO (EG) 987/2009 auf Drittstaatsangehörige, die ausschließlich aufgrund ihrer Staatsangehörigkeit nicht bereits unter diese Verordnungen fallen.
386 Im Bereich der Arbeitslosenversicherung bestehen zwischenstaatliche Abkommen mit der ehemaligen Sozialistischen Föderativen Republik Jugoslawien – für die Nachfolgestaaten Bosnien-Herzegowina, Kroatien, Mazedonien, Serbien (einschließlich Kosovo) gilt dies weiterhin und der Schweiz.
387 Handbuch Interner Dienstbetrieb, 14. Übersetzungsdienste und Kommunikationshilfen, Ziff.1.1.

Danach

- sind am Verfahren beteiligt und können Verfahrenshandlungen vornehmen u.a. Antragsteller*innen sowie die Behörde (hier Jobcenter), die durch Mitarbeiter*innen vertreten wird (§§ 10, 11, 12 SGB X),
- ist die Vertretung durch Bevollmächtigte und Beistände unter den gleichen Bedingungen wie im VwVfG in § 13 SGB X geregelt.
- gilt die Bindung an die Verfassung und die Grundrechte auch für die Sozialleistungsträger,
- ist das Verfahren nach § 9 SGB X ebenfalls nicht förmlich; zudem ebenfalls einfach, zweckmäßig und zügig durchzuführen.
- gilt im Sozialverwaltungsverfahren gleichfalls der Amtsermittlungs- bzw. Untersuchungsgrundsatz (§ 20 SGB X) und können Beweismittel nach pflichtgemäßem Ermessen der Behörde hinzugezogen werden (§ 21 SGB X).
- ist die Amtssprache Deutsch; allerdings haben hier direkt Menschen mit Hörbehinderungen und Menschen mit Sprachbehinderungen das Recht, in Deutscher Gebärdensprache, mit lautsprachbegleitenden Gebärden oder über andere geeignete Kommunikationshilfen zu kommunizieren; Kosten für Kommunikationshilfen sind von der Behörde oder dem für die Sozialleistung zuständigen Leistungsträger zu tragen (§ 19 SGB X)[388].
- ist eine Anhörung dann durchzuführen, wenn in die Rechte der Menschen eingegriffen werden soll (§ 24 SGB X) und
- besteht ein Recht auf Akteneinsicht, wenn deren Kenntnis zur Geltendmachung oder Verteidigung der rechtlichen Interessen erforderlich ist (§ 25 SGB X).

> **Pflicht zur Annahme eines Antrags**
>
> § 20 Abs. 3 SGB X verpflichtet die Behörden zur Entgegennahme von Erklärungen und Anträgen, die in ihren Zuständigkeitsbereich fallen, auch wenn sie die Erklärung oder den Antrag in der Sache nach für unzulässig oder unbegründet halten. Die Leistungsträger müssen also den Antrag entgegennehmen und letztlich auch bescheiden, um auf diese Weise ggf. den Weg zur Überprüfung im Rechtsschutzverfahren zu ermöglichen.

Die allgemeinen Mitwirkungspflichten sind in den §§ 60 bis 67 SGB I geregelt (→ Kap. 1.1.1). Besondere Mitwirkungspflichten finden sich zudem im SGB II selbst. Dabei handelt es sich um:

- den Grundsatz des Forderns mit dem Ziel der Eingliederung in den Arbeitsmarkt (§ 2 SGB II),
- nach Ablauf der Karenzzeit die Obliegenheit zur Kostensenkung bei unangemessenen Unterkunfts- und Heizkosten (§ 22 Abs. 1 Satz 7 SGB II),
- die Anzeige- und Bescheinigungspflicht bei Arbeitsunfähigkeit (§ 56 SGB II),

---

[388] Hierzu auch Handbuch Interner Dienstbetrieb, 14. Übersetzungsdienste und Kommunikationshilfen, Ziff. 2.

- die Pflicht zur unverzüglichen Vorlage des Vordrucks einer Einkommensbescheinigung beim Arbeitgeber (§ 58 Abs. 2 SGB II),
- die Meldepflicht (§ 59 SGB II) und
- die Auskunfts- und Mitwirkungspflicht bei Teilnahme an einer Eingliederungsmaßnahme (§ 61 Abs. 2 SGB II).

Ein Verstoß gegen die besonderen Mitwirkungspflichten nach dem SGB II wird nach der allgemeinen Vorschrift des § 66 SGB I sanktioniert, es sei denn, es gelten die speziellen Sanktionsvorschriften der §§ 31 ff. SGB II.

> **Vorläufige Entscheidung im SGB II**
>
> Ist zur Feststellung der Voraussetzungen des Anspruchs längere Zeit erforderlich (z.B. weil die Höhe des anzurechnenden Vermögens noch nicht feststeht) und liegen diese aber mit hinreichender Wahrscheinlichkeit vor oder besteht ein Anspruch dem Grunde nach, es dauert aber längere Zeit, um die genaue Höhe festzustellen (z.B. bei unterschiedlichem monatlichen Einkünften oder wenn andere Sozialleistungen zu erwarten sind), muss eine vorläufige Entscheidung, ggf. für die gesamte Bedarfsgemeinschaft, über den Leistungsanspruch getroffen werden. Auf diese Weise soll der monatliche Bedarf der Leistungsberechtigten zur Sicherung des Lebensunterhalts gedeckt und eine Notlage aufgrund der Dauer des Verfahrens vermieden werden. Die Einzelheiten sind in § 41a SGB II geregelt.

1.2.2 Besonderheiten bei der Aufhebung von Verwaltungsakten

Ebenso wie beim AsylbLG gibt es bei der Aufhebung von Verwaltungsakten Besonderheiten im Vergleich zu den allgemeinen Regelungen des SGB X. Dieses ist hier – da es sich beim SGB II um einen Teil des Sozialgesetzbuches handelt – direkt anwendbar. Die *Besonderheiten* ergeben sich aus § 40 SGB II, der in Abs. 1 Satz 2 ebenso wie § 9 Abs. 4 Satz 2 AsylbLG regelt, dass

- rechtswidrige nicht begünstigende Verwaltungsakte nach § 44 SGB X nicht später als vier Jahre nach Ablauf des Jahres, in dem sie bekanntgegeben wurden, zurückzunehmen sind (die Rücknahme muss innerhalb dieses Zeitraums beantragt worden sein) und
- dass die zu Unrecht nicht erbrachten Leistungen für nur ein Jahr rückwirkend erbracht werden können.

Weitere Besonderheiten betreffen die Rücknahme eines rechtswidrigen nicht begünstigenden Verwaltungsaktes, dessen Rechtswidrigkeit sich auf einer Entscheidung des BVerfG oder einer anderen, der Auslegung des Leistungsträgers widersprechenden ständigen Rechtsprechung beruht; hier kann eine Rücknahme nur mit Wirkung für die Zeit nach der Entscheidung bzw. der ständigen Rechtsprechung erfolgen (§ 40 Abs. 3 SGB II). § 40 Abs. 4 SGB II betrifft eine Abweichung zu § 48 SGB X – Aufhebung eines Verwaltungsaktes nach Änderung der Verhältnisse – hier muss bei Wegfall des ursprünglichen Bescheides ein neuer vorläufiger Bescheid erlassen werden. Bei **Tod einer*eines Leistungsberechtigten** oder einer Person, die mit der*dem Leistungsberechtigten in häuslicher Gemeinschaft gelebt hat, bleiben die Änderungen in dem Sterbemonat, die aufgrund dieser Tatsache eintreten, unberücksichtigt; die Bewilligung bleibt für diesen Monat in vollem

Umfang bestehen. Wurden weitere Leistungen nach dem Tod erbracht, können diese zurückgefordert werden (§ 40 Abs. 5 SGB II).

Wurden Leistungen rechtswidrig in höherem Umfang erbracht und wurde der entsprechende Bewilligungsbescheid wirksam aufgehoben, so sind nach § 50 SGB X die **Leistungen** zu **erstatten**. § 40 Abs. 6 trifft eine Regelung für den Fall, dass statt Geldleistungen Gutscheine erbracht wurden; diese sind dann als Geldleistung zu erstatten, wenn der Gutschein nicht mehr vorhanden ist. Anderenfalls kann er zurückgegeben werden.

Mit Inkrafttreten des Bürgergeld-Gesetzes[389] wird ein Verwaltungsakt nicht mehr aufgehoben, wenn die Erstattungsforderungen nach § 50 SGB X für die gesamte Bedarfsgemeinschaft weniger als 50 EUR betragen (§ 40 Abs. 1 Satz 3 SGB II).

1.3 Andere Sozialleistungen

Das **Verwaltungsverfahren für weitere Sozialleistungen** unterfällt dem SGB I und dem SGB X (→ Kap. 1.2). Hinsichtlich Antragserfordernis und Zuständigkeit lässt sich folgendes im Überblick darstellen:

Sozialleistung	Antrag	Zuständigkeit	Weitere Voraussetzungen
Leistungen der Sozialhilfe nach dem SGB XII			
Hilfe zum Lebensunterhalt (SGB XII) – §§ 19 Abs. 1, 27 ff. SGB XII	nein (§ 18 SGB XII)	Sozialhilfeträger	Hilfebedürftigkeit, nachrangig gegenüber Bürgergeld und Grundsicherung im Alter und bei Erwerbsminderung
Grundsicherung im Alter und bei Erwerbsminderung – §§ 19 Abs. 2, 41 ff SGB XII	ja (§ 44 SGB XII) – formlos	durch die Länder bestimmte Leistungsträger (§ 46b SGB XII), i.d.R. örtlicher Träger der Sozialhilfe	Hilfebedürftigkeit
Hilfen zur Gesundheit, Hilfe zur Pflege, Hilfe zur Überwindung besonderer sozialer Schwierigkeiten und Hilfen in anderen Lebenslagen – § 19 Abs. 3 i.V.m. Kapitel 5 bis 9 SGB XII	nein (§ 18 SGB XII)	Sozialhilfeträger	Hilfebedürftigkeit und weitere Voraussetzungen

---

[389] Bürgergeld-Gesetz vom 16.12.2022, BGBl. I 2328.

Sozialleistung	Antrag	Zuständigkeit	Weitere Voraussetzungen
Krankenversicherung (Gesetzliche Krankenversicherung nach dem SGB V)			
Leistungen der Krankenversicherung nach dem Dritten Kapitel des SGB V	ja (§ 19 Satz 1 SGB IV) – i.d.R. durch Vorlage der Versichertenkasse, sonst formlos	Orts-, Betriebs- und Innungskrankenkassen, Ersatzkassen u.a. (§ 21 Abs. 2 SGB I)	Versicherung – Pflichtversicherung (§ 5 SGB V), freiwillige Versicherung (§ 9 SGB V) oder Familienversicherung (§ 10 SGB V)
Pflegeversicherung (Soziale Pflegeversicherung oder private Pflegepflichtversicherung nach dem SGB XI)			
Leistungen der Pflegeversicherung nach den §§ 28, 28a SGB XI	ja (§ 19 Satz 1 SGB IV, § 33 Abs. 1 Satz 1 SGB XI) – formlos	Pflegekassen und private Pflegepflichtversicherungsunternehmen	Versicherung – Pflichtversicherung (§§ 20, 21, 23, 24 SGB XI), Familienversicherung (§ 25 SGB XI), Weiterversicherung oder freiwilliger Beitritt zur Versicherung (§§ 26, 26a SGB XI)
Ausbildungsbeihilfen			
BAföG	ja (§ 46 BAföG) – schriftlich	Ämter für Ausbildungsförderung	förderungsfähige Ausbildung (§§ 2-7 BAföG)
			Erfüllung der persönlichen Voraussetzungen (§§ 8-10 BAföG)
			kein anrechenbares Einkommen und Vermögen (§§ 11 Abs. 2, 21-30 BAföG)
Berufsausbildungsbeihilfe nach dem SGB III	ja (§ 19 Satz 1 SGB IV) – formlos	Bundesagentur für Arbeit	Ausbildung (§§ 56f. SGB III)
			Zugehörigkeit zum förderungsfähigen Personenkreis (§ 60 SGB III)
Familienleistungen			
Kindergeld nach dem EStG oder dem BKGG	ja (§ 9 Abs. 1 Satz 1 BKGG, § 67 EStG) – schriftlich	Familienkassen der Bundesagentur für Arbeit	Anspruchsberechtigung (§ 1 BKGG bzw. § 62 EStG)
Kinderzuschlag nach § 6a BKGG	ja (§ 9 Abs. 1 Satz 1 BKGG) – schriftlich	Familienkassen der Bundesagentur für Arbeit	Anspruchsberechtigung (§ 6a BKGG)

Sozialleistung	Antrag	Zuständigkeit	Weitere Voraussetzungen
Elterngeld	ja (§ 7 BEEG) – schriftlich	durch Landesrecht bestimmte Elterngeldstelle	Anspruchsberechtigung (§ 1 BEEG)
Unterhaltsvorschuss	ja (§ 9 Abs. 1 UhVorschG) – schriftlich	durch Landesregierung bestimmte Unterhaltsvorschussstellen, i.d.R. Jugendämter	Anspruchsberechtigung (§ 1 UhVorschG)
Wohngeld	ja (§ 22 WoGG) – formlos	durch Landesrecht bestimmte Wohngeldstelle (§ 24 WoGG)	Anspruchsberechtigung (§ 3 WoGG)

1.4 Wenn die Behörde nicht entscheidet

Es kommt immer wieder vor, dass trotz Antrag oder trotz Kenntnis der leistungsbegründenden Umstände und trotz bestehender Dringlichkeit die Leistungsträger nicht entscheiden. Leistungsberechtigte haben dann verschiedene Optionen, die allerdings teilweise nur wenig effektiv sind.

Telefonische Ablehnung eines Antrags

In der Praxis kommt es bisweilen vor, dass Sozialleistungsträger telefonisch ablehnen. In diesem Fall sollten die Antragsteller*innen eine schriftliche oder elektronische Begründung des Verwaltungsaktes verlangen, damit eine gründliche Prüfung der Rechtmäßigkeit der Ablehnung erfolgen kann.

1.4.1 Vorschusszahlung und Kostenerstattung

Besteht Anspruch auf eine Geldleistung, haben Antragsteller*innen die Möglichkeit, einen *Vorschuss* nach § 42 SGB I zu beantragen (zur Besonderheit des SGB II für eine vorläufige Entscheidung → Kap. 1.2.1). Der Anspruch muss dabei dem Grunde nach bestehen, lediglich über die Höhe sind noch weitere, länger andauernde Feststellungen zu treffen. Die Höhe der Vorschüsse liegt im pflichtgemäßen Ermessen der Leistungsträger. Diese sind verpflichtet, einen Vorschuss zu zahlen, wenn Berechtigte einen Antrag gestellt haben. In diesen Fällen beginnt die Vorschusszahlung spätestens nach Ablauf des Kalendermonats nach Eingang des Antrags. Die Vorschüsse werden auf die zustehenden Leistungen angerechnet und müssen – sofern sie den Leistungsanspruch übersteigen – auch zurückgezahlt werden.

Im Krankenversicherungsrecht (§ 13 Abs. 3 SGB V) und im Recht für Menschen mit Behinderungen (§ 18 SGB IX) können Leistungsberechtigte unter den dort genannten Voraussetzungen sich die Leistungen selbst beschaffen und dann die *Kosten* von den zuständigen Leistungsträgern **erstattet** bekommen.

1.4.2 Untätigkeitsklage

Eine Untätigkeitsklage kann beim zuständigen Gericht dann eingereicht werden, wenn ein Antrag nach sechs Monaten oder ein Widerspruch nach drei Monaten nicht beschieden wurde (§ 88 SGG, § 75 VwGO) und es hierfür keinen zureichenden Grund gibt. Zureichende Gründe sind z.B. programmtechnischen Schwierigkeiten bei der Berechnung von Leistungen oder das Nichtausfüllen von Antragsformularen durch die Antragsteller*innen oder ausstehende medizinische Gutachten. Nicht ausreichende Gründe sind allgemeiner Personalmangel oder eine unzureichende, auch finanzielle Ausstattung. Auch das Abwarten eines Musterprozesses ist kein ausreichender Grund.

Problematisch bei Einreichung einer Untätigkeitsklage ist allerdings, dass das Gericht in diesen Fällen die Akten aus der Verwaltung anfordert und dies letztlich weitere Verzögerungen bei der Bearbeitung mit sich bringt.

1.4.3 Dienstaufsichtsbeschwerde

Besteht der begründete Verdacht, dass die Verzögerung der Entscheidung auf einem persönlichen Fehlverhalten der*des Sachbearbeiterin*Sachbearbeiters beruht, kann eine Dienstaufsichtsbeschwerde bei der*dem jeweiligen Vorgesetzten eingereicht werden.

2. Rechtschutzverfahren

Wird ein Antrag von einem Leistungsträger abgelehnt oder wird dem Antrag nicht im beantragten Umfang stattgegeben oder statt der begehrten Leistung etwas anderes bewilligt, obwohl dies nicht der Zielrichtung des Antrags entspricht oder wird eine bereits bewilligte Leistung wieder entzogen, besteht die Möglichkeit, gegen diese Entscheidung vorzugehen. Menschen, die sich von der öffentlichen Gewalt in ihren Rechten verletzt fühlen, haben ein *Grundrecht auf effektiven Rechtsschutz* (Art. 19 Abs. 4 GG).

Das Rechtsschutzverfahren gegen Entscheidungen von Sozialleistungsträgern lässt sich im Überblick wie folgt darstellen:

Abbildung 33

Widerspruch und Klagen sind *formelle Rechtsbehelfe*, in denen unabhängig eine konkrete Angelegenheit überprüft wird. Sie sind an bestimmte Formen und Fristen gebunden, die sich im Sozialleistungsrecht i.d.R. aus dem Sozialgerichtsgesetz (SGG), bei manchen rechtlichen Angelegenheiten auch aus der Verwaltungsgerichtsordnung (VwGO) ergeben. Diese Rechtsbehelfe führen eine rechtlich verbindliche Entscheidung herbei.

2.1 Widerspruchsverfahren

Bevor eine Klage beim Sozial- oder Verwaltungsgericht gegen eine Entscheidung einer Behörde oder eines Leistungsträgers eingelegt werden kann, muss in der Regel ein Widerspruchsverfahren durchgeführt werden. Dieses Verfahren gibt der Verwaltung noch einmal Gelegenheit, einerseits unter Berücksichtigung der Argumentation der*des Widerspruchsführerin*Widerspruchsführers ihre Entscheidung auf *Recht- und Zweckmäßigkeit* hin zu überprüfen und entlastet andererseits auf diese Weise die Gerichte. Das Widerspruchsverfahren ist Prozessvoraussetzung für Klagen, die auf die Aufhebung eines belastenden Verwaltungsaktes (z.B. Entzug einer Leistung oder Gewährung einer nur eingeschränkten Leistung) oder auf die Verpflichtung zum Erlass eines begünstigenden Verwaltungsaktes (z.B. Bewilligung von Leistungen zur Sicherung des Lebensunterhalts) gerichtet sind. Die Einzelheiten sind in den §§ 78, 83, 84 SGG bzw. in den §§ 68-70 VwGO geregelt, die festlegen:

- wann ein Widerspruchsverfahren (= Vorverfahren) durchgeführt werden muss,
- wann das Vorverfahren beginnt und
- in welcher Form und innerhalb welcher Frist der Widerspruch eingelegt werden muss.

Wie ein Widerspruch erledigt wird, regelt § 85 SGG bzw. § 73 VwGO: wird dem Widerspruch (teilweise) stattgegeben, ergeht ein (teilweiser) *Abhilfebescheid*; wird er zurückgewiesen, wird ein *Widerspruchsbescheid* erlassen.

Widerspruch und Anfechtungsklage haben i.d.R. *aufschiebende Wirkung*, d.h. solange das Widerspruchs- und Klageverfahren läuft, ist der angegriffene Verwaltungsakt nicht wirksam und kann nicht vollstreckt werden (§ 86a Abs. 1 SGG, § 80 VwGO). Ausnahmen von dieser Regel finden sich in § 86a Abs. 2 SGG und § 80 Abs. 2 VwGO.

> **Fehlende aufschiebende Wirkung und Rechtsmittel**
>
> Für die Praxis ist es wichtig zu wissen, wann ein Widerspruch oder eine Klage keine aufschiebende Wirkung entfalten und der belastende Verwaltungsakt somit sofort wirksam ist. Droht den Betroffenen nämlich eine besondere Notlage oder ein nicht wieder rückgängig zu machender Nachteil, muss einstweiliger Rechtsschutz beim Sozial- oder Verwaltungsgericht nachgesucht werden.

Von großer Bedeutung sind *Form und Frist* des Widerspruchs. Er muss *schriftlich* (E-Mail oder Telefonanruf genügen nicht) eingelegt werden; erforderlich ist die Unterschrift der- oder desjenigen, die oder der gegen den belastenden Verwaltungsakt – i.d.R. die*der Adressat*in – vorgehen will. Es besteht auch die Möglichkeit, den Widerspruch *zur Niederschrift* bei der den Verwaltungsakt erlassenden Behörde einzulegen. Die*der Betroffene geht dann zur Behörde und lässt den Widerspruch von einer*einem Sachbearbeiter*in aufnehmen.

Eine besondere Begründung ist grundsätzlich nicht erforderlich, weil die Behörde auch im Widerspruchsverfahren verpflichtet ist, von Amts wegen zu ermitteln. Allerdings ist es ratsam darzulegen, warum man der Ansicht ist, dass die Entscheidung der Behörde rechtswidrig war. Anderenfalls fällt die Entscheidung über den Widerspruch auf der gleichen Ausgangsbasis wie der ursprüngliche Bescheid.

> **Rechtsbehelfsbelehrung**
>
> Unter einem Bescheid findet sich i.d.R. eine sog. Rechtsbehelfsbelehrung. Diese gibt Auskunft darüber, welcher Rechtsbehelf wo und in welcher Frist eingelegt werden kann.
> Ist die Rechtsbehelfsbelehrung unterblieben oder unrichtig erteilt, gilt für die Klage eine Jahresfrist (vgl. § 66 Abs. 2 SGG, § 58 Abs. 2 VwGO).

Ein Widerspruch muss *innerhalb eines Monats* nach Bekanntgabe des Ausgangsbescheids eingelegt werden. Die *Bekanntgabe* eines Verwaltungsaktes ist in § 37 SGB X bzw. § 41 VwVfG geregelt – sie liegt dann vor, wenn die*derjenige, für die*den er bestimmt ist oder die*der von ihm betroffen wird, Kenntnis davon nehmen kann. Ist ein*e Bevollmächtigte*r bestellt, so kann die Bekanntgabe ihr*ihm gegenüber vorgenommen werden. Da die Mehrzahl der Bescheide per Post versandt wird, findet sich in § 37 Abs. 2 SGB X bzw. § 41 Abs. 2 VwVfG eine sog. Bekanntgabefiktion. So gilt ein per Post aufgegebener Bescheid am dritten Tag nach Aufgabe als bekannt gegeben; ist der Bescheid tatsächlich erst später angekommen, muss die*der Betroffene die verspätete Bekanntgabe nachweisen. Da es sich um eine „Bekanntgabefiktion" handelt, spielt es keine Rolle, wenn diese auf das Wochenende oder einen Feiertag fällt. Ein Verwaltungsakt kann also auch an einem Sonntag als bekannt gegeben angenommen werden.

> **Beispiel**
>
> Auf einem Bescheid findet sich i.d.R. ein Datum. Dieses gilt als der Tag, an dem der Bescheid zur Post gegeben wurde. Ein Bescheid vom 20.2.2024 gilt drei Tage später – d.h. am 23.2.2024 – als bekannt gegeben.

Am Tag nach der Bekanntgabe beginnt die Monatsfrist zu laufen. Der Monat wird mit gesetzlich 30 Tagen angenommen, auch wenn er aus 31 oder 28 Tagen besteht. Nach Ablauf der 30 Tage endet die Frist um 24 Uhr.

> **Beispiel**
>
> Gegen den og. Bescheid beginnt die Frist am 24.2.2024 zu laufen. Sie endet nach 30 Tagen und damit am 23.3.2024 um 24 Uhr. Da dies ein Samstag ist, endet die Frist am 25.3.2024 um 24 Uhr.

Fällt das Ende der Frist auf einen Samstag, Sonntag oder Feiertag, endet die Frist am darauffolgenden Werktag um 24 Uhr.

> **Einlegen eines Widerspruchs**
>
> Es ist für das Einlegen eines Widerspruchs nicht erforderlich, dass die genaue juristische Formulierung verwendet wird. Es genügt, wenn die*derjenige, die bzw. der den Widerspruch einlegen will, deutlich macht, dass sie*er mit dem Bescheid nicht einverstanden ist. Zudem ist es ausreichend, innerhalb der Frist den Widerspruch ggf. sehr kurz einzulegen und die Begründung später nachzureichen. Das lässt den Betroffenen dann ausreichend Zeit, die Begründung ggf. mit Fachleuten zu beraten. Der Widerspruch hindert die Bestandskraft des Verwaltungsaktes; wird die Frist versäumt, wird der Verwaltungsakt bestandskräftig und kann – auch wenn er rechtswidrig ist – vollzogen werden.

Um einen Widerspruch fristwahrend einzulegen, genügt eine kurze Formulierung:

Beispiel:
Maxi Musterfrau Musterstraße 1 12345 Musterstadt Jobcenter Musterstadt Musterstraße 10 12345 Musterstadt Musterstadt, den 20.3.2024 **Widerspruch gegen den Bescheid vom 19.2.2024 – Az. 1234567/M** Sehr geehrte Damen und Herren, gegen den og. Bescheid lege ich Widerspruch ein. Die Einlegung dieses Widerspruchs erfolgt zur Wahrung der Frist. Die Begründung folgt. Mit freundlichen Grüßen Maxi Musterfrau

Eine Besonderheit gilt für das steuerrechtliche Kindergeld nach § 62 EStG. Hier muss ein *Einspruch* eingelegt werden, wenn der Verwaltungsakt angegriffen werden soll, jemand sich gegen den Nichterlass eines Verwaltungsaktes wendet oder der Verwaltungsakt aufgehoben, geändert, zurückgenommen oder widerrufen wird. Über den Einspruch entscheidet die Familienkasse durch Einspruchsentscheidung; Form und Frist entsprechen dem Widerspruch (§§ 355 Abs. 1 Satz 1, 357 Abs. 1 Abgabenordnung).

2.2 Gerichtsverfahren

Haben Leistungsberechtigte mit ihrem Widerspruch keinen Erfolg und wird der Widerspruch mit Widerspruchsbescheid ganz oder teilweise abgewiesen, können sie *Klage beim Sozialgericht oder beim Verwaltungsgericht* einreichen. Die Zuständigkeit des Sozialgerichtes ergibt sich aus § 51 SGG; ist das Sozialgericht nicht zuständig, muss die Klage gegen die Entscheidung einer Behörde beim Verwaltungsgericht eingelegt werden. Eine Besonderheit gilt auch hier für das *steuerrechtliche Kindergeld* (§ 62 EStG); Streitigkeiten diesbezüglich sind den Finanzgerichten zugewiesen (§ 33 Abs. 1 Nr. 1 Finanzgerichtsordnung – FGO).

Bezüglich der oben dargelegten Sozialleistungen sind die Gerichte wie folgt zuständig:

Sozialgerichte	Verwaltungsgerichte
Asylbewerberleistungsgesetz (§ 51 Abs. 1 Nr. 6a SGG)	Angelegenheiten der Kinder- und Jugendhilfe nach dem SGB VIII
alle Leistungen der Sozialhilfeträger nach dem SGB XII (§ 51 Abs. 1 Nr. 6a SGG)	Streitigkeiten über den Unterhaltsvorschuss
Grundsicherung für Arbeitsuchende nach dem SGB II (§ 51 Abs. 1 Nr. 4a SGG)	Angelegenheiten des BAföG (§ 54 BAföG)

Sozialgerichte	Verwaltungsgerichte
Leistungen der Bundesagentur für Arbeit nach dem Recht der Arbeitsförderung nach dem SGB III (§ 51 Abs. 1 Nr. 4 SGG)	Angelegenheiten in Bezug auf das Wohngeldgesetz
Leistungen der gesetzlichen Krankenversicherung, der sozialen Pflegeversicherung und der privaten Pflegepflichtversicherung (§ 51 Abs. 1 Nr. 2 SGG)	
Streitigkeiten über das sozialrechtliche Kindergeld nach § 1 BKGG und den Kinderzuschlag nach § 6a BKGG (§ 15 BKGG)	
Streitigkeiten über das Betreuungsgeld (§ 13 Abs. 1 BEEG)	

Eine Klage vor den Sozial- bzw. den Verwaltungsgerichten ist *innerhalb eines Monats* nach Bekanntgabe des Widerspruchsbescheids beim zuständigen Gericht *schriftlich oder zur Niederschrift* zu erheben (§§ 87, 90 SGG und §§ 74, 81 VwGO). Im sozialgerichtlichen Verfahren ist nach § 91 SGG die Frist auch gewahrt, wenn die Klageschrift statt beim zuständigen Gericht bei einer anderen inländischen Behörde oder bei einem Versicherungsträger eingeht; diese sind verpflichtet, die Klage unverzüglich an das zuständige Gericht weiterzuleiten. Wollen Betroffene die Klageschrift nicht selbst verfassen, obwohl es hierfür nur eines einfachen Antrags bedarf, können sie die Klage auch beim Urkundsbeamten der Geschäftsstelle zur Niederschrift einlegen. Die Sozial- und Verwaltungsgerichte haben hierfür sog. *Rechtsantragsstellen* eingerichtet, in denen Rechtspflegerinnen und Rechtspfleger den Klageantrag aufnehmen. Klägerinnen und Kläger sollten dafür die entsprechenden Bescheide, gegen die vorgegangen werden soll, mitbringen.

Prozessfähigkeit Minderjähriger

Da bereits 15-Jährige im Sozialrecht handlungsfähig sind (§ 36 SGB I), können auch sie bereits Klage einreichen.

Voraussetzung für einen Klageantrag ist die sog. *Beschwer*. Sie ist in § 54 Abs. 1 Satz 2 SGG, § 42 Abs. 2 VwGO geregelt und besagt, dass eine Klage nur zulässig ist, wenn die*der Kläger*in behauptet, durch den Verwaltungsakt oder durch die Ablehnung ihres*seines Antrags oder durch Unterlassung eines Verwaltungsaktes in ihren*seinen eigenen Rechten verletzt zu sein. Eine Klage kann nicht für jemand anderen erhoben werden, es sei denn, man ist die gesetzliche Vertretung oder durch Vollmacht dazu ermächtigt.

Es gibt bei den Sozial- und Verwaltungsgerichten verschiedene *Klagetypen*. Dies sind:

- Gestaltungsklagen,
- Leistungsklagen und
- Feststellungsklagen.

Sie unterscheiden sich ihrerseits in verschiedene *Klagearten* (§§ 54, 55 SGG; §§ 42, 43 VwGO).

Soll mit der Klage ein belastender Verwaltungsakt ganz oder teilweise aufgehoben werden, ist die richtige Art eine Anfechtungsklage. Die *Anfechtungsklage* ist eine Gestaltungsklage, weil das Gericht mit dem Urteil unmittelbar die Rechtslage gestalten kann.

Beispiel Anfechtungsklage

H erhält Leistungen nach dem AsylbLG. Nachdem seine Ausreisepflicht vollziehbar feststeht und der Ausreisetermin verstrichen ist, wird der ursprüngliche Bewilligungsbescheid aufgehoben und er erhält mit neuem Bescheid nur noch Leistungen zur Deckung seines Bedarfs an Ernährung und Unterkunft einschließlich Heizung sowie Körper- und Gesundheitspflege (§ 1a Abs. 1 AsylbLG). H hat aber das Verstreichen des Ausreisetermins nicht zu vertreten, weil er im Krankenhaus gelegen hat. Gegen den Aufhebungsbescheid kann er nach durchgeführtem Widerspruchsverfahren Anfechtungsklage erheben; der ursprüngliche Bescheid „lebt" dann wieder „auf".
Der Klageantrag lautete:
„Ich erhebe Klage und beantrage, den Bescheid des Beklagten (*hier Sozialhilfeträger*) vom *(Datum)* ...., Az. .... (*Aufhebungsbescheid*) in Gestalt des Widerspruchsbescheids vom ..., Az. ... aufzuheben."

Begehrt die*der Kläger*in vom Leistungsträger oder einer Behörde ein bestimmtes Tun oder Unterlassen, kommt eine Leistungsklage in Betracht. Am häufigsten findet sich hier die Verpflichtungsklage, die auf den Erlass eines begünstigenden Verwaltungsaktes gerichtet ist. Häufig wird die *Verpflichtungsklage* mit einer Anfechtungsklage kombiniert. Auf diese Weise wird der eine bestimmte Leistung ablehnende Bescheid angegriffen und gleichzeitig der Erlass eines neuen Bescheides angestrebt.

Beispiel Kombinierte Anfechtungs- und Verpflichtungsklage

F leidet nach ihren Fluchterfahrungen unter einer posttraumatischen Belastungsstörung und begehrt psychotherapeutische Leistungen nach § 6 AsylbLG. Der Sozialleistungsträger teilt ihr mit, dass die Kosten nur bei akuten Erkrankungen und Schmerzzuständen übernommen werden können. Nach Ablehnung ihres Begehrens im Widerspruchsverfahren, kann sie Klage vor dem Sozialgericht erheben. Der Antrag lautet:
„Ich erhebe Klage und beantrage:
1. den Bescheid des Beklagten vom *(Datum)* ..., Az ..., (*Ablehnungsbescheid*) in Gestalt des Widerspruchsbescheids vom ..., Az. ... aufzuheben und
2. den Beklagten zu verpflichten, für die Klägerin die Kosten für eine Psychotherapie als für die Gesundheit unerlässliche Leistungen zu übernehmen.

Handelt es sich bei dem begehrten Verwaltungsakt um einen, bei dessen Erlass der Leistungsträger Ermessen auszuüben hat, kann das Gericht den Leistungsträger i.d.R. nicht zum Erlass eines konkreten Verwaltungsaktes verurteilen (Ausnahme: es gibt keine andere richtige Entscheidung als die begehrte – sog. *Ermessensreduktion* auf Null), sondern wird, wenn es der Argumentation der*des Klägerin*Klägers folgt, eine Entscheidung auf Neuprüfung und Neubescheidung des Antrags treffen. Hierbei gibt es allerdings Hinweise für eine rechtmäßige Entscheidung („unter Rechtsauffassung des Gerichts").

Gegen Urteile des Sozialgerichts findet gem. § 143 SGG die *Berufung* an das Landessozialgericht (LSG) statt, sofern die Berufung nach § 144 Abs. 1 Satz 1 SGG nicht unzulässig ist. Gegen Urteile der Verwaltungsgerichte richtet sich die Berufung an die Oberverwaltungsgerichte (OVG) bzw. die Verwaltungsgerichtshöfe (VGH); sie muss gesondert zugelassen werden (§ 124 VwGO).

Gegen Urteile eines Landessozialgerichts ist die *Revision* an das Bundessozialgericht (BSG) zulässiges Rechtsmittel. Die Überprüfung beschränkt sich hier darauf, ob die Vorinstanzen das Recht richtig angewendet haben. Tatsachen werden beim BSG nicht mehr überprüft. Das gleiche gilt für Revisionen gegen Urteile eines OVG oder eines VGH, die an das Bundesverwaltungsgericht gerichtet werden. Revisionen müssen ausdrücklich im Urteil des LSG oder des OVG bzw. VGH zugelassen werden (§ 160 Abs. 2 SGG, § 132 VwGO).

> **Kosten des Gerichtsverfahrens im Sozialleistungsrecht**
>
> Das sozialgerichtliche Verfahren ist für Leistungsberechtigte grundsätzlich kostenfrei (§ 183 SGG), d.h. es fallen in keiner Instanz Gerichtsgebühren an. Das Gleiche gilt, wenn ein sozialrechtlicher Streitfall vor den Verwaltungsgerichten verhandelt wird (§ 188 VwGO). Vor den Sozialgerichten und den Landessozialgerichten und beim Verwaltungsgericht benötigt man auch keine rechtsanwaltliche Vertretung. Ein*e Anwält*in wird dann erst beim BSG bzw. beim OVG (VGH) und beim BVerwG benötigt. Haben Leistungsberechtigte kein ausreichendes Einkommen, können sie Prozesskostenhilfe beim zuständigen Gericht beantragen.

2.3 Einstweiliger Rechtsschutz

Die Gewährung effektiven Rechtsschutzes nach Art. 19 Abs. 4 GG bedeutet auch, dass Rechtsschutz zeitnah erfolgen muss, v.a. dann, wenn ohne diesen die Rechte der Betroffenen so erheblich verletzt werden können, dass dies durch das Hauptsacheverfahren nicht mehr beseitigt werden kann. Da Sozialleistungen für die Menschen häufig existenznotwendig sind, gibt es in diesem Bereich oft Verfahren im einstweiligen Rechtsschutz. In diesen Verfahren findet i.d.R. nur eine *summarische Prüfung der Angelegenheit* statt, da umfassende Ermittlungen aufgrund der Zeitnot kaum möglich sind.

Einstweiliger Rechtsschutz kommt immer dann in Betracht, wenn die Sache *eilbedürftig* ist und das Hauptsacheverfahren nicht abgewartet werden kann. Er wird beim Gericht der Hauptsache beantragt – ist das Sozialgericht im Hauptsacheverfahren zuständig, wird dort auch der einstweilige Rechtsschutz beantragt, ist es das Verwaltungsgericht, dann dort. Die Verfahren selbst sind bei beiden Gerichten vergleichbar.

Welche *Form des einstweiligen Rechtsschutzes* in Betracht kommt, richtet sich nach dem Ziel der Betroffenen. Möchte jemand gegen einen Verwaltungsakt vorgehen, der ihm Pflichten auferlegt und der sofort vollzogen werden kann, ist der

Antrag auf Anordnung der aufschiebenden Wirkung möglich. Ein Verwaltungsakt ist sofort vollziehbar, wenn Widerspruch und Anfechtungsklage keine aufschiebende Wirkung haben (→ Kap. 2.1). Dies liegt in den Fällen des § 86a Abs. 2 SGG und des § 80 Abs. 2 VwGO vor. Wird ein Bescheid von einer dieser Vorschriften erfasst (oder ordnet die Behörde selbst die sofortige Vollziehbarkeit des Bescheids an), muss man zwar ebenfalls Widerspruch und ggf. Klage dagegen einreichen, um ihn nicht bestandskräftig werden zu lassen. Ein **sofortiger Vollzug** wird allerdings dadurch nicht ausgeschlossen. Um diesen zu verhindern, ist der entsprechende Antrag notwendig.

> **Beispiele für die sofortige Vollziehbarkeit von Verwaltungsakten**
>
> Das Gesetz kennt einige Vorschriften, die eine sofortige Vollziehbarkeit eines Verwaltungsaktes anordnen bzw. die festlegen, dass Widerspruch und Anfechtungsklage keine aufschiebende Wirkung haben. Dazu gehören u.a.
>
> 1. § 39 SGB II: Aufhebung, Rücknahme, Widerruf, Entzug bei Pflichtverletzungen und Minderung des Auszahlungsanspruchs im Bereich der Leistungen der Grundsicherung für Arbeitssuchende,
> 2. § 11 Abs. 4 AsylbLG: ganz oder teilweiser Entzug oder Aufhebung einer Leistungsbewilligung von Leistungen nach dem AsylbLG sowie Feststellung einer Anspruchseinschränkung nach § 1a oder § 11 Abs. 2a AsylbLG
> 3. § 13 Abs. 2 BEEG: Streitigkeiten bei Entzug oder Versagung des Elterngeldes

Soll dagegen die Behörde oder der Leistungsträger zu einer bestimmten Maßnahme, die sie oder er zuvor abgelehnt hat oder bei der er bereits im Vorfeld seine Absicht zur Ablehnung deutlich gemacht hat, verpflichtet werden, ist ein *Antrag auf einstweilige Anordnung* möglich. Dieser Antrag ist u.U. auch schon vor Erlass des Verwaltungsaktes möglich.

Bei der Prüfung, welcher Antrag im einstweiligen Rechtsschutz gestellt werden muss, stellen sich folgende Fragen:

- Wollen Betroffene, dass alles bleibt, wie es vor Erlass des belastenden Verwaltungsaktes war und den *status quo* beibehalten – dann muss Widerspruch eingelegt werden und wenn dieser keine aufschiebende Wirkung entfaltet, ein Antrag auf Anordnung der aufschiebenden Wirkung gestellt werden.
- Wollen Betroffene, dass eine Leistung gewährt wird, die vorher abgelehnt wurde oder deren Ablehnung bereits eindeutig signalisiert wurde oder entscheidet die Behörde trotz großer Eilbedürftigkeit nicht, d.h. wollen sie eine Veränderung der bisherigen Situation, dann ist ein Antrag auf einstweilige Anordnung die richtige Antragsart.

Beiden Verfahren gemeinsam ist, dass eine gewisse *Dringlichkeit* bestehen muss – ist den Betroffenen ein Abwarten der Hauptsache zumutbar oder droht keine akute Verletzung ihrer Rechte bzw. können sie dies hinnehmen, wird das Gericht den einstweiligen Rechtsschutz ablehnen und auf das Hauptsacheverfahren verweisen.

2. Rechtschutzverfahren

Im Überblick lassen sich beide Verfahren wie folgt darstellen:

Form des einstweiligen Rechtsschutzes	Antrag auf Anordnung der aufschiebenden Wirkung	Antrag auf einstweilige Anordnung
Rechtsgrundlage	§ 86b Abs. 1 Nr. 2 SGG, § 80 Abs. 5 VwGO	§ 86b Abs. 2 SGG, § 123 VwGO
Ziel	Aussetzung des Vollzugs eines sofort vollziehbaren Verwaltungsaktes Wiederherstellung der aufschiebenden Wirkung von Widerspruch und Anfechtungsklage, Beibehaltung des status quo	Vorläufige Gewährung einer abgelehnten Leistung
Voraussetzungen	sofort vollziehbarer Verwaltungsakt Widerspruch oder Anfechtungsklage wurden bereits eingelegt Eilbedürftigkeit	abgelehnte Leistung oder eindeutiges Signal des Leistungsträgers, die Leistung abzulehnen Vorliegen eines Anordnungsanspruchs (Anspruch auf die begehrte Leistung) Vorliegen eines Anordnungsgrundes, da ein wesentlicher Nachteil droht und Warten bis zur Hauptsacheentscheidung nicht zumutbar ist Antrag ist gegenüber anderen Rechtsschutzformen nachrangig
Prüfung des Gerichts	Abwägung zwischen dem öffentlichen Interesse an der sofortigen Vollziehung und dem Interesse des Betroffenen, die Vollziehung auszusetzen, dabei summarische Prüfung der Erfolgsaussichten des Rechtsmittels in der Hauptsache	Summarische Prüfung des Anspruchs auf die Leistung und des Anordnungsgrundes, Folgenabwägung zwischen den (grundrechtlich geschützten) Belangen des Leistungsberechtigten und der Behörde – je schwerer die Belastungen des Betroffenen, die mit Versagung des einstweilgen Rechtsschutzes verbunden sind, umso eher ist er zu gewähren
(Muster-)Antrag	„Ich beantrage, den Antragsgegner im Wege des einstweiligen Rechtsschutzes zu verpflichten, die aufschiebende Wirkung des Widerspruchs des Antragstellers vom … gegen den Bescheid des Antragsgegners vom … (Az. …) anzuordnen."	„Ich beantrage, den Antragsgegner im Wege der einstweiligen Anordnung zu verpflichten, der Antragstellerin bis zur endgültigen Entscheidung in der Hauptsache Leistungen der Grundsicherung für Arbeitsuchende nach dem SGB II zu bewilligen."
Rechtsmittel gegen Beschluss	Beschwerde beim LSG (§ 172 Abs. 1 SGG) bzw. OVG (§ 146 VwGO)	

Literaturverzeichnis

BeckOnline Kommentar Sozialrecht, Herausgegeben von Christian Rolfs/Richard Giesen/Ralf Kreikebohm/Peter Udsching (BeckOK SozR/Bearbeiter)
BeckOK AuslR/Spitzlei AsylbLG
Beck'scher Online-Kommentar Migrations- und Integrationsrecht, herausgegeben von Decker, Andreas/ Bader, Johann/ Kothe, Peter, 18. Edition, München 2019 (BeckOK MigR/Bearbeiter*in Gesetz § Rn.)
Beck'scher Online-Kommentar Sozialrecht, herausgegeben von Rolfs, Christian/ Giesen Richard/ Meßling, Miriam/ Udsching, Peter, 72. Edition, München 2024 (BeckOK SozR/Bearbeiter*in Gesetz § Rn.)
Berlit, Uwe, Die Regelung von Ansprüchen ausländischer Personen in der Grundsicherung für Arbeitsuchende und in der Sozialhilfe, NDV 2017, 67-72
Bieritz-Harder, Renate, in Lehr- und Praxiskommentar SGB XII, herausgegeben von Renate Bieritz-Harder/Wolfgang Conradis/Stephan Thie, 10. Auflage 2015
Birk, Ulrich-Arthur, in Lehr- und Praxiskommentar SGB XII, herausgegeben von Renate Bieritz-Harder/Wolfgang Conradis/Stephan Thie, 12. Auflage 2020
Boetticher, Arne v., in Lehr- und Praxiskommentar SGB V, herausgegeben von Hänlein, Andreas/ Schuler, Rolf, 6. Auflage, Baden-Baden 2022
Cantzler, Constantin, Asylbewerberleistungsgesetz, Baden-Baden 2019
Deibel, Klaus, Leistungswechsel nach erfolgreichem Asylverfahren in ZFSH SGB 2016, 415-417
Der Paritätische Gesamtverband, Arbeitshilfe: Soziale Rechte für Geflüchtete – Das Asylbewerberleistungsgesetz, September 2019, https://www.der-paritaetische.de/fileadmin/user_upload/Publikationen/doc/auszug_asylbewerberleistungsgesetz_soziale-rechte-2019.pdf (22.4.2024)
Der Paritätische Gesamtverband, Arbeitshilfe: Ansprüche auf Leistungen der Existenzsicherung für Unionsbürger/-innen, Stand 4. September 2017
Der Paritätische Gesamtverband, Soziale Recht für Flüchtlinge, 3. Auflage 2020
Der Paritätische Gesamtverband, Schutzlos oder gleichgestellt, Der Zugang zum Gesundheitssystem für Unionsbürger und ihre Familienangehörigen, Oktober 2014, https://www.der-paritaetische.de/alle-meldungen/schutzlos-oder-gleichgestellt-der-zugang-zum-gesundheitssystem-fuer-unionsbuerger-und-ihre-familien/ (22.4.2024)
Derksen, Roland, Infobrief: Das Aufenthaltsrecht von Unionsbürgern aus anderen Mitgliedstaaten der Europäischen Union und ihr Zugang zu Grundsicherungsleistungen im Aufenthaltsstaat unter besonderer Berücksichtigung der Rechtslage in Deutschland, Deutscher Bundestag Az. PE 6 – 3010 – 096/14, Februar 2015
Deutscher Verein für öffentliche und private Fürsorge, Rechtlicher Rahmen zur Erwerbsintegration von Menschen ohne deutsche Staatsangehörigkeit – eine Handreichung des Deutschen Vereins, NDV 2016, S. 101-110
Diakonie, Sozialleistungen für Unionsbürgerinnen und -bürger in Deutschland, Handreichung zur Beratung Oktober 2011
Dietz, Andreas, Kriegsvertriebene aus der Ukraine. Die Anwendung der RL 2001/55/EG nach dem Beschluss 2022/382 des Rates vom 4.3.2022, NVwZ 2022, 505-512
Dinter, Katharina, Die medizinische Versorgung Geflüchteter aus rechtlicher Sicht, NZS 2021, 285-290
Eichenhofer, Eberhard, Gesundheitsleistungen für Flüchtlinge, ZAR 2013, 169-175
Eichenhofer, Eberhard, Zur Reform der EG-Verordnungen Nrn. 883/2004 und 987/2009, SRa 2022, 202-206
Fachliche Weisungen der BA, Fachliche Weisungen der Bundesagentur für Arbeit zum SGB II (https://harald-thome.de/informationen/sgb-ii-dienstanweisungen.html, 22.4.2024)

Literaturverzeichnis

Frings, Dorothee/Domke, Martina, Asylarbeit, Der Rechtsratgeber für die soziale Praxis, 2. Auflage, 2017

Geiger, Udo in LPK-SGB II, herausgegeben von Münder, Johannes/ Geiger, Udo/ Lenze, Anne, 8. Auflage, Baden-Baden 2023

Gesamtkommentar Sozialrechtsberatung, Herausgegeben von Frank Ehmann/Carsten Karmanski/Gabriele Kuhn-Zuber, 3. Auflage 2023 (Bearbeiter in GK SRB)

Greiner, Stefan/Kock, Maja-Carolin, Sozialleistungsansprüche für Unionsbürger im Spannungsfeld von Missbrauchsprävention und Arbeitnehmerfreizügigkeit, NZS 2017, 201-207

Grube, Christian/ Wahrendorf, Volker/Flint, Thomas (Hrsg.), SGB XII Kommentar, 8. Auflage, München 2024

Hammel, Manfred, Sicherstellung und Einsatz von Vermögen der gem. § 1 Abs. 1 AsylbLG leistungsberechtigten Personen entsprechen den §§ 7 und 7a AsylbLG, ZFSH SGB 2016, 171-177

Harbou, Frederik von, Der Zugang Asylsuchender und Geduldeter zu Erwerbstätigkeit und Bildung, NVwZ 2016, 421 ff.

Heinhold, Hubert, Recht für Flüchtlinge, Ein Leitfaden durch das Asyl- und Ausländerrecht für die Praxis, 7. Auflage 2015

Hofmann, Rainer M. Ausländerrecht, 3. Auflage, Nomos Baden-Baden 2023 (NK-AuslR/ Bearbeiter*in Gesetz § Rn.)

Hundt, Marion, Aufenthaltsrecht und Sozialleistungen für Geflüchtete, 2016

Hundt, Marion, Praxishandbuch Familie und Migrationsrecht, Reguvis Köln 2020

Janda, Constanze, Geflüchtete aus der Ukraine im System des Migrations(sozial)rechts – Legitime Differenzierung oder unzulässige Ungleichbehandlung?, ZAR 2023, 8-16

jurisPK-SGB XII mit AsylbLG, Herausgegeben von Rainer Schlegel/Thomas Voelzke (Bearbeiter in Schlegel/Voelzke, jurisPK-SGB XII)

Katzenstein, Henriette/Méndez de Vigo, Nerea Gonzáles/Meysen, Thoman, Das Gesetz zur Verbesserung der Unterbringung, Versorgung und Betreuung ausländischer Kinder und Jugendlicher, JAmt 2015, 530-537

Kepert, Jan, Das Gesetz zur Verbesserung der Unterbringung, Versorgung und Betreuung ausländischer Kinder und Jugendlicher – Führen die gesetzlichen Neuregelungen tatsächlich zu einer Verbesserung der Rechtsposition der Betroffenen? in ZKJ 2016, 12-15

Kötter, Ute, Ansprüche von BürgerInnen der Europäischen Union auf Leistungen der sozialen Grundsicherung nach dem SGB II zwischen Gleichbehandlungsanspruch und Demokratieprinzip, info also 2013, 243-252

Kötter, Ute, Die Entscheidung des EuGH in der Rechtssache Alimanovic – das Ende der europäischen Sozialbürgerschaft?, info also 2016, 3-8

Korte, Stephan/Thie, Stephan/Schoch, Dietrich, Lehr- und Praxiskommentar SGB II, herausgegeben von Johannes Münder, 6. Auflage 2017

Kuhn-Zuber, Gabriele , Unionsbürgerschaft und deutsche Sozialleistungen – Kein „Hartz IV" für EU-Ausländer? in Nolte/Poscher/Wolter, Die Verfassung als Aufgabe von Wissenschaft, Praxis und Öffentlichkeit, Freundesgabe für Bernhard Schlink zum 70. Geburtstag, S. 377-394

Mrozynski, Peter, SGB I. Allgemeiner Teil. Kommentar, 6. Auflage, München 2019 (Mrozynski SGB I § Rn.)

Schlegel, Rainer/Voelzke, Thomas (Hrsg.), juris Praxiskommentar-SGB XII

Schreiber, Frank, Die Bedeutung des Aufenthaltsrechts für die sozialrechtliche Gleichbehandlung von Unionsbürgerinnen und -bürgern, ZAR 2015, 46-52

Schwabe, Bernd-Günter, Zur Neuregelung des Bargeldbedarfs für Leistungsfälle nach § 3 AsylbLG ab 17.3.2016, ZfF 2016, 73-78

Schwabe, Bernd-Gunter, Hinweise zu den Änderungen des SGB II und des SGB XII ab 29.12.2016 zur Leistungsgewährung an ausländische Personen, ZfF 2017, 29-37

Seidl, Julian, Wohnsitzauflagen und Grundsicherung – Zur Verzahnung migrationsrechtlicher Wohnsitzauflagen mit leistungsrechtlichen Rechtsfolgen nach § 36 Abs. 2 SGB II und § 23 Abs. 5 SGB XII, info also 2023, 110-116

Thie, Stephan, in Lehr- und Praxiskommentar SGB XII, herausgegeben von Renate Bieritz-Harder/Wolfgang Conradis/Stephan Thie, 12. Auflage 2020

Tießler-Marenda, Elke, Sozialrechtliche Ansprüche von Ausländer/innen, SRa 2012, 11-14 und 41-50

Thym, Daniel, Sozialhilfe für erwerbsfähige Unionsbürger: Das Bundessozialgericht auf Umwegen, NZS 2016, 441-445

Turhan, Hülya, Gesundheitsversorgung von geflüchteten Menschen mit Behinderung, Rechtsdienst der Lebenshilfe 2016, 151-154

Voigt, Claudius, Asylbewerberleistungsgesetz: Feindliche Übernahme durch das Ausländerrecht, info also 2016, 99-107

Wahrendorf, Volker, Asylbewerberleistungsgesetz, Kommentar, 2017

Wahrendorf, Volker, in SGB XII Sozialhilfe mit Asylbewerberleistungsgesetz, herausgegeben von Christian Grube/Volker Wahrendorf/Thomas Flint, 8. Auflage 2024

Weiser, Barbara, Sozialleistungen für Menschen mit einer Behinderung im Kontext von Migration und Flucht, herausgegeben von passage gGmbH, abrufbar unter https://www.fluchtort-hamburg.de/fileadmin/user_upload/Expertise_Sozialleistungen_2016_web.pdf (22.4.2024)

Sachregister

Die Angaben verweisen auf die Seitenzahlen des Buches.

A
Abhilfebescheid 258
Abschiebehaft
- Existenzsichernde Leistungen 44, 75

Abschiebeschutz
- Gesundheitliche Gründe 158

Abschiebung 111
Abschiebungsverbot 30
Aktive Leistungen 117
Aktivierung und beruflichen Eingliederung 64
Akute Erkrankung 47
Altersgrenze
- Grundsicherung im Alter und bei Erwerbsminderung 91

Analogleistungen 71, 88
- Einkommen und Vermögen 100
- Einmalige Bedarfe 96
- Erstausstattungen 96
- Gemeinschaftsunterkünfte 89, 99
- Grundsicherung im Alter und bei Erwerbsminderung 91
- Hilfe zum Lebensunterhalt 92
- Kosten der Unterkunft 96
- Leistungen in besonderen Lebenslagen 98
- Leistungen zur Sicherung des Lebensunterhalts 90
- Medizinische Versorgung 98
- Mehrbedarfe 93
- Orthopädischen Schuhe 96
- Vermögen 101
- Zuständigkeit 97

Anerkannte Flüchtlinge 21, 28
- Ausbildungsbeihilfe 134
- Behinderung 138
- Eingliederungshilfe 138
- Elterngeld 133
- Kindergeld 131
- Kinderzuschlag 132
- Leistungen in besonderen Lebenslagen 137
- Menschen mit Behinderungen 135
- Schwerbehinderung 138
- Unterhaltsvorschuss 133
- Wohngeld 136
- Zugang zum Arbeitsmarkt 129

Anerkennung als Geflüchtete*r 29
Anfechtungsklage 262
Anhörung 26, 67, Siehe auch persönliche Anhörung
AnkER-Einrichtung 25
AnkER-Zentrum 22
Ankunftsnachweis 23, 35
- Nichtausstellung 37
- Zuständigkeit 35, 37

Ankunftszentrum 22, 25
Anlaufbescheinigung 34
Antrag
- Bescheid 27

Antragstellung 25
Arbeitnehmer 192
- Ausbildung 193
- Berufsausbildung 197

Arbeitsgelegenheiten
- Asylbewerber 79
- Folgen der Ablehnung 63
- Zumutbarkeit 62

Arbeitsmarktintegration Flüchtlingsintegration 57, 61
Arbeitsmarktrente 91
Arbeitsnehmer
- Haft 197
- Praktikum 193

Arbeitsunfähigkeit
- Asylsuchende 62

Asylantrag 34, 66
- Ablehnung 27
- Aufenthaltsgestattung 67
- Unbegleitete minderjähriger Geflüchtete 172

Asylberechtigte 21
Asylberechtigung 29
- Ausschluss 30

Asylbescheid 27, Siehe Bescheid
Asylbewerber
- Arbeitsgelegenheiten 79
- Ausbildung 81, 106
- Gesundheitskarte 77
- Menschen mit Behinderungen 81

271

Sachregister

- Mitwirkungspflichten 83
- Rechtmäßigen Aufenthalt 71
- Rechtmäßiger Aufenthalt 87
- Schulpflicht 102
- Schwangerschaftsabbruch 78
- Sekundärmigration 82
- Sichere Herkunftsstaaten 177
- Studium 106
- Unterbringung außerhalb von Aufnahmeeinrichtungen 73
- Verteilung auf Kommunen 72
- Zahnersatz 78
- Zugang zum Arbeitsmarkt 79, 108

Asylbewerberleistungsgesetz
- Anspruchseinschränkung 162
- Antrag 38, 245
- Arbeitsgelegenheiten 61, 102
- Aufhebung von Bescheiden 248
- Aufwandsentschädigung 61
- Bildung und Teilhabe 44
- Eingliederung 144
- Einkommen und Vermögen 56
- Freibeträge 57
- Geldleistungen 73
- Hausrat 74, 75
- Kenntnisgrundsatz 38, 246
- Kinder 53
- Kostenerstattung 59
- Leistungen 32
- Leistungsausschluss 84
- Leistungseinschränkungen 81
- Leistungsende 114
- Medizinischen Leistungen 47
- Mehrbedarfe 79
- Meldepflicht 58
- Nicht berücksichtigtes Einkommen 56
- Notwendige Bedarf 41
- Notwendiger Bedarf 32
- Notwendiger persönlicher Bedarf 32, 42
- Schwangerschaft 49
- Sicherheitsleistungen 59
- Sonstige Leistungen 50
- Soziokulturelles Existenzminimum 42
- Umgangsrecht 79
- Vermögensfreibetrag 59
- Verstoß gegen räumliche Beschränkung 161
- Verwaltungsverfahren 246
- Zahnersatz 49
- Zuständigkeit 39, 71

Asylbewerberrecht
- Analogleistungen 88

Asylgesuch 34

Asylrecht
- Grundrecht 19

Asylsuchende 21
- Arbeitsunfähigkeit 62
- Besonderer Schutzbedarf 60
- Gemeinschaftsunterkünfte 69
- Sichere Herkunftsstaaten 61, 68
- Zuweisung 68

Asylverfahren 22
- Abschluss 110
- Beschleunigtes Asylverfahren 68

Aufenthalt
- Rechtsmissbräuchliche Beeinflussung 87, 152
- Unterbrechung 207

Aufenthaltrecht
- Aufenthaltsgesetz 206

Aufenthaltserlaubnis 27
- Ausbildung 174
- EU 148
- Gut integrierte Jugendliche 113
- Humanitäre Gründe 151
- Humanitären Gründe 144
- Nachhaltiger Integration 159
- Opfer einer Straftat 113
- vorübergehender Aufenthalt 151
- Zahnersatz 154

Aufenthaltsgesetz 21

Aufenthaltsgestattung 26, 39
- Bescheinigung 26

Aufenthaltsrecht
- Arbeitsuche 198
- Arbeitsuche 216
- Dienstleistungsfreiheit 210
- Elterliches Sorgerecht 205
- Familienangehörige 200
- Freizügigkeitsrichtlinie 190
- Kinder in Ausbildung 202, 205
- Nicht-Erwerbstätige 199
- Unionsbürger 190

Aufenthaltstitel 110

Auffangkrankenversicherung 233

Auffangversicherung 129

Aufhebung von Bescheiden
- Asylbewerberleistungsgesetz 248
- Grundsicherung für Arbeitsuchende 252

Aufnahmeanordnung 145

Aufnahmeeinrichtung 22, 24

Sachregister

Aufnahmerichtlinie 59, 170
Aufschiebende Wirkung 258
Ausbildungsaufenthaltsrecht
– Freizügigkeitsrichtlinie 205
Ausbildungsduldung 158
Ausländerbehörde 22
Ausreichende Existenzmittel 199
Ausreichender Krankenversicherungsschutz 199
Ausreisefrist 27
Ausreisepflicht 28
Auszubildende
– Grundsicherung für Arbeitsuchende 123
– Härtefall 124

B

BAföG 134, 237
– Zuständigkeit 237
Barbetrag 100
Basistarif 233
Bedarfsgemeinschaft 118
– Mehrehe 119
– Vertretungsvermutung 119
Behinderung 138
Beistand 246
Beitragsschulden
– Krankenversicherung 235
Beitragsunabhängige Geldleistungen 249
Beitragsunabhängige Sozialleistungen 187
Berufsausbildungsbeihilfe 135, 237
– Zuständigkeit 238
Berufsbezogene Deutschförderung 120, 176
Berufung 263
Beschäftigungserlaubnis 79
– Erwerbsfähigkeit 116
Bescheid 27
Bezahlkarte 32, 73, 145
Bildung und Teilhabe 44, 75, 124
– Analogleistungen 97
– Berechtigte Selbsthilfe 46
– Gutscheine 46
Bleibeperspektive 53, 137
Bundesagentur für Arbeit
– Integrationsleistungen 80
Bundesamt für Migration und Flüchtlinge 22

Bürgergeld 118
– nicht erwerbsfähige Leistungsberechtigte 121
BVG-Grundrente 56

C

Chancen-Aufenthaltsrecht 111, 162
Clearingverfahren 59, 172

D

Daueraufenthaltsrecht 207
– Ausweisung 208
– Rentner 208
Dienstaufsichtsbeschwerde 256
Diskriminierungsverbot 186
Dublin-Verordnung 26, 82, 172, Siehe auch Verordnung über Asyl- und Migrationsmanagement
Duldung 111, 157
– Anspruchseinschränkung 162
– Ausbildungsförderung 166
– Berufsausbildung 165
– Berufsvorbereitung 165
– Beschäftigung 164
– Elterngeld 165
– Humanitäre Gründe 158
– Keine Beschäftigungserlaubnis 164
– Kindergeld 165
– Kinderzuschlag 165
– Sozialhilfe 166
– Strafverfahren 158
– ungeklärte Identität 159
– Unmöglichkeit 157
– Unterhaltsvorschuss 165
– Wohngeld 166
– Wohnsitzauflage 161
Duldungsbescheinigung 160
Duldungsfiktion 114, 169

E

EASY-Quotensystem 24
EFA
– Ausweisung 231
– Erlaubter Aufenthalt 230
– Sozialhilfe 230
– Vorbehalt 230
Eingliederungshilfe
– Analogleistungen 98
– Kinder 54

Sachregister

Eingliederungsmaßnahmen
- Grundsicherung für Arbeitsuchende 120

Eingliederungsvereinbarung
- Integrationskurse 175

Einkommen
- Freibetrag 101
- Schmerzensgeld 56

Einkommen und Vermögen
- Analogleistungen 100
- Asylbewerberleistungsgesetz 56
- Zuflussprinzip 56
- Zuflusstheorie 125

Einreise- und Aufenthaltsverbot 28
Einreise zum Bezug von Sozialleistungen 162
Einspruch 260
Einstweilige Anordnung 264
Einstweiliger Rechtsschutz 28, 263
Elterngeld 133, 241
- Antrag 133

Entschädigungsleistungen 56
erkennungsdienstliche Behandlung 182
Erkennungsdienstlichen Behandlung 23
Erlaubnisfiktion 115
Erstaufnahmeeinrichtung 35, 38
- notwendiger persönlicher Bedarf 42

Erstverteilung 24
Erwerbsfähige Leistungsberechtigte 117, 210
Erwerbsfähigkeit
- Beschäftigungserlaubnis 116
- Feststellung 116
- Zuordnung der Leistung 116
- Zuständigkeit 116

Erwerbstätige 192
- Arbeitslosigkeit 196
- Statuserhalt 195
- Vorübergehende Erwerbsminderung 196

EU
- Erwerbstätige 192

Europäische Menschenrechtskonvention 19, 190
Europäische Union 185
- Arbeitnehmer 192
- Gleichbehandlungsrecht 189
- Koordinierung der Sozialsysteme 187
- Organe 187
- Richtlinien 188
- Selbständige Erwerbstätige 194
- Verordnungen 187

Europäischen Krankenversicherungskarte 235
Europäischen Wirtschaftsraum 186
Europäisches Fürsorgabkommen 190
Europarat 189
Existenzsichernde Leistungen
- Grundsicherung für Arbeitsuchende 120

F

Familienangehörige
- Leistungsauschluss 213

Familienasyl 30
Familienkasse 132
Familiennachzug 113
- Subsidiär Schutzberechtigte 113

Familienversicherung
- Krankenversicherung 130

Fehlverhalten 152
Fiktionsbescheinigung 114, 182
Flughafen
- Einreisen 168

Flughafenverfahren 34, 51, 168
Folgeantrag 169
Fortgeltungsfiktion 114
Freizügigkeit 186
- Bezug von Sozialleistungen 199
- Studierende 200
- Verlust 200

Freizügigkeitsrichtlinie 188
- Aufenthaltsrecht 190

Freizügigkeitsvermutung 204
Freizügigkeitsgesetz EU 188

G

Garantieerklärung 84
GEAS Siehe Gemeinsames Europäisches Asylsystem
Geflüchtete aus der Ukraine
- Asylantrag 180
- Aufenthaltserlaubnis 180
- Eingliederungshilfe 183
- gewöhnlicher Aufenthalt 183
- Sozialleistungen 182, 183

Gemeinsames Europäisches Asylsystem 26

Sachregister

Gemeinschaftsunterkünfte 73
- Existenzsichernde Leistungen 73
- Kosten der Unterkunft und Heizung 75

Gemischte Bedarfsgemeinschaft 122

Genfer Flüchtlingskonvention 19, 137, 138

Gericht
- Kosten 263
- Zuständigkeit 260

Gesundheit 52

Gesundheitskarte 98

Gewöhnlichen Aufenthalt 92, 210

Grenzgänger 216

Grundfreiheiten 186

Grundsicherung für Arbeitssuchende
- Antrag 115, 126, 249
- Aufhebung von Bescheiden 252
- Auszubildende 123
- beitragsunabhängige Sozialleistungen 188
- Beratung 119
- Bildung und Teilhabe 124
- EFA 217
- Eingliederungsmaßnahmen 120
- Einkommen und Vermögen 124
- Einmalige Bedarfe 123
- Erstausstattung 123
- Erwerbsfähigkeit 115
- Existenzsichernde Leistungen 120
- Hilfebedürftigkeit 117, 124
- Kinder 117
- Kosten der Unterkunft 123
- Krankenversicherung 129
- Leistungen 117
- Leistungsausschluss 212
- Mitwirkungspflichten 251
- Pflegeversicherung 129
- Pflichtverletzungen 126
- Regelaltersgrenze 117
- Sanktionen 125
- Verwaltungsverfahren 249
- Vorläufige Entscheidung 252
- Wohnsitzauflage 127
- Zuständigkeit 126

Grundsicherung im Alter und bei Erwerbsminderung
- Leistungsberechtigung 222

H

Hilfe zum Lebensunterhalt
- Leistungsberechtigung 222

I

Inobhutnahme
- Zuständigkeit 171

Integrationskurs 64, 81, 102

Integrationskurse 125, 174
- Anspruch 174
- Eingliederungsvereinbarung 175
- Folgen bei Nichtteilnahme 176
- Kosten 176
- Teilnahmepflicht 174
- Zuständigkeit 175

Integrationsleistungen 80

J

Jobcenters
- Meldung an Ausländerbehörde 215

K

Kinder 53, 154
- Analogleistungen 89
- Eingliederungshilfe 54
- Kita-Platz 64, 102
- Krankenversicherung 130

Kindergeld 131, 238
- Im Ausland lebende Kinder 239
- Sozialrechtliche Kindergeld 240
- Steuerrechtliche Kindergeld 238
- Verlust der Freizügigkeit 240
- Zuständigkeit 241

Kinderzuschlag 132
- Antrag 132
- Zuständigkeit 241

Kirchenasyl 153

Kita-Platz
- Erstaufnahmeeinrichtung 64

Klage 28, 260
- Form 261
- Frist 261

Kooperationsplan 120
- Integrationskurse 125

Kosten
- Bewerbung 250
- Übersetzung 250

Kosten der Unterkunft
- Analogleistungen 96
- Angemessenheit 97
- Grundsicherung für Arbeitssuchende 123

Kostenaufwändigen Ernährung 95

Kostenerstattung 255

275

Krankenversicherung
- Familienversicherung 130
- Freiwillige Versicherung 129
- Grundsicherung für Arbeitssuchende 129
- Zuschuss 130

L

Leistungen in besonderen Lebenslagen 137
Leistungen zur Sicherung des Lebensunterhalts
- Analogleistungen 90
- Unionsbürger 210
Leistungsauschluss
- Familienangehörige 212
Leistungsausschluss
- Asylbewerberleistungsgesetz 84
- EFA 217
- Verfassungsmäßigkeit 217
Leistungsausschlüsse
- Sozialhilfe 224
Leistungseinschränkung
- Mitwirkungspflichten 83
Leistungsseinschränkung
- Befristung 83

M

Maastrichter Vertrag 185
Massenzustromrichtlinie 178, 182
- nicht berechtigte Personengruppe 179
Massenzustromsrichtlinie
- Personengruppen 178
Materielles Aufenthaltsrecht 215
Medizinische Versorgung
- Analogleistungen 98
- Arznei- und Verbandsmitteln 48
- Behandlungsschein 77
- Besondere Bedürfnisse 149
- Gesundheitskarte 77
- Kenntnisgrundsatz 78
- Kostenerstattung 78
- Privilegierte Versorgung 149
- Psychotherapie 76
- Zuständigkeit 48
- Zuzahlungen 48
Mehrbedarfe 93, 122
Meistbegünstigungsklausel 206
Menschen mit Behinderungen
- Teilhabe am Arbeitsleben 135

Merkzeichen
- Schwerbehinderung 138
Mitwirkungspflichten 37, 83, 247, 248
- Grundsicherung für Arbeitssuchende 251

N

Nachteilsausgleiche
- Schwerbehinderung 138
Notlagentarif 235
Notwendiger Bedarf
- Geldleistungen 43

O

Opferentschädigung 139

P

Passive Leistungen 117
persönliche Anhörung 26
persönliches Gespräch 25
Pflegeversicherung 236
Potentialanalyse 120
Primärrecht 187
Private Krankenversicherung 130, 233

R

Rechtmäßiger Aufenthalt 213
- Asylbewerber 87
- Frist 88
- Nachweis 208
- Wesentliche Unterbrechung 88
Rechtsantragsstellen 261
Rechtsbehelfsbelehrung 258
Rechtsmissbrauch 152
Rechtsschutz 256
Regelbedarf 92, 121
Reisebeihilfe 117
Relocations 82
Residenzpflicht 25, 69
Revision 263
Rückführungsverbesserungsgesetz 92
Rückreisekosten 228

S

Sachleistungsaushilfe 235
Schmerzzustände 47
Schulpflicht 102
Schutzimpfungen 49

Schwangerschaft 49
Schwangerschaftsabbruch
- Asylbewerber 78
Schwerbehinderung 138
- Antrag 139
- Kostenlose Beförderung 94
Selbständige Erwerbstätige 194
Sichere Drittstaaten 25
Sichere Herkunftsstaaten 19, 25, 177
Sonstige Leistungen
- Atypischer Einzelfall 54
- Bleibeperspektive 53
- Gesundheit 52
- Sicherung des Lebensunterhalts 51
Soziale Entschädigung 139
Sozialhilfe
- EFA 230
- Leistungsausschlüsse 224
Sozialleistungen
- Abschiebehaft 44
- Anerkannte Flüchtlinge 114
- Asylberechtigte 114
Subsidiär Schutzberechtigte 22, 29
- Familiennachzug 29, 113
Supranationales Recht 186

U
Überbrückungsbedarf 36
Überbrückungsleistungen 225
- Antrag 226
- Dauer 226
- Härtefall 227
- Leistungsberechtigung 226
- Leistungsumfang 226
- Medizinische Versorgung 234
- Rahmenfrist 228
- Verfassungsmäßigkeit 228
Überstellung 26
Ukraine
- Flüchtlinge 177
Ukraine-Aufenthaltserlaubnis-Fortgeltungsverordnung 180
Unabweisbarer Bedarf 96, 123
Unangemessener Sozialhilfebezug 200
Unbegleitete minderjährige Flüchtlinge
- Clearingverfahren 172
- erkennungsdienstliche Maßnahmen 172
- Inobhutnahme 171
- Krankenhilfe 173
- Schulpflicht 173

- Umverteilung 171
- Unterhaltsleistungen 173
- Vormund 172
Unbegleitete minderjährige Geflüchtete 170
- Besonderen Schutzbedürftigkeit 170
- Dublin III-Verordnung 172
- Sozialleistungen 173
Unfreiwilligkeitsfiktion 197
Unionsbürger
- Arbeitnehmer 211
- Asylbewerberleistungsgesetz 231
- Ausbildungsbeihilfen 237
- Betrieblichen Ausbildung 195
- Eingliederungshilfe 237
- Elterngeld 241
- Familienangehörige 190
- Grundfreiheiten 190
- Kindergeld 238
- Krankenversicherung 233
- Leistungen zur Sicherung des Lebensunterhalts 210
- Leistungsaussschluss Grundsicherung für Arbeitssuchende 212
- Sozialhilfe 222, 236
- Unterhaltsvorschuss 241
Unionsbürgerschaft 186
Untätigkeitsklage 256
Unterhaltsvorschuss
- Antrag 134

V
Verfestigter Aufenthalt 212
Verlustfeststellung 203
- Öffentliche Gesundheit 203
- Öffentlichen Ordnung und Sicherheit 203
- Sozialhilfebezug 200
- Zuständigkeit 200, 203
Vermittlung 64
Vermittlungsbudget 64
Vermögen
- Freibetrag 125
- Freibeträge 59
Verordnung über Asyl- und Migrationsmanagement 26
Verpflichtungserklärung 84, 118, 144
- Leistungsverweigerung 85
Verpflichtungsklage 262

277

Verwaltungsrecht
- Mitwirkungspflichten 247

Verwaltungsrechtlichen Mitwirkungspflicht 54

Verwaltungsverfahren 245
- Beistand 246
- Dolmetscher 249
- Grundsätze 246, 250

Volle Erwerbsminderung 91

Vollziehbare Ausreisepflicht
- Anspruchseinschränkung 168

Vorrangprüfung 80

Vorschüsse 255

Vorsorgeuntersuchungen 49

W

Widerspruch
- Form 258
- Frist 258

Widerspruchsbescheid 258

Widerspruchsverfahren 257

Wohngeld 136
- Antrag 137

Wohnsitzauflage 70, 76, 117, 127, 145, 149, 152, 161
- Anfechtung 128
- Folgen bei Verletzung 70
- Folgen bei Verstoß 161
- Zuständiges Jobcenter 128

Z

Zahnersatz 154

Zentrale Auslands- und Fachvermittlung 80

Zuflussprinzip 56

Zuflusstheorie 125

Zugang zum Arbeitsmarkt
- Asylbewerber 108

Zuweisung 76

Zweitantrag 169

Bereits erschienen in der Reihe
KOMPENDIEN DER SOZIALEN ARBEIT

Link zum
Nomos-Shop

Soziale Arbeit und Sport
Von Prof. Dr. Nina Proufas, LL.M., Karlsson Olberg, B.A. und Prof. Dr. Christoph Clephas
2024, 181 Seiten, broschiert,
ISBN 978-3-8487-8948-1

Suchtprävention in der Sozialen Arbeit
Von Prof. Dr. Heino Stöver und Larissa Hornig
2023, 160 Seiten, broschiert,
ISBN 978-3-8487-6678-9

Das Asylbewerberleistungsgesetz für die Soziale Arbeit
Von RA Volker Gerloff
2022, 341 Seiten, broschiert,
ISBN 978-3-8487-6718-2

Schuldnerberatung für die Soziale Arbeit
Von Prof. Dr. Carsten Homann und Malte Poppe
2022, 327 Seiten, broschiert,
ISBN 978-3-8487-6302-3

Bereits erschienen in der Reihe KOMPENDIEN DER SOZIALEN ARBEIT

Einladung zur Sozialen Arbeit
Von Prof. Dr. Peter Löcherbach
und Prof. Dr. Ria Puhl
2. Auflage 2022, 251 Seiten, broschiert,
ISBN 978-3-8487-8185-0

Migration und Integration
in der Sozialen Arbeit
Von Prof. Dr. Beate Aschenbrenner-Wellmann und Lea Geldner
2022, 251 Seiten, broschiert,
ISBN 978-3-8487-6832-5

Beratung und Beratungswissenschaft
Herausgegeben von Prof. Dr. Tanja Hoff
und Prof. Dr. Renate Zwicker-Pelzer
2. Auflage 2022, 239 Seiten, broschiert,
ISBN 978-3-8487-7846-1

Jungen als Opfer sexueller Gewalt
Von Clemens Fobian, Prof. Dr. Michael Lindenberg und Rainer Ulfers
2. Auflage 2022, 181 Seiten, broschiert,
ISBN 978-3-8487-7259-9

Pflegekinderhilfe für die Soziale Arbeit
Von Prof. Dr. Klaus Wolf
2022, 227 Seiten, broschiert,
ISBN 978-3-8487-6707-6

Bereits erschienen in der Reihe KOMPENDIEN DER SOZIALEN ARBEIT

Soziale Arbeit nach traumatischen Erfahrungen
Von Prof. Dr. Julia Gebrande
2021, 245 Seiten, broschiert,
ISBN 978-3-8487-6412-9

Sozialleistungsansprüche für Flüchtlinge und Unionsbürger
Von Prof. Dr. Gabriele Kuhn-Zuber
2018, 304 Seiten, broschiert,
ISBN 978-3-8487-3206-7